O PODER DIRETIVO ALGORÍTMICO

AUTORIA
ANA PAULA DIDIER STUDART

LTr®

O PODER DIRETIVO ALGORÍTMICO

2023

LTr Editora Ltda.

Rua Jaguaribe, 571
CEP 01224-003
São Paulo, SP — Brasil
Fone: (11) 2167-1101
www.ltr.com.br
Junho, 2023

Projeto Gráfico e Editoração Eletrônica: Peter Fritz Strotbek – The Best Page
Projeto de Capa: Danilo Rebello
Impressão: Edições Loyola

Versão impressa: LTr 6405.4 — ISBN 978-65-5883-241-6
Versão digital: LTr 9892.2 — ISBN 978-65-5883-242-3

Dados Internacionais de Catalogação na Publicação (CIP)
(Câmara Brasileira do Livro, SP, Brasil)

Studart, Ana Paula Didier
O Poder diretivo algorítmico / Ana Paula Didier Studart. — São Paulo, SP : LTr Editora, 2023.

Bibliografia.
ISBN 978-65-5883-241-6

1. Algoritmos 2. Direito do trabalho — Brasil 3. Inteligência artificial — Aspectos sociais 4. Poder diretivo do empregador 5. Relações de trabalho I. Título.

23-155343 CDD-34:331.1(81)

Índice para catálogo sistemático:

1. Brasil : Relações de trabalho e Internet :
Direito do trabalho 34:331.1(81)

Tábata Alves da Silva – Bibliotecária – CRB-8/9253

Dedico este livro aos meus pais, Paulo e Luciana,
meu porto seguro e minhas maiores inspirações,
por me ensinarem desde cedo que a educação
e os estudos são as ferramentas necessárias para o crescimento,
a realização de sonhos e a transformação do mundo.
Minha eterna e infinita gratidão por tudo que são
e representam, por me proporcionarem todos os meios necessários
para mais essa conquista e pelo amor infinito e recíproco.

Agradecimentos

Agradeço em primeiro lugar a Deus, por todo amor e presença, por toda força e luz, por ter me capacitado para que eu chegasse até aqui e realizasse (mais) esse grande sonho. Toda a minha gratidão e a certeza de que essa conquista é, sem dúvidas, graças a Ele.

Registro também o meu agradecimento aos meus pais e maiores exemplos, Paulo e Luciana Studart, a minha irmã e grande amiga, Ana Beatriz Studart e ao meu cunhado (que também é irmão) Emílio Will, por me incentivarem em cada etapa. Agradeço por todo apoio, torcida, vibração e oração, por acreditarem sempre em mim e pelo imenso amor que nos une.

Agradeço ao meu marido, Leonardo Mello, pelo companheirismo, compreensão, lealdade e incentivo constantes, por cada opinião, por toda torcida, pelos debates e trocas. O caminho foi longo e desafiador e essa conquista só foi possível pela benção de tê-lo ao meu lado, em todos os momentos. Meu amor, minha admiração e minha gratidão são indescritíveis e crescem a cada dia. Com muito orgulho e convicção, afirmo que essa conquista não é minha, mas, sim, nossa, e sei que muitas outras virão porque estaremos juntos sempre, sendo força, fortaleza e certeza um para o outro!

Gostaria de registrar a minha gratidão ao meu orientador no Programa de Pós-Graduação em Direito da Universidade Federal da Bahia, o Professor Luciano Martinez, por todo apoio e auxílio ao longo da construção dessa obra. Contar com a ajuda, a experiência, a atenção e os conselhos de quem sempre admirei foi essencial nessa trajetória. A publicação desse livro não seria possível sem o incentivo e o apoio do Professor Luciano. Sou muito grata por ter sido orientanda e aprendido tanto com uma das minhas grandes referências no Direito. Agradeço, tambem, pela honra de ter o prefácio do meu livro escrito por ele, motivo de muita alegria para mim!

Agradeço a toda equipe do 4S Advogados, por todo apoio e tantos aprendizados compartilhados não só no dia a dia da advocacia, mas também na vida acadêmica.

Nas pessoas de meus avós, Maria Dulce e João Augusto Didier, Anna Maria e Jorge Studart, minhas grandes inspirações e exemplos, agradeço a todos os meus familiares, presentes de Deus em minha vida.

Por fim, mas não menos importante, deixo registrado a minha gratidão aos meus amigos, que também são família, que rezaram, torceram, vibraram e agora irão comemorar comigo esse sonho realizado! Tê-los ao meu lado em todas as etapas da vida me faz muito feliz!

Sumário

*"Segundo a famosa frase de Winston Churchill,
a democracia é o pior sistema político do mundo,
com exceção de todos os outros. As pessoas talvez
cheguem à mesma conclusão no que concerne
aos algoritmos de Big Data: eles têm muitos problemas,
mas não temos alternativa melhor".*

Yuval Noah Harari, *21 lições para o século 21.*

Apresentação

Na atualidade, muito se fala sobre o fato da tecnologia da informação e suas programações algorítmicas estarem a produzir uma verdadeira revolução digital.

A palavra "algoritmo" é, em seu sentido etimológico, a corporificação, na linguagem matemática, do padrão que se deve impor sobre coisas e pessoas para que os eventos se desenvolvam exatamente como planejados. Se alguém contraria um algoritmo, não passa despercebido.

No campo trabalhista, portanto, cresceram as discussões acerca de um novo conceito de subordinação nunca antes analisado pelos tribunais trabalhistas. Aos poucos, surgiram decisões com diferentes análises e conclusões sobre esses novos cenários e, com elas, obviamente, a cobrança por uma regência normativa desses emergentes arranjos contratuais. As transformações nas relações pessoais, as novas dinâmicas configuradas pela tecnologia e as possibilidades de modernizações nos diversos nichos de trabalho, acabaram por exigir, como é natural intuir, novos conceitos, novos pensamentos e novas interpretações.

Os algoritmos estão a ingressar nas relações de trabalho e estão a assumir os pontos dos mais exigentes encarregados, supervisores e coordenadores, fazendo anotações e cruzando dados de produção como ninguém imaginaria ser possível.

A presente obra analisa os algoritmos enquanto novos "chefes", abordando os impactos da tecnologia nas relações de trabalho, principalmente no que tange o poder diretivo.

Prefácio

A história invariavelmente se constrói e se desenvolve segundo as lógicas do "controle" e do "domínio", estruturas indispensáveis para falar-se em "poder", esse singular instituto que dá a certos sujeitos a capacidade de impor a outros as suas vontades para o alcance de determinados objetivos.

As esferas do poder são diversas e não raramente se retroalimentam. O poder marcial, por exemplo, é nutrido pelo poder econômico, que se torna ainda mais forte quando lastreado no poder político, que, por sua vez, busca apoio no poder social. E é justamente das estruturas desse "poder" que emerge o "direito" como forma institucionalizada de regular e de limitar, pela coação, pela recompensa ou pela persuasão, o próprio poder, deixando às claras "quem manda e quem obedece"; até que ponto se ordena e até que instante se deve ceder. Essas relações simplesmente ocorrem e, pelo fato de ocorrerem, impiedosamente transformam os dominantes em dominados e vice-versa.

Há situações em que esse "poder" é transferido, seja por conta de atos de sucessão, seja por circunstâncias estratégicas com vista à expansão do controle e do domínio. E uma das mais significativas investidas de transferência do poder é hoje visível na atribuição das atividades fiscalizatórias e mandatórias aos implacáveis "algoritmos". Isso mesmo, aos algoritmos. Esses procedimentos padronizados são os protagonistas da contemporaneidade, responsáveis pelos mais expressivos avanços tecnológicos, verdadeiros promotores do que se pode chamar de "revolução digital".

Os algoritmos são bons aprendizes; eles agem segundo lições iniciais, mas, a partir delas, desenvolvem sozinhos — e de forma absurdamente leal ao programador — atos de comando, controle e fiscalização na exata medida das missões que lhes foram atribuídas e, para além disso, descobrem padrões ocultos com o propósito de orientar as ações subsequentes. Mais do que fiéis, os algoritmos são discretos. Eles apenas fazem. Eles não reivindicam mérito nem pretendem promoção. Sem nenhum recato denunciam qualquer ato em desconformidade com as suas diretrizes.

Eles, que tanto foram utilizados para reger coisas, encontraram um terreno fértil na direção de pessoas, especialmente no âmbito das relações de trabalho em que naturalmente existem expectativas e sanções. A autoridade anônima dos algoritmos passou, então, a comandar os trabalhadores, dando-lhes orientações, conferindo-lhes metas, estabelecendo prioridades e, até mesmo, aplicando-lhes punições.

É exatamente sobre isso que Ana Paula Didier Studart trata de forma inteligente, sistemática e reflexiva na presente obra, fruto da sua festejada dissertação de Mestrado, que eu tive a honra de orientar no Programa de Pós-Graduação em Direito da Universidade Federal da Bahia. Ela analisa de forma detalhada, e mediante muitos exemplos extraídos do ordenamento jurídico brasileiro, o papel do algoritmo enquanto patrão, como chefe que recruta, seleciona, admite, fiscaliza, ordena, pune e até mesmo dispensa os empregados.

Em texto admirável, Ana Paula expõe as suas ideias em três capítulos. O primeiro, intitulado de "Algoritmo, ordem e eficiência", apresenta o conceito de algoritmo, as suas espécies e a relação dele com a Tecnologia de Informação.

No segundo capítulo, denominado "Algoritmo no comando da relação de emprego", ela analisa a possibilidade de configurar-se e reconhecer-se um "poder diretivo algorítmico", expressão originalmente cunhada em artigo que juntos publicamos no LinkedIn em setembro de 2020 e, posteriormente, na Revista Magister de Direito do Trabalho (Ano XVIII – n. 105 nov./dez. 2021), e que tem sido muitas vezes referenciada em outros escritos sobre o assunto. Ao final desse segundo capítulo, merece destaque o estudo que inter-relaciona o poder diretivo, a novas tecnologias e o punitivismo nas relações de trabalho.

O terceiro e último capítulo aborda "As novas tecnologias e as novas formas de dirigir a prestação laboral" e, dentro desse contexto, o desenvolvimento de raciocínios e soluções jurídicas para sua proeminência. O algoritmo foi aqui analisado como um instrumento à serviço do empregador para gestão (People Analytics), mas, em casos extremos, também como vetor do chamado "assédio moral algorítmico", especialmente quando não houver supervisão humana.

Muito além da concepção monográfica clássica, não se aprecia aqui unicamente a substância do instituto em debate, mas se sopesam as suas intersecções com diversos outros conteúdos e se oferecem, a partir desse instante, exemplos esclarecedores e envolventes. Excede-se, portanto, a mera exegese de comandos legais para proporcionar, em genuína contribuição, **o algo a mais**, justamente o que torna a obra singular e diferenciada de outras tantas sobre o assunto.

A qualidade técnica e a experiência profissional de Ana Paula, aliadas à simplicidade de suas assertivas, à confiabilidade de suas observações e à objetividade de suas colocações, permite-me afiançar que as dúvidas em torno do assunto encontram aqui o seu fim. A leitura é fácil. A construção da sequência temática observa ordem lógica, que prestigia o adequado aprofundamento em cada uma das muitas variáveis que o assunto oferece. Ademais, para o prazer de quem a lê, a redação tem elegante fraseado e extrema fluidez.

Orgulhosamente, não tenho dúvidas de afirmar, mediante essas breves palavras, que estamos diante de um sucesso editorial, que será digno de múltiplas reedições decorrentes da excelente receptividade que decerto provocará em cada um dos seus leitores por ser indispensável à compreensão da matéria. Surge, assim, um novo referencial teórico.

Cidade do Salvador, fevereiro de 2023.

Luciano Martinez
Professor Associado II de Direito do Trabalho
e da Seguridade Social pela UFBA
(Graduação, Mestrado e Doutorado).
Mestre e Doutor em Direito do Trabalho
e da Seguridade Social pela USP.
Pós-Doutor em Direito pela PUCRS.
Juiz do Trabalho do TRT da 5ª Região.
Membro da Academia Brasileira de Direito
do Trabalho e da Academia de Letras
Jurídicas da Bahia.

Introdução

Vivemos a era da informação, da tecnologia, do digital. Nos acostumamos a ter aparelhos e ferramentas eletrônicas, atualmente quase todos automatizados, que são como extensões dos nossos corpos. Há alguns anos pensar no futuro e fazer projeções de uma sociedade com robôs executando tarefas inerentes aos seres humanos era utópico e sonhador, soava como cena de filme ou desenho animado. Agora já é a realidade.

A transformação que a sociedade sofreu e continua sofrendo a cada momento — afinal, o avanço tecnológico é exponencial e, em pouco tempo, determinada ferramenta antes revolucionária já se torna obsoleta — causa impactos, como é de se esperar, nas pessoas, nas relações e no direito. Esses impactos podem ser positivos e trazer diversos ganhos, conquistas e avanços, aumentando a qualidade e a expectativa de vida dos indivíduos, inclusive, aproximando as pessoas, otimizando o tempo e trazendo mais segurança em diversos aspectos. Mas não se pode ignorar as consequências negativas e o potencial de causar danos que o avanço tecnológico carrega consigo e que muitas vezes se concretiza.

Os protagonistas da era atual são os algoritmos. São eles que possibilitam os avanços tecnológicos e a revolução digital, trazendo inovações e automações cada vez mais constantes. Por meio da Inteligência Artificial, os algoritmos aprendem sozinhos de forma intensa e impressionante e comandam, controlam, induzem, sugerem, fiscalizam a todos nós. Estamos inseridos num mundo em que os algoritmos nos conhecem e possuem informações sobre nós que sequer imaginamos ou temos dimensão. Ter essa consciência e buscar entender essa realidade é um passo fundamental para buscar retomar o controle das nossas próprias vidas.

Como consequência lógica dessa atuação e da presença intensa dos algoritmos na sociedade e na vida dos indivíduos de um modo geral, os algoritmos chegaram até as relações de trabalho. Há algum tempo se discute sobre os controles telemáticos nas relações de emprego e os impactos das ferramentas tecnológicas na vida privada do empregado. A abordagem desses assuntos possui uma relevância grande, principalmente porque envolve direitos fundamentais dos empregados, que não podem ser mitigados. Contudo, a preocupação atual deve ser ainda mais intensa e urgente.

Se é difícil ter certezas quando o assunto é algoritmos, haja vista tratarem-se, como os especialistas costumam afirmar, de verdadeiras "caixas pretas", cujo poder é imensurável e os limites são desconhecidos, trata-se de um verdadeiro desafio analisar a atuação deles no âmbito profissional. Nesse contexto, diversos questionamentos necessários são feitos, como, por exemplo, até onde os algoritmos podem "ir" em uma relação de trabalho. Ou, também, se existem limites para a utilização dessas ferramentas — compostas e possíveis graças aos algoritmos — por parte do empregador, em um vínculo de emprego.

Contudo, a questão crucial, que vem sendo debatida e analisada na doutrina trabalhista e que se trata do ponto focal da presente obra diz respeito a possibilidade de os algoritmos serem os próprios chefes. Pretendemos nessa obra analisar se no ordenamento jurídico brasileiro os algoritmos podem exercer o papel do empregador, recrutando e selecionando, admitindo, fiscalizando, dando ordens, punindo e até dispensando um empregado. Muito se fala, atualmente, em subordinação algorítmica ou subordinação por algoritmo. Na presente obra, abordamos o poder diretivo algorítmico, ou seja, a autoridade anônima dos algoritmos que já comanda, e tanto mais comandará, os trabalhadores, dando-lhes orientações, traçando-lhes metas, estabelecendo as prioridades e, até mesmo, aplicando-lhes punições.

Os algoritmos estão a ingressar nas relações de trabalho e estão a assumir os pontos dos mais exigentes encarregados, supervisores e coordenadores, fazendo anotações e cruzando dados de produção como ninguém imaginaria ser possível. O poder que os algoritmos possuem é inestimável e implacável. Sabe-se que potencial para exercer atividades humanas, inclusive as atividades inerentes ao papel do empregador, os algoritmos têm. A grande questão é analisar até que ponto eles podem ser utilizados numa relação de trabalho para exercer essas funções.

Para abordar esses pontos extremamente atuais, polêmicos e necessários, a presente obra foi dividida em três capítulos. O primeiro, intitulado de "Algoritmo, Ordem e Eficiência", busca apresentar o conceito de algoritmo, as espécies do mesmo e a relação que possuem com a Tecnologia de Informação. No referido capítulo buscamos analisar e expor a definição de algoritmo e das espécies práticas nas tecnologias, para compreender sua influência e impacto nos ambientes atuais, inclusive nos ambientes corporativos e relações de trabalho no Brasil.

No primeiro capítulo, será também exposto um dos "frutos" do uso dos algoritmos, qual seja, a Inteligência Artificial, que pode ser definida como a possibilidade de as máquinas executarem tarefas que são características da inteligência humana. O aprendizado de máquina, tradução para o chamado *machine learning*, ramo da Inteligência Artificial que envolve a criação de algoritmos que podem aprender automaticamente a partir de dados, também será analisado no primeiro capítulo, juntamente com seus desdobramentos e impactos, inclusive, o chamado *deep learning*. A aprendizagem profunda (tradução para o *deep learning*) também será explicado e analisado no referido capítulo, tratando-se de uma tecnologia que utiliza algoritmos mais complexos, sendo uma das várias abordagens para o aprendizado de máquinas.

Além disso, quando se fala em Inteligência Artificial, algoritmos ou aprendizado de máquina é comum utilizar conceitos como mecanização ou automação. Diversas discussões e debates sobre autonomia também surgem quando se aborda esses assuntos. Recentemente, porém, um conceito mais moderno surgiu, qual seja, a autonomação, ganhando destaque no estudo dos algoritmos, motivo pelo qual também foi abordado no primeiro capítulo.

A evolução da indústria ocorrida no século XX ocasionou o desenvolvimento da engenharia de produção, marcando a introdução do contínuo uso das máquinas, dos processos de fabricação e dos sistemas produtivos. A partir desta evolução alguns conceitos elaborados e definidos foram sendo alterados ao longo do curso da história. Além disso, com a utilização destes conceitos criaram-se métodos ampliados para outros tipos de organizações, como no segmento comercial e de serviços. Assim, para compreender os impactos dos algoritmos na vida humana e na sociedade, bem como os desdobramentos desses conceitos relacionados ao assunto, cada um dos conceitos mencionados foi abordado em um tópico próprio do primeiro capítulo.

No segundo capítulo, intitulado "Algoritmo no comando da relação de emprego", adentrar-se-á no foco da presente pesquisa que é a implicação dos algoritmos nas relações de trabalho e a possibilidade de se configurar e se reconhecer, ou não, um poder diretivo algorítmico no ordenamento jurídico brasileiro. Tendo sido feita a introdução sobre o conceito de algoritmo, as espécies dos mesmos e a sua presença cada vez mais intensa e constante, na sociedade, serão analisados conceitos inerentes e essenciais para as referidas relações de trabalho, como os direitos fundamentais, a autonomia da vontade e, principalmente, a subordinação, que será analisada em diferentes subtópicos, quais sejam, as variáveis da subordinação, as novas teorias sobre a subordinação, com destaque para a subordinação por algoritmo e as críticas à ampliação da abrangência do conceito de subordinação.

Nesse capítulo, os referidos conceitos serão expostos e abordados para que as novas tecnologias sejam analisadas no que tange às relações trabalhistas, tendo como foco a identificação desses direitos e institutos. Além disso, será feita a análise do poder diretivo e o exercício deste por meio das ferramentas proporcionadas pela inovação e pelo avanço da tecnologia, bem como os impactos desses fenômenos nas relações de trabalho. Dessa forma, a análise dos direitos fundamentais nas relações de trabalho tem muita relevância para os desdobramentos do segundo capítulo.

Ao final do segundo capítulo, abordaremos o poder diretivo e as novas tecnologias e o punitivismo nas relações de trabalho. O referido capítulo será finalizado com a análise dos impactos da tecnologia nas relações do trabalho, fazendo uma crítica à tentativa de encaixe das novas relaçoes advindas da revolução digital em categorias e critérios pensados para as relações de trabalho de tempos antigos, o que não atende as expectativas de uma sociedade em constante mudança.

O terceiro e último capítulo abordará "As novas tecnologias e as novas formas de dirigir a prestação laboral", título do mesmo. Conforme será exposto ao longo do trabalho, o uso dos algoritmos implica em novos desafios que, até o presente momento, não eram objeto de discussão ou preocupação do direito brasileiro, tornando necessário o desenvolvimento de novos raciocínios e soluções jurídicas para sua proeminência. Diante de tal realidade, é necessário adaptação e abertura por parte dos juristas a essas relações algorítmicas, ou a inter-relações e intermediações por algoritmos em inúmeras áreas da vida, principalmente no que tange ao direito do trabalho brasileiro.

Nesse capítulo, o algoritmo será analisado como um instrumento a serviço do empregador para gestão, conceito desenvolvido ao longo da obra. A referida conceituação será exposta e os limites do controle algorítmico será destrinchado nas diferentes fases da relação de emprego, quais sejam, fase pré-contratual, fase contratual e fase pós-contratual. Nesse ponto, buscaremos responder à questão norteadora da presente obra: até que ponto o algoritmo pode funcionar como um instrumento para gestão do empregador?

Por fim, serão expostos os efeitos decorrentes da extrapolação dos limites do poder diretivo, dentre eles o assédio moral algorítmico, a problemática acerca da responsabilidade pela atuação dos algoritmos e a necessidade de supervisão humana. Diante da impossibilidade de os algoritmos prestarem contas além de suas frias programações, como será possível, então, reconhecer neles um equilibrado poder de direção? O referido capítulo será encerrado com uma análise acerca do direito do trabalho na atualidade, suas novas realidades e novos desafios.

Não se deve desprezar ou desmotivar o uso da Inteligência Artificial e dos algoritmos. Mas é essencial saber como utilizá-los, mediante controles necessários e inserção de programações éticas. A presente obra tem o objetivo de alertar sobre a necessidade de se buscar entender o poder diretivo algorítmico, seu potencial, suas implicações e seus limites. Não há, ainda, previsões legais ou posicionamentos jurisprudenciais consolidados no Brasil sobre o tema, o que reforça a importância da interdisciplinaridade na análise das questões e a relevância da presente obra.

Pretende-se analisar até que ponto o algoritmo pode funcionar como um instrumento para gestão do empregador. Não temos o objetivo de avaliar a determinação de um contrato de emprego por meio de um algoritmo, porque não há uma fórmula exata e não se trata do foco da presente obra. Busca-se, sim, aprofundar o conhecimento sobre os algoritmos, seus poderes imensuráveis e os limites necessários que devem ser impostos aos mesmos, principalmente no que tange às relações de emprego.

O caminho até as conclusões será desafiador e complexo, mas muito instigante. Iniciamos a construção da presente obra com a ideia de que os algoritmos, como sustentado por parte da doutrina, poderiam ser considerados os novos "chefes". Mas, a medida em que aprofundamos as análises e estudos, compreendemos e passamos a ter a convicção de que os algoritmos não devem ser considerados os próprios empregadores, mas, sim, uma ferramenta à disposição desses, para que exerçam o poder diretivo, que na presente obra, conceituamos como o poder diretivo algorítmico.

Os avanços tecnológicos acontecem — e vão acontecer cada vez mais — para otimizar o tempo, conectar pessoas e lugares, intensificar a eficiência e aumentar a qualidade de vida dos indivíduos. Precisamos ter em mente que, apesar de todo o potencial, o controle e a "palavra final" devem ser sempre de um ser humano. A tecnologia deve estar a serviço do homem e não o contrário. É preciso, portanto, regulamentar o uso da mesma, controlar o poder que ela possui, dominar o seu ímpeto e "decifrá-la" para que ela não nos "devore".

Capítulo 1

Algoritmo, Ordem e Eficiência

1.1. Conceito

Para conceituar algoritmo, é necessário ir além das definições teóricas utilizadas no direito e buscar os conceitos do termo na matemática, na lógica e na informática, que são as áreas em que o algoritmo surgiu e ganhou utilidade. O termo é constantemente associado à computação e novas tecnologias, mas os algoritmos não se restringem às referidas áreas e remontam a momentos históricos muito anteriores aos atuais, tendo surgido muito antes da computação passar a existir. A palavra algoritmo vem do nome do matemático Abu Abdullah Mohammad Ibn Musa al-Khawarizmi, que viveu no século XVII e influenciou sobremaneira a matemática, a astronomia e a geografia(1).

Na matemática, a palavra algoritmo pode ser conceituada como uma sequência infinita de regras, raciocínios ou operações que, aplicada a um número finito de dados, permite solucionar classes semelhantes de problemas. Os algoritmos possuem relação direta com a matemática e a noção do assunto foi formalizada em grande parte pelo trabalho dos matemáticos lógicos nos anos 1930, estando o raciocínio algoritmo, tão utilizado atualmente, implícito nos últimos vários milênios de atividade matemática(2). Por isso, o estudo do assunto perpassa pelo entendimento e análise da origem e, consequentemente, dos conceitos utilizados por diferentes áreas, que vão muito além do direito.

Na ciência da computação, algoritmo pode ser definido como o conjunto das regras e procedimentos lógicos definidos que levam à solução de um problema em número finito de etapas. Trata-se de um desdobramento do conceito matemático, ou seja, na informática, o algoritmo reúne regras, operações e procedimentos executados por um computador, para resolver problemas, seguindo uma determinada lógica(3). O uso do algoritmo regula muito

---

(1) MEDINA, Marco; FERTING, Cristina. *Algortimos e Programação:* Teoria e Prática. São Paulo: Novatec Editora, 2006. p. 13.

(2) KLEINBERG, Jon. *The Mathematics of Algorithm Design*. Princeton Companion to Mathematics, 2008. Disponível em: <https://www.cs.cornell.edu/home/kleinber/pcm.pdf>. Acesso em: 08 fev. 2020.

(3) REIS, Daniela Muradas; CORASSA, Eugênio Delmaestro. Aplicativos de Transporte e Plataforma de Controle: o mito da tecnologia disruptiva do emprego e a subordinação por algoritmos. In: PAES LEME, Ana Carolina Reis; RODRIGUES, Bruno Alves; CHAVES JUNIOR, José Eduardo de Resende (Coords.). *Tecnologias Disruptivas e a exploração do trabalho humano.* São Paulo, LTr: 2017. p. 157-165.

das atividades relacionadas a um simples clique no computador, motivo pelo qual o termo está sendo muito utilizado, debatido e estudado, em virtude das novas tecnologias que surgem constantemente e já influenciam de forma intensa as relações pessoais e profissionais.

Percebe-se, portanto, que os conceitos para algoritmos, seja na área da matemática ou na área da computação, estão ligados e relacionados. Atualmente, a análise matemática de algoritmos, ocupa uma posição central na ciência da computação. O estudo e o raciocínio sobre algoritmos podem fornecer uma visão geral dos princípios de projeto e restrições fundamentais na computação(4). Os algoritmos também são utilizados na engenharia e administração, entre outras áreas. Trata-se de um procedimento passo a passo para solução de um problema, uma sequência detalhada de ações a serem executadas para realizar uma tarefa.

Assim, é possível concluir que muitas definições podem ser dadas à palavra algoritmo. Por outro lado, Yuri Gurevich(5), ao abordar o tema, dispôs:

> A noção de algoritmo não pode ser rigorosamente definida em sua generalidade, pelo menos no momento presente. A razão é que a noção está se expandindo.
>
> [...]
>
> Novos tipos de números e algoritmos podem ser introduzidos. As noções de números e algoritmos não se cristalizaram (e talvez nunca sejam) para ter definições rigorosas.

Yuri Gurevich(6) defende, portanto, que tal como os números, os algoritmos também estão sujeitos, em face de novos achados, a descoberta de novas tipologias e aplicações. Gurevich segue afirmando que o problema da definição rigorosa de algoritmos não é desesperador em absoluto. Isso porque algumas espécies de algoritmos amadureceram o suficiente para suportar definições. É o caso dos algoritmos clássicos (ou sequenciais clássicos ou apenas sequenciais), os únicos algoritmos em uso desde a antiguidade até a década de 1950.

Dessa forma, pode-se afirmar, de forma básica e genérica, que um algoritmo pode ser definido como uma sequência finita de passos (instruções) para resolver um determinado problema. Ao se desenvolver um algoritmo, se estabelece um padrão de comportamento que deverá ser seguido, como uma espécie de execução de ações, para alcançar o resultado de um problema.

---

(4) KLEINBERG, *op. cit.*

(5) GUREVICH, Yuri. What is na algorithm? *Microsoft Research, Technical Report MSR-TR-2011-116,* July, 2011, p. 4. Disponível em: <https://www.microsoft.com/en-us/research/wp-content/uploads/2016/02/209-3.pdf>. Acesso em: 18 fev. 2020.

(6) *Idem.*

Apesar do conceito e do estudo dos algoritmos serem antigos, o tema em questão ganhou destaque e relevância após o início do desenvolvimento de computadores, durante o século XX. Como o objetivo das pesquisas era transferir para a máquina o trabalho de resolver problemas, principalmente na Segunda Guerra Mundial, na qual os algoritmos foram utilizados para análise e descoberta das trajetórias de mísseis, bem como para desvendar códigos criptografados, seria preciso criar algoritmos que pudessem ser usados por uma entidade autômata incapaz de refletir sobre uma maneira diferente de agir(7).

Desde então, muito tem se discutido sobre o assunto e as implicações do uso de algoritmos nas diferentes áreas: computação e informática, medicina, direito, política etc. Nos próximos tópicos os desdobramentos serão analisados, principalmente no que diz respeito ao avanço da tecnologia e internet e a criação de *softwares* e aplicativos com base nos algoritmos.

1.2. Espécies de algoritmos tecnológicos

Inicialmente, é preciso reiterar que o algoritmo não é necessariamente uma fórmula matemática ou um programa de computador. É possível considerar uma receita de algum prato culinário um algoritmo: juntar ingredientes, bater a massa e colocar no forno, nesta ordem(8). O algoritmo deve ser capaz de pegar qualquer problema e, usando o mesmo processo, chegar à resposta(9). Na essência, os algoritmos são uma forma de representar matematicamente um processo estruturado para a realização de uma tarefa(10). Como exemplo, podem ser citadas as regras e fluxos de trabalho, um passo a passo presente nos processos de tomada de decisão em uma empresa.

Conforme exposto no tópico anterior, apesar dos algoritmos serem objeto de estudos há milênios, atualmente estão em foco e, de forma constante, são objetos de análises, discussões e críticas. O assunto ultrapassou há muito tempo o campo da matemática, repercutindo em diversas outras áreas e na sociedade como um todo. Sabe-se que são muitas as espécies de algoritmos, bem como os inúmeros desdobramentos possíveis, mas neste tópico serão abordadas as espécies de algoritmos referentes à computação e informática, não sendo alvo de estudo os aspectos matemáticos em si, bem como as implicações em outras áreas de conhecimento.

---

(7) TAVARES, Osny. O uso cotidiano do algoritmo. *Gazeta do Povo.* Disponível em: <https://www.gazetadopovo.com.br/vida-e-cidadania/o-uso-cotidiano-do-algoritmo-4x3n9sw4bkhoam6fzqcp27mfi/>. Acesso em: 19 fev. 2020.

(8) ZELLER, Johannes. *Algoritmos são como receitas.* Disponível em: <https://www.goethe.de/ins/br/pt/m/kul/mag/21877729.html>. Acesso em: 19 fev. 2020.

(9) TAVARES, Osny. *Op. cit.*

(10) ELIAS, Paulo Sá. Algoritmos, Inteligência Artificial e o Direito. *Conjur.* Disponível em: <https://www.conjur.com.br/dl/algoritmos-inteligencia-artificial.pdf>. Acesso em: 03 mar. 2020.

Exposto o conceito de algoritmo, é importante apresentar e abordar algumas espécies do mesmo. Como mencionado anteriormente, os algoritmos estão presentes em diversas áreas de conhecimento e estudos, bem como possuem inúmeras aplicações práticas. A presente obra pretende abordar os desdobramentos e implicações dos algoritmos no direito, mais especificamente a possibilidade de enquadrá-los como detentores do poder diretivo ou não. Dessa forma, serão abordadas no presente tópico apenas as espécies relacionadas à informática, telemática, computação e Inteligência Artificial (IA), que possuem ligação direta com o assunto da presente obra.

As referidas espécies estão em constantes discussões e destaques e impressionam pelos avanços e impactos que geram na sociedade e no dia a dia das pessoas, possuindo cada vez mais importância e tornando-se, muitas vezes, essenciais. Como já exposto, os algoritmos são usados em computação há décadas, mas assumiram uma importância crescente em várias partes da economia e da sociedade nos últimos anos, principalmente no direito e nas relações de trabalho, em virtude da disseminação e do uso intenso de computadores e de outras ferramentas tecnológicas.

Nesse aspecto, convém abordar um dos "frutos" do uso dos algoritmos, qual seja, a Inteligência Artificial. A Inteligência Artificial (também chamada de IA) pode ser definida como a possibilidade das máquinas (computadores, robôs e demais dispositivos e sistemas com a utilização de eletrônica, informática, telemática e avançadas tecnologias) executarem tarefas que são características da inteligência humana, tais como planejamento, compreensão de linguagens, reconhecimento de objetos e sons, aprendizado, raciocínio, solução de problemas etc.(11) Em outras palavras, é a teoria e desenvolvimento de sistemas de computadores capazes de executar tarefas normalmente exigindo inteligência humana, como, por exemplo, a percepção visual, reconhecimento de voz, tomada de decisão e tradução entre idiomas(12).

O aprendizado de máquina, tradução para o chamado *machine learning*, é um ramo da inteligência artificial que envolve a criação de algoritmos que podem aprender automaticamente a partir de dados(13). É a prática de usar algoritmos para coletar dados, aprender com eles e fazer uma determinação ou predição sobre alguma coisa no mundo(14). A máquina é treinada usando uma quantidade grande de dados e algoritmos que dão a ela a habilidade de aprender como executar a tarefa e conseguir resultados surpreendentes. Esse processo

(11) ELIAS, Paulo Sá. Algoritmos, Inteligência Artificial e o Direito. *Conjur.* Disponível em: <https://www.conjur.com.br/dl/algoritmos-inteligencia-artificial.pdf>. Acesso em: 03 mar. 2020.

(12) *Idem.*

(13) *Idem.*

(14) COPELAND, Michael. *What's the Difference Between Artificial Intelligence, Machine Learning and Deep Learning?* Disponível em: <https://blogs.nvidia.com/blog/2016/07/29/whats-difference-artificial-intelligence-machine-learning-deep-learning-ai/>. Acesso em: 03 mar. 2020. Tradução: <https://medium.com/data-science-brigade/a-diferen%C3%A7a-entre-intelig%C3%AAncia-artificial-machine-learning-e-deep-learning-930b5cc2aa42>.

substitui a elaboração de códigos e rotinas com instruções específicas para que a máquina possa realizar tarefas e conseguir resultados[15].

O *machine learning*, portanto, utiliza algoritmos para organizar dados, detectar padrões e fazer com que computadores realizem tarefas, aprendam com elas e ainda gerem soluções inteligentes sem que sejam programados especificamente para isso[16]. Os algoritmos utilizados no *machine learning* aprendem por meio dos dados que recebem, os computadores são treinados e passam a saber executar diferentes tarefas de modo autônomo[17]. Dessa forma, ao receber novos dados posteriormente, um sistema desse tipo poderá se adaptar a uma gama maior de situações e saber resolver ainda mais problemas por conta das experiências anteriores. Percebe-se, portanto, a ocorrência de um aprendizado contínuo e autônomo, no qual não é mais necessário que o desenvolvedor programe regra por regra para obter os resultados[18].

Os algoritmos de *machine learning* aprendem a partir dos dados a eles submetidos e, assim, as máquinas são treinadas para aprender a executar diferentes tarefas de forma autônoma[19]. Dessa forma, quando são expostas a novos dados, as máquinas se adaptam a partir dos cálculos anteriores e os padrões se moldam para oferecer respostas confiáveis. Assim, em vez de programar regras em um computador e esperar o resultado, com o *machine learning* a máquina aprenderá essas regras por conta própria[20].

Antes do aprendizado de máquina, os computadores apenas seguiam instruções escritas em um código: o que era mencionado e fazia parte do código permitindo que o computador reagisse. Contudo, se houvesse algo a ser discutido que não estivesse no código, o computador não saberia o que deveria ser feito, já que não havia instruções que poderiam ser seguidas, perdendo a capacidade de discussão e ocorrendo uma espécie de interrupção no processo[21].

A importância do aprendizado de máquina, portanto, é muito grande e perceptível. O mundo é complexo e a evolução da tecnologia aumenta ainda mais a complexidade. É impossível listar todas as instruções possíveis para as máquinas. Dessa forma, o aprendizado

---

(15) ELIAS, Paulo Sá. *Op. cit.*

(16) STEFANINI. Machine *Learning* × *Deep Learning:* entenda a diferença. Disponível em: <https://stefanini.com/pt-br/trends/artigos/machine-learning-vs-deep-learning>. Acesso em: 08 mar. 2020.

(17) *Idem.*

(18) *Idem.*

(19) SALESFORCE BRASIL. *Machine Learning e Deep Learning:* aprenda as diferenças. Disponível em: <https://www.salesforce.com/br/blog/2018/4/Machine-Learning-e-Deep-Learning-aprenda-as-diferencas.html>. Acesso em: 08 mar. 2020.

(20) *Idem.*

(21) CRUZ, Jéssica. *Diferenças entre AI, Machine Learning e Deep Learning.* Disponível em: <http://ecmetrics.com/pt/ai-machine-learning-deep-learning/ >. Acesso em: 08 mar. 2020.

de máquina resolve essa questão, dando às máquinas a capacidade de aprender e, naturalmente, proporcionar avanços significativos[22].

Não raro o *machine learning* é confundido com a Inteligência Artificial, sendo mencionados como sinônimos[23]. Tecnicamente, o *machine learning* é um subcampo da Inteligência Artificial, mas cresceu significativamente e ganhou destaque, sendo frequentemente analisado e citado, até mais do que a IA. O objetivo da IA é ensinar os computadores a fazer o que, atualmente, os humanos fazem melhor, e aprender é a mais importante dessas tarefas, sem ela, nenhum computador pode se equiparar a um humano por muito tempo, com ela, o resto vem como consequência[24].

Nesse sentido, Pedro Domingos[25] dispõe:

> A sociedade está mudando ao ritmo de cada algoritmo de aprendizado que é produzido. O machine learning está recriando a ciência, a tecnologia, os negócios, a política e a guerra. Satélites, sequenciadores de DNA e aceleradores de partículas sondam a natureza em detalhes cada vez menores, e os algoritmos de aprendizado transformam as torrentes de dados em novo conhecimento cientifico. As empresas conhecem seus clientes como jamais conheceram. O candidato com os melhores modelos de eleitores vence, como Obama contra Romney. Veículos não tripulados pilotam a si próprios na terra, no mar e no ar. Ninguém programou nossas preferências no sistema de recomendações da Amazon; um algoritmo de aprendizado as descobriu sozinho, tirando conclusões a partir de compras passadas. O carro auto-dirigível do Google aprendeu sozinho como permanecer na estrada; nenhum engenheiro escreveu um algoritmo para instruí-lo, passo a passo, como ir de A a B. Ninguém sabe como programar um carro para dirigir sozinho, e não precisamos saber, porque um carro equipado com um algoritmo de aprendizado aprende observando o que o motorista faz.

O *machine learning* não se trata de uma utilização prática recente dos algoritmos, pelo contrário. É uma tecnologia antiga, contudo, passou por uma notável evolução recentemente[26]. Isso porque, logo que surgiu tinha uma aplicação limitada, haja vista a falta de

---

(22) CRUZ, Jéssica. *Diferenças entre AI, Machine Learning e Deep Learning*. Disponível em: <http://ecmetrics.com/pt/ai-machine-learning-deep-learning/ >. Acesso em: 08 mar. 2020.

(23) MIRANDA, Paula. *O que acontece nos bastidores da Inteligência Artificial*. Disponível em: <https://asksuite.com/br/blog/como-funciona-inteligencia-artificial/>. Acesso em: 08 mar. 2020.

(24) DOMINGOS, Pedro. *O Algoritmo Mestre*. São Paulo: Novatec, 2017. p. 54.

(25) *Ibidem*, p. 16.

(26) SALESFORCE BRASIL. *Machine Learning e Deep Learning:* aprenda as diferenças. Disponível em: <https://www.salesforce.com/br/blog/2018/4/Machine-Learning-e-Deep-Learning-aprenda-as-diferencas.html>. Acesso em: 08 mar. 2020.

dados disponíveis e de tecnologias que pudessem executá-la de forma eficiente e rápida. Atualmente, com a evolução da tecnologia e da internet e com o acesso constante aos dados, tornou-se possível o desenvolvimento de tecnologias de *machine learning* eficientes e úteis. Esse tipo de tecnologia está diretamente relacionado ao *deep learning*(27).

O aprendizado profundo, tradução para o *deep learning*, é uma tecnologia que utiliza algoritmos mais complexos, sendo uma das várias abordagens para o aprendizado de máquinas(28). Esse tipo de abordagem foi inspirado na estrutura e nas funções do cérebro humano, na interligação dos neurônios(29). As redes neurais são inspiradas pelo entendimento da biologia do cérebro humano e as interconexões entre neurônios(30). Contudo, no cérebro humano qualquer neurônio pode se conectar com qualquer outro neurônio, dentro de certa distância física, enquanto as redes neurais possuem camadas discretas, conexões e direções de propagações de dados(31).

A aprendizagem profunda tem o seu nome baseado, justamente, nessas várias camadas. A profundidade é criada com a utilização de múltiplas camadas em oposição a uma única camada de aprendizado pelo algoritmo(32). Esses algoritmos de aprendizado profundo formam as "redes neurais" e estas rapidamente podem ultrapassar a nossa capacidade de compreender todas as suas funções. Ao trabalharem por meio desse sistema de camadas, os sistemas e os algoritmos passam a funcionar de forma mais semelhante aos neurônios — que também são alimentados por uma grande quantidade de informações — e conseguem reconhecer e tratar uma gama muito maior e mais complexa de imagens, sons e dados em geral, sem interferência humana(33).

O *deep learning* é chamado dessa maneira, portanto, porque atua em muitas camadas simultâneas, é o aprendizado estruturado profundo de conjuntos de dados complexos e/ou de grande escala(34). Trata-se de uma subcategoria de aprendizado de máquina que diz respeito

---

(27) SALESFORCE BRASIL. *Machine Learning e Deep Learning:* aprenda as diferenças. Disponível em: <https://www.salesforce.com/br/blog/2018/4/Machine-Learning-e-Deep-Learning-aprenda-as-diferencas.html>. Acesso em: 08 mar. 2020.

(28) ELIAS, Paulo Sá. *Op. cit.*

(29) *Idem.*

(30) COPELAND, Michael. *What's the Difference Between Artificial Intelligence, Machine Learning and Deep Learning?* Disponível em: <https://blogs.nvidia.com/blog/2016/07/29/whats-difference-artificial-intelligence-machine-learning-deep-learning-ai/>. Acesso em: 04 mar. 2020.

(31) *Idem.*

(32) ELIAS, Paulo Sá. *Op. cit.*

(33) STEFANINI, *op. cit.*

(34) KWAN, Keith. *Artificial intelligence, machine learning, deep learning, know their difference in three minutes.* Disponível em: < https://aboveintelligent.com/artificial-intelligence-machine-learning-deep-learning-know-their-difference-in-three-minutes-978754e5e736>. Acesso em: 04 mar. 2020.

a oportunidades de aprendizagem com o uso de redes neurais, tais como reconhecimento de fala, visão computacional e processamento de linguagem natural(35).

Esse tipo de abordagem está presente desde o início da Inteligência Artificial, mas produzia muito pouco no sentido de inteligência, haja vista a rede neural mais básica exigir muito computacionalmente, o que tornava uma abordagem pouco prática(36). Contudo, um grupo de pesquisa liderado por Geoffrey Hinton na Universidade de Toronto conseguiu paralelizar os algoritmos para supercomputadores executá-los e provar o conceito(37). Atualmente, o reconhecimento de imagens por máquinas treinadas por meio de *deep learning*, em alguns cenários possuem uma taxa de acerto maior que a de humanos, e isso varia entre a identificação de placas até indicadores de câncer no sangue e tumores em exames de ressonância magnética(38).

Neste sentido, especialistas afirmam que é possível que em breve as pessoas possam ser atendidas por um androide médico e ter seus tratamentos decididos por um poderoso algoritmo. A consulta médica será baseada no *deep learning*. Equipamentos médicos com finalidade diagnóstica já são vendidos com programas baseados em algoritmos que podem ajudar, por exemplo, um ortopedista a detectar alguma anormalidade em um raio-x ou e em outros exames de imagem, como aqueles que mapeiam a retina em busca de degenerações(39).

O *deep learning* permitiu muitas aplicações práticas de *machine learning* e, por extensão, o campo todo de Inteligência Artificial(40). O *deep learning* se divide em diversas tarefas, de maneira que todo tipo de ajuda proveniente de uma máquina é possível, mesmo as mais remotas(41). É possível resumir os dois conceitos tratados no presente tópico afirmando que a aprendizagem de máquina estabeleceu o fundamento para a aprendizagem profunda evoluir(42). A aprendizagem profunda recebeu as principais características do modelo tradicional de aprendizagem de máquina e evoluiu, ensinando novas habilidades

---

(35) KWAN, Keith. *Artificial intelligence, machine learning, deep learning, know their difference in three minutes.* Disponível em: < https://aboveintelligent.com/artificial-intelligence-machine-learning-deep-learning-know-their-difference-in-three-minutes-978754e5e736>. Acesso em: 04 mar. 2020.

(36) COPELAND, Michael. *What's the Difference Between Artificial Intelligence, Machine Learning and Deep Learning?* Disponível em: <https://blogs.nvidia.com/blog/2016/07/29/whats-difference-artificial-intelligence-machine-learning-deep-learning-ai/>. Acesso em: 04 mar. 2020.

(37) *Idem.*

(38) *Idem.*

(39) Neste sentido: ALVES, Gabriel. *Inteligência artificial supera médicos ao ver exames de imagem.* Disponível em:<https://www1.folha.uol.com.br/equilibrioesaude/2018/02/inteligencia-artificial-supera-medicos-ao-ver-exames-de-imagem.shtml>. Acesso em: 04 mar. 2020.

(40) COPELAND, Michael. *Op. cit.*

(41) *Idem.*

(42) PEREIRA, Tiago. *Qual a diferença entre Machine Learning e Deep Learning?* Disponível em: <https://computerworld.com.br/brandpost/qual-diferenca-entre-machine-learning-e-deep-learning/; Acesso em: 04 mar. 2020.

e ajustando as existentes(43). A evolução e o aperfeiçoamento também estão presentes e configurados entre os algoritmos.

Sobre o aprendizado profundo, Kai-Fu Lee(44) dispõe:

> Programas baseados em aprendizado profundo podem, agora, fazer um trabalho melhor do que os humanos na identificação de rostos, no reconhecimento de discurso e na concessão de empréstimos. Durante décadas, a revolução da inteligência artificial sempre parecia estar a cinco anos de distância. Porém, com o desenvolvimento do aprendizado profundo nos últimos anos, essa revolução finalmente chegou, e irá inaugurar uma era de forte aumento da produtividade, mas também de perturbações generalizadas nos mercados de trabalho — e grandes efeitos sociopsicológicos nas pessoas — à medida que a inteligência artificial tomar conta dos empregos humanos em todas as indústrias.

Ao contrário da abordagem baseada em regras, os construtores de redes neurais em geral não fornecem às redes regras a serem seguidas na tomada de decisões(45). Eles simplesmente inserem muitos exemplos de um determinado fenômeno nas redes neurais e permitem que as próprias redes identifiquem padrões dentro dos dados(46). Em outras palavras, quanto menos interferência humana, melhor(47). As redes neurais precisam de grandes quantidades de duas coisas: poder de computação e dados; os dados "treinam" o programa para reconhecer padrões, fornecendo muitos exemplos, e o poder computacional permite que o programa analise esses exemplos em alta velocidade(48).

Os inúmeros dispositivos construídos atualmente, tais como aparelhos médicos, relógios inteligentes, veículos, eletrodomésticos, entre outros itens construídos com componentes eletrônicos, *software*, sensores e que possuem a capacidade de coletar e transmitir dados à Internet, capazes de serem identificados de maneira única, formam o que é conhecido como a Internet das coisas (*Internet of things* ou IoT)(49). A Inteligência Artificial

(43) PEREIRA, Tiago. *Qual a diferença entre Machine Learning e Deep Learning?* Disponível em: <https://computerworld.com.br/brandpost/qual-diferenca-entre-machine-learning-e-deep-learning/; Acesso em: 04 mar. 2020.

(44) LEE, Kai-Fu. *Inteligência artificial [recurso eletrônico]:* como os robôs estão mudando o mundo, a forma como amamos, nos relacionamos, trabalhamos e vivemos. Tradução Marcelo Barbão. 1. ed. Rio de Janeiro: Globo Livros, 2019.

(45) *Idem.*

(46) *Idem.*

(47) *Idem.*

(48) *Idem.*

(49) ELIAS, Paulo Sá. *Op. cit.*

e a Internet das coisas estão intrinsecamente entrelaçadas, podendo ser exemplificada como a relação entre cérebro e o corpo humano(50). Todos os sensores conectados que compõem a Internet das coisas são como nossos corpos, fornecendo os dados brutos do que está acontecendo no mundo(51). A Inteligência Artificial é como nosso cérebro, dando sentido a esses dados e decidindo quais ações executar. E os dispositivos conectados da internet das coisas são novamente como nossos corpos, realizando ações físicas ou se comunicando com os outros(52).

Como já exposto, o aprendizado de máquina (*machine learning*) e o aprendizado profundo (*deep learning*) trouxeram grandes avanços para a Inteligência Artificial nos últimos anos, ganhando destaque e sendo constantemente discutida a relevância que essas espécies de algoritmos passaram a ter no dia a dia das pessoas. Tanto o aprendizado de máquina quanto o aprendizado profundo exigem grande quantidade de dados para que possam funcionar adequadamente e estes dados estão sendo coletados pelos bilhões de sensores que continuam a entrar na Internet das coisas a cada dia(53).

Percebe-se, portanto, que a aplicação prática dos algoritmos no ramo da tecnologia e computação acaba por interligar as diferentes espécies abordadas no presente tópico. O avanço da Inteligência Artificial impulsiona a adoção da Internet das coisas (e vice-versa), afinal os algoritmos precisam de dados e quanto maior o número de sensores e pontos de coleta de dados melhor e maior o avanço e, consequentemente, os resultados que podem surgir dessa evolução(54). A Inteligência Artificial, por sua vez, torna a Internet das coisas útil, fazendo com que os inúmeros dispositivos e aparelhos possam oferecer resultados relevantes aos seus usuários e dados valiosos para quem os coleta(55).

Os algoritmos, portanto, são as diretrizes seguidas por uma máquina que atualmente são caracterizadas por meio de *machine learning* (uso de algoritmos na organização de dados e reconhecimento de padrões) e *deep learning* (parte do aprendizado de uma máquina que, por meio de algoritmos de alto nível, imita a rede neural do cérebro humano)(56). Dessa forma, analisar e entender a definição de algoritmo e as espécies práticas nas tecnologias é fundamental para compreender sua influência e impacto nos ambientes atuais, inclusive nos ambientes corporativos e relações de trabalho.

---

(50) ELIAS, Paulo Sá. *Op. cit.*

(51) *Idem.*

(52) *Idem.*

(53) *Idem.*

(54) *Idem.*

(55) *Idem.*

(56) SOARES, Marcelo Costa. *Influência de algoritmos nas relações trabalhistas e a importância de se desconectar.* Disponível em: <https://www.jota.info/opiniao-e-analise/artigos/influencia-de-algoritmos-nas-relacoes-trabalhistas-e-a-importancia-de-se-desconectar-19012020>. Acesso em: 03 mar. 2020.

1.3. Tecnologia de Informação e os algoritmos

Para ciência da computação, o conceito de algoritmo foi formalizado em 1936 por Alan Turing e Alonzo Church, que formaram as primeiras fundações da ciência da computação[57] e definiram algoritmo como um conjunto não ambíguo e ordenado de passos executáveis que definem um processo finito[58]. Isso significa que o algoritmo requer um conjunto de passos ordenados, ou seja, bem definidos e estruturados para uma ordem de execução, o que não quer dizer que esses passos devam ser executados sempre em uma única sequência, consistindo em um primeiro passo seguido por um segundo e assim por diante[59].

O matemático britânico Alan Turing foi um dos primeiros a relacionar algoritmos e computadores e imaginar um computador como conhecido atualmente[60]. Turing concebeu uma máquina hipotética que pudesse realizar qualquer tipo de computação e, para isso, estabeleceu o conceito de algoritmo, que é a essência por trás de toda e qualquer tentativa de programar um computador[61]. Turing trabalhou para a inteligência britânica num centro especializado em quebra de códigos durante a Segunda Guerra Mundial e nesse período desenvolveu um sistema para traduzir os textos secretos dos alemães, gerados por máquinas de criptografia chamadas de "Enigma"[62].

O sistema criado por Turing traduzia comunicações codificadas pela "Enigma", transformando-as em uma mensagem verdadeira e compreensível[63]. Turing é conhecido como o "pai da computação" e criou o chamado "teste de Turing", no qual uma máquina poderia ser considerada inteligente se pudesse emitir reações que seriam indistinguíveis das reações de um ser humano[64].

A máquina de Turing não é uma máquina que existe no mundo físico, mas um constructo mental[65]. Consiste em uma faixa infinita sobre a qual vão sendo feitas operações repetitivas até oferecer soluções e vem a ser uma definição informática do algoritmo e de

---

(57) UNOCHAPECÓ. *Algoritmo*. Disponível em: <https://www.unochapeco.edu.br/computacao/info/algoritmo>. Acesso em: 04 mar. 2020.

(58) COUTINHO, Thiago. *O que é algoritmo usual e algoritmo na internet com exemplos*. Disponível em: <https://www.voitto.com.br/blog/artigo/o-que-e-algoritmo>. Acesso em: 15 jul.2020.

(59) FARIAS, Gilberto. *Introdução à Computação*. Disponível em: <http://producao.virtual.ufpb.br/books/camyle/introducao-a-computacao-livro/livro/livro.chunked/ch05s01.html>. Acesso em: 08 mar. 2020.

(60) FANJUL, Sergio C. *Na verdade, o que [...] é exatamente um algoritmo?* Disponível em: <https://brasil.elpais.com/brasil/2018/03/30/tecnologia/1522424604_741609.html>. Acesso em: 08 mar. 2020.

(61) REVISTA SUPERINTERESSANTE; Alan Turing O pai das ciências da computação e precursor da inteligência artificial. Disponível em: <https://super.abril.com.br/historia/alan-turing/>. Acesso em: 08 mar. 2020.

(62) FONTOURA, Paula Renata. *Alan Turing, o pai da computação*. Disponível em: <http://www.invivo.fiocruz.br/cgi/cgilua.exe/sys/start.htm?infoid=1370&sid=7>. Acesso em: 08 mar. 2020.

(63) *Idem*.

(64) *Idem*.

(65) FANJUL, Sergio C. *Op. cit.*

um computador[66]. Trata-se de uma máquina universal, que pode executar qualquer programa que lhe for solicitado. Existem, portanto, os problemas que podem ser resolvidos por uma máquina de Turing (chamados computáveis) e aqueles que não podem (os não computáveis), assim como atualmente percebemos tarefas que as máquinas podem executar e outros que só os humanos podem realizar[67]. Pode-se afirmar que todos os computadores, *tablets, smartphones* etc., que existem e que conhecemos atualmente são máquinas de Turing[68].

Assim, de forma sintética e objetiva, o trabalho dos programadores de computador consiste em traduzir os problemas do mundo para uma linguagem que uma máquina possa entender, isto é, em algoritmos que a máquina manipule[69]. Um programa de computador é um algoritmo escrito em uma linguagem de programação que no final se torna milhares de operações simples que são realizadas com correntes elétricas no processador, correntes representadas pelos famosos uns e zeros, os dígitos que caracterizam o digital[70]. Um computador pode chegar a fazer quatro bilhões de operações em apenas um segundo[71], assim pode-se ter uma ideia do que são os algoritmos e a informática e a capacidade surpreendente dos mesmos.

No uso e controle das informações, os algoritmos facilitam a administração de dados, de modo a armazená-los e a utilizá-los no meio gerencial[72]. Os algoritmos possuem grande aplicação nas práticas de Tecnologia da Informação e otimizam o uso de informações nas tomadas de decisões, atuando no gerenciamento dos recursos disponíveis e no processo produtivo.

Segundo Rosetti e Morales[73], o processo dos sistemas de informação se inicia em 1950, com os sistemas de processamento eletrônico de dados: processamento de transações, manutenção de registros e aplicações contábeis tradicionais. Em 1960, surge o sistema de informação gerencial: relatórios administrativos de informações pré-estipuladas para apoiar a tomada de decisão e, na década de 70, há o aparecimento do Sistema de Apoio à Decisão

---

(66) FANJUL, Sergio C. *Op. cit.*

(67) *Idem.*

(68) *Idem.*

(69) *Idem.*

(70) *Idem.*

(71) *Idem.*

(72) HILBERT, Martin; LÓPEZ, Priscila. *The World's Technological Capacity to Store, Communicate, and Compute Information. Apud* REIS, Daniela Muradas; CORASSA, Eugênio Delmaestro. Aplicativos de Transporte e Plataforma de Controle: o mito da tecnologia disruptiva do emprego e a subordinação por algoritmos. In: PAES LEME, Ana Carolina Reis; RODRIGUES, Bruno Alves; CHAVES JUNIOR, José Eduardo de Resende (Coords.) *Tecnologias Disruptivas e a exploração do trabalho humano*. São Paulo, LTr: 2017. p. 157-165.

(73) ROSETTI, Adroaldo Guimarães; MORALES, Aran Bey Tcholakian. *O papel da tecnologia da informação na gestão do conhecimento*. Disponível em: <http://www.scielo.br/pdf/ci/v36n1/a09v36n1.pdf>. Acesso em: 08 mar. 2020.

(SAD), descrito como "apoio interativo e *ad hoc* ao processo de tomada de decisão gerencial"[(74)].

Em 1980, houve o surgimento do sistema de computação do usuário final, com o apoio direto à computação para produtividade do usuário final e colaboração de grupos de trabalho, bem como com o sistema de suporte a executivos, com informações críticas para a alta gerência, o sistema especialista: conselho especializado baseado em conhecimento para os usuários finais e o sistema de informação estratégica, com produtos e serviços estratégicos para obtenção de vantagem competitiva[(75)]. A partir de 1990, surgiu o sistema de informação interconectado: sistemas direcionados ao usuário final, à empresa e à computação, às comunicações e à colaboração interorganizacionais, incluindo operações e administração globais nas Internet, intranets, extranets e outras redes empresariais e mundiais[(76)].

Os algoritmos atuantes em sistemas informacionais propiciam soluções para determinados problemas complexos, atuando na governança de informações e induzindo comportamentos na era informatizada[(77)]. Ao longo da história, por meio da tecnologia da informação, esses sistemas são utilizados para vários fins, destacando-se o uso individual ou organizacional, possibilitando o acompanhamento das transformações que ocorrem no mundo, para buscar aumentos de produtividade e competitividade[(78)].

Com o avanço da tecnologia e o fato de que, atualmente, as pessoas permanecem conectadas seja na frente de um computador ou utilizando algum dispositivo móvel com acesso à internet, é natural que se discuta e aborde o papel dos algoritmos na informática e na tecnologia da informação. Grande parte da população não tem uma clara compreensão e nem o conhecimento técnico sobre como computadores, *tablets*, celulares ou qualquer equipamento que utilize dados, funcionam. Alguns possuem uma noção de que a operação e o funcionamento dependem de códigos, que passaram a ser objeto de discussões recentemente por meio da abordagem sobre os algoritmos. A vaga noção sobre o funcionamento desses equipamentos que são, cada vez mais, utilizados, deve se tornar mais aprofundada com o estudo e a compreensão dos algoritmos na vida das pessoas[(79)].

---

(74) ROSETTI, Adroaldo Guimarães; MORALES, Aran Bey Tcholakian. *O papel da tecnologia da informação na gestão do conhecimento*. Disponível em: <http://www.scielo.br/pdf/ci/v36n1/a09v36n1.pdf>. Acesso em: 08 mar. 2020.

(75) *Idem*.

(76) *Idem*.

(77) REIS, Daniela Muradas; CORASSA, Eugênio Delmaestro. Aplicativos de Transporte e Plataforma de Controle: o mito da tecnologia disruptiva do emprego e a subordinação por algoritmos. In: PAES LEME, Ana Carolina Reis; RODRIGUES, Bruno Alves; CHAVES JUNIOR, José Eduardo de Resende. (Coords.). *Tecnologias Disruptivas e a exploração do trabalho humano*. São Paulo, LTr: 2017. p. 161.

(78) *Idem*.

(79) PRETI, Mariana. *Entenda o que é Algoritmo e qual o papel dele na sua vida*. Disponível em: <https://c2ti.com.br/blog/entenda-o-que-e-algoritmo-e-qual-o-papel-dele-na-sua-vida-tecnologia>. Acesso em: 08 mar. 2020.

Nesse contexto, muito se tem discutido sobre o papel dos algoritmos nas operações que alimentam os *feeds* das redes sociais, sejam com notícias, anúncios, fotos etc., ou as operações que estabelecem o *ranking* dos *sites* de busca, como o Google[(80)]. Essas operações e sistemas que utilizam os algoritmos são exemplos do aprendizado de máquina, abordado anteriormente, que estão presentes no dia a dia da informática e, consequentemente, na vida das pessoas. Essa utilização dos algoritmos tem despertado a curiosidade e a preocupação dos indivíduos, sendo alvo de debates e teorias, inclusive acerca da sensibilidade dos algoritmos.

Nesse sentido, o recente documentário "The Social Dilemma[(81)]" ("O Dilema das Redes") da "Netflix" abordou, de forma clara e didática, a influência e o poder dos algoritmos na atualidade, especialmente no que tange às redes sociais. O documentário conta com a participação e o depoimento de grandes diretores e engenheiros de redes sociais como "Facebook", "Pinterest", "Instagram" e "Twitter", além do "Google". Nos depoimentos os profissionais explicam como funcionam algumas das interações das redes com as pessoas e como o algoritmo trabalha para que conheça cada vez melhor o usuário.

Estudiosos da ciência da computação afirmam que o aprendizado de máquina é notavelmente opaco[(82)], mas é cada vez mais relevante e essencial para a vida e a rotina das pessoas, o que, naturalmente, gera a curiosidade e o interesse em entender o assunto e como trabalham os algoritmos. Portanto, embora o conceito de algoritmo possa ser aplicado a qualquer receita ou padrão aplicável e finito, tem-se a impressão de que está associado às linguagens de programação e computação, pois, atualmente, seu uso é basicamente voltado para o desenvolvimento de tecnologias[(83)].

Tradicionalmente, a única maneira de fazer um computador executar uma operação era escrever um algoritmo que explicasse como, com detalhes minuciosos. Contudo, os algoritmos de *machine learning* (aprendizado de máquina), que também são conhecidos como aprendizes, são diferentes e descobrem como operar sozinhos, fazendo interferências a partir de dados. E quanto mais dados eles possuem, melhor ficam. Hoje, pode-se afirmar que não é mais preciso programar os computadores porque eles mesmos se programam[(84)].

---

(80) PRETI, Mariana. *Entenda o que é Algoritmo e qual o papel dele na sua vida*. Disponível em: <https://c2ti.com.br/blog/entenda-o-que-e-algoritmo-e-qual-o-papel-dele-na-sua-vida-tecnologia>. Acesso em: 08 mar. 2020.

(81) THE SOCIAL DILEMMA, Direção: Jeff Orlowski; Roteiro: Orlowski, Davis Coombe e Vickie Curtis. Netflix, 2020. Disponível em: <https://www.netflix.com/title/81254224>. Acesso em: 14 set. 2020.

(82) AUERBACH, David. *The Programs That Become the Programmers*. Disponível em: <https://slate.com/technology/2015/09/pedro-domingos-master-algorithm-how-machine-learning-is-reshaping-how-we-live.html>. Acesso em: 21 jun.2020.

(83) PRETI, Mariana. *Op. cit.*

(84) DOMINGOS, Pedro. *O algoritmo mestre*. Novatec: São Paulo, 2017. p. 10.

Nesse sentido, sabe-se que os algoritmos de aprendizado de máquina estão efetivamente programando a si próprios, o que significa que as vezes podem ser imprevisíveis, gerando resultados impensados e até estranhos[(85)]. Isso porque as operações dos algoritmos podem ser obscuras e inesperadas até para aqueles que originalmente as criaram.

Nesse contexto, cabe uma crítica e discordância acerca da afirmação de que os algoritmos, por transformarem dados inseridos em um resultado desejado, baseado em cálculos, são controláveis[(86)]. Essa é uma ideia que existiu — e ainda existe — na conjuntura do algoritmo "tradicional", qual seja, antes da descoberta e criação do aprendizado de máquina. Atualmente, como exposto, os algoritmos aprendem sozinhos, o que implica na necessidade de uma cautela ao generalizar os algoritmos como controláveis.

Quando se pensa em um programa de computador (ou no algoritmo implementado por um programa), geralmente se pensa em um ser humano dando um conjunto de instruções a um computador, dizendo-lhe como lidar com certas entradas que geram certas saídas. O estado mantido pelo programa muda com o tempo — um navegador da *web* monitora quais páginas estão sendo exibidas e responde à entrada do usuário reagindo (idealmente) de maneira determinada e previsível —, mas a lógica do programa é essencialmente descrita pelo código escrito pelo humano. O aprendizado de máquina, em muitas de suas formas, contrariando essa lógica, trata da criação de programas que eles mesmos constroem.

Todo algoritmo tem um *input* (entrada/insumo) e um *output* (saída/resultado): os dados entram no computador, o algoritmo faz o que deve fazer com os dados, e o resultado surge[(87)]. Isso é o que a programação computacional faz, sendo por meio da programação que são descritos os passos necessários para fazer algo no computador. Esse é o entendimento tradicional sobre o que os computadores fazem. No entanto, com o *machine learning* esse entendimento tradicional está sendo alterado: à medida em que os dados e o desejado resultado (o que se quer a partir dos dados) entram no computador, temos como saída o algoritmo que transforma um (algoritmo) em outro (algoritmo). Algoritmos que aprendem são algoritmos que fazem outros algoritmos. Com o aprendizado de máquina, os computadores escrevem seus próprios programas, de forma que os humanos não precisem dar as "orientações" por meio da programação[(88)].

Mas esses programas gerados por máquina não são como algoritmos gerados por humanos. Em vez de serem programados, os algoritmos são «treinados» por seus designers por meio de um processo interativo de fornecer *feedback* positivo e negativo sobre os resultados

(85) PRETI, Mariana. *Op. cit.*

(86) Nesse sentido, REIS, Daniela Muradas; CORASSA, Eugênio Delmaestro. *Aplicativos de Transporte e Plataforma de Controle:* o mito da tecnologia disruptiva do emprego e a subordinação por algoritmos. *Op. cit.*, p, 161.

(87) *The Master Algorithm* (O Algoritmo Mestre). Disponível em: <http://www.creativante.com/new/index.php/2013-02-03-19-36-05/2017/335-the-master-algorithm-o-algoritmo-mestre>. Acesso em: 21 jun. 2020.

(88) *Idem.*

obtidos. São processos difíceis de depurar e mais difíceis de controlar, no entanto, é justamente por esses motivos que oferecem o potencial para um comportamento muito mais "inteligente" do que as abordagens tradicionais de algoritmos e Inteligência Artificial[89], contudo, os riscos e o potencial ofensivo também são muito maiores.

O recente — e já mencionado — documentário The Social Dilemma[90] ("O Dilema das Redes") da "Netflix" revela claramente o poder inestimável e implacável dos algoritmos, que aumenta de forma exponencial, sendo os limites, atualmente, desconhecidos. No referido documentário, Cathy O'Neil, matemática e cientista de dados, afirma que algoritmos são opiniões embutidas em código e que não são objetivos, sendo otimizados para uma definição de sucesso. Jeff Seibert, empresário de tecnologia, também explica no referido documentário que ao dizer o objetivo para o computador, ele aprende sozinho a atingi-lo, daí vem o termo "aprendizagem de máquina", e ninguém sabe de verdade o que está sendo feito para atingir aquele objetivo.

Bailey Richardson, uma das fundadoras do "Instagram", afirma no documentário que o algoritmo pensa sozinho, mesmo que alguém o tenha criado, sendo um sistema que transforma a si mesmo. Sandy Parakilas, ex-diretor do "Facebook", explica que poucas pessoas entendem como esses sistemas funcionam e nem elas sabem totalmente o que vai acontecer com determinado conteúdo. Então, de acordo com Parakilas, como humanos, quase perdemos o controle sobre esses sistemas, porque eles controlam as informações que vemos e eles têm mais controle sobre nós do que nós temos sobre eles. Fica claro, portanto, o poder imensurável dos algoritmos e o potencial desconhecido que eles possuem.

Nesse sentido, a propriedade mais promissora — e ao mesmo tempo preocupante — de alguns algoritmos desenvolvidos pela própria máquina é a capacidade de decidir o que as pessoas veem e como veem[91]. Para esclarecer ainda mais essa questão, é possível exemplificar a atividade dos algoritmos que determinam quem deve receber benefícios do governo ou que podem ajudar a antecipar crises de saúde, reprogramar voos de companhias aéreas etc. Contudo, existem muitas atividades que os algoritmos ainda não podem fazer e, embora sejam aptos a garantir eficiência, os algoritmos não são bons em simular compaixão e outras características humanas[92].

Um dos principais aspectos sobre o aprendizado de máquina e a forma como os algoritmos funcionam baseia-se no erro, ou seja, a partir dos erros os algoritmos se aperfeiçoam e evoluem. Ocorre que os erros podem ser simples e inofensivos, como a confusão entre uma imagem de um animal e outro, mas podem ser prejudiciais e extremamente danosos, como

---

(89) AUERBACH, David. *Op. cit.*

(90) THE SOCIAL DILEMMA, *Op. cit.*

(91) PRETI, Mariana. *Op. cit.*

(92) *Idem.*

no caso em que o *Google Photos* identificou erroneamente duas pessoas pretas como gorilas[(93)]. Ninguém conscientemente ensinou o sistema a formar conclusões racistas, mas os parâmetros que os programadores criaram podem ter preparado os algoritmos para chegar nessa conclusão equivocada e ofensiva.

Outro exemplo de decisões enviesadas que os algoritmos podem tomar, gerando impactos negativos e preconceituosos, diz respeito a uma recente descoberta que cientistas da computação da *Carnegie Mellon University*[(94)] fizeram acerca da desigualdade de gênero também por meio dos algoritmos. Na descoberta em questão foi constatado que as mulheres tinham menos probabilidade do que os homens de ver anúncios de empregos com salários mais altos. Não foi exposto o motivo disso acontecer, haja vista a complexidade acerca dos mecanismos de pesquisa e a exibição de anúncios para usuários, não sendo possível concluir se os anunciantes preferiram exibir anúncios só para homens ou se o resultado foi uma consequência não intencional dos algoritmos envolvidos[(95)].

Os algoritmos, como já exposto, reproduzem um aprendizado. Num processo de seleção e recrutamento, os algoritmos analisam as correlações e os dados que mais se aproximam do perfil dos supostos bons profissionais, com base nas contratações efetivadas anteriormente. Ocorre que, se a maioria das contratações de uma empresa tiver sido de homens, alguns dados relacionados a termos femininos poderão sofrer uma qualificação negativa[(96)]. Nesse sentido, o caso da empresa Amazon foi muito debatido e divulgado em 2018. A referida empresa adotou um sistema de IA para seleção de empregados, que foi desativado pelo seu viés discriminatório. O algoritmo desenvolveu um viés a favor dos homens, reproduzindo um padrão das contratações anteriores da empresa, que tinha uma predominância de empregados homens[(97)].

Recentemente, durante a pandemia da Covid-19, outro equívoco dos algoritmos causou prejuízos significativos para jovens do Reino Unido[(98)]. Um algoritmo feito para

---

(93) *Fail épico:* sistema do Google Fotos identifica pessoas negras como gorilas. Disponível em: <https://www.tecmundo.com.br/google-fotos/82458-polemica-sistema-google-fotos-identifica-pessoas-negras-gorilas.htm>. Acesso em: 21 jun. 2020.

(94) SPICE, Byron. *Questioning the Fairness of Targeting Ads Online*. Disponível em: <https://www.cmu.edu/news/stories/archives/2015/july/online-ads-research.html>. Acesso em: 17 out. 2020.

(95) CRAWFORD, Kate. *Artificial Intelligence's White Guy Problem*. Disponível em: <https://www.nytimes.com/2016/06/26/opinion/sunday/artificial-intelligences-white-guy-problem.html>. Acesso em: 17 out. 2020.

(96) JUNQUEIRA, Thiago. *Discriminação:* o desafio da inteligência artificial em processos seletivos. Disponível em: <https://veja.abril.com.br/economia/discriminacao-o-desafio-da-inteligencia-artificial-em-processos-seletivos/>. Acesso em: 17 out. 2020.

(97) Amazon desiste de ferramenta secreta de recrutamento que mostrou viés contra mulheres. Disponível em: <https://epocanegocios.globo.com/Empresa/noticia/2018/10/amazon-desiste-de-ferramenta-secreta-de-recrutamento-que-mostrou-vies-contra-mulheres.html>. Acesso em: 17 out. 2020.

(98) *Algoritmo roubou meu futuro:* solução para 'Enem britânico' na pandemia causa escândalo Disponível em: <https://noticias.uol.com.br/ultimas-noticias/bbc/2020/08/20/algoritmo-roubou-meu-futuro-solucao-para-enem-britanico-na-pandemia-causa-escandalo.htm>. Acesso em: 20 ago. 2020.

decidir as notas dos estudantes depois que exames nacionais — a versão britânica do ENEM — foram cancelados e provocou graves danos. Muitos estudantes sentiram que os resultados que tiveram nos exames foram injustos e que, por isso, perderiam a chance de entrar na universidade. O governo solicitou aos professores que dessem uma previsão de qual nota seus alunos tirariam, caso o exame tivesse sido realizado e, com essas informações, foi criado um sistema baseado em um algoritmo, que deveria garantir que essas previsões não seriam distorcidas em prol dos alunos — dada a relação próxima entre alunos e professores.

No entanto, o algoritmo parece ter ignorado completamente a sugestão dos professores, haja vista que cerca de 40% das notas dadas terem sido rebaixadas em pelo menos um grau. Isso levou a acusações de que estudantes mais pobres estariam sendo prejudicados. As autoridades informaram que programaram o algoritmo para se certificar que os estudantes receberiam notas alinhadas com o desempenho dos últimos anos, e que os resultados deste ano não seriam inflados, mas o sistema ignorou talentos individuais e o esforço dos alunos.

Estudantes excepcionais em escolas de baixo desempenho tiveram suas notas rebaixadas e escolas que trabalharam para melhorar as notas de seus alunos os últimos anos foram julgadas por desempenhos passados. Alunos em escolas que tinham turmas menores também tiveram notas mais parecidas com as dadas por seus professores, o que representou uma clara vantagem para escolas mais ricas e mais bem estruturadas. Houve um aumento de 5% no número de estudantes de escolas privadas ou com matrículas pagas que receberam notas máximas. O governo britânico recuou e informou que ia abandonar o algoritmo, mas para alguns estudantes a chance de se matricular foi perdida, com o preenchimento das vagas ofertadas.

Este, portanto, é um dos grandes problemas dos algoritmos aprendizes. Por um lado, tratam-se de algoritmos poderosos e com um imenso potencial, podendo aprender uma quantidade enorme de dados, que um ser humano não seria capaz de aprender. Mas, por outro lado, possuem uma completa falta de senso comum e não conhecem o funcionamento do mundo, da vida em sociedade, cometendo erros graves e gerando consequências negativas.

Nesse sentido, Yuval Noah Harari[99] dispõe:

> Porém na realidade não há motivo para supor que a inteligência artificial vá desenvolver consciência, porque inteligência e consciência são coisas muito diferentes. Inteligência é a aptidão para resolver problemas. Consciência é a aptidão para sentir coisas como dor, alegria, amor e raiva. Tendemos a confundir os dois porque nos humanos e nos outros mamíferos a inteligência anda de mãos dadas com a consciência. Mamíferos resolvem a maioria dos problemas sentindo coisas. Computadores, no entanto, resolvem problemas de maneira muito diversa.

(99) HARARI, Yuval Noah. *21 Lições para o século 21*. São Paulo: Companhia das Letras, 2018. p. 72.

> Há vários caminhos diferentes que levam a uma grande inteligência, e apenas alguns desses caminhos envolvem a tomada de consciência. Assim como os aviões voam mais rápido que aves sem jamais desenvolver penas, também os computadores podem resolver problemas muito melhor do que mamíferos sem jamais desenvolver sentimentos. É verdade que a IA terá de analisar sentimentos humanos com muita precisão para ser capaz de tratar doenças humanas, identificar terroristas humanos, recomendar parceiros humanos e percorrer uma rua cheia de pedestres humanos. Mas poderia fazer isso sem ter sentimentos próprios. Um algoritmo não precisa sentir alegria, raiva ou medo para reconhecer os diferentes padrões bioquímicos de macacos alegres, irados ou assustados.
>
> Claro, não é de todo impossível que a IA desenvolva seus próprios sentimentos. Ainda não sabemos o bastante sobre a consciência para ter certeza.

Os sistemas aprendem a acertar por meio de erros que acabam acontecendo, o que leva a conclusão de que confiar no aprendizado de máquina pode ser arriscado. O *Machine learning*, como já exposto, envolve a construção de programas que constroem programas. Mas estes programas gerados por máquinas não são como os algoritmos gerados pelos humanos, sendo treinados por seus programadores mediante um processo interativo de ofertar um *feedback* positivo e negativo a partir dos resultados que eles dão e isso inclui os erros cometidos. Os algoritmos aprendizes são difíceis de entender, de remover os erros e de controlar. Mas, oferecem o potencial para um comportamento mais "inteligente" do que os enfoques tradicionais para os algoritmos de Inteligência Artificial[100].

Neste contexto, muito se tem discutido sobre os limites da utilização dos algoritmos e da Inteligência Artificial e se é possível ou viável viver sem esses mecanismos. Sabe-se que apesar de facilitarem a execução de diversas tarefas e o desenvolvimento de muitas atividades e setores, a utilização contínua e constante dos algoritmos gera uma série de riscos. Como disse em 2017 o físico britânico Stephen Hawking, a Inteligência Artificial pode ser o melhor ou o pior que já aconteceu à raça humana[101].

É fato que a Inteligência Artificial auxilia e permite a resolução de diversos problemas e desafios das mais diversas áreas, como questões envolvendo doenças e problemas climáticos, por exemplo. Contudo, sabe-se que apesar dos avanços e de todos os aspectos positivos que a Inteligência Artificial proporciona, os riscos vão muito além dos erros que podem acontecer, pois envolvem também casos de má-fé e mau uso das ferramentas existentes e que ainda vão existir.

---

(100) AUERBACH, David. *Op. cit.*

(101) HAWKING, Stephen. *Discurso na Web Summit, Lisboa (06.11.2017).* Disponível em: <https://observador.pt/2018/03/14/e-um-lugar-excitante-para-estar-e-voces-sao-os-pioneiros-tudo-o-que-stephen-hawking-disse-a-web-summit-palavra-por-palavra/>. Acesso em: 25 jun. 2020.

Atualmente, algoritmos de IA bem-sucedidos precisam de três coisas: *big data*, poder de computação e o trabalho de engenheiros de algoritmo de IA bons, mas não necessariamente da elite(102). Trazer o poder do aprendizado profundo para lidar com novos problemas requer todos os três, mas nesta era de implementação, os dados são o aspecto central(103). Isso porque, quando o poder da computação e os talentosos engenheiros atingem certo limite, a quantidade de dados se torna decisiva para determinar a potência e a precisão gerais de um algoritmo(104).

Sobre o assunto, Kai-Fu Lee(105) dispõe:

> No aprendizado profundo, não há nada melhor para os dados do que mais dados. Quanto mais uma rede for exposta a exemplos de um determinado fenômeno, mais precisamente poderá escolher padrões e identificar coisas no mundo real. Com mais dados, um algoritmo projetado por um grupo de engenheiros de IA de nível médio geralmente supera um projetado por um pesquisador de aprendizado profundo de elite. Ter o monopólio dos melhores e mais brilhantes não significa ter os melhores resultados em termos práticos.
>
> Os pesquisadores de IA de elite ainda têm o potencial de levar o campo a um nível superior, mas esses avanços ocorrem uma vez a cada várias décadas. Enquanto esperamos pelo próximo avanço, a crescente disponibilidade de dados será a força motriz por trás da modificação, causada pelo aprendizado profundo, de inúmeras indústrias ao redor do mundo.

Nesse contexto, diante do avanço da tecnologia e do uso contínuo dos dados pessoais, passou a existir uma preocupação, no mundo com um todo, sobre a proteção e a tutela dos dados pessoais. Na Europa, em 2018, o Regulamento Geral de Proteção de Dados da União Europeia, também conhecido como GDPR, entrou em vigor, alterando a realidade e as relações, causando impactos no ambiente de globalização e economia baseada na internet, cada vez mais dependente de dados para se sustentar, e buscando proteger a privacidade das pessoas que se encontram na União Europeia(106).

Recentemente, em setembro de 2020, também entrou em vigor no Brasil a Lei Geral de Proteção de Dados (Lei n. 13.709/2018), também chamada de LGPD. A LGPD tem

---

(102) LEE, Kai-Fu. *Op. cit.*

(103) *Idem.*

(104) *Idem.*

(105) *Idem.*

(106) TALIBERTI, Camila; CUNHA, Vitor Koketu da; BRANCHER, Paulo; FERREIRA, Ricardo Barretto. Entra em vigor o Regulamento Geral de Proteção de Dados da União Europeia. *Migalhas.* Disponível em: <https://migalhas.uol.com.br/depeso/281042/entra-em-vigor-o-regulamento-geral-de-protecao-de-dados-da-uniao-europeia>. Acesso em: 17 out. 2020.

como objetivo unificar as regras sobre tratamento de dados pessoais de clientes e usuários por parte de empresas públicas e privadas, facilitando a fiscalização contra abusos na utilização desses dados[(107)].

No âmbito da proteção de dados, faz-se necessário ressaltar um aspecto dessas regulamentações que possui ligação direta com a presente obra, qual seja, as decisões automatizadas, os direitos existentes em relação às mesmas e os impactos que essas decisões podem causar. Como exposto anteriormente, a Inteligência Artificial é uma realidade e, cada dia mais, decisões importantes, que produzem efeitos significativos, são tomadas por processos automatizados. Para exemplificar, podemos mencionar as possibilidades de concessão de crédito na compra de um automóvel ou casa própria, o cálculo do valor dos juros, a seleção de currículos para acesso ao primeiro emprego ou recolocação no mercado de trabalho e até mesmo o direcionamento de uma investigação por fraude ou a escolha de uma determinada região para a ronda policial[(108)].

Nesse contexto e considerando a crescente adoção de decisões automatizadas, a LGPD prevê, no seu art. 20[(109)], o direito à revisão das decisões tomadas unicamente com base em tratamento automatizado. Contudo, diferente da legislação europeia (GDPR), a LGPD não prevê a obrigatoriedade de revisão por pessoa humana. O dispositivo que, originalmente, previa a necessidade de revisão por pessoa natural foi vetado pelo então Presidente da República. Na prática, o veto fará com que um pedido de revisão de uma decisão automatizada seja processado por um outro sistema também automatizado, ao invés de uma pessoa natural.

Sobre o assunto, Marco Aurélio Marrafon e Filipe Medon[(110)] dispõem:

> Com o mencionado avanço da tecnologia, mais decisões essenciais sobre a vida de uma pessoa vem sendo tomadas automaticamente a partir de algoritmos comandados por Inteligência Artificial (IA). Em tese, esses algoritmos são

(107) Após sanção do governo, Lei Geral de Proteção de Dados começa a valer. *Conjur.* Disponível em: <https://www.conjur.com.br/2020-set-18/sancao-governo-lgpd-comeca-valer-nesta-sexta>. Acesso em: 17 out. 2020.

(108) MARRAFON, Marco Aurélio; MEDON, Filipe. Importância da revisão humana das decisões automatizadas na Lei Geral de Proteção de Dados. *Conjur.* Disponível em: <https://www.conjur.com.br/2019-set-09/constituicao-poder-importancia-revisao-humana-decisoes-automatizadas-lgpd>. Acesso em: 17 out. 2020.

(109) Art. 20. O titular dos dados tem direito a solicitar a revisão de decisões tomadas unicamente com base em tratamento automatizado de dados pessoais que afetem seus interesses, incluídas as decisões destinadas a definir o seu perfil pessoal, profissional, de consumo e de crédito ou os aspectos de sua personalidade.

§ 1º O controlador deverá fornecer, sempre que solicitadas, informações claras e adequadas a respeito dos critérios e dos procedimentos utilizados para a decisão automatizada, observados os segredos comercial e industrial.

§ 2º Em caso de não oferecimento de informações de que trata o § 1º deste artigo baseado na observância de segredo comercial e industrial, a autoridade nacional poderá realizar auditoria para verificação de aspectos discriminatórios em tratamento automatizado de dados pessoais.

(110) MARRAFON, Marco Aurélio; MEDON, Filipe. *Op. cit.*

> programados para produzir um resultado melhor, a partir de técnicas como o *machine learning* e o *deep learning*.
>
> O *machine learning* ou aprendizagem de máquina, "faz com que a máquina aprenda certas funções a ponto de conseguir agir sem a interferência humana.". Isto é, a máquina aprende com base em suas experiências pretéritas, podendo chegar, por isso, a resultados sequer previsíveis pelos seus programadores.
>
> Com o crescente desenvolvimento, chegou-se à subespécie do *deep learning*, ou aprendizagem profunda, que envolve a criação de redes neurais artificiais que permitem dotar a máquina de estruturas similares ao cérebro humano. Ainda que baseada em uma racionalidade formal e probabilística, a máquina seria capaz de realizar análises cada diz mais complexas e aprender com a experiência.
>
> A premissa para a utilização desses sistemas é de que as escolhas feitas por tais algoritmos seriam mais eficientes, objetivas e imparciais. Logo, acabariam se mostrando melhores do que as decisões humanas, que tenderiam ao enviesamento e estariam mais sujeitas a falhas.
>
> Entretanto, o que tem se visto é que, em verdade, a neutralidade é aparente: as máquinas herdam o conteúdo a que possuem contato, seja por carregamento inicial de programadores, seja por aprendizado na interação humana, inclusive o preconceito.
>
> Sem capacidade de análise crítica, elas podem ainda aprender por si própria, nas técnicas mais avançadas de *machine learning*. Isso porque os dados desempenham o papel de combustível para a decisão dos algoritmos que, com base nas técnicas descritas acima, vão gerando novos conhecimentos, numa inteligência formal própria da IA.
>
> Sendo assim, como esperar a neutralidade de um algoritmo, se o banco de dados que o alimenta for enviesado? [...]
>
> Para além do preconceito, a IA também pode cometer erros, seja por deficiência tecnológica, seja por um acesso limitado a dados, que levam a aparentes verdades matemáticas que, na realidade, mostram-se falsas, incompletas ou inexatas.

Percebe-se, portanto, que a ausência de revisão humana pode acabar configurando significativas injustiças e práticas discriminatórias. Algoritmos podem absorver e replicar valores e culturas de seus desenvolvedores, haja vista os mesmos serem os responsáveis por decidir a forma pela qual os sistemas de inteligência artificial são alimentados, o que pode gerar um enviesamento das decisões algorítmicas(111). Além disso, como exposto anteriormente, as técnicas de *machine learning* podem resultar em potencialidades inesperadas pelos desenvolvedores de sistemas de Inteligência Artificial.

Sabe-se que existe uma questão relevante no processo de decisões automatizadas que envolve segredos comerciais e industriais, motivo pelo qual o §1º do art. 20 da LGPD prevê que o controlador deverá fornecer, sempre que solicitadas, informações claras e adequadas a respeito dos critérios e dos procedimentos utilizados para a decisão automatizada, observados os segredos comercial e industrial. Percebe-se, portanto, o limite imposto pelo legislador, haja vista o fato de que, se uma grande rede social divulgasse como seus algoritmos funcionam, por exemplo, acabaria abrindo mão do segredo que, efetivamente, a faz operar, além de correr o risco de as pessoas passarem a manipular os algoritmos caso conhecessem seu funcionamento(112).

Contudo, a presença de uma pessoa revisando as decisões automatizadas é fundamental para que o titular de dados possa expressar sua opinião e contestar a decisão, podendo, assim, exercer uma série de direitos expressos na LGPD(113). Além disso, a garantia da revisão por uma pessoa natural garante que importantes decisões da vida humana não sejam delegadas à a máquinas que acabam por reforçar, mesmo que de forma não programada, os preconceitos já existentes na sociedade(114).

A justificativa para o veto da Presidência da República da possibilidade de revisão humana foi que a regra de revisão por um humano contraria o interesse público, uma vez que inviabiliza os modelos atuais de planos de negócios de muitas empresas, notadamente das startups, bem como impacta na análise de risco de crédito e de novos modelos de negócios de instituições financeiras, gerando efeito negativo na oferta de crédito aos consumidores(115).

A corrente doutrinária que concorda com o veto presidencial defende que a revisão de análises feitas por algoritmos por humanos pode ser inviável para empresas pequenas, que teriam que contratar pessoal(116). Além disso, alegam que a revisão seria inviável para

---

(111) LOPES, Alexandra Krastins, MORAES, Thiago Guimarães, DE PEREIRA, José Renato Laranjeira. *A (ausência da) intervenção humana na revisão de decisões automatizadas.* Disponível em: <https://www.jota.info/opiniao-e--analise/artigos/a-ausencia-da-intervencao-humana-na-revisao-de-decisoes-automatizadas-13102019>. Acesso em: 17 out. 2020.

(112) MARRAFON, Marco Aurélio; MEDON, Filipe. *Op. cit.*

(113) LOPES, Alexandra Krastins; MORAES, Thiago Guimarães; PEREIRA, José Renato Laranjeira de. *Op. cit.*

(114) MARRAFON, Marco Aurélio; MEDON, Filipe. *Op. cit.*

(115) LOPES, Giovana Figueiredo Peluso. *LGPD e Revisão de Decisões Automatizadas.* Disponível em: <https://www.dtibr.com/post/lgpd-e-revis%C3%A3o-de-decis%C3%B5es-automatizadas>. Acesso em: 17.10 out. 2020.

(116) MATSUURA, Sergio. *Como 'nova' Lei de Proteção de Dados fortalece a ditadura dos algoritmos.* Disponível em: <https://epoca.globo.com/sociedade/como-nova-lei-de-protecao-de-dados-fortalece-ditadura-dos-algoritmos-23802395>. Acesso em: 17 out. 2020.

empresas com um enorme volume de usuários, o que aumentaria os custos, posteriormente repassados aos próprios clientes[(117)].

Discordamos de tal entendimento, haja vista a necessidade e a importância de eventuais revisões de decisões automatizadas. Ao longo do presente capítulo foram expostas e demonstradas diversas situações que comprovam, claramente, os riscos existentes em decisões tomadas somente por "máquinas". É preciso, portanto, ressaltar a importância do direito à explicação e à revisão humana das decisões automatizadas que impactam a vida das pessoas[(118)]. Reitera-se que os sistemas e seus respectivos algoritmos são tão complexos que mesmo os engenheiros que os projetam têm dificuldade em identificar o motivo por trás de uma ação isolada, inexistindo, atualmente, uma maneira óbvia de criar sistemas desse tipo capazes de sempre explicar o porquê de seus atos[(119)].

O veto em questão reforça o padrão de opacidade desse tipo de sistema, de maneira anacrônica à discussão internacional vigente sobre proteção de dados e transparência de modelos negociais, sobretudo no que tange ao uso cada vez mais disseminado de inteligência artificial na coleta e tratamento de dados[(120)]. Na prática isso pode configurar uma dupla falta de transparência, haja vista o fato de que um sistema revisará o outro. Assim, o titular, que já sofre um alto impacto em sua vida pelos algoritmos, continua sendo sujeito a processos discriminatórios, e não terá possibilidade de auditar isso corretamente[(121)].

As consequências negativas que podem se concretizar e os problemas que podem surgir por conta da utilização equivocada dos algoritmos ou até mesmo das decisões discriminatórias que podem restar configuradas, sejam intencionalmente ou não, não devem implicar, contudo, a não utilização dessas tecnologias. Sem dúvidas, esses aspectos apontam a necessidade urgente de cautela e de medidas que visem diminuir ou evitar os potenciais danos, sendo a possibilidade de revisão de decisões automatizadas por pessoas humanas uma dessas soluções de diminuição de riscos e impactos.

Corroborando a existência de tais riscos e a necessidade de atenção e cautela, em 2015, mais de mil cientistas especializados em áreas tecnológicas assinaram uma carta aberta alertando para os perigos da inteligência artificial e pedindo a suspensão do uso da mesma para fins militares, como a criação de armas letais[(122)]. No documento, os especialistas expuseram que acreditam que a inteligência artificial tem um grande potencial para beneficiar a humanidade de várias maneiras e que o objetivo deve ser justamente esse. Foi exposto,

(117) LOPES, Giovana Figueiredo Peluso. *Op. cit.*

(118) MARRAFON, Marco Aurélio. MEDON, Filipe. *Op. cit.*

(119) LOPES, Giovana Figueiredo Peluso. *Op. cit.*

(120) *Idem.*

(121) *Idem.*

(122) *AUTONOMOUS WEAPONS: AN OPEN LETTER FROM AI & ROBOTICS RESEARCHERS.* Disponível em: <https://futureoflife.org/open-letter-autonomous-weapons/?cn-reloaded=1>. Acesso em: 25 jun. 2020.

ainda, que devido ao grande potencial da IA é importante investigar como aproveitar seus benefícios e evitar riscos potenciais.

Além disso, a Comissão Europeia nomeou, em 2018[(123)], um Comitê de Especialistas de Alto Nível em IA, a fim de estudar as implicações éticas, legais e sociais dessa ferramenta. No mesmo ano, foi apresentado um documento[(124)] ao Parlamento Europeu, ao Conselho Europeu, ao Conselho, ao Comitê Econômico e Social Europeu e ao Comitê das Regiões. Em 2019, a Comissão Europeia publicou suas diretrizes para o desenvolvimento e a implementação de padrões éticos de Inteligência Artificial. O referido documento intitulado de "*Ethics guidelines for thustworthy AI*" estabelece que uma IA ética e confiável deve ser transparente, ter supervisão humana e algoritmos seguros e confiáveis, sujeitos a regras de privacidade e proteção de dados.

Em 2020, a União Europeia deu mais um passo para regulamentar a Inteligência Artificial. Para isso, apresentou seu "Livro Branco"[(125)] sobre as ações que planeja colocar em prática para preservar os direitos dos cidadãos com o uso da tecnologia. Entre as principais propostas sobre o uso de IA descritas no Livro Branco, estão a criação de regras para sistemas em setores de alto risco como saúde, policiamento e transporte e a exigência de que dados imparciais sejam usados para treinar essas soluções. Além disso, a União Europeia prevê normas para proteção ao consumidor e uma estrutura de governança que garanta o cumprimento das regras[(126)].

Todos esses acontecimentos na União Europeia surgiram por conta de dilemas éticos significativos que a utilização dos algoritmos ocasiona. Os debates e discussões sobre o assunto não se restringem à Europa, pois os riscos e as consequências são mundiais. Diversos questionamentos surgem a cada momento em que se analisa a utilização dos algoritmos. Dentre as dúvidas, estão as questões e as diversas suposições existentes acerca da possibilidade de os algoritmos conhecer cada indivíduo melhor que a própria pessoa e ter a capacidade de manipular, subliminarmente, os comportamentos humanos. Além disso, o mau uso intencional da Inteligência Artificial pode acarretar riscos físicos, políticos, sociais e de segurança.

---

(123) Disponível em: <https://ec.europa.eu/commission/presscorner/detail/pt/IP_18_1381>. Acesso em: 25 jun. 2020.

(124) Disponível em: <https://ec.europa.eu/transparency/regdoc/rep/1/2018/PT/COM-2018-237-F1-PT-MAIN-PART-1.PDF>. Acesso em: 26 jun. 2020.

(125) Disponível em: <https://ec.europa.eu/info/sites/info/files/communication-european-strategy-data-19feb2020_en.pdf>. Acesso em: 26 jun. 2020.

(126) CARVALHO, Isabela. A busca da União Europeia por uma inteligência artificial "responsável e sob controle. Disponível em: <https://www.startse.com/noticia/nova-economia/uniao-europeia-nteligencia-artificial-responsavel>. Acesso em: 26 jun. 2020.

É importante ressaltar que os riscos ou consequências negativas envolvem milhões de pessoas que podem ser impactadas, em muito pouco tempo. A Inteligência Artificial é transversal e pode ser aplicada em diferentes campos: da biologia, física, medicina e química à educação, sistemas de produção, logística e transporte. Especialistas[(127)] afirmam que não se deve desistir de utilizá-la, mas é essencial saber como utilizar, de forma adequada, com controles necessários e evitando o uso com fins perversos. Além disso, os principais riscos envolvem, entre outros, aspectos como a privacidade, a autonomia, a excessiva confiança na capacidade das máquinas e a impossibilidade de os algoritmos prestarem contas e justificarem as decisões e os resultados.

Sobre esse aspecto, Yuval Noah Harari[(128)] dispõe:

> Ditaduras digitais não são o único perigo que nos aguarda. Juntamente com a liberdade, a ordem liberal também dá grande valor à igualdade. O liberalismo sempre zelou pela liberdade política, e gradualmente veio a se dar conta de que a igualdade econômica é quase tão importante. Pois sem uma rede de segurança social e um mínimo de igualdade econômica, a liberdade não tem sentido. Mas, assim como os algoritmos de *Big Data* poderiam extinguir a liberdade, eles poderiam simultaneamente criar a sociedade mais desigual que já existiu. Toda a riqueza e todo o poder do mundo poderiam se concentrar nas mãos de uma minúscula elite, enquanto a maior parte do povo sofreria, não de exploração, mas de algo muito pior — irrelevância.

A matemática e cientista de dados Cathy O'Neil, no já mencionado documentário "The Social Dilema"[(129)], afirma que estamos deixando que apresentem a situação como um problema que conseguem resolver, o que não é verdade. Segundo a cientista, falam como se a Inteligência Artificial pudesse distinguir a verdade, mas ela não vai resolver esses problemas, não tendo capacidade para solucionar as *fakes news*, por exemplo. Cathy O'Neil afirma que o "Google" não tem capacidade de apontar o que é conspiração e o que é verdade porque os algoritmos não sabem o que é verdade, não têm um padrão do que é verdade, se baseiam apenas nos cliques.

Mapear e identificar os riscos possibilita evitá-los ou até mesmo mitigá-los. Assim como existem códigos éticos definidos para os setores da biomedicina, da medicina e em outros âmbitos da pesquisa científica, é necessário estabelecer e definir algumas bases para a área da Inteligência Artificial. Nesse sentido, algumas associações de programadores e

(127) RUBIO, Isabel. *Precisamos da inteligência artificial para sobreviver como espécie*. Disponível em: <https://brasil.elpais.com/brasil/2018/11/12/tecnologia/1542038734_872245.html>. Acesso em: 26 jun. 2020.

(128) HARARI, Yuval Noah. *Op cit.*, p. 74.

(129) THE SOCIAL DILEMMA, *Op. cit.*

engenheiros de computação, como a *Association for Computing Machinery* (ACM) e o *Institute for Electrical and Electronic Engineers* (IEEE), desenvolveram um Código de Ética[(130)] para evitar alguns dos problemas e imprevistos que a tecnologia e os algoritmos podem trazer. No referido Código, o primeiro ponto dos princípios prevê que os engenheiros de *software* devem agir de acordo com o interesse público.

Além disso, algumas empresas de tecnologia já estabeleceram princípios básicos para desenvolver a Inteligência Artificial de forma ética. É o caso da *Microsoft Corporation*[(131)], que se baseia em seis princípios básicos: equanimidade, para assegurar que os algoritmos não tenham um viés; fiabilidade, para garantir essa confiança tecnológica; privacidade; transparência sobre o uso de dados e funcionamento; inclusão de todas as pessoas; e responsabilidade da empresa que está por trás desses processos.

É inegável que os algoritmos possuem um grande potencial para o uso destinado ao bem da sociedade como um todo, envolvendo a evolução da ciência e da tecnologia e aumentando, cada vez mais, a qualidade de vida. Existe a expectativa, inclusive, de que, se utilizados corretamente e de forma positiva, os algoritmos possam, até mesmo, tornar o mundo mais justo e menos tendencioso e desigual. Dessa forma, desde já, pontuamos que as leis e as regulamentações não devem obstaculizar ou dificultar a inovação ou o avanço da tecnologia, do uso dos algoritmos e do aprendizado de máquina. Contudo, uma regulamentação sobre o tema se faz urgente e é importante estar atento e não se deslumbrar ou agir com ingenuidade quando se trata do assunto, deixando de perceber e ter cautela sobre os impactos e consequências que podem surgir.

O primeiro e mais importante passo, nesse aspecto, é conhecer e entender melhor os algoritmos. Isso não significa dominar ou buscar conhecimentos técnicos de informática, matemática ou lógica, mas buscar compreender para desmistificar alguns temas. A aprendizagem automática já é uma realidade e, pode-se afirmar, possui muita importância na vida das pessoas, influenciando em decisões, escolhas e até em concretização de planos e objetivos. Reitera-se, portanto, a necessidade de perceber e entender como os algoritmos funcionam, como podem ser utilizados e, principalmente, como podem ser controlados.

Para David Beer[(132)], não podemos mais pensar em nossas vidas como mediadas por informação e *software*, já que elas estão sendo cada vez mais constituídas ou compostas por elas. O autor reconhece, dessa forma, que os algoritmos, nessa mediação entre informação

---

(130) Disponível em: <http://www.di.ubi.pt/~sebastiao/Ensino/UBI/2016-2017/API/CodigoEticaACM-IEEE.pdf>. Acesso em: 24 jun. 2020.

(131) *Princípios da IA da Microsoft*. Disponível em: <https://www.microsoft.com/pt-br/ai/responsible-ai?activetab=pivot1%3aprimaryr6>. Acesso em: 16 jul. 2020.

(132) BEER, David. *Power through the algorithm?* Participatory web cultures and the technological unconscious. Disponível em: <https://www.ericlhsu.com/uploads/9/1/2/1/91214674/week_13_beer_power_through_the_algorithm.pdf>. Acesso em: 25 jun. 2020.

e o ser humano, expressam uma inequívoca forma de expressão de poder, acentuando a assimetria já existente no campo da informação. Os algoritmos, portanto, na concepção de David Beer, passam a constituir e compreender em si a própria existência humana.

Fazendo uma analogia simples, é possível comparar os algoritmos com um carro(133): para ligá-lo não é preciso saber como funciona o motor, mas é necessário saber usar o volante e os pedais. Atualmente, percebe-se que as pessoas não sabem onde estão os "pedais" e o "volante" dos algoritmos e muitas vezes sequer sabem que existem algoritmos. É como se um carro levasse determinada pessoa para um local qualquer, sem que a pessoa saiba para onde vai ou de que forma essa viagem acontecerá, apenas confia no "carro" e o utiliza.

Nesse sentido, é importante que as empresas e companhias do setor de tecnologia apostem num aumento da inteligência humana ao invés de substituí-la. Além disso, o diálogo e a difusão do conhecimento sobre o assunto são fundamentais para que o mau uso seja evitado, o que pode diminuir sobremaneira os riscos existentes. Consideramos fundamental, também, que os desenvolvedores busquem inserir programações virtuosas nos algoritmos e a sempre permanente possibilidade de revisão de suas decisões por autoridades humanas.

Dessa forma, considerando a utilização constante dos algoritmos e a influência deles na rotina e no dia a dia dos indivíduos, a conscientização sobre a importância de entender como os algoritmos funcionam é extremamente necessária. Nas palavras de Pedro Domingos(134), é importante compreender como as coisas funcionam, porque senão estar-se-á a perder poder, haja vista os algoritmos fazerem escolhas que podem servir-nos ou servir aos outros. Além dos riscos existentes e já mencionados no presente tópico, é fundamental ter em mente que os algoritmos vão servir a quem os compreender.

1.4. Mecanização, automação, autonomação e autonomia

Quando se fala em Inteligência Artificial, algoritmos ou aprendizado de máquina é comum utilizar conceitos como mecanização ou automação. Além disso, diversas discussões e debates sobre autonomia surgem quando se aborda esses assuntos. Recentemente, porém, um conceito mais moderno surgiu, qual seja, a autonomação, ganhando destaque no estudo dos algoritmos, motivo pelo qual também será abordado no presente tópico.

A evolução da indústria ocorrida no século XX ocasionou o desenvolvimento da engenharia de produção, marcando a introdução do contínuo uso das máquinas, dos processos de fabricação e dos sistemas produtivos. A partir desta evolução alguns conceitos elaborados e definidos foram sendo alterados ao longo do curso da história. Além disso, com a utilização

(133) DOMINGOS, Pedro, *op. cit.*

(134) DOMINGOS, Pedro. Disponível em: <https://observador.pt/especiais/a-entrevista-ao-portugues-que-bill-gates-recomendou-e-que-diz-que-os-algoritmos-vao-curar-o-cancro/>. Acesso em: 25 jun. 2020.

destes conceitos criaram-se métodos ampliados para outros tipos de organizações, como no segmento comercial e de serviços[(135)].

Assim, para compreender os impactos dos algoritmos na vida humana e na sociedade, bem como os desdobramentos desses conceitos relacionados ao assunto, o presente tópico será subdividido, abordando cada um dos conceitos mencionados.

1.4.1. Mecanização

A mecanização pode ser definida como a utilização da máquina em substituição ao trabalho humano ou de animais. A mecanização teve início durante a revolução industrial, que foi uma transição para novos processos de manufatura no período entre 1760 e 1840. Nesse período, o homem substituiu os métodos de produção artesanais por métodos de produção por máquinas. As primeiras máquinas industriais que surgiram estavam ligadas a agricultura, como as semeadoras e as máquinas que descaroçavam algodões[(136)].

Os anos foram passando e novos equipamentos com novas funções para o cultivo foram desenvolvidos, diminuindo a mão de obra e facilitando a produção. Com o advento de novas invenções, novos processos de desenvolvimento também foram surgindo e a esperança de melhores salários para os trabalhadores acabou sendo eliminada, haja vista as máquinas possuírem capacidade de produção até 120 vezes maior que as fornecidas pelos antigos métodos[(137)]. Pode-se dizer, então, que a mecanização é um sistema que simplifica o trabalho físico, tornando a máquina o principal componente da produção e o trabalhador, seu acessório. Por meio da mecanização, finalmente, as máquinas substituíram o trabalho muscular[(138)].

A mecanização permite a extensão das funções humanas, possibilitando a repetição de determinados movimentos. Alguns autores[(139)] destacam que essa possibilidade de repetição é uniforme, não se modifica, o que acaba gerando um dos problemas da tecnologia

(135) LUZ, Gilberto Barbosa; KUIAWINSKI, Darci Luíz. *Mecanização, Autonomação e Automação* — Uma Revisão Conceitual e Crítica. Disponível em: <https://simpep.feb.unesp.br/anais/anais_13/artigos/1210.pdf>. Acesso em: 26 jun. 2020.

(136) CARPANEZZI, Leonardo; LEARDINI, Olivia; SILVA, Cheusley Gustavo Crezi; ZANARDI, Rogério. *História e Evolução da Mecanização.* Disponível em: <http://faef.revista.inf.br/imagens_arquivos/arquivos_destaque/CxbNYOvf8fSKep0_2018-1-25-14-45-46.pdf>. Acesso em: 26 jun. 2020.

(137) DA LUZ, Gilberto Barbosa; KUIAWINSKI, Darci Luíz. *Mecanização, Autonomação e Automação* — Uma Revisão Conceitual e Crítica. Disponível em: <https://simpep.feb.unesp.br/anais/anais_13/artigos/1210.pdf>. Acesso em: 27 jun. 2020.

(138) SCOPEL, L. M. M. *Automação industrial:* uma abordagem técnica e econômica. Educs, 1995 *apud* BERTAGNOLLI, D.; RIZZOTO, F.; TONIAL, M. A. As relações de trabalho e a automação industrial: reflexões sobre os aspectos históricos, econômicos, conceituais e sociais. *Revista Justiça do Direito*, v. 24, n. 1, 22 dez. 2011. Disponível em: <http://seer.upf.br/index.php/rjd/article/view/2149>. Acesso em: 27 jun. 2020.

(139) Neste sentido: BERTAGNOLLI, D.; RIZZOTO, F.; TONIAL, M. A., *op. cit.*

da mecanização, qual seja, a necessidade de observação e correção humana. Esse é o entendimento de José J. Horta Santos(140):

> O maquinismo, não dispondo de quaisquer meios de informação tem um comportamento que se repete uniformemente, indiferente às alterações do meio [...]. É o operador, o operário, que dispondo de informações sensoriais, dos dados de aparelhos de medida e de informações vária ordem, introduz correções na atuação do sistema de máquinas de modo a atingir-se o melhor que é possível, um fim determinado.

A mecanização, portanto, apesar de possibilitar um aumento da produção, permitindo que se atingissem resultados nunca antes possíveis ou imaginados, continuou dependendo do homem para acontecer. Nesse sentido, alguns autores(141) defendem que isso acaba configurando uma lentidão e um perigo relativamente grande, pois exige do operário movimentos que possam servir a máquina dentro de rigorosos limites de tempo. A falha do operário pode gerar prejuízos significativos.

Contudo, a análise do conceito de mecanização, na presente obra, deve ir muito além da agricultura e da revolução industrial. Isso porque se pretende analisar a busca e a concretização pela mecanização do raciocínio, possibilitada pela ciência da computação. Nesse sentido, é fundamental analisar esse conceito de mecanização tendo em mente a influência do mesmo em áreas como a matemática, a lógica, a ciência da computação, que acabaram culminando na Inteligência Artificial e na utilização dos algoritmos para evolução tecnológica, conforme já abordado em tópicos anteriores.

Dessa forma, quando se fala em mecanização abrange-se muito mais do que indústrias e matérias-primas que vão dar origem a produtos ou apenas máquinas de produção industrial. É preciso lembrar que existe há bastante tempo, também, a mecanização do pensamento, do raciocínio. Para a história da computação, por exemplo, interessa abordar a questão do pensamento dedutivo e matemático, seus limites, o problema da relativa mecanização do pensamento quantitativo e o problema da Inteligência Artificial. Da discussão e busca da solução desses problemas, que entram também no campo filosófico, formou-se a base conceitual, teoria da computabilidade, necessária para o advento dos computadores(142).

---

(140) SANTOS, José. J. Horta. *Automação industrial:* uma introdução. Rio de Janeiro: Livros Técnicos e Científicos, 1979. p. 10; *apud* BERTAGNOLLI, D.; RIZZOTO, F.; TONIAL, M. A. As relações de trabalho e a automação industrial: reflexões sobre os aspectos históricos, econômicos, conceituais e sociais. *Revista Justiça do Direito*, v. 24, n. 1, 22 dez. 2011. Disponível em: <http://seer.upf.br/index.php/rjd/article/view/2149>. Acesso em: 27 jun. 2020.

(141) Neste sentido, MURARO, Rose Marie. *A automação e o futuro do homem*. 2. ed. Rio de Janeiro: Vozes, 1969. p. 49; e SANTOS, José. J. Horta. *Automação industrial:* uma introdução. Rio de Janeiro: Livros Técnicos e Científicos, 1979. p. 10; *apud* BERTAGNOLLI, D.; RIZZOTO, F.; TONIAL, M. A., *op. cit.*

(142) FONSECA FILHO, Cléuzio. *História da computação [recurso eletrônico]:* O Caminho do Pensamento e da Tecnologia. Porto Alegre: EDIPUCRS, 2007, p. 37. Disponível em: <http://www.pucrs.br/edipucrs/online/historiadacomputacao.pdf>. Acesso em: 27 jun. 2020.

Faz-se necessário citar a contribuição feita por alguns estudiosos da matemática, como é o caso de Leibniz (1646 – 1716), precursor da lógica matemática moderna. A ideia de Leibniz sustentava-se em dois conceitos intimamente ligados: o de um simbolismo universal e o de um cálculo de raciocínio. Nas palavras de Cléuzio Fonseca Filho(143), o cálculo de raciocínio era um método quase mecânico de raciocínio, afirmando:

> Isso, para a História da Computação, tem um particular interesse, pois esse *calculus ratiocinator* de Leibniz contém o embrião da *machina ratiocinatrix*, a máquina de raciocinar buscada por Turing e depois pelos pesquisadores dentro do campo da Inteligência Artificial. Leibniz, assim como Boole, Turing, e outros — basta lembrar o ábaco, o 'computador' de Babbage, etc. —, perceberam a possibilidade da mecanização do cálculo aritmético. O próprio Leibniz, e Pascal um pouco antes, procuraram construir uma máquina de calcular. Nota-se, portanto, que o mesmo impulso intelectual que o levou ao desenvolvimento da Lógica Matemática o conduziu à busca da mecanização dos processos de raciocínio.

Com o desenvolvimento dos primeiros dispositivos mecânicos para cálculo matemáticos, tem início a vertente tecnológica que levará à construção dos primeiros computadores. Nas palavras de Cléuzio Fonseca Filho(144), a preparação do caminho para a completa automatização dos processos de cálculo foi executada pelos esforços dos pioneiros da computação, que vislumbraram a possibilidade da mecanização, mas não possuíam instrumentos e materiais adequados para concretizar os seus projetos. Entre esses pioneiros, o autor cita o já mencionado Leibniz, além de Pascal (1623-1662) e Wilhelm (1529-1635). O referido autor(145), ao analisar a evolução histórica da computação, enumera algumas fases, destacando alguns dispositivos analógicos primitivos, as primeiras tentativas de se construir um dispositivo de cálculo com Leibniz, Pascal, Babbage, Hollerith etc., o surgimento dos dispositivos analógicos modernos (planímetros, analisadores harmônicos etc.) e os primeiros computadores eletromecânicos por volta dos anos de 1930 e 1940.

A revolução do computador, por sua vez, teve início a partir dos trabalhos de Alan Turing (1912-1954). Turing tentou caracterizar exatamente quais funções são capazes de ser computadas e, em 1936, consagrou-se como um dos maiores matemáticos do seu tempo, quando fez antever aos seus colegas que é possível executar operações computacionais sobre a teoria dos números por meio de uma máquina que tenha embutida as regras de um sistema formal.

---

(143) FONSECA FILHO, Cléuzio, *op. cit.*, p. 51-52

(144) *Ibidem*, p. 86.

(145) *Ibidem*, p. 14.

Nas palavras de Cléuzio Fonseca Filho[146]:

> Turing definiu uma máquina teórica que se tornou um conceito chave dentro da Teoria da Computação. Ele enfatizou desde o início que tais mecanismos podiam ser construídos e sua descoberta acabou abrindo uma nova perspectiva para o esforço de formalizar a matemática, e, ao mesmo tempo, marcou fortemente a História da Computação. A percepção genial de Turing foi a substituição da noção intuitiva de procedimento efetivo por uma ideia formal, matemática. O resultado foi a construção de uma conceituação matemática da noção de algoritmo, uma noção que ele modelou baseando-se nos passos que um ser humano dá quando executa um determinado cálculo ou cômputo. Ele formalizou definitivamente o conceito de algoritmo.

Percebe-se, portanto, que a mecanização tem fundamental importância não só para o setor industrial. Apesar de ser comum fazer a remissão das máquinas industriais e das produções em massa quando se menciona o termo, a mecanização tem origem e influência direta também na ciência da computação, na tecnologia e tem intrínseca relação com os algoritmos, remontando a muitos séculos. Entender o surgimento e o contexto em que essa possibilidade surgiu é essencial para perceber a evolução e os desdobramentos desse conceito.

1.4.2. Automação

É comum haver uma dificuldade na distinção entre mecanização e automação. Não raro, percebe-se a utilização dos dois diferentes conceitos como sinônimos. É indiscutível a relação direta existente entre a mecanização e a automação, mas são fenômenos diferentes, que não devem ser confundidos.

Como exposto anteriormente, a mecanização pode ser definida como a troca da ação do homem por uma máquina. Não se trata de uma substituição apenas de trabalhos físicos ou esforços manuais, mas, também, envolve o pensamento e o raciocínio, tendo os algoritmos papel crucial nesse processo. A automação, por sua vez, pode ser definida como a criação de um sistema inteligente, no qual máquinas e homens podem trabalhar em conjunto, visando um melhor desempenho, garantindo uma melhor qualidade ao processo e ao resultado. Assim, ao atribuir a um sistema mecanizado sistemas de controle e inteligência, dá-se origem a automação[147].

---

(146) FONSECA FILHO, Cléuzio, *op. cit.*, p. 75

(147) MORAES, Everton. *Automação não é Mecanização.* Disponível em: <http://saladaautomacao.com.br/automacao-nao-e-mecanizacao/>. Acesso em: 28 jun. 2020.

As diferenças entre a tecnologia da mecanização e da automação encontram-se basicamente no princípio de *feedback*, que consiste na possibilidade de autoadaptação de todo o sistema em face das diferentes informações de realidade. O princípio de retroalimentação[(148)] (*feedback*) não está presente na mecanização, assim, quem percebe a mudança de realidade e deve, se necessário, introduzir novas instruções ao sistema para que trabalhe da melhor forma possível, é o operário[(149)].

A automação teve início com a Segunda Revolução Industrial, que possibilitou o surgimento de tecnologias como a cibernética, a eletrônica e a física, essenciais para a automação acontecer. Dessa forma, pode-se afirmar que a automação é uma tecnológica que foi criada com a junção de outras novas tecnologias[(150)]. A automação, portanto, é resultado de um desenvolvimento posterior à mecanização e pode ser definida como a técnica de tornar um processo ou sistema automático.

A palavra automação foi utilizada pela primeira vez por Del Harder, em 1947, quando o mesmo fez referência a alguns dispositivos automáticos que a *Ford Motor Company* havia desenvolvido para suas linhas de produção[(151)]. A partir do desenvolvimento da microeletrônica e a da ascensão da informática, os processos de mecanização desenvolvidos passaram a receber novos agregadores para o aperfeiçoamento das etapas de fabricação. A automação, de acordo com a Comissão de Automação e de Energia do Ministério do Trabalho dos EUA[(152)], significa a aplicação do princípio de *feedback* ou de autocorreção às máquinas e aos processos.

Danielle Bertagnolli, Felipe Rizzoto e Maira Angélica Dal Conte Tonial citam o conceito de José J. Horta Santos[(153)], que relaciona o sistema de ajustamento instintivo com a capacidade do operador humano, definindo a automação como um conjunto de técnicas

---

(148) A tecnologia da automação, de acordo com Danielle Bertagnolli, Felipe Rizzoto e Maira Angélica Dal Conte Tonial, trabalha com um conjunto integrado, semelhante ao de um computador, possuindo quatro elementos básicos: uma unidade de entrada (*input*), uma unidade de armazenamento (*storage*), uma unidade central de processamento (*central processor*) e, finalmente, uma unidade de saída (*output*). Esses quatro elementos básicos permitem que os dados que chegam — através da unidade de entrada — sejam armazenados e comparados com outros arquivados em momentos distintos. Caso ocorra uma modificação, a unidade de processamento realizará operações matemáticas, gerando novos comandos, que serão exteriorizados pela unidade de saída, fazendo com que, novamente, os dados de entrada retornem aos patamares previamente programados. Esse sistema é conhecido como princípio de *feedback* (retroalimentação), ou princípio de autocorreção das máquinas.

(149) BERTAGNOLLI, D.; RIZZOTO, F.; TONIAL, M. A., *op cit.*, p. 142.

(150) *Ibidem*, p. 141.

(151) LUZ, Gilberto Barbosa; KUIAWINSKI, Darci Luíz. *Op cit.*, p. 4.

(152) JOHN DIEBOLD, "Sfida della Automazione", em *Operare*, Milão, ano XIX, n. 1, jan./fev. 1964, p. 74-75. *Apud* FERREIRA, Francisco de Paula. Implicações sociais da automação. *Rev. adm. empres.*, São Paulo, v. 4, n. 13, p. 45-61, dez. 1964. Disponível em: <http://www.scielo.br/scielo.php?script=sci_arttext&pid=S0034-75901964000400002&lng=en&nrm=iso>. Acesso em: 28 jun. 2020.

(153) SANTOS, José. J. Horta. *Op. cit.*, *apud* BERTAGNOLLI, D.; RIZZOTO, F.; TONIAL, M. A. *op. cit.*

por intermédio das quais se constroem sistemas ativos capazes de atuar com uma eficiência ótima pelo uso de informações recebidas do meio sobre o qual atuam. Com base nas informações, o sistema calcula a ação corretiva mais apropriada. Um sistema de automação comporta-se exatamente como um operador humano o qual, utilizando as informações sensoriais, pensa e executa a ação mais apropriada[(154)].

Faz-se necessário esclarecer que automação não é sinônimo de automatização. Apesar de existir uma constante substituição de um vocábulo pelo outro, tratam-se de conceitos distintos. A automatização refere-se a um conjunto de máquinas automáticas, que funcionam individualmente, com insignificante participação do homem, as máquinas efetuam a operação automaticamente e independentemente das demais[(155)]. A automação, por sua vez, caracteriza-se pela integração das operações, as máquinas são ligadas entre si, de maneira que a peça a ser produzida seja transferida automaticamente de uma para a outra, sendo que cada máquina executa um trabalho parcial a ser complementado pela seguinte[(156)].

Sobre a temática, Rodrigo Monteiro Pessoa[(157)] afirma:

> Muito se encontra na doutrina da automação o emprego dos vocábulos automação e automatização, às vezes passando pelo prisma de sinonímia, como se ambos significassem a mesma coisa, outras vezes pelo prisma dos conjuntos, onde um englobaria o outro. Poucas vezes passa pelo prisma de distinção onde cada qual diz respeito a um tipo de modificação mecanizada para a modernização dos meios de produção capitalistas.

Ainda sobre a diferenciação dos vocábulos, José J. Horta Santos[(158)] expõe que o conceito de automatização está indissoluvelmente ligado a sugestão de movimento automático, repetitivo, mecânico e é, portanto, sinônimo de mecanização. E mecanismo implica ação cega, sem correção.

Assim, a automatização está relacionada a ideia de automatizar processos, auxiliando o trabalho humano em processos repetitivos, enquanto a automação está relacionada

---

(154) BERTAGNOLLI, D.; RIZZOTO, F.; TONIAL, M. A., *Op cit.*, p. 141.

(155) FERREIRA, Francisco de Paula. Implicações sociais da automação. *Rev. adm. empres.*, São Paulo, v. 4, n. 13, p. 45-61, dez. 1964. Disponível em: <http://www.scielo.br/scielo.php?script=sci_arttext&pid=S0034-75901964000400002&lng=en&nrm=iso>. Acesso em: 28 jun. 2020.

(156) SICILIANO, Lauro de Barros. *O Impacto da Automação na Vida Moderna e Futura. Apud* FERREIRA, Francisco de Paula. *Op. cit.*

(157) PESSOA, Rodrigo Monteiro. *A proteção das relações trabalhistas face a automação para a concretização do desenvolvimento.* 162 f. Dissertação (Mestrado) – Faculdade de Direito, Universidade Federal da Paraíba, Paraíba, 2013. Disponível em: <https://repositorio.ufpb.br/jspui/bitstream/tede/4408/1/arquivototal.pdf>. Acesso em: 15 jul. 2020.

(158) SANTOS, José. J. Horta. *Op. cit., apud* BERTAGNOLLI, D.; RIZZOTO, F.; TONIAL, M. A. *Op. cit.*

à inteligência em tarefas automatizadas, ou seja, além de executar a tarefa, um sistema pode aprender com seu desempenho e tomar decisões sozinho(159). Diferentemente da automação, os sistemas de automatização demandam certo nível de interferência humana, especialmente para executar correções. Enquanto na automação um equipamento utiliza dados para autorregular seu funcionamento, na automatização você apenas transfere a realização de uma atividade para a máquina(160).

Conforme já demonstrado anteriormente, automação e mecanização não são sinônimos, bem como automatização e automação também não são. Além disso, resta demonstrado que o conceito de mecanização e automação, que se diferenciam como já exposto, são constantemente correlacionados porque a automação surgiu a partir da mecanização. Explica-se: as novas invenções e novas tecnologias possibilitaram a evolução das máquinas, até então puramente mecanizadas, e, com esse avanço, as máquinas assumiram níveis mais elevados de trabalho, diminuindo a ação humana e introduzindo vários níveis de classificação de automação(161).

Automação, portanto, é um sistema de controle automático de processos mecânicos que permite que as máquinas verifiquem seu próprio funcionamento, introduzindo ajustes e correções sem a necessidade de interferência humana. Com a expansão da automação, tudo que envolve trabalho braçal será executado, com cada vez mais frequência, por máquinas, não mais por humanos.

Rose Marie Muraro(162) dispôs que a tecnologia da automação é extensão da inteligência, do sistema nervoso central do homem, demonstrando que:

> os nossos sentidos correspondem ao elemento da entrada, a nossa memória com o elemento do mesmo nome; o processamento central corresponde à inteligência, FONSECA FILHO, Cléuzio, *op. cit.*, os nervos são os condutores de *feedback*, o elemento de saída corresponde à nossa ação sôbre [*sic*] o mundo exterior, etc.

Utilizando o raciocínio da autora, Danielle Bertagnolli, Felipe Rizzoto e Maira Angélica Dal Conte Tonial(163) concluem que a mecanização seria, então, a extensão dos músculos do ser humano, aumentando sua força, agilidade e precisão, mas não se

(159) Disponível em: <https://centralit.com.br/veja-como-nao-confundir-automacao-e-automatizacao/>. Acesso em: 13 fev. 2022.

(160) Disponível em: <https://www.therba.com.br/noticias/automacao-ou-automatizacao-industrial-entenda-a-diferenca-entre-os-dois>. Acesso em: 13 fev. 2022.

(161) LUZ, Gilberto Barbosa; KUIAWINSKI, Darci Luíz. *Op. cit.*, p. 4.

(162) MURARO, Rose Marie. *A automação e o futuro do homem*. 2. ed. Rio de Janeiro: Vozes, 1969. p. 49; e SANTOS, José. J. Horta. *Automação industrial:* uma introdução. Rio de Janeiro: Livros Técnicos e Científicos, 1979. p. 10. *Apud* BERTAGNOLLI, D.; RIZZOTO, F.; TONIAL, M. A., *op. cit.*

(163) BERTAGNOLLI, D.; RIZZOTO, F.; TONIAL, M. A., *op. cit.*

autoajustando instintivamente. Assim, a mecanização é a síntese do trabalho físico, e a automação a síntese do trabalho humano.

Por fim, faz-se necessário abordar nesse tópico a previsão constitucional do direito fundamental à proteção em face da automação, que tem o objetivo de estabelecer uma proteção tanto do mercado de trabalho, quanto da saúde e segurança do trabalhador em face da automação dos sistemas produtivos, *in verbis:*

> Art. 7º São direitos dos trabalhadores urbanos e rurais, além de outros que visem à melhoria de sua condição social:
>
> (...)
>
> XXVII – proteção em face da automação, na forma da lei;

Sobre esse aspecto, Luciano Martinez e Mariana Maltez[164] defendem que passados tantos anos da positivação deste direito fundamental, reconhece-se que a automação é uma necessidade da atual sociedade tecnológica e globalizada e, também, um processo contínuo e inerente na vida laboral que não se tem como impedir. Os referidos autores acrescentam que não se trata de estigmatizar ou de combater a automação, mas de encontrar soluções que permitam a coexistência harmoniosa entre a implantação de máquinas no meio ambiente laboral e a salvaguarda do emprego e da saúde e segurança dos trabalhadores.

Neste sentido, cumpre ressaltar que existe apenas uma única lei no Brasil que trata da automação, qual seja, a Lei n. 9.956/2000, que somente proíbe o funcionamento de bombas de autosserviço nos postos de abastecimento de combustíveis. Dessa forma, trata-se de uma medida legal isolada que protegeu o emprego dos frentistas, proibindo o abastecimento dos combustíveis por meio de bombas de *self-service*[165], exigindo, por consequência, que todas as bombas de postos de combustíveis tenham frentistas, diferente do que ocorre em outros países.

1.4.3. Autonomação

Antes de expor o conceito de autonomação, é importante explicar o contexto do surgimento desse mecanismo. Em 1926, Sakichi Toyoda lançou uma máquina de tear capaz de parar automaticamente quando um dos fios se rompesse ou quando a quantidade programada de tecido fosse atingida[166]. Um dispositivo foi inserido na máquina de forma

(164) MARTINEZ, Luciano; MALTEZ, Mariana. O direito fundamental à proteção em face da automação. *Revista Nova Hileia*, vol. 2, n. 2, jan./jun. 2017. Disponível em: <http://periodicos.uea.edu.br/index.php/novahileia/article/view/1240/784>. Acesso em: 31 jul. 2020.

(165) ZIPPERER, André Gonçalves. *A intermediação de trabalho via plataformas digitais:* repensando o direito do trabalho, a partir das novas realidades do século XXI. São Paulo: LTr: 2019. p. 20.

(166) SILVA, Macáliston Gonçalves da; SELLITTO, Miguel Afonso. *Conceitos e práticas da autonomação em uma empresa eletrônica brasileira:* um estudo de caso. Disponível em: <http://www.abepro.org.br/biblioteca/enegep2010_TN_STO_113_745_14872.pdf>. Acesso em: 30 jun. 2020.

a distinguir condições normais e anormais, consequentemente produtos defeituosos não eram produzidos. Com essa inovação, tornou-se possível a supervisão simultânea de várias máquinas, uma vez que a operação da máquina passou a dispensar a atenção constante do operador durante o processo(167). Com o objetivo de aumentar a produtividade e diminuir o número de trabalhadores no processo de fabricação, esse conceito foi transferido para a Toyota dando origem a autonomação, também conhecida como *jidoka*(168).

Esse acontecimento, além de formalizar as mudanças na Toyota a partir de 1947, rompeu a lógica Taylorista de "um homem/um posto/uma tarefa"(169). A redução da dependência da máquina em relação ao homem é o princípio fundamental da autonomação, que foi formalizada como a automação com toque humano ou com a mente humana(170). A ideia é que as máquinas, na autonomação, são dotadas de inteligência humana.

Faz-se necessário esclarecer que o termo *jidoka* significa apenas automação, sendo *ninben no aru jidoka* a expressão que dá o verdadeiro significado do conceito(171). Contudo, a expressão *jidoka* é frequentemente usada como autonomação(172). A autonomação, portanto, permite que a falha no produto seja identificada e, assim, o funcionamento da máquina é interrompido. Trata-se de um processo mais completo que a automação, uma vez que a autonomação implica na identificação da falha, decisão sobre a forma de correção e a execução da correção(173). É por meio da autonomação que é possível que o processo tenha seu próprio autocontrole de qualidade, reduzindo desperdícios e melhorando a qualidade dos produtos(174).

O termo autonomação é definido por Shingo(175) como pré-automação, uma vez que somente a correção do problema é deixada a cargo do operador. Shingo defende que a autonomação é o estágio anterior à automação total ou atomação plena. Isso porque a etapa de decisão sobre a correção mais adequada e sua aplicação é responsabilidade do operador.

---

(167) GHINATO, Paulo. Jidoka: *Mais do que "pilar da qualidade"*. Disponível em: <https://www.leanway.com.br/wp-content/uploads/Paper-03-Jidoka.pdf>. Acesso em: 30 jun. 2020.

(168) SANTOS, Nathalia Monteiro dos. *Aplicação do estudo* Lean Manufacturing *e Kaizen em uma linha de produção:* estudo de caso na produção de eixos. Disponível em: <https://www.aedb.br/seget/arquivos/artigos20/19030223.pdf>. Acesso em: 30 jun. 2020.

(169) SILVA, Macáliston Gonçalves da; SELLITTO, Miguel Afonso. *Op. cit.*

(170) *Idem.*

(171) *Idem.*

(172) SILVEIRA, Cristiano Bertulucci. *Jidoka:* Automatização com um toque humano. Disponível em: <https://www.citisystems.com.br/jidoka/>; Acesso em 01 jul. 2020.

(173) *Idem.*

(174) *Idem.*

(175) SHINGO, S. *O Sistema Toyota de Produção* — Do ponto de vista da engenharia de produção. Porto Alegre: Bookman, 1996. *Apud* LUZ, Gilberto Barbosa; KUIAWINSKI, Darci Luíz, *op. cit.*

A contribuição da autonomação pode ser amplamente discutida, segundo é sugerido por Shingo, entre a automação do processamento (operações manuais) e de controle (operações mentais).

A autonomação, descrita no contexto histórico por Ohno[(176)] e Shingo é reconhecida dentro do Sistema Toyota de Produção (STP), como a ideia principal da possibilidade de um operador ter a condição de trabalhar em várias máquinas ao mesmo tempo, sendo que o processo pode ser interrompido a qualquer momento após a detecção de uma anomalia ou da finalização de um processo. Na Toyota, o conceito de autonomação não está restrito às máquinas, também é aplicado nas linhas manuais de montagem[(177)]. Quando identificado anormalidades ao longo da linha, qualquer operador pode parar a produção, desencadeando processos de identificação e eliminação dos problemas. As paradas, tanto para a linha quanto para máquinas, são sinalizadas por meio de um sistema de informação visual chamado de *andon*[(178)].

A autonomação tem como propósitos a prevenção de defeitos na produção, impedindo a geração e a propagação dos mesmos, tanto para máquinas como em operações manuais, eliminando anormalidades no processamento[(179)]. Além disso, tem o objetivo de parar a produção quando atingida a quantidade programada[(180)]. Trata-se, portanto, de um mecanismo de controle de anomalias do processo, permitindo a investigação imediata das causas, configurando-se como um controle de qualidade[(181)].

Conforme exposto, autonomação não se confunde com automação, apesar de serem conceitos que se relacionam. Autonomação possui uma vinculação maior a autonomia. Isso porque concede ao operador ou a máquina autonomia para bloquear o processo sempre que detectar qualquer anormalidade[(182)]. A ideia básica da autonomação consiste na transferência progressiva e contínua do trabalho manual e cerebral para a máquina[(183)]. A participação da

---

(176) O Engenheiro Taiichi Ohno desenvolveu o STP (Sistema Toyota de Produção) e foi quem formalizou o termo autonomação como "a automação com toque humano".

(177) SILVA, Macáliston Gonçalves da; SELLITTO. *Op. cit.*

(178) De acordo com Macáliston Gonçalves da Silva e Miguel Agonso Sellito, andon significa sinal de luz para pedir ajuda. Consiste em um painel luminoso colorido (às vezes acompanhado de sinal sonoro), que indica as condições da linha e aponta o local de solicitação de assistência para todos enxergarem.

(179) SILVA, Macáliston Gonçalves da; SELLITTO, Miguel Afonso. *Op. cit.*

(180) *Idem.*

(181) *Idem.*

(182) GHINATO, P. *Sistema Toyota de Produção:* mais do que simplesmente *just-in-time*. Caxias do Sul: EDUCS, 1996. *Apud* SILVA, Macáliston Gonçalves da; SELLITTO, Miguel Afonso, *op. cit.*

(183) ANTUNES JR., J.; ALVAREZ, R.; KLIPPEL, M.; BORTOLOTTO, P.; PELLEGRIN, I. *Sistemas de produção:* conceitos e práticas para projeto e gestão da produção enxuta. Porto Alegre: Bookman, 2008. p. 255.

força de trabalho é essencial para a ampliação das oportunidades e manutenção da aplicação da autonomação(184).

Algumas críticas são feitas sobre a autonomação no sentido de a mesma intensificar o trabalho humano, haja vista o operário ocupar-se por mais tempo de suas tarefas e com mais intensidade, além de agregar às suas tarefas de produção outras operações, como controle de qualidade, manutenção dos equipamentos, limpeza no local de trabalho etc.(185). O operário realiza um trabalho já não mais manual apenas, mas também mental(186). Por conta disso, a gestão de tais máquinas é transformada na relação um homem — uma máquina para uma equipe — um sistema, sendo que é um conjunto de homens que assume a responsabilidade pelo funcionamento de um grupo de máquinas(187).

Além disso, para os críticos, o trabalho repetitivo, simples, desmotivante e embrutecedor desaparece, contudo, a situação não melhora, pois como o trabalhador é flexível, isso pode acarretar uma jornada de trabalho flexível e, consequentemente, direitos também flexíveis(188). Os níveis de cobrança resultam em extensão da jornada de trabalho e uma pressão contínua(189).

Ao mesmo tempo, é necessário chamar atenção para o fato de que a máquina automatizada com um toque humano permite liberdade aos operadores para trabalharem simultaneamente com diversas máquinas (multifuncionalidade), reduzindo a demanda de operadores na produção e aumentando a eficiência do sistema produtivo(190). Assim, o conceito de autonomação e a multifuncionalidade estão intimamente relacionados e diretamente envolvidos com a eficiência e flexibilidade da força de trabalho(191). Contudo, é da flexibilização que resulta a redução de mão de obra(192).

Conforme exposto anteriormente, o princípio geral da autonomação envolve dois eixos inter-relacionados de análise: a autonomia e a automação. Do ponto de vista da autonomia, destaca-se o surgimento do conceito de operadores multifuncionais, como abordado

---

(184) SILVA, Macáliston Gonçalves da; SELLITTO. *Op. cit.*

(185) LUZ, Gilberto Barbosa; KUIAWINSKI, Darci Luíz, *op. cit.*

(186) *Idem.*

(187) *Idem.*

(188) GOUNET, T. *Fordismo e Toyotismo na civilização do automóvel.* Perdizes, 1999; SILVA, R. A. Toyotimo e neoliberalismo: novas formas de controle para uma sociedade-empresa. In: *Vigilância Segurança e Controle Social*, PUC do Paraná, Curitiba, 2009 *apud* GOMES, Marina. *A presença de práticas toyotistas em um sistema fordista de produção de uma fábrica de cânulas.* Trabalho de Conclusão de Curso – UFJF, Faculdade de Engenharia, 2018. Disponível em: <https://www.ufjf.br/engenhariadeproducao/files/2017/11/Marina-Machado_2018.pdf>. Acesso em: 02 jul. 2020.

(189) *Idem.*

(190) SILVA, Macáliston Gonçalves da; SELLITTO. *Op. cit.*

(191) *Idem.*

(192) LUZ, Gilberto Barbosa; KUIAWINSKI, Darci Luíz, *op. cit.*

anteriormente; a possibilidade de ampliação do conceito de autonomação para operações essencialmente manuais, ou seja, sem a presença das máquinas e a possibilidade da ampliação do conceito de autonomação para aplicações sistêmicas amplas, tais como aspectos relativos à segurança do trabalho e a redução dos desperdícios de energia[(193)].

Assim, na autonomação articulam-se automação e autonomia, em uma relação substancialmente diferenciada entre homem e máquina, a estabelecer a menor dependência do trabalho vivo, tanto na dimensão da substituição do trabalho vivo por máquinas, quanto na sua relação dinâmica de operações de maquinário[(194)]. A autonomação, portanto, convolou o trabalho parcelar e especializado, em polivalente, como mencionado anteriormente e conforme será detalhado nos próximos capítulos.

1.4.4. Autonomia

A autonomia pode ser definida como a capacidade de governar-se pelos próprios meios[(195)]. Trata-se de um conceito que possui desdobramentos em diversas áreas do saber, como a moral, a política, a filosofia, a bioética, a medicina e o direito. Nos tópicos anteriores, a relação da autonomia com os conceitos de mecanização, automação e autonomação foi abordada, tendo sido exposto como a autonomia está ligada, de forma direta ou indireta, aos referidos conceitos.

Percebe-se que a evolução tecnológica e o avanço das ferramentas, estruturas e conhecimentos deram origem as diferentes fases abordadas da mecanização, automação e autonomação, essa última, como exposto, é fundamental para um estado de automação total. A autonomia pode ser abordada nesse contexto tanto no que diz respeito às máquinas e suas evoluções e modernizações, que acabaram por gerar ferramentas, *softwares*, mecanismos autônomos, no sentido do funcionamento independente, ou seja, "autogovernável ", como também no que diz respeito aos seres humanos e o que esses processos abordados, que culminaram na automação total ou quase total, causam aos mesmos e quais as implicações na autonomia dos indivíduos.

Sabe-se que o objetivo dos incrementos e aperfeiçoamentos das máquinas em sentido geral (não apenas no sentido industrial) é garantir melhoras nas condições da vida humana. Isso vale tanto para o dia a dia, abrangendo infraestrutura, conforto, produtos fornecidos, materiais, opções de lazer, aspectos relacionados a saúde etc., como para o fato de o indivíduo ter mais tempo livre, não precisar realizar tantos esforços físicos, poupar

---

(193) ANTUNES JR., J.; ALVAREZ, R.; KLIPPEL, M.; BORTOLOTTO, P. e PELLEGRIN, I. *Op. cit.*, p. 253.

(194) REIS, Daniela Muradas; CORASSA, Eugênio Delmaestro. Aplicativos de Transporte e Plataforma de Controle: o mito da tecnologia disruptiva do emprego e a subordinação por algoritmos. In: PAES LEME, Ana Carolina Reis; RODRIGUES, Bruno Alves; CHAVES JUNIOR, José Eduardo de Resende. (Coords.). *Tecnologias Disruptivas e a exploração do trabalho humano*. São Paulo: LTr, 2017. p. 157-165.

(195) AUTONOMIA. In: *OXFORD LANGUAGES*. Disponível em: <https://languages.oup.com/google-dictionary-pt/>. Acesso em: 02 jul. 2020.

energias, ter melhores condições de trabalho e não se arriscar e se desgastar como antes. Contudo, a autonomia buscada pelo homem, com o avanço das máquinas, acabou gerando desdobramentos e questionamentos acerca da possibilidade de o efeito estar sendo reverso, gerando uma autonomia para as máquinas que comprometeria a autonomia humana.

Os avanços tecnológicos acontecem de forma cada vez mais célere e, a cada nova descoberta ou invenção, essa rapidez se torna ainda mais intensa. Estamos vivendo a chamada Quarta Revolução Industrial, que teve início na virada do século e baseia-se na revolução digital. É caracterizada por uma internet mais ubíqua e móvel, por sensores menores e mais poderosos que se tornaram mais baratos e pela Inteligência Artificial e aprendizado de máquina(196).

Em 2011 um novo conceito passou a embasar o futuro das fábricas, qual seja, a indústria 4.0, termo cunhado na feira de Hannover para descrever como ocorrerá a revolução da organização das cadeias globais de valor(197). Ao permitir "fábricas inteligentes", a quarta revolução industrial cria um mundo onde os sistemas físicos e virtuais de fabricação cooperam de forma global e flexível(198). Isso permite a total personalização de produtos e a criação de novos modelos operacionais(199).

Alguns dos elementos marcantes da chamada Indústria 4.0 são a Inteligência Artificial, robôs, sistemas de armazenamento de energia, impressora 3D, neurotecnologias etc. A grande novidade é a combinação e fundição das tecnologias dos mundos físico, digital e biológico, produzindo efeito exponencial que tem a força de mudar o curso da humanidade de forma célere e nunca vista. Essa mudança envolve a reformulação de conceitos relativos à produção, consumo, transporte, logística e até mesmo a maneira de exercer os direitos da personalidade(200).

A Indústria 4.0 consiste, ainda, na autonomia das máquinas. Isso significa que a tecnologia permite que os equipamentos sejam programados para tomar decisões, tarefas que antes eram das pessoas responsáveis por acionar os comandos nas máquinas. Além disso, o novo modelo industrial apresenta mais eficiência, produtividade e redução de custos, bem como concretiza uma economia de tempo. A indústria entrou na era da integração, onde a tecnologia de informação será capaz de gerenciar todo processo produtivo e com o auxílio das novas tecnologias é possível reduzir gastos com mão de obra, consumo de

---

(196) SCHWAB, Klaus. *A quarta revolução industrial*. Tradução Daniel Moreira Miranda. São Paulo: Edipro, 2016. Título original: The Fourth Industrial Revolution, p. 19.

(197) *Idem*.

(198) *Idem*.

(199) *Idem*.

(200) OLIVEIRA NETO, Célio Pereira. *Trabalho em ambiente virtual: causas, efeitos e conformação*. São Paulo: LTr, 2018. p. 27.

energia elétrica, água, minimizar a geração de resíduos e ainda prever erros no produto final e mudá-lo durante a fabricação(201).

As transformações são intensas e avassaladoras, haja vista a capacidade das novas tecnologias gerarem outras novas tecnologias ainda mais qualificadas, que se combinam entre si, transformando sistemas e países. A título comparativo, enquanto o tear mecanizado demorou cento e vinte anos para conquistar a Europa, a internet obteve igual proeza em menos de dez anos. Um *tablet* dos dias atuais possui capacidade de processamento equivalente a cinco mil computadores *desktop* de trinta anos atrás, ao passo que nos últimos vinte anos o curso de armazenamento caiu de dez mil dólares para três centavos de dólar por ano(202).

A evolução da Inteligência Artificial e da tecnologia como um todo estimulou uma série de coisas autônomas, que derivam da chamada autonomia das coisas (ou *Autonomous Things*). As coisas autônomas (AuT) e a Internet de Coisas Autônomas (IoAT) representam a chegada dos computadores no ambiente físico, por meio de entidades que funcionam sem a necessidade de direção humana, movendo-se livremente e interagindo com pessoas e objetos. Exemplos dessas "coisas autônomas" são os *drones*, robôs, veículos e eletrodomésticos. Nos últimos anos ocorreu uma evolução consistente das tecnologias de Inteligência Artificial e já é possível presenciar a aplicação prática delas(203).

As tecnologias autônomas, suportadas pela Inteligência Artificial e pelo *machine learning*, permitem que as coisas se movam e interajam livremente, sem controle físico ativo ou supervisão de um operador humano. Coisas autônomas assumem cada vez mais o trabalho repetitivo, perigoso e, até certo ponto, inteligente, anteriormente conduzido pela força de trabalho humana, reduzindo custos e aumentando a produção. Além disso, haverá um ganho de tempo humano, tanto na vida privada como nos negócios, haja vista as pessoas poderem passar tempo livre de maneira diferente. Por fim, as coisas autônomas compensam a escassez de mão de obra em determinadas áreas de negócios, mas também substituem os trabalhos com um alto nível de rotina, como carga e descarga(204).

A aposta dos especialistas é que com a evolução das coisas autônomas, haverá, cada vez mais, uma integração e uma conexão inteligente entre elas e o meio ambiente. Haverá, ainda, uma combinação à tecnologia de voz e inteligência emocional, coexistindo e interagindo naturalmente com os seres humanos, seja no âmbito profissional ou pessoal.

---

(201) WEBER, Giovane. *Indústria 4.0:* autonomia das máquinas. Disponível em: <http://estudioahora.jornalahora.com.br/stw/industria-4-0-autonomia-das-maquinas/>. Acesso em: 03 jul. 2020.

(202) OLIVEIRA NETO, Célio Pereira. *Op. cit.*, p. 27.

(203) *Diário do Comércio*. Autonomia das coisas, tecnologias imersivas e ética e privacidade digital ditarão 2019. Disponível em: <https://diariodocomercio.com.br/inovacao/autonomia-das-coisas-tecnologias-imersivas-e-etica-e-privacidade-digital-ditarao-2019/>. Acesso em: 10 jul. 2020.

(204) *A transição da automação para autonomia está a todo vapor*. Disponível em: <https://www.reply.com/br/topics/internet-of-things/a-transicao-da-automacao-para-a-autonomia-esta-a-todo-vapor>. Acesso em: 10 jul. 2020.

Nesse sentido, faz-se necessário relembrar que a evolução das últimas décadas está totalmente atrelada à ideia de algoritmos. Aparelhos como smartphones, computadores, *smartvs* e *tablets* funcionam com sistemas baseados em algoritmos e, conforme novos comandos e possibilidades de uso surgem, mais aprimorados e complexos estão os níveis de instrução de um algoritmo.

É importante ressaltar que a tecnologia acaba melhorando a produtividade e aumentando a riqueza, assim como que as necessidades humanas são infinitas, motivo pelo qual a busca por novos produtos acaba sempre renovada, gerando-se novas pseudonecessidades. Além disso, o trabalhador atual exerce as suas atividades cada vez menos com as mãos, e mais com o cérebro, o que dignifica a atividade laborativa, na medida em que não se reproduz a mesma exploração corporal própria especialmente da Primeira Revolução Industrial e mesmo da Segunda Revolução Industrial. A tecnologia deve funcionar como aliada do homem, permitindo melhor qualidade de vida. A automação cada vez mais tem deixado para as máquinas o trabalho repetitivo, insalubre e perigoso, permitindo uma melhora nas condições de trabalho[(205)].

A palavra robô tem origem da palavra tcheca *robotnik*, que significa servo, o termo robô foi utilizado inicialmente por Karel Capek, em 1923, na época em que a ideia de um "homem mecânico" parecia vir de alguma obra de ficção[(206)]. Se na Terceira Revolução Industrial, período posterior a Segunda Guerra Mundial, intensificou-se o uso da ciência e houve uma expansão do processo de automação, com o incremento da robótica e da cibernética, na Indústria 4.0 essa realidade se torna cada vez mais intensa. Com o uso e o avanço da Inteligência Artificial, da automação e dos robôs, aumentam-se as críticas e temores, principalmente no que tange ao desemprego.

A era 4.0 fez ressurgir polemicas e debates entre visões diametralmente opostas sobre os avanços da tecnologia e as consequências positivas e/ou negativas desses avanços. De um lado, aqueles que vislumbram um futuro promissor, no qual a tecnologia liberta a humanidade do trabalho ou ao menos do trabalho desgastante, repetitivo, desestimulante, além de eliminar doenças, promover a longevidade, o conforto e a possibilidade de usufruir novas experiências lúdicas e sensoriais, novas opções de lazer, trazidas por novos e tecnológicos dispositivos, sistemas e ambientes digitais. Do outro lado, aqueles que temem as consequências negativas do uso e do avanço cada vez mais intenso da tecnologia por diversos campos da sociedade, como o trabalho, a medicina, a genética, o controle sobre as informações, sobre os veículos e mesmo sua aplicação no campo militar, somado ao risco da desumanização das relações e da própria consciência humana[(207)].

---

(205) OLIVEIRA NETO, Célio Pereira. *Op. cit.*, p. 41-42.

(206) MAIA, Deborah Vieira de Alencar. *Automação Industrial e Robótica*. Disponível em: <http://professor.pucgoias.edu.br/SiteDocente/admin/arquivosUpload/17829/material/ARTIGO08.pdf>. Acesso em: 20 jul. 2020.

(207) GRAGLIA, Marcelo Augusto Vieira; LAZZARESCHI, Noêmia. A Indústria 4.0 e o Futuro do Trabalho: Tensões e Perspectivas. *Revista Brasileira de Sociologia*, vol. 06, n. 14, set./dez 2018. Disponível em: <http://www.sbsociologia.com.br/rbsociologia/index.php/rbs/article/view/424/242>. Acesso em: 20 jul. 2020.

Marcelo Graglia e Noêmia Lazzareschi[208], ao analisarem a indústria 4.0 e o futuro do trabalho expuseram:

> Embora a informatização tenha sido historicamente confinada a tarefas rotineiras envolvendo atividades baseadas em regras explícitas, a inteligência artificial e os algoritmos para *big data* agora estão entrando rapidamente em domínios dependentes de reconhecimento de padrões e podem substituir prontamente o trabalho em uma ampla gama de tarefas cognitivas não rotineiras. Somando-se a isso, robôs avançados estão ganhando sentidos aprimorados e destreza, que lhes permitem executar uma ampla variedade de tarefas manuais. Isso provavelmente mudará a natureza do trabalho em empresas e profissões (BRYNJOLFSSON; MCAFEE, 2011). Algumas mudanças já são percebidas.

Os referidos autores concluem que a nova revolução tecnológica trouxe características determinantes que a diferenciam estruturalmente das revoluções anteriores. Isso porque, a velocidade com a qual a transformação está ocorrendo, o ciclo reduzido de escalabilidade das novas tecnologias, a quantidade de tecnologias disruptivas surgindo ou amadurecendo simultaneamente e a diferente demanda de qualificação para os trabalhadores — que privilegia algumas ocupações à medida em que exclui outras — são algumas das diferenças em relação ao passado. Inovações tecnológicas afetarão dramaticamente a estrutura e o mercado de trabalho e, segundo os autores, imaginar as perspectivas do futuro do trabalho sem considerar estas diferenças seria um equívoco.

Contudo, apesar da existência dessa corrente que acredita que o trabalho está em risco e a era da autonomia proporcionada pelas máquinas irá afetar a estrutura e o mercado de trabalho de uma forma jamais vista, não se trata de uma unanimidade. Há quem afirme, categoricamente, que o fim do trabalho é algo que jamais temos de temer por uma questão lógica: a necessidade de trabalhar e produzir bens e serviços só se esgotará quando não houver absolutamente mais nada que queremos e desejamos.

Neste sentido, Allan Golombek[209] afirma:

> Vinte e dois anos atrás, Jeremy Rifkin escreveu *The End of Work*. Por ironia, quase que imediatamente, o mundo entrou em um dos maiores períodos de criação de emprego na história.
>
> (...)

---

(208) GRAGLIA, Marcelo Augusto Vieira; LAZZARESCHI, Noêmia. *Op. cit.*

(209) GOLOMBEK, Allan. *A tecnologia e sua "destruição criativa" são pró-trabalhador*. Disponível em: <https://www.mises.org.br/Article.aspx?id=3073>. Acesso em: 21 jul. 2020.

> Trabalhos são apenas tarefas que realizamos com o objetivo de produzir e obter as coisas que desejamos. Nós nunca acabaremos com nossos desejos de consumidor, não importa quantos robôs ou outras tecnologias criemos. Quando as tecnologias se encarregam de saciar algumas de nossas necessidades, isso significa que elas estão nos liberando do ônus de ter de trabalhar para produzir aquilo. Consequentemente, elas estão nos dando a oportunidade de irmos buscar outras atividades que nos dão mais prazer e satisfação — uma oportunidade que deveríamos agarrar com avidez.
>
> Grande parte da angústia em relação à tecnologia parece ser em relação à expectativa de vida dos empregos que existem atualmente. Mas eis o fato: o objetivo jamais deve ser o de preservar os empregos que existem hoje. Não foi assim que a humanidade evoluiu, prosperou e enriqueceu. Nós não evoluímos protegendo empregos obsoletos e maçantes, mas sim acabando com eles e, em seu lugar, criando novos empregos mais modernos, em linha com as demandas dos consumidores.
>
> Assim, o objetivo de uma sociedade que quer prosperar e enriquecer tem de ser o de criar os trabalhos que serão realmente necessários no futuro.

De fato, pode-se afirmar que desde o início do capitalismo moderno presenciamos processos de substituição de uma tecnologia por outra, sendo viável, possível e confortável desfrutar as conveniências proporcionadas por esses avanços, que rapidamente se tornam naturais e rotineiras, fazendo parte do dia a dia da sociedade. Dessa forma, querer bloquear a mecanização e a automação ou criticar a era da autonomia, visando engessar ou frear esses avanços e novos cenários pelo receio de consequências negativas é ir de encontro ao progresso. Se essa interrupção tivesse acontecido há muitos anos, hoje talvez a vida ainda estivesse restrita ao campo, com trabalhos manuais e desgastantes[(210)].

Neste sentido, é a visão de Daniel Lacalle[(211)]:

> A inteligência artificial não me preocupa; é a estupidez humana o que me aterroriza. O debate sobre a tecnologia e seu papel na sociedade está sendo manipulado para enganar os cidadãos e amedrontá-los quanto ao futuro. O intuito é, por meio do medo, fazê-los aceitar a se submeter a políticos e suas leis, as quais simplesmente não podem proteger o indivíduo dos desafios da robotização. Entretanto, sempre há aquela enxurrada de estudos nos alertando que, daqui a 50 anos, a vasta maioria do trabalho será feita por robôs, e não

(210) GOLOMBEK, Allan. *Op. cit.*,

(211) LACALLE, Daniel. *A automação e os robôs não causam desemprego;* quem causa são os políticos. Disponível em: <https://www.mises.org.br/Article.aspx?id=2915>. Acesso em: 21 jul. 2020.

> haverá empregos para ninguém. O que podemos fazer? Já faz décadas que vivemos essa falácia das estimativas distópicas. Se fossemos acreditar em todos os estudos que "prevêem o que acontecerá daqui a 50 anos", já era para estarmos sem água, petróleo e empregos há pelo menos dezessete anos. [...]. A realidade é que, hoje, a população mundial chegou a 7,5 bilhões de pessoas e, não obstante toda a revolução tecnológica, nunca tivemos tanto trabalho a ser feito. Não só a necessidade de nenhum trabalho foi abolida, como novos trabalhos até então inimaginados surgiram.

A Indústria 4.0 possui uma forte tendência de substituição das atividades de trabalho humano por tecnologia(212). Sobre essa tendência, Yuval Noah Harari(213) dispõe que há visões conflitantes sobre como será o futuro do trabalho, a mudança e sua iminência, não sendo possível prever, com precisão, como será o mercado de trabalho dentro de algumas décadas:

> Não temos ideia de como será o mercado de trabalho em 2050. Sabemos que o aprendizado de máquina e a robótica vão mudar quase todas as modalidades de trabalho — desde a produção de iogurte até o ensino da ioga. Contudo, há visões conflitantes quanto à natureza dessa mudança e sua iminência. Alguns creem que dentro de uma ou duas décadas bilhões de pessoas serão economicamente redundantes. Outros sustentam que mesmo no longo prazo a automação continuará a gerar novos empregos e maior prosperidade para todos.
>
> Estaríamos à beira de uma convulsão social assustadora, ou essas previsões são mais um exemplo de uma histeria ludista infundada? É difícil dizer. Os temores de que a automação causará desemprego massivo remontam ao século XIX, e até agora nunca se materializaram. Desde o início da Revolução Industrial, para cada emprego perdido para uma máquina pelo menos um novo emprego foi criado, e o padrão de vida médio subiu consideravelmente. Mas há boas razões para pensar que desta vez é diferente, e que o aprendizado de máquina será um fator real que mudará o jogo.
>
> Humanos têm dois tipos de habilidades — física e cognitiva. No passado, as máquinas competiram com humanos principalmente em habilidades físicas, enquanto os humanos se mantiveram à frente das máquinas em capacidade cognitiva. Por isso, quando trabalhos manuais na agricultura e na indústria foram automatizados, surgiram novos trabalhos no setor de serviços que requeriam o

(212) ZIPPERER, André Gonçalves. *A intermediação de trabalho via plataformas digitais:* repensando o direito do trabalho, a partir das novas realidades do século XXI. São Paulo: LTr: 2019. p. 42.

(213) HARARI, Yuval Noah. *21 lições para o século 21*. São Paulo: Companhia das Letras, 2018. p. 40-45.

tipo de habilidade cognitiva que só os humanos possuíam: aprender, analisar, comunicar e acima de tudo compreender as emoções humanas. No entanto, a IA está começando agora a superar os humanos em um número cada vez maior dessas habilidades, inclusive a de compreender as emoções humanas. Não sabemos de nenhum terceiro campo de atividade — além do físico e do cognitivo — no qual os humanos manterão sempre uma margem segura.

É crucial entender que a revolução da IA não envolve apenas tornar os computadores mais rápidos e mais inteligentes. Ela se abastece de avanços nas ciências da vida e nas ciências sociais também. Quanto mais compreendemos os mecanismos bioquímicos que sustentam as emoções, os desejos e as escolhas humanas, melhores podem se tornar os computadores na análise do comportamento humano, na previsão de decisões humanas, e na substituição de motoristas, profissionais de finanças e advogados humanos.

O referido autor(214) dispõe ainda que outro problema decorrente dessa autonomia das máquinas é que os novos empregos a serem criados exigiriam altos níveis de especialização e não resolveriam os problemas dos trabalhadores não qualificados que perderiam seus empregos. Nos ciclos de automação anteriores, as pessoas poderiam passar de um trabalho padronizado de baixa qualificação para outro com facilidade, o que não ocorrerá mais agora. Isso seria agravado pela falta de energia mental desses trabalhadores, decorrente da idade.

André Gonçalves Zipperer(215) chama atenção para o fato de que soluções como renda básica universal são estudadas e esse fenômeno pode representar também um maior distanciamento entre países desenvolvidos e em desenvolvimento. Isso porque os números mostram que os países que mais se beneficiam da criação de novas tecnologias, como Estados Unidos e Japão, também mantêm taxas de desemprego mais baixas.

Sobre o assunto, Giuseppe Ludovico(216) dispõe:

> [...] as principais problemáticas relacionadas à disseminação dos robôs derivam da transformação da tradicional relação entre o homem e a máquina: se, no passado, essa última se colocava como instrumento à disposição do trabalhador, que era quem controlava e dirigia seu funcionamento, as máquinas de última geração parecem, ao contrário, ter completamente subvertido esta relação, colocando o trabalhador à disposição do robô, que dirige e controla os movimentos.

---

(214) HARARI, Yuval NoAH. *Op. cit.*, p. 51 a 58.

(215) ZIPPERER, André Gonçalvez. *Op. cit.*, p. 43.

(216) LUDOVICO, Giuseppe. *Novas Tecnologias e Saúde e Segurança do Trabalhador.* Disponível em: https://thomsonreuters.jusbrasil.com.br/doutrina/secao/1196957354/novas-tecnologias-e-saude-e-seguranca-do-trabalhador-novas-tecnologias-plataformas-digitais-e-direito-do-trabalho-ed-2020; Acesso em: 22 mar. 2021.

Assim, percebe-se que a era da autonomia é fruto do progresso, do desenvolvimento, das melhorias proporcionadas pelo avanço tecnológico, mas também pode trazer impactos negativos. É natural e esperado que esses avanços tragam mudanças estruturais na sociedade, inclusive no trabalho e no direito. Não se deve "fechar os olhos" para os riscos e implicações negativas que podem surgir e se concretizar, mas evitar a evolução por receios ou medos não nos parece ser a melhor solução. Nas palavras de Antonio Aloisi e Valerio de Stefano(217), podemos e devemos apreciar os benefícios do avanço e da inovação tecnológica, mas sem fingir que este avanço está sempre livre de efeitos colaterais

Ressalta-se que, em 2018, ainda não havia tarefas que pudessem ser executadas predominantemente por uma máquina ou um algoritmo. Em 2022, projeta-se uma realidade diferente, com máquinas e algoritmos aumentando em média sua contribuição em atividades específicas em 57%. Segundo o estudo do Fórum Econômico Mundial, até 2022, 62% da transmissão de informações e processamento de dados serão executadas por máquinas, em comparação com 46% em 2018. O mesmo se dá em tarefas que até então permaneceram predominantemente humanas como comunicação, coordenação, desenvolvimento, gestão e assessoria que começarão a ser automatizadas(218).

Ao analisar a referida pesquisa, André Zipperer(219) dispõe:

> Há, no entanto, estimativas otimistas em torno de tarefas emergentes que devem compensar o declínio de empregos nestas atividades. Em todas as indústrias pesquisadas, até 2022, o crescimento da participação de profissões e tarefas emergentes deverá aumentar de 16% para 27% (11% de crescimento enquanto que as participações das ocupações em papéis em declínio devem diminuir dos atuais 31% para 21% (queda de 10%).
>
> Cerca de metade das ocupações atuais na maior parte das indústrias permanecerão estáveis no período até 2022.
>
> Assim, baseadas nos percentuais apontados, as estimativas (as quais o próprio Fórum sugere sejam lidas com cautela) sugerem que, nas empresas pesquisadas, entre 2108 e 2022, um declínio de 0,98 milhão e um ganho de 1,74 milhão de empregos. Ou, em larga escala, este conjunto de estimativas indica que 75 milhões de empregos podem ser deslocados para as máquinas, enquanto 133 milhões de novas tarefas podem emergir, estando mais adaptadas à nova divisão do trabalho entre humanos, máquina e algoritmos.

---

(217) ALOISI, Antonio; STEFANO, Valerio de. *Il tuo capo è un algoritmo:* Contro il lavoro desumano. Editori Laterza. Collana: Tempi Nuovi, p. 45.

(218) WORLD ECONOMIC FORUM. *The Future of Jobs Report 2018*. Centre for the New Economy and Society, p. viii, 2018. Disponível em: <http://www3.weforum.org/docs/WEF_Future_of_Jobs_2018.pdf>. Acesso em: 21 jul. 2020.

(219) ZIPPERER, André Gonçalves. *Op. cit.*, p. 44-45.

Nesse sentido, é importante relembrar que até o momento presente, a atual sociedade, em que tudo é líquido e parece dissolver-se[220], capital e trabalho andavam juntos, em conflitos constantes, mas dependentes. Contudo, o capital parece ter se tornado mais independente, sem a mesma "necessidade" e "dependência" do trabalho que marcou os ciclos anteriores, principalmente a Segunda Revolução Industrial. Isso acaba criando a possibilidade de o trabalho tornar-se mais livre da subordinação do modelo taylorista, abrindo espaço para a produção de ideias, em ambientes de labor virtual, descentralizado da empresa[221] e criando novas formas de contratação e, consequentemente, novas formas e oportunidades de trabalho e prestações de serviços.

Dessa forma, por meio da adoção de um sistema inteligente na era da indústria 4.0, se presencia a conciliação entre os algoritmos e a gestão humana[222], culminando no atual e necessário debate e discussão acerca da existência ou não de um poder diretivo peculiar e quais são as consequências disso, o que será abordado nos próximos capítulos.

---

(220) BAUMAN, Zygmunt. *Modernidade líquida*. Rio de Janeiro: Jorge Zahar, 2001.

(221) OLIVEIRA NETO, *Op. cit.*, p. 28.

(222) REIS, Daniela Muradas; CORASSA, Eugênio Delmaestro. *Op. cit.* In: PAES LEME, Ana Carolina Reis; RODRIGUES, Bruno Alves; CHAVES JUNIOR, José Eduardo de Resende (Coords.). Tecnologias Disruptivas e a exploração do trabalho humano. São Paulo, LTr: 2017. p. 157-165

Capítulo 2

Algoritmo no Comando da Relação de Emprego

2.1. Direitos fundamentais

Tendo sido feita a introdução sobre o conceito de algoritmo, as espécies dos mesmos e a sua presença cada vez mais intensa e constante, na sociedade, adentraremos no foco da presente pesquisa que é a implicação dos algoritmos nas relações de trabalho e a possibilidade de se configurar e se reconhecer, ou não, um poder diretivo algorítmico. Para tanto, é fundamental analisar conceitos inerentes e essenciais para as referidas relações, como os direitos fundamentais, a autonomia da vontade e, principalmente, a subordinação.

No presente capítulo os referidos conceitos serão expostos e abordados para que as novas tecnologias sejam analisadas no que tange às relações trabalhistas, tendo como foco a identificação desses direitos e institutos. Além disso, será feita a análise do poder diretivo e o exercício deste por meio das ferramentas proporcionadas pela inovação e pelo avanço da tecnologia, bem como os impactos desses fenômenos nas relações de trabalho.

Dessa forma, a análise dos direitos fundamentais nas relações de trabalho tem muita relevância para os desdobramentos do presente capítulo. Sabe-se que os direitos fundamentais surgiram como direitos de defesa em face ao Estado, que era, originalmente, o potencial violador desses direitos. Os direitos fundamentais são considerados inerentes à condição de seres humanos dos seus titulares, sendo, portanto, direitos inatos, de natureza pessoal e extrapatrimonial, ligados de maneira perpétua e permanente, como o direito à vida, à igualdade e à liberdade[(223)]. A esses direitos foram atribuídos diversos nomes, tais como: "direitos humanos", "direitos do homem", "liberdades públicas", "direitos civis", "direitos subjetivos públicos", "direitos naturais", "direitos individuais", "liberdades fundamentais", "direitos humanos fundamentais", dentre outros.

Percebe-se, portanto, que do ponto de vista terminológico, não há um consenso. Mas, apesar do dissenso em relação à terminologia, há, muitas vezes, a utilização dos termos "direitos fundamentais" e "direitos humanos" como sinônimos, motivo pelo qual convém distingui-los.

---

(223) LOCKMANN, Ana Paula Pellegrina. Direitos fundamentais do trabalhador — breves considerações. In: FREDIANI, Yone, ALVARENGA, Rúbia Zanotelli (Orgs.). *Direitos fundamentais nas relações de trabalho*. São Paulo: LTr, 2015. p. 19.

Como expõe Ingo Wolfgang Sarlet(224), é significativo que na literatura filosófica, na esfera política e social, e nos meios de comunicação em geral, o termo mais utilizado e adotado seja direitos humanos, sem que se trace um marco distintivo em relação a outras denominações. Para o referido jurista, o que parece prevalecer é a ideia de que os direitos humanos são sempre fundamentais, ainda que isso não esteja sempre claramente enunciado quando se fala em direitos humanos no dia a dia(225).

Para Ingo Wolfgang Sarlet(226):

> o termo "direitos fundamentais" se aplica àqueles direitos (em geral atribuídos à pessoa humana) reconhecidos e positivados na esfera do direito constitucional positivo de determinado Estado, ao passo que a expressão "direitos humanos" guarda relação com os documentos de direito internacional, por referir-se àquelas posições jurídicas que se reconhecem ao ser humano como tal, independentemente de sua vinculação com determinada ordem constitucional, e que, portanto, aspiram à validade universal, para todos os povos e em todos os lugares, de tal sorte que revelam um caráter supranacional (internacional) e universal.

Contudo, como pontua o referido doutrinador, reconhecer a diferença, não significa desconsiderar a íntima relação entre os direitos humanos e os direitos fundamentais, uma vez que a maior parte das constituições do segundo pós-guerra se inspirou tanto na Declaração Universal de 1948 quanto nos diversos documentos internacionais e regionais que a sucederam, de tal sorte que — no que diz respeito aos conteúdo das declarações internacionais e dos textos constitucionais — está ocorrendo um processo de aproximação e harmonização, rumo ao que já está sendo denominado direito constitucional internacional(227). As referidas, expressões, portanto, não se tratam de noções reciprocamente excludentes ou incompatíveis, mas, sim, de dimensões cada vez mais relacionadas entre si, o que não afasta a circunstância de se cuidar de expressões reportadas a esferas distintas de positivação, cujas consequências práticas não podem ser desconsideradas(228).

---

(224) SARLET, Ingo Wolfgan. *As aproximações e tensões existentes entre os Direitos Humanos e Fundamentais.* Disponível em: <https://www.conjur.com.br/2015-jan-23/direitos-fundamentais-aproximacoes-tensoes-existentes-entre-direitos-humanos-fundamentais>. Acesso em: 23 ago. 2020.

(225) *Idem.*

(226) SARLET, Wolfgang Ingo; MARINONI, Luiz Guilherme; MITIDIERO, Daniel. *Curso de direito constitucional.* 7. ed. São Paulo: Saraiva Educação, 2018. p. 321 322.

(227) *Idem.*

(228) *Idem.*

Júlio Ricardo de Paula Amaral[229], citando o constitucionalista José Joaquim Gomes Canotilho, expõe que é perfeitamente viável a distinção da seguinte forma: os "direitos do homem" são direitos válidos para todos os povos e em todos os tempos (dimensão jusnaturalista-universalista); e, por sua vez, os "direitos fundamentais" são os direitos do homem, jurídico-institucionalmente garantidos e limitados espaço-temporalmente. Ressalta, ainda, que os direitos do homem arrancariam da própria natureza humana e daí o seu caráter inviolável, intemporal e universal; os direitos fundamentais seriam os direitos objetivamente vigentes numa ordem jurídico-concreta.

Independentemente da divergência existente no âmbito da doutrina jurídica, importa mencionar que é a expressão "direitos fundamentais" aquela adotada pelas Constituições do Brasil, Portugal e Espanha, sendo que tais Estados se baseiam na "dignidade humana" ou "dignidade da pessoa", fundamento da existência desta categoria de direitos[230], razão pela qual para fins da presente obra, adotar-se-á a designação "direitos fundamentais".

Além disso, será adotado como conceito e definição dos direitos fundamentais a utilizada por Pérez Luño[231], de que esta categoria de direitos se mostra como sendo a principal garantia colocada à disposição dos cidadãos de um Estado de Direito, no sentido de que o sistema jurídico e político, em seu conjunto, orientar-se-ão no intuito de respeitar e proteger a pessoa humana, tanto em sua estrita dimensão individual — Estado Liberal de Direito —, ou conjugando esta com a exigência de solidariedade, elemento essencial do componente social e coletivo da vida humana — Estado Social de Direito.

Assim, os direitos fundamentais são inerentes ao homem, ligados essencialmente aos valores da dignidade, liberdade e igualdade, decorrentes de sua própria existência, com fundamento na dignidade da pessoa humana. Nesse sentido, faz-se necessário contextualizar historicamente os mesmos para que se verifique a importância para o direito do trabalho.

Originalmente, dentro de uma concepção liberal, os direitos fundamentais surgiram em defesa do ser humano em face do Estado, conforme exposto. Os referidos direitos, portanto, eram vistos como direitos subjetivos de defesa do cidadão perante o Estado, sendo, apenas posteriormente, aplicados em face e perante os particulares e, portanto, abarcando as relações de trabalho.

Durante o Estado liberal, o indivíduo era concebido isoladamente no espaço social e político e a sociedade e o Estado eram considerados dois mundos estanques, cada um governado por uma lógica de interesses própria e obedecendo, por isso, respectivamente, ao

---

(229) AMARAL, Júlio Ricardo de Paula. *Eficácia dos direitos fundamentais nas relações trabalhistas*. 2. ed. São Paulo: LTr, 2014. p. 28.

(230) AMARAL, Júlio Ricardo de Paula. *Op. cit.*, p. 30.

(231) PÉREZ LUÑO, Antonio-Enrique. *Los derechos fundamentales*, p. 20. *Apud* AMARAL, Júlio Ricardo de Paula. *Op. cit.*, p. 31.

direito privado ou ao direito público[232]. Nas palavras de José Carlos Vieira de Andrade[233], não é de se espantar que os direitos fundamentais pudessem ser e fossem exclusivamente concebidos como direitos do indivíduo contra o Estado.

Nesse contexto, surge o conceito dos direitos fundamentais como "trunfos contra a maioria", conforme leciona Jorge Reis Novais[234]:

> Propomo-nos fazer aqui urna reflexão sobre as relações complexas entre Estado de Direito, democracia e direitos fundamentais, recorrendo basicamente à ideia originária de Dworkin segundo a qual ter um direito fundamental em Estado de Direito equivale a ter um trunfo num jogo de cartas. A carta de trunfo prevalece sobre as outras, mesmo sobre as de valor facial mais elevado; a força da qualidade de trunfo, que lhe é reconhecida segundo as regras do jogo, bate a força do número, da quantidade, das cartas dos outros naipes.
>
> Aplicada ao sistema jurídico de Estado de Direito, e tendo em conta que o outro "jogador" é o Estado, já que, primariamente, os direitos fundamentais são posições jurídicas individuais face ao Estado, ter um direito fundamental significará, então, ter um trunfo contra o Estado, contra o Governo democraticamente legitimado, o que, em regime político baseado na regra da maioria, deve significar, afinal, que ter um direito fundamental é ter um trunfo contra a maioria, mesmo quando esta decide segundo os procedimentos democráticos instituídos. A imagem dos direitos fundamentais como trunfos remete, nesse sentido, para a hipótese de uma tensão ou até uma oposição — dir-se-ia insuperável — entre os direitos fundamentais e o poder democrático, entre o Estado de Direito e democracia.

A partir do século XX, com as mudanças operadas na realidade política e social, não mais se podia pressupor a garantia da liberdade individual e social como valor primeiro e único da comunidade política. A paz social, o bem-estar coletivo, a justiça e a liberdade não podem realizar-se espontaneamente, sendo necessário que o Estado promova as medidas necessárias à transformação da sociedade numa perspectiva de progresso, justiça e bem-estar. Neste cenário, tem-se início a denominada constitucionalização do direito privado, que, ao elevar ao plano constitucional princípios de direito privado, traz como resultado a admissão de uma intervenção constitucional no âmbito privado[235].

---

(232) ANDRADE, José Carlos Vieira de. Os direitos, liberdades e garantias no âmbito das relações entre particulares. In: SARLET, Ingo Wolfgang (Org.). *Constituição, Direitos Fundamentais e Direito Privado*. 3. ed., rev. e ampl. Porto Alegre: Livraria do Advogado Editora, 2010. p. 241-261.

(233) ANDRADE, José Carlos Vieira de. *Op. cit.*

(234) NOVAIS, Jorge Reis. *Direitos fundamentais:* Trunfos contra a maioria. Coimbra: Coimbra Editora, 2006. p. 17-18.

(235) ROCHA, Andrea Presas. A eficácia dos Direitos de Cidadania nas relações de emprego — em defesa de uma eficácia direta. In: ALMEIDA, Renato Rua de (Coord.); CALVO, Adriana; ROCHA, Andrea Presas (Orgs.). *Direitos Fundamentais aplicados ao Direito do Trabalho.* São Paulo: LTr, 2010. p. 31.

Sobre o tema, importante citar as lições de Júlio Ricardo de Paula Amaral(236) que afirma:

> Embora tenha havido o reconhecimento de direitos sociais aos cidadãos, costuma-se entender que, somente com o advento da Constituição de Weimar, de 11 de agosto de 1919, ocorreu a passagem do "constitucionalismo liberal" — deixando de lado aquela segundo a qual "havia apenas a preocupação da autonomia do indivíduo perante o poder do Estado" — para um "constitucionalismo social", demonstrando a afirmação do Estado "com fins de solidariedade e justiça social".

Dessa forma, os direitos fundamentais passam a condicionar não apenas o Estado, mas também a sociedade civil, passando a ser reconhecida a dimensão objetiva dos referidos direitos. Os direitos fundamentais, portanto, não mais se limitariam à função de serem direitos subjetivos de defesa do indivíduo contra atos do poder público, mas, além disso, constituiriam decisões valorativas de natureza jurídico-objetiva da Constituição, com eficácia em todo o ordenamento jurídico, a fornecerem diretrizes para os órgãos legislativos, judiciários e executivos, exigindo-se deles uma ação positiva(237).

Nas palavras de Ingo Wolfgang Sarlet(238):

> Em outras palavras, de acordo com o que consignou Perez Luño, os direitos fundamentais passaram a apresentar-se no âmbito da ordem constitucional como um conjunto de valores objetivos básicos e fins diretivos da ação positiva dos poderes públicos, e não apenas pela jurisprudência do Tribunal Constitucional espanhol praticamente desde o início de sua profícua judicatura. Posta a questão em outros termos, os direitos fundamentais, desde a sua dimensão objetiva, opera, como bem averba Miguel Presno Linera, não propriamente como princípios e garantias nas relações entre indivíduos e Estado, mas transformam-se em princípios superiores do ordenamento jurídico-constitucional considerado em seu conjunto, na condição de componentes estruturais básicos da ordem jurídica.

Dentro da perspectiva objetiva dos direitos fundamentais, cabe ao Estado não apenas respeitar esses valores constitucionais, mas também fazer respeitá-los. Nesse contexto, um dos desdobramentos da perspectiva objetiva dos direitos fundamentais é o que a doutrina

---

(236) AMARAL, Julio Ricardo de Paula. *Op. cit.*, p. 40.

(237) ROCHA, Andrea Presas. *Op. cit.*, p. 31.

(238) SARLET, Ingo Wolfgang. *A eficácia dos direitos fundamentais:* uma teoria geral dos direitos fundamentais na perspectiva constitucional. 12. ed., rev., atual. e ampl. Porto Alegre: Livraria do Advogado Editora, 2015. p. 149.

alemã denominou de eficácia irradiante, no sentido de que estes, na sua condição de direito objetivo, fornecem impulsos e diretrizes para a aplicação e interpretação do direito infraconstitucional (refletindo, também, nas relações privadas) o que, além disso, apontaria para a necessidade de uma interpretação conforme os direitos fundamentais(239). Em decorrência desse efeito irradiante, portanto, surge a admissibilidade da eficácia na esfera privada ou eficácia horizontal.

A admissibilidade da eficácia horizontal dos direitos fundamentais justifica-se porque tais direitos, como princípios e valores que são, não podem deixar de aplicar-se a toda ordem jurídica e, portanto, também nas áreas do direito privado. Além disso, justifica-se pela necessidade de proteção dos particulares não apenas perante o Estado, mas também por intermédio do Estado, perante outros particulares, indivíduos ou entidades privadas que exercem ou estão em condições de exercer verdadeiros poderes, jurídicos ou de fato(240).

Ressalta-se o entendimento de que o Estado não tem apenas o dever de evitar a prática de atos que possam gerar uma intervenção indevida no âmbito da esfera particular dos indivíduos, tal como ocorre na concepção da função de defesa. Existe, também, a obrigação de proteger os cidadãos contra eventuais ofensas aos seus direitos fundamentais praticadas nas relações entre particulares, por meio de proibições, medidas de proteção ou medidas de prevenção(241).

Faz-se necessário esclarecer que os direitos fundamentais não são direitos absolutos, como explica Júlio Ricardo de Paula Amaral(242):

> [...] pode-se extrair que não há como imaginar que os direitos fundamentais sejam direitos absolutos, tendo em vista que, se isso fosse tido como verdadeiro, seria possível admitir que os direitos de um cidadão estivessem legitimados a ofender direitos de outros cidadãos em face de um exercício ilimitado, o que não se concebe. Os direitos fundamentais, portanto, podem sofrer limitações, mas isso somente pode ocorrer desde que haja uma justificativa plausível para o estabelecimento das respectivas restrições ou limitações, e, ainda, somente depois de uma ponderação entre os direitos eventualmente conflitantes.

Atualmente, as normas constitucionais da maioria dos países reconhecem e, de forma constante, tem evoluído em matéria de reconhecimento com relação às garantias e os meios de proteção dos direitos fundamentais dos cidadãos(243). As discussões evoluem na medida

---

(239) SARLET, Ingo Wolfgang. *Op. cit.*, p. 153.

(240) ROCHA, Andrea Presas. *Op. cit.*, p.32.

(241) AMARAL, Julio Ricardo de Paula. *Op. cit.*, p. 58.

(242) *Ibidem*, p. 64.

(243) *Idem*.

em que as novas tecnologias surgem e avançam, havendo um aumento significativo das circunstâncias e agentes que potencialmente podem afrontar os direitos e liberdades públicas dos indivíduos(244). Isso também pode ocorrer no âmbito das relações trabalhistas.

De logo, é possível afirmar que não há como negar a aplicação dos direitos fundamentais no âmbito das relações de trabalho, mesmo porque os referidos direitos compõem as estruturas básicas do Direito do Trabalho. Nesse contexto, não apenas a pessoa do trabalhador se encontra comprometida, mas também está inserido numa organização alheia e submetido a uma autoridade, que não deixa de ser um poder social com relevância jurídica(245). Ressalta-se que o trabalhador pode ter direitos violados que lhe são garantidos não apenas em razão da sua condição de trabalhador, mas pelo simples fato de ser pessoa(246).

Neste sentido, é importante ressaltar que o trabalhador, enquanto ser humano, possui direitos fundamentais que precisam ser respeitados e garantidos em qualquer lugar ou momento, incluindo o ambiente de trabalho e o exercício de sua atividade laboral. O objetivo deste livro, inclusive, é justamente destacar e ressaltar os direitos do indivíduo trabalhador, que devem ser garantidos e respeitados, sem deixar de analisar, contudo, as possibilidades de adaptação e flexibilização diante das novas tecnologias e dos novos cenários, formas de contratação e inéditas atividades que surgem a cada momento. Ressalta-se, contudo, que adaptação ou flexibilização não significa mitigação, precarização, ou extinção, pelo contrário. Direitos fundamentais, como o próprio nome sugere, são essenciais e não podem ser relativizados nem mesmo desvalorizados, afinal, o ser humano não deixa — e nem deve deixar — sua dignidade à parte quando assume o papel de empregado.

Nesse sentido, destaca-se as palavras de Amauri Mascaro Nascimento(247), para quem os direitos fundamentais, na esfera das relações de trabalho, têm como fundamento a necessidade de garantia de um mínimo ético que deve ser preservado nos ordenamentos jurídicos nas relações de trabalho como forma de organização jurídico-moral da sociedade quanto à vida, saúde, integridade física, personalidade e a outros bens jurídicos valiosos para a defesa da liberdade e integração dos trabalhadores na sociedade e perante o empregador.

Nas palavras de Edilton Meireles(248), inclusive, toda cláusula contratual, firmada entre empregado e empregador, que tem por sentido restringir direito ou garantia fundamental deve ser tida como abusiva, pois se distancia da finalidade social do contrato, salvo

---

(244) AMARAL, Julio Ricardo de Paula. *Op. cit.*, p. 42.

(245) *Ibidem*, p. 100.

(246) *Idem*.

(247) NASCIMENTO, Amauri Mascaro. Princípios do Direito do Trabalho e Direitos Fundamentais do Trabalhador. *Revista LTr*, 08: p. 903-916, ago. 2003. *Apud* LOCKMANN, Ana Paula Pellegrina. Direitos fundamentais do trabalhador — breves considerações. In: FREDIANI, Yone; ALVARENGA, Rúbia Zanotelli de (Orgs.). *Direitos fundamentais nas relações de trabalho*. São Paulo: LTr, 2015.

(248) MEIRELES, Edilton. *Abuso de direito na relação de emprego*. São Paulo: LTr, 2004. p. 120.

se a ingerência na intimidade ou vida privada guardar pertinência com os serviços a serem executados ou com a atividade desenvolvida pela empresa.

Júlio Ricardo de Paula Amaral[(249)], ao analisar a aplicação dos direitos fundamentais nas relações de trabalho, expõe:

> Aliás, a própria estrutura do contrato de trabalho demonstra a necessidade de atuação dos direitos fundamentais no âmbito deste tipo de pacto, tendo em vista que, ao celebrar um contrato desta natureza, o trabalhador cede ao empregador a sua força de trabalho, pelo que, resta evidente que o ajuste que se origina não pode deixar de ser qualificado com uma "relação de dependência". O próprio objeto do contrato de trabalho — disposição da mão de obra de um sujeito em benefício de outro ou uma entidade empresarial — é o que "torna inevitável todo um conjunto de notáveis limitações à liberdade pessoal do trabalhador.

Dessa forma, percebe-se que numa relação de emprego, que tem como elemento a subordinação jurídica — que será abordada em tópico posterior do presente capítulo —, há uma distribuição desigual e desequilibrada entre trabalhador e empregador dos poderes econômico e social, deixando o trabalhador numa posição de sujeição em face do poder diretivo do empregador.[(250)] Pode-se concluir, portanto, que, por sua própria natureza, a relação de emprego tem um potencial violador dos direitos do trabalhador e de sua liberdade, motivo pelo qual são tão relevantes e necessárias a análise e a cautela na observância e garantia dos referidos direitos[(251)].

Nesse contexto, ocorreu o fenômeno da constitucionalização do direito do trabalho, pelo qual o trabalhador deixou de ser considerado apenas um sujeito que por meio de um contrato de trabalho põe à disposição de outra pessoa a sua força de trabalho, passando a existir uma maior proteção, e a tutela do trabalhador-cidadão, reconhecendo-lhe todos os direitos inerentes aos demais cidadãos previstos na Constituição, promovendo a dignidade humana no âmbito de uma relação trabalhista[(252)]. Atualmente, existe o objetivo de estabelecer a denominada "cidadania na empresa", com o objetivo de dar ênfase aos "direitos fundamentais ou laborais inespecíficos", que são os direitos do cidadão de maneira geral, agora exercitados no ambiente de trabalho, não apenas como trabalhadores, mas como cidadãos[(253)].

---

(249) AMARAL, Julio Ricardo de Paula. *Op. cit.*, p. 100.

(250) *Idem.*

(251) *Idem.*

(252) *Ibidem*, p. 103.

(253) *Idem.*

A finalidade desse recente fenômeno é evitar que o homem-trabalhador seja tratado como mercadoria ou coisa, destacando-se a pessoa que trabalha, dispensando-lhe o mesmo tratamento constitucional quanto aos demais sujeitos, não apenas como um trabalhador, mas também como "cidadão"[(254)]. A relação de trabalho, em face da situação de sujeição e subordinação e consequente desequilíbrio entre as partes, pressupõe maiores riscos que em outros vínculos entre sujeitos privados, no que tange aos direitos do trabalhador, tanto como "pessoa" como na qualidade de "cidadão", motivo pelo qual o foco nesses direitos é essencial, a fim de evitar afrontas aos direitos fundamentais dos trabalhadores[(255)].

Faz-se necessário reiterar que, ao ingressar em determinada empresa, para ocupar um posto de trabalho e exercer a função para qual foi contratado, o empregado deixa do lado de fora parcela de sua liberdade[(256)]. Isso significa que o empregado é obrigado a cumprir determinadas regras e orientações, devendo se inserir na dinâmica de organização e funcionamento do empregador, submetendo-se ao poder diretivo do mesmo. Contudo, a liberdade individual do trabalhador não pode ser restringida de forma total e ilimitada pelos poderes do empregador. Como exposto anteriormente, os direitos fundamentais não são absolutos, mas as suas restrições precisam ser limitadas e ponderadas.

Ao analisar a questão, José João Abrantes[(257)] dispõe:

> Ele [o trabalhador] contrata a alienação da sua liberdade, mas essa alienação tem limites.
>
> O primeiro desses limites, óbvio, é, desde logo, o de que ela nunca poderá ser total.
>
> A liberdade de empresa não poderá, nunca, sejam quais forem as circunstâncias, impor sujeições incompatíveis com a dignidade fundamental da pessoa humana.
>
> De fato, há uma parte da liberdade e da dignidade de cada pessoa que é absolutamente indisponível. Essa liberdade e essa dignidade são garantidas pelo "conteúdo essencial" dos direitos fundamentais, daí derivando que esse conteúdo e, com ele, a dignidade da pessoa humana são intangíveis.
>
> Por conseguinte, os poderes do empregador e a liberdade negocial têm por limite intransponível a intangibilidade do conteúdo essencial de qualquer dos direitos fundamentais do trabalhador.

---

(254) AMARAL, Julio Ricardo de Paula. *Op. cit.*, p. 103.

(255) *Ibidem*, p. 105.

(256) *Ibidem*, p. 100.

(257) ABRANTES, José João. *Contrato de trabalho e direitos fundamentais*. Coimbra: Coimbra Editora, 2005. *Apud* ROCHA, Andrea Presas. *Op cit*,, p. 41-42.

Assim, a limitação e o sacrifício dos direitos fundamentais do trabalhador terão como barreira o seu conteúdo essencial e somente poderão ir até onde não afetem a extensão e o alcance desse conteúdo essencial. Além disso, as limitações não poderão ser injustificadas, arbitrárias ou desarrazoadas, devendo ser necessárias e adequadas ao fim perseguido, qual seja, o de assegurar o bom funcionamento da empresa[(258)]. Entende-se por conteúdo essencial o núcleo fundamental (limite absoluto) próprio de cada direito, que não pode ser afetado, mesmo que um bem considerado superior exija ou pareça exigir e esse limite absoluto seria a dignidade da pessoa[(259)], o homem concreto como ser livre.

Nesse sentido, as novas tecnologias e os novos modelos de organização da empresa, calcados em princípios de efetividade de produção em face da competitividade, ampliaram de forma extraordinária as várias prerrogativas do empregador no campo dos fatos, gerando uma reinserção do "princípio da autoridade" no desenvolvimento das relações de trabalho, razão pela qual a tutela aos direitos da pessoa do trabalhador, sobretudo os direitos de liberdade, privacidade e dignidade, adquirem uma nova e renovada atualidade[(260)]. Dessa forma, o presente livro tem o objetivo de discutir e aprofundar, justamente, o poder diretivo e sua intrínseca relação com a subordinação, a autonomia privada e os direitos fundamentais, no contexto das novas tecnologias e formas de contratação, notadamente àquelas por meio de algoritmos.

Como já exposto, não defendemos e nem cogitamos a possibilidade de mitigação ou o incentivo ao desrespeito aos direitos fundamentais do empregado. Contudo, não se pode "fechar os olhos" para o contexto atual e a consequente necessidade de adequação aos "tempos modernos", nos quais, a cada momento, uma inovação surge e é adotada pela sociedade. O avanço tecnológico impactou e continuará impactando de forma intensa e constante todo tipo de relação, não sendo diferente com as relações de trabalho. Dessa forma, é preciso debater e analisar o direito do trabalho levando em consideração os novos tempos e cenários, bem como buscando evitar o engessamento e a imposição de obstáculos para a evolução da sociedade em geral.

Nos próximos tópicos, portanto, os conceitos desses institutos intrinsecamente relacionados às relações de trabalho e aos direitos fundamentais, quais sejam, autonomia e subordinação, serão trazidos e aprofundados, para que se possa analisar o poder diretivo e os impactos das novas tecnologias no direito do trabalho e, consequentemente, nos direitos fundamentais do trabalhador.

---

(258) ROCHA, Andrea Presas. *Op cit.*, p. 42.

(259) Andrea Presas Rocha conceitua a dignidade na concepção de que o ser humano, como sujeito de direitos que é, deve ter preservados e protegidos em suas relações todos aqueles direitos albergados pelos princípios da liberdade, integridade, igualdade e solidariedade, nisso residindo o conteúdo em dignidade dos direitos fundamentais.

(260) *Ibidem*, p. 100-101.

2.2. Autonomia da vontade

Para conceituar autonomia da vontade, é necessário ir além do direito do trabalho, analisando o conceito macro e amplo desse princípio, que, no âmbito jurídico, tem origem no direito civil. Autonomia significa, como já visto no capítulo anterior, a capacidade de governar-se pelos próprios meios, a liberdade do indivíduo em gerir livremente a sua vida, efetuando racionalmente as suas próprias escolhas(261). A autonomia da vontade, por sua vez, é a livre manifestação do indivíduo em sociedade para deliberar, decidir e expressar sua vontade. É a capacidade de praticar atos jurídicos, fazendo escolhas legalmente válidas(262).

A autonomia da vontade é um princípio essencial para os contratos em geral. O referido princípio preceitua terem os indivíduos, desde que dotados de capacidade jurídica, o poder de praticar atos e assumir obrigações de acordo com a sua vontade. A origem do princípio em questão remonta aos ideais iluministas, cujo foco era o indivíduo, estando assentado na igualdade e liberdade, pregadas pela Revolução Francesa(263).

A ideia, portanto, é que as pessoas são dotadas de liberdade e essa liberdade repercute na liberdade de contratar e de escolher com quem contratar. A autonomia da vontade é essencial para os contratos. Para tanto, faz-se necessário o preenchimento dos requisitos básicos estabelecidos no Código Civil, quais sejam, serem os agentes capazes, o objeto seja lícito, possível, determinado ou determinável e a forma prevista ou não defesa em lei, bem como que o consentimento não esteja viciado por erro, ignorância, dolo ou coação, o que anula o ato praticado.

Pode-se afirmar, então, que o princípio da autonomia da vontade compreende a liberdade de contratar, de escolher o outro contratante e de determinar o conteúdo do contrato. Não se trata de um princípio absoluto, haja vista não ser possível contratar o que for contrário à lei ou aos bons costumes. Além disso, em determinadas situações, não se pode escolher o outro contratante e nos contratos de adesão não é possível exigir alterações específicas.

Algumas modalidades de contratos possuem o âmbito da atuação da vontade reduzido, como é o caso dos contratos de adesão. Contudo, mesmo nessas hipóteses, a autonomia da vontade está presente, uma vez que o aderente tem a liberdade de contratar ou não. Esse é, também, o caso dos contratos de trabalho.

Antes de adentrar nessa espécie de contrato, faz-se necessário relembrar que, após a Revolução Industrial, estando vigente o pensamento liberal, que pregava a liberdade entre

---

(261) AUTONOMIA. In: *OXFORD LANGUAGES*. Disponível em: <https://languages.oup.com/google-dictionary-pt/>. Acesso em: 02 jul. 2020.

(262) SANTOS, Luiz Henrique Baqueiro dos. *Os princípios e os contratos* — A autonomia da vontade e a força obrigatória. Disponível em: <https://www.unifacs.br/revistajuridica/arquivo/edicao_agosto2001/corpodiscente/graduacao/principios.htm>. Acesso em: 1º set. 2020.

(263) *Idem*.

as partes, acreditava-se que as relações privadas eram equilibradas e equivalentes. Nesse período, surgiram os contratos que regiam os trabalhos autônomos e defendia-se que a autonomia privada e negocial, bem como a liberdade das partes de pactuar, assim como o livre consentimento, eram bases razoáveis e suficientes para reger as relações, sendo desnecessária qualquer intervenção externa[(264)].

No referido período o Estado era visto como único violador ou potencial violador dos direitos fundamentais e consequentemente da dignidade da pessoa humana, haja vista ser o detentor do poder. Tal ameaça não era reconhecida nas relações privadas porque, conforme exposto, as mesmas eram, pelo menos na teoria, pautadas na ideia de que todos eram iguais, não havendo, portanto, nenhuma violação ou ofensa aos direitos fundamentais[(265)].

Contudo, com as relações de trabalho se difundindo, a sociedade passou a perceber que a ideia de igualdade entre as partes era apenas formal e, na prática, isso não ocorria. Já nos primeiros tipos de contratos de trabalho firmados percebeu-se uma dicotomia muito grande entre as partes e uma inevitável divisão entre o detentor do "poder" e o subordinado a este. No âmbito do direito do trabalho, tratam-se respectivamente do empregador e do empregado. Verificando-se, portanto, a desigualdade existente entre os particulares e, por conta dessa desigualdade, a violação à liberdade individual e coletiva de determinadas pessoas, percebeu-se a necessidade de aplicação, observância e garantia dos direitos fundamentais também nas relações privadas[(266)].

Assim, o Estado deixou de ser o único sujeito passivo dos referidos direitos, passando a ser também responsável pela garantia dos mesmos, inclusive nas relações privadas. Trata-se de uma busca pelo equilíbrio nas relações, pela concretização da igualdade entre os homens e pelo respeito às liberdades individuais e coletivas, configurando-se a eficácia horizontal dos direitos fundamentais[(267)].

Contudo, é importante esclarecer que a ideia nunca foi de aplicação ilimitada e sem critérios desses direitos nas relações privadas. Os princípios do direito privado continuam a ser observados também nas hipóteses de aplicação dos direitos fundamentais nas relações privadas. O que se busca é uma garantia dos direitos fundamentais, previstos constitucionalmente, também no âmbito privado e o equilíbrio nas relações e a preservação da dignidade da pessoa humana[(268)].

---

(264) STUDART, Ana Paula Didier. O negociado sobre o legislado: uma análise dos aspectos positivos e negativos dessa mudança. *Revista de Direito do Trabalho*, vol. 197, ano 45. p. 33-55. São Paulo: RT, jan. 2019.

(265) *Idem*.

(266) *Idem*.

(267) *Idem*.

(268) *Idem*.

No curso do século XX, com o incremento tecnológico e a eclosão de guerras e revoluções que redesenhariam a arquitetura geopolítica do mundo, o individualismo liberal cederia lugar para o intervencionismo estatal. O Estado passaria a se imiscuir mais e mais na atividade econômica, abandonando o dogma francês do *laisse-faire*(269). Com isso, o reflexo dessa ingerência estatal se fez sentir nos sistemas jurídicos por meio do dirigismo contratual.

Nas palavras de Pablo Stolze e Rodolfo Pamplona Filho(270):

> As leis civis, portanto, pouco a pouco, deixaram de ser meramente abstencionistas, passando a intervir na seara das relações negociais, coibindo abusos e reequilibrando a balança contratual por meio da previsão de instrumentos ou mecanismos jurídicos em favor do hipossuficiente econômico (inversão do ônus da prova, responsabilidade civil objetiva, desconsideração da pessoa jurídica, teoria da imprevisão etc.).
>
> [...]
>
> Nota-se, por conseguinte, de todo o exposto, que a autonomia da vontade e o consensualismo permanecem como base da noção de contrato, embora limitados e condicionados por normas de ordem pública em benefício do bem-estar comum.

Percebe-se, portanto, que a limitação da autonomia da vontade dos contratantes, imposta pelo dirigismo contratual, mediante normas de ordem pública, tornou-se necessária para que a liberdade volitiva, sem contenção, não se convertesse em abuso(271). Contudo, consideramos que a aplicação de forma irrestrita e o controle e limitação por meio das referidas normas de ordem pública, pode acabar possibilitando a configuração de um fenômeno reverso, qual seja, o engessamento e a mitigação exacerbada da autonomia da vontade.

O equilíbrio na "dosagem" entre o exercício da manifestação da vontade, mediante aplicação do princípio da autonomia da vontade, e o dirigismo contratual, buscando evitar abusos e coações, se mostra mais necessário a cada dia, sob pena de, ao tentar resolver uma situação, configurar outra problemática. É evidente que as mudanças ocorridas no mundo da economia, da tecnologia e da política deverão refletir-se na legislação que regula as relações individuais e coletivas de trabalho para adaptar-se às novas realidades econômicas e sociais(272)

---

(269) GAGLIANO, Pablo Stolze. PAMPLONA FILHO, Rodolfo. *Novo curso de direito civil*. Volume IV: contratos, tomo I: teoria geral. 5 ed. São Paulo: Saraiva, 2009. p. 35.

(270) *Ibidem*. p. 35-36.

(271) *Idem*.

(272) ROMITA, Arion Sayão. O Princípio da Proteção em Xeque. *Revista Jurídica Virtual*, Brasília, vol. 4, n. 36, maio 2002. Disponível em: <https://revistajuridica.presidencia.gov.br/index.php/saj/article/view/838/826>. Acesso em: 30 out. 2020.

Além disso, a Constituição de 1988 optou claramente pela economia de mercado, sendo um dos princípios basilares da Ordem Econômica Brasileira, o respeito à liberdade de iniciativa. No ordenamento jurídico brasileiro, a livre-iniciativa se encontra positivada em dois dispositivos constitucionais distintos: entre os fundamentos da República (art. 1º, VI, CF) e como elemento fundador da Ordem Econômica (art. 170, *caput*, CF).

No que diz respeito aos contratos de trabalho, espécie que possui relação direta com a presente obra, não se pode fechar os olhos e não reconhecer o inerente desequilíbrio existente entre as partes envolvidas (empregador e empregado). A hierarquia presente no contrato de trabalho, por si só, já representa, como exposto no tópico anterior, um potencial violador de direitos dos empregados, estando entre esses direitos, inclusive, alguns fundamentais. Por isso, o contrato de trabalho sofre grande intervenção estatal na limitação da autonomia da vontade, sem, contudo, deixar de ser um contrato privado.

Sobre o assunto, faz-se necessário transcrever as lições de Américo Plá Rodriguez(273):

> Historicamente, o Direito do Trabalho surgiu como consequência de que a liberdade de contrato entre pessoas com poder e capacidade econômica desiguais conduzia a diferentes formas de exploração. Inclusive as mais abusivas e iníquas.
>
> O legislador não pôde mais manter a ficção de igualdade existente entre as partes do contrato de trabalho e inclinou-se para uma compensação dessa desigualdade econômica desfavorável ao trabalhador com uma proteção jurídica a ele favorável.
>
> O Direito do Trabalho responde fundamentalmente ao propósito de nivelar desigualdades.

Nesse sentido, é importante destacar que o referido intervencionismo se estabelece, inclusive, por força de norma constitucional (art. 7º da CF), que prevê um conteúdo mínimo de direitos trabalhistas. Essa reserva mínima prefixada é a forma encontrada de se preservar a dignidade do trabalhador subordinado, garantindo-lhe a proteção de seus direitos.

O referido intervencionismo tem como base e justificativa a consagração e garantia dos direitos fundamentais da pessoa. Os textos constitucionais assumem conscientemente um sistema de valores, cujo maior fundamento é a dignidade da pessoa humana. A fixação, em sede constitucional, dos direitos trabalhistas, de valores éticos e de princípios protetores e democráticos, todos com força normativa, limitou ainda mais a liberdade contratual das relações de emprego e os poderes patronais(274).

---

(273) PLÁ RODRIGUEZ, Américo. *Princípios de direito do trabalho*. 3. ed., atual. São Paulo: LTr, 2000. p. 85.

(274) CASSAR, Volia Bomfim. *A Reforma Trabalhista e a autonomia da vontade do empregado*. Disponível em: <https://www.lex.com.br/doutrina_27640581_A_REFORMA_TRABALHISTA_E_A_AUTONOMIA_DA_VONTADE_DO_EMPREGADO.aspx#:~:text=Autor%3A,efetuados%20entre%20empregado%20e%20patr%C3%A3o>. Acesso em: 07 set. 2020.

Sobre o assunto, Valdete Souto Severo[275] dispõe:

> Um dos tantos reflexos da modernidade é justamente a centralidade do indivíduo. O homem passa a buscar as verdades em si mesmo. E como perde suas referências incontestáveis, pois não está mais atrelado à vontade de Deus e da natureza, precisa ser um sujeito autorreferente. Daí toda a construção teórica moderna acerca da autonomia como capacidade para negociação. Aliás, é esse conceito de autonomia, denunciado como falacioso por autores como Marx, Nietzsche ou Freud, que confere ao homem a liberdade para exercer sua vontade sobre o outro, sobre o mundo e sobre a natureza. É também ele que permite a mágica pela qual um ser humano consegue, pretensamente preservando sua autonomia, ser ao mesmo tempo sujeito e objeto de um contrato. É o que ocorre na relação de emprego: quem trabalha é sujeito, porque contrata "livremente", mas também é objeto, porque a troca se dá justamente entre remuneração e força de trabalho (que não se desgruda do trabalhador). Essa é a autonomia moderna: liberdade para vender tempo de vida e saúde (basta pensar nas hipóteses de trabalho insalubre); liberdade para assumir as consequências do próprio fracasso.

Como exposto no tópico anterior, a constitucionalização do direito do trabalho tornou mais intenso o caráter de indisponibilidade dos direitos trabalhistas em face da irradiação da eficácia horizontal dos direitos fundamentais ali preconizados. Daí a ideia de que os direitos trabalhistas são fundamentais e, como tal, se impõem aos cidadãos em suas relações interpessoais e interprivadas, constituindo-se em limite à autonomia da vontade de negociar. Sendo assim, não podem ser negociados, transacionados ou renunciados, salvo quando a lei expressamente autorizar. Ressalte-se, inclusive, que a CLT, apesar de editada em 1943, já previa a nulidade de todo e qualquer ato que objetivasse fraudar ou burlar direitos trabalhistas nela previstos – arts. 9º, 444 e 468 da CLT[276].

Assim, no âmbito do direito do trabalho, a regra geral é a de que o empregado não pode, antes da admissão, no curso do contrato ou após seu término, renunciar ou transacionar os direitos trabalhistas previstos em lei, seja de forma expressa ou tácita[277]. Percebe-se que com a entrada em vigor da CLT em 1943, firmou-se a posição de que existem contratos em que a autonomia da vontade é relativa.

---

(275) SEVERO, Valdete Souto. *O negociado sobre o legislado*. Disponível em: <http://www.anamatra.org.br/artigos/o-negociado-sobre-o-legislado>. Acesso em: 12 set. 2020.

(276) *Idem*.

(277) CASSAR, Volia Bomfim. *Op. cit.*

Neste sentido, Volia Bomfim Cassar(278) dispõe:

> O impedimento tem como fundamento a natureza dos direitos trabalhistas, que são de ordem pública, oriundos de regras cogentes, imperativas, logo, tais normas são criadoras de direitos irrenunciáveis e intransacionáveis pelo empregado. Explico: o conteúdo da norma jurídica pode ser classificado como criadora de direito público ou de um direito privado. No privado os indivíduos agem livremente, sem limites impostos por lei, enquanto no público tudo ou quase tudo está controlado e regido pela lei, limitando a atuação dos indivíduos relacionados. Este é o caso do direito do trabalho em que os direitos mínimos dos empregados estão estampados na lei, limitando sua autonomia de vontade para negociar tais direitos.

Além disso, o Direito do Trabalho brasileiro é dotado de um viés atrativo, baseado na necessidade da época de criar um sistema jurídico de aplicação abrangente(279). A doutrina trabalhista convencionou que tal viés estaria expresso por meio dos quatro grandes princípios internos do Direito do Trabalho: princípio da proteção, princípio da irrenunciabilidade, princípio da continuidade da relação de emprego e princípio da primazia da realidade.

Em decorrência do alto grau de intervenção estatal, pode-se questionar se o referido contrato não seria um contrato de adesão. Contudo, como apenas o conteúdo mínimo é estabelecido pelo Estado, não havendo limites para a criação dos contratantes, principalmente considerando-se a hipótese do empregado não hipossuficiente (ou hipersuficiente), que possa discutir as cláusulas contratuais, a avença é tida, em geral, como paritária(280). As relações de trabalho são conflituosas, existindo dois lados, que se submetem a duas vertentes do direito, onde cada lado defenderá seu âmbito de atuação, estando o trabalho pautado de um lado como direito fundamental do empregado e, de outro, os direitos que circundam o empregador, no exercício legitimo do direito à livre-iniciativa(281).

---

(278) CASSAR, Volia Bomfim. Limites da liberdade individual na relação de trabalho e reforma trabalhista. *Revista do TST*, São Paulo, vol. 83, n. 2, abr./jun. 2017. Disponível em: <https://juslaboris.tst.jus.br/bitstream/handle/20.500.12178/109939/2017_cassar_volia_limites_liberdade.pdf?sequence=1&isAllowed=y>. Acesso em: 12 set. 2020.

(279) DE CHIARA, Alexandre Henrique Podadera. *Novas Formas de Trabalho e* Designs *Regulatórios Modernos* — Labor 4.0. Ebook FutureLaw.

(280) GAGLIANO, Pablo Stolze. PAMPLONA FILHO, Rodolfo. *Novo curso de direito civil*. Volume IV: contratos, tomo 2: contratos em espécie. 2 ed. São Paulo: Saraiva, 2009. p. 286-287.

(281) CLEMENTE, Evellyn Thiciane Macêdo Coêlho. Os limites da negociação coletiva trabalhista ante os princípios constitucionais da livre iniciativa. In: MIZIARA, Raphael; ASSUNÇÃO, Carolina Silva Silvino; CAPUZZI, Antonio (Coords.). *Direito do Trabalho e Estado Democrático de Direito:* Homenagem ao Professor Mauricio Godinho Delgado. São Paulo: LTr, 2018. p. 224.

Ao analisar a autonomia da vontade no contrato de trabalho, André Zipperer(282) afirma, conforme ensina Alain Supiot(283), que o único fundamento possível do vínculo de subordinação é a autonomia da vontade, conceito de origem filosófica, segundo o qual a vontade livre do indivíduo tira de si própria a força criadora de obrigações. Para Zipperer, a autonomia da vontade é, pois, ao mesmo tempo, o fundamento e a justificação da força obrigatória do contrato, porque a liberdade do indivíduo implica que ele não possa ser constrangido senão às obrigações que subscreveu.

O referido autor(284) dispõe, especificamente sobre a autonomia da vontade e o contrato de trabalho:

> Assim, resta a questão: pode fundar-se na autonomia da vontade a força obrigatória de uma relação hierárquica como nexo de subordinação? Supiot responde dizendo que o contrato de trabalho institui uma hierarquia entre iguais, e a chave dessa montagem jurídica seria a autonomia da vontade daqueles que assim se colocam livremente. O vínculo de subordinação seria incompatível com a exigência de uma determinação precisa da obrigação do trabalho.
>
> A ideia de colocação do trabalhador à disposição do empreendedor é porque o seu compromisso não se refere a uma ou várias prestações previamente convencionadas.
>
> Se o conjunto de tarefas que deva cumprir já estiver sido previamente definido com precisão no contrato, não restaria espaço para o poder de direção do empreendedor. O nexo de subordinação não poderá se estabelecer entre as partes, configurando uma relação autônoma.
>
> [...]
>
> São as disposições substanciais do contrato, portanto, que limitam o poder de direção.
>
> O autor chama atenção também para o princípio da consensualidade, pois, segundo explica, "no contrato civil, a vontade compromete-se; no contrato de trabalho, submete-se. O compromisso manifesta a liberdade, a submissão nega-a sendo assim, no contrato de trabalho subordinado, os princípios jurídicos da autonomia da vontade são desfigurados e pela alteração da qualidade do sujeito que ela envolve.

(282) ZIPPERER, André Gonçalves. *Op. cit.*, p. 104-105.

(283) SUPIOT, Alain. *Crítica ao direito do trabalho.* Lisboa: Fundação Calouste Gulbenkian, 2016. p. 154. *Apud* ZIPPERER, André Gonçalves. *Op. cit.*, p. 104.

(284) ZIPPERER, André Gonçalves. *Op. cit.*, p. 105-106.

Dessa forma, conclui, seria a função do Direito do Trabalho o ressurgimento do trabalhador como sujeito de direito da empresa, ou seja, "civilizar" o poder patronal ao mesmo tempo que apresenta uma ambivalência em legalizar a limitação desse poder enquanto demonstração de subordinação.

Faz-se necessário ressaltar, quando se analisa a questão da autonomia da vontade no contrato de trabalho, que a reforma trabalhista, ocasionada pela Lei n. 13.467/2017, inseriu na ordem jurídica algumas previsões baseadas no princípio da intervenção mínima na autonomia da vontade coletiva, passando a vigorar a prevalência da validade do negociado sobre o legislado. Não se trata, no entanto, da prevalência da autonomia da vontade individual, pois, como exposto, a negociação em questão deve ser coletiva, motivo pelo qual fala-se em autonomia da vontade coletiva. Contudo, não deixa de ser uma valorização da liberdade de contratar e, consequentemente, proporciona um menor engessamento das situações e possibilidades.

É importante destacar, contudo, que não significa que toda e qualquer negociação coletiva foi autorizada e permitida pela reforma trabalhista. A Lei n. 13.467/2017, publicada no dia 14.07.2017 no Diário Oficial da União, que passou a valer 120 dias depois, prevê a prevalência do negociado sobre o legislado em seu art. 611-A[(285)], bem como estabelece,

---

(285) Art. 611-A. A convenção coletiva e o acordo coletivo de trabalho têm prevalência sobre a lei quando, entre outros, dispuserem sobre:

I – pacto quanto à jornada de trabalho, observados os limites constitucionais;

II – banco de horas anual;

III – intervalo intrajornada, respeitado o limite mínimo de trinta minutos para jornadas superiores a seis horas;

IV – adesão ao Programa Seguro-Emprego (PSE), de que trata a Lei n. 13.189, de 19 de novembro de 2015;

V – plano de cargos, salários e funções compatíveis com a condição pessoal do empregado, bem como identificação dos cargos que se enquadram como funções de confiança;

VI – regulamento empresarial;

VII – representante dos trabalhadores no local de trabalho;

VIII – teletrabalho, regime de sobreaviso, e trabalho intermitente;

IX – remuneração por produtividade, incluídas as gorjetas percebidas pelo empregado, e remuneração por desempenho individual;

X – modalidade de registro de jornada de trabalho;

XI – troca do dia de feriado;

XII – enquadramento do grau de insalubridade;

XIII – prorrogação de jornada em ambientes insalubres, sem licença prévia das autoridades competentes do Ministério do Trabalho;

XIV – prêmios de incentivo em bens ou serviços, eventualmente concedidos em programas de incentivo;

XV – participação nos lucros ou resultados da empresa.

§ 1º No exame da convenção coletiva ou do acordo coletivo de trabalho, a Justiça do Trabalho observará o disposto no § 3º do art. 8º desta Consolidação.

no art. 611-B[286], quais são os pontos que podem ser negociados e prevalecer sobre a lei, configurando, como objeto ilícito, a supressão, por convenção ou acordo coletivo, de determinados direitos.

---

§ 2º A inexistência de expressa indicação de contrapartidas recíprocas em convenção coletiva ou acordo coletivo de trabalho não ensejará sua nulidade por não caracterizar um vício do negócio jurídico.

§ 3º Se for pactuada cláusula que reduza o salário ou a jornada, a convenção coletiva ou o acordo coletivo de trabalho deverão prever a proteção dos empregados contra dispensa imotivada durante o prazo de vigência do instrumento coletivo.

§ 4º Na hipótese de procedência de ação anulatória de cláusula de convenção coletiva ou de acordo coletivo de trabalho, quando houver a cláusula compensatória, esta deverá ser igualmente anulada, sem repetição do indébito.

§ 5º Os sindicatos subscritores de convenção coletiva ou de acordo coletivo de trabalho deverão participar, como litisconsortes necessários, em ação individual ou coletiva, que tenha como objeto a anulação de cláusulas desses instrumentos.

(286) Art. 611-B. Constituem objeto ilícito de convenção coletiva ou de acordo coletivo de trabalho, exclusivamente, a supressão ou a redução dos seguintes direitos:

I – normas de identificação profissional, inclusive as anotações na Carteira de Trabalho e Previdência Social;

II – seguro-desemprego, em caso de desemprego involuntário;

III – valor dos depósitos mensais e da indenização rescisória do Fundo de Garantia do Tempo de Serviço (FGTS);

IV – salário mínimo;

V – valor nominal do décimo terceiro salário;

VI – remuneração do trabalho noturno superior à do diurno;

VII – proteção do salário na forma da lei, constituindo crime sua retenção dolosa;

VIII – salário-família;

IX – repouso semanal remunerado;

X – remuneração do serviço extraordinário superior, no mínimo, em 50% (cinquenta por cento) à do normal;

XI – número de dias de férias devidas ao empregado;

XII – gozo de férias anuais remuneradas com, pelo menos, um terço a mais do que o salário normal;

XIII – licença-maternidade com a duração mínima de cento e vinte dias;

XIV – licença-paternidade nos termos fixados em lei;

XV – proteção do mercado de trabalho da mulher, mediante incentivos específicos, nos termos da lei;

XVI – aviso prévio proporcional ao tempo de serviço, sendo no mínimo de trinta dias, nos termos da lei;

XVII – normas de saúde, higiene e segurança do trabalho previstas em lei ou em normas regulamentadoras do Ministério do Trabalho;

XVIII – adicional de remuneração para as atividades penosas, insalubres ou perigosas;

XIX – aposentadoria;

XX – seguro contra acidentes de trabalho, a cargo do empregador;

XXI – ação, quanto aos créditos resultantes das relações de trabalho, com prazo prescricional de cinco anos para os trabalhadores urbanos e rurais, até o limite de dois anos após a extinção do contrato de trabalho;

XXII – proibição de qualquer discriminação no tocante a salário e critérios de admissão do trabalhador com deficiência;

Os defensores da prevalência do negociado sobre o legislado argumentam que a Constituição Federal de 1988 observou o disposto nas referidas convenções da OIT ao dispor expressamente sobre o estímulo à negociação coletiva, como também ao balizar perfeitamente os limites da autonomia negocial coletiva, em seu art. 7º, incisos VI, XIII, XIV e XXVI. Outro fundamento utilizado pelos defensores dos aspectos positivos da prevalência do negociado sobre o legislado é que a CLT tem uma importância indiscutível, mas encontra-se desatualizada e em desacordo com a realidade do país, o que também justificaria a denominada reforma trabalhista. As transformações que ocorrem em nível global e nacional mostram que as relações trabalhistas exigem um novo olhar, que permita novas oportunidades e o crescimento do empreendedorismo, das empresas e a consequente criação de novas formas de trabalho para os brasileiros(287).

A corrente que defende que o negociado prevaleça sobre o legislado fundamenta que a negociação coletiva, principalmente em períodos de crises, pode preservar o funcionamento das empresas e a manutenção dos postos de trabalho. Essa foi uma das justificativas mais utilizadas pelos defensores da reforma trabalhista e consequentemente da prevalência do negociado sobre o legislado(288).

Sobre o tema, o Sindicato dos Metalúrgicos do ABC elaborou uma cartilha(289) que dispôs:

> Como faca de dois gumes, a CLT acerta quando fixa patamares básicos para regular uma relação que sempre foi muito desigual entre capital e trabalho,

---

XXIII – proibição de trabalho noturno, perigoso ou insalubre a menores de dezoito anos e de qualquer trabalho a menores de dezesseis anos, salvo na condição de aprendiz, a partir de quatorze anos;

XXIV – medidas de proteção legal de crianças e adolescentes;

XXV – igualdade de direitos entre o trabalhador com vínculo empregatício permanente e o trabalhador avulso;

XXVI – liberdade de associação profissional ou sindical do trabalhador, inclusive o direito de não sofrer, sem sua expressa e prévia anuência, qualquer cobrança ou desconto salarial estabelecidos em convenção coletiva ou acordo coletivo de trabalho;

XXVII – direito de greve, competindo aos trabalhadores decidir sobre a oportunidade de exercê-lo e sobre os interesses que devam por meio dele defender;

XXVIII – definição legal sobre os serviços ou atividades essenciais e disposições legais sobre o atendimento das necessidades inadiáveis da comunidade em caso de greve;

XXIX – tributos e outros créditos de terceiros;

XXX – as disposições previstas nos arts. 373-A, 390, 392, 392-A, 394, 394-A, 395, 396 e 400 desta Consolidação.

Parágrafo único. Regras sobre duração do trabalho e intervalos não são consideradas como normas de saúde, higiene e segurança do trabalho para os fins do disposto neste artigo.

(287) STUDART, Ana Paula Didier. *Op. cit.*

(288) *Idem.*

(289) *Cartilha ACE* — Acordo Coletivo Especial. Sindicato dos Metalúrgicos do ABC, p. 13 e 18. Disponível em: <https://www.conjur.com.br/dl/ace-cartilha.pdf>. Acesso em: 12 set. 2020.

> posicionando-se em favor do mais fraco. Confere ao Poder Judiciário instrumentos para assegurar um mínimo de equilíbrio numa anteposição que tradicionalmente é muito desequilibrada.
>
> Mas a lei tolhe a autonomia dos trabalhadores e empresários, impondo uma tutela do Estado, que como toda tutela, se converte em barreira para o estabelecimento de um equilíbrio mais consciente. Afora isso, é da mais absoluta sensatez reconhecer que uma lei datada dos anos 1930 e 1940 não consegue responder de forma adequada ao cenário de um país que viveu mudanças profundas em sua economia, organização social e vida política.

É preciso reconhecer que a atual legislação não resolve todas as demandas e conflitos, bem como não atende as expectativas dos trabalhadores e empresas em situações únicas, específicas para as quais a aplicação do direito no padrão celetista não mais alcança resultados satisfatórios. A Constituição prestigiou a autonomia coletiva da vontade como forma de o trabalhador contribuir para a formulação das normas que regerão a sua própria vida, inclusive no trabalho (art. 7º, inciso XXVI, CF). Além disso, de acordo com a própria Constituição, o trabalhador não estaria em condição de hipossuficiente quando representado pelo sindicato.

A alternativa trazida pela reforma trabalhista, portanto, valoriza a autonomia das partes, além de aperfeiçoar a negociação coletiva, reconhecendo o direito de sindicatos organizados a partir do local de trabalho e empresas criarem normas que resolvam boa parte de suas demandas. Não se trata, portanto, de revogação de leis já existentes, mas, sim, a criação de instrumentos que possibilitem trabalhadores e empregadores estabelecerem normas condizentes com especificidades da relação existente.

Dessa forma, como defendido pelo Ministro Ives Gandra Martins Filho, é preciso questionar como chegar ao equilíbrio na interpretação e aplicação do direito do trabalho, que construa uma jurisprudência ao mesmo tempo promotora de uma maior inclusão social e dignificação do trabalho humano, mas não comprometedora da empregabilidade dos trabalhadores e da sustentabilidade das empresas[290]. Sem efetiva justiça para ambos os segmentos, não há paz social e para se alcançar essa paz, o fundamental, como exposto pelo Ministro do TST, é a conciliação, que só é possível com a redução de expectativas para se chegar ao ponto de equilíbrio justo, não será com excessos de um lado ou de outro que se chegará a um marco regulatório protetivo e seguro, que reconheça os direitos dos trabalhadores, mas também uma realidade econômica irreversível de cadeia produtiva, em que o esforço produtivo empresarial se concentra em suas áreas de especialização[291].

---

(290) MARTINS FILHO, Ives Gandra. Discurso de posse. Disponível em: <http://www.tst.jus.br/documents/10157/10f94b7e-c001-4add-9aee-351b2ee93af4>. Acesso em: 29 jun. 2016.

(291) STUDART, Ana Paula Didier. *Op. cit.*

Recentemente a reforma trabalhista trouxe a precisão da figura do trabalhador hiperssuficiente (art. 444 da CLT), dispondo que, a partir de determinado patamar de formação e renda, um trabalhador está equipado para avençar termos contratuais de forma mais sinalagmática com empregador. Nesse contexto, também se discute a possibilidade de aplicação da arbitragem como forma de autocomposição de conflitos trabalhistas. Com a consagração da liberdade negocial como elemento central do direito do trabalho pós-reforma trabalhista, há cada vez mais hipóteses nas quais a autonomia privada individual ou coletiva prevalece sobre o disposto na legislação[(292)].

Assim, no que tange a autonomia da vontade nos contratos de trabalho, acredita-se que o principal aspecto que precisa ser levado em conta é a busca pelo equilíbrio entre a referida autonomia da vontade os direitos fundamentais dos trabalhadores. É preciso que sejam estabelecidos parâmetros que norteiem a negociação e a flexibilização de alguns direitos, quando for do desejo das partes, dando maior segurança a patrões e empregados, ao negociarem novas condições de trabalho, principalmente em contextos de crise econômica. Para tanto, defende-se que não seja possível a supressão de direito trabalhista constitucional e legalmente assegurado, nem a flexibilização de norma relativa à medicina e segurança do trabalho. Tais parâmetros precisam ser fixados, sob pena de se configurar, de fato, uma chancela e autorização ao retrocesso social.

Contudo, permitir a flexibilização de forma individual não significa, necessariamente, uma precarização dos direitos e relações do trabalho. As necessidades da sociedade e das pessoas mudam e estão em constante evolução. Dessa forma, o direito deve ser dinâmico para acompanhar os novos cenários que surgem. Ao contrário de um fim em si mesmo, deve espelhar as relações que se propõe regular e é este o dilema com o qual se defrontam as relações de trabalho, muitas vezes submetidas ao dirigismo contratual num contexto de novas formas de trabalho e de novos modelos de contratação.

Neste sentido, Rodrigo Nunes[(293)] dispõe:

> A premissa que funciona como entrave à atualização é a de que o empregado não pode renunciar a direitos trabalhistas. Assim, sob essa lógica, não há qualquer espaço de negociação entre empresas e empregados sobre as cláusulas de um contrato de trabalho.
>
> Contratos que ousam ultrapassar essa fronteira são anulados pela Justiça. Sob determinado enfoque, há insegurança jurídica. Para ilustrar a situação, tomem-se como exemplo as decisões judiciais que impõem o registro como empregados de motoristas de aplicativos.

---

(292) DE CHIARA, Alexandre Henrique Podadera. *Op. cit.*

(293) NUNES, Rodrigo. *A autonomia da vontade nas relações de trabalho*. Disponível em: <https://economia.estadao.com.br/noticias/geral,a-autonomia-da-vontade-nas-relacoes-de-trabalho,70003076119>. Acesso em: 12 set. 2020.

> Não há como traçar paralelo entre o trabalhador da década de 50, de um Brasil preponderantemente rural (quando havia 63,8% dos brasileiros residentes em áreas rurais, ante 36,2% urbanos, conforme o IBGE), e os trabalhadores às vésperas da terceira década do século 21, que têm aderido maciçamente aos novos modos de produção e de organização do trabalho, desafiando as rédeas do Estado.
>
> O manto da proteção ao trabalhador, ideal antes relevante, vai aos poucos se tornando obsoleto, convertendo-se em entrave, em anacronismo, espécie de cavaleiro da triste figura a combater moinhos de vento.

Sobre esse aspecto, é importante ressaltar que, atualmente, existe um grande contingente de trabalhadores cuja atividade não encontra representação na lei, cuja realidade não encontra figura jurídica correspondente, o que apenas reforça a necessidade de uma atualização da legislação ou, pelo menos, uma flexibilização e uma maior possibilidade de negociação entre as partes no que tange às formas de contratação(294). Não se espera e nem se defende que a autonomia da vontade e a consequente liberdade contratual sejam irrestritas, afinal, não se deve fechar os olhos e ignorar os abusos e violações que poderiam ocorrer com esse cenário. Mas, como exposto por Rodrigo Nunes(295), para prosseguir sendo respeitada, a lei deve reconhecer o entorno, e não pretender forjá-lo, bloqueando o futuro.

A ideia de que, enquanto no direito comum uma constante preocupação parece assegurar a igualdade jurídica entre os contratantes, no Direito do Trabalho a preocupação central parece ser a de proteger uma das partes, o trabalhador, com o objetivo de, mediante essa proteção, alcançar-se uma igualdade substancial e verdadeira entre as partes(296) desde sempre é muito propagada e defendida pelos doutrinadores. Contudo, diante das mudanças inerentes ao tempo e das dinâmicas das relações, é preciso repensar determinados conceitos. O jurista Américo Plá Rodriguez(297), inclusive, afirmou que os princípios não são obstáculos às mudanças exigidas pelos tempos e pelas circunstâncias, pois a sua própria maleabilidade lhes permite manter a substância mesmo que tudo o mais se mude.

Nesse sentido, faz-se necessário transcrever o ensinamento de Arion Sayão Romita(298):

> Não é função do direito do trabalho proteger o empregado. Função do direito do trabalho é regular as relações entre empregado e empregador, *tout court*.

(294) NUNES, Rodrigo. *A autonomia da vontade nas relações de trabalho*. Disponível em: <https://economia.estadao.com.br/noticias/geral,a-autonomia-da-vontade-nas-relacoes-de-trabalho,70003076119>. Acesso em: 12 set. 2020.

(295) *Idem*.

(296) PLÁ RODRIGUEZ, Américo, *Op. cit.*, p. 83.

(297) *Ibidem*, p. 82.

(298) ROMITA, Arion Sayão. *Op. cit.*

> Afirmar a priori a função protecionista do direito do trabalho em benefício do empregado desconhece a bilateralidade da relação de emprego. Aceito o caráter sinalagmático do contrato de trabalho, seria de rigor a aceitação de igual dose de proteção concedida ao empregador: o instituto da falta grave e a repressão à greve podem ser lembrados como exemplos.
>
> Para exercer sua função social, ao reconhecer a inicial posição de desvantagem em que se encontra o trabalhador quando celebra um contrato subordinativo, o direito do trabalho equilibra as posições econômicas dos respectivos sujeitos por meio da concessão de garantias ao mais fraco, com o intuito não de protegê-lo, mas de realizar o ideal de justiça. Repugna ao ideal de justiça a proteção de um dos sujeitos de certa relação social. O ideal de justiça se realiza quando o direito compensa desigualdades iniciais pela outorga de garantias aptas a igualar as posições (ou, pelo menos, atenuar a desigualdade inicial).
>
> O direito do trabalho, como ramo do direito que é, não pode "proteger" o empregado. Deve — isto sim — regular a relação de trabalho para realizar o ideal de justiça mediante a previsão de garantias que compensem a inicial desigualdade social e econômica entre os sujeitos da relação.

A evolução da sociedade no campo econômico, científico e tecnológico, não apenas no Brasil, mas em todo o mundo, impôs novos direitos e deveres aos sujeitos do contrato de trabalho, incluindo a necessidade de resguardar novos interesses. Contudo, a legislação não acompanhou tal evolução. Nesse contexto, a aparente suficiência do sistema legal trabalhista passou a conviver com omissões do legislador quanto às questões originadas de tais avanços, dando margem a questionamentos acerca de eventuais limites à autonomia privada das partes no âmbito das relações individuais de trabalho(299).

2.3. Subordinação

A palavra subordinação, derivada de *sub* (baixo) e *ordinare* (ordenar), traduz a noção etimológica de estado de dependência ou obediência em relação a uma hierarquia de posição ou de valores. Nessa mesma linha etimológica, transparece na subordinação uma ideia básica de submetimento, sujeição ao poder de outros, às ordens de terceiros, sugerindo, pois, uma dependência(300). A subordinação é, então, evidenciada na medida em que o tomador dos serviços (e não o prestador, como acontece no trabalho autônomo) define o tempo e o modo de execução daquilo que foi contratado(301).

---

(299) VIEIRA, Adriana de Souza. *Limites à negociação individual no contrato de trabalho*. Dissertação de mestrado na Universidade de São Paulo, 2012. Disponível em: <https://www.teses.usp.br/teses/disponiveis/2/2138/tde-06062013-133108/publico/Dissertacao_Adriana_de_Souza_Vieira_completa.pdf>. Acesso em: 12 set. 2020.

(300) DELGADO, Mauricio Godinho. *Curso de direito do trabalho*. 7. ed. São Paulo: LTr, 2008. p. 302.

(301) MARTINEZ, Luciano. *Curso de direito do trabalho:* relações individuais sindicais e coletivas do trablho. 9. ed. São Paulo: Saraiva Educação, 2018. p. 177.

A obrigação de trabalhar assumida pelo empregado ao celebrar o contrato vem acompanhada do dever de obediência às instruções do empregador, o qual é uma característica manifesta da subordinação jurídica. Do exercício do poder patronal, portanto, surge para o empregado o dever de obediência a ordens ou recomendações lícitas. Dessa forma, pode-se afirmar que a subordinação limita a autonomia de vontade do prestador de serviços.

Sabe-se que a relação de emprego resulta da síntese de cinco elementos, quais sejam: trabalho por pessoa física, pessoalidade, não eventualidade, onerosidade e subordinação. A subordinação, porém, ganha maior destaque na conformação do tipo legal da relação empregatícia, sendo esta o elemento principal de diferenciação entre a relação de emprego e o segundo grupo mais relevante de fórmulas de contratação de prestação de trabalho no mundo contemporâneo (as diversas modalidades de trabalho autônomo).

Mauricio Godinho Delgado[(302)], sobre o tema, expõe:

> A subordinação corresponde ao polo antitético e combinado do poder de direção existente no contexto da relação de emprego. Consiste, assim, na situação jurídica derivada do contrato de trabalho, pela qual o empregado compromete-se a acolher o poder de direção empresarial no modo de realização de sua prestação de serviços. Traduz-se, em suma na "situação em que se encontra o trabalhador, decorrente da limitação contratual da autonomia de sua vontade, para o fim de transferir ao empregador o poder de direção sobre a atividade que desempenhará.

Dessa forma, faz-se necessário ressaltar que a subordinação existente na relação de emprego é encarada no direito do trabalho sob um prisma objetivo, isto é, ela atua sobre o modo de realização da prestação e não sobre a pessoa do trabalhador. Não se deve, portanto, encarar essa subordinação sob o prisma subjetivo, compreendendo a subordinação como atuante sobre a pessoa do trabalhador, criando-lhe certo estado de sujeição, o que é incorreto do ponto de vista jurídico.

Neste contexto, cumpre afirmar que a concepção subjetiva da subordinação, ainda segundo Mauricio Godinho[(303)], hoje inteiramente superada, se expressa com maior proximidade pela palavra dependência (utilizada pelo caput do art. 3º da CLT para se referir à subordinação). Atualmente, contudo, interpreta-se tal elemento sob a ótica essencialmente objetiva, considerando-se que a intenção da lei é se referir a ideia de subordinação quando utiliza o verbete dependência na definição celetista de empregado. Para o consistente operador jurídico onde a CLT escreve "... sob a dependência deste" deve-se interpretar "mediante subordinação".

---

(302) DELGADO, Mauricio Godinho. *Op. cit.*, p. 302.

(303) *Ibidem*. p. 303.

Considerando a relevância da subordinação para o direito do trabalho e as implicações para o presente livro, no próximo tópico as espécies de subordinação e as novas teorias e análises sobre o tema serão abordadas, destacando-se algumas variáveis que merecem considerações especiais.

2.3.1. Variáveis da subordinação

Como exposto anteriormente, a subordinação jurídica é um requisito essencial para a configuração da relação de emprego. A subordinação jurídica, na concepção clássica, pode ser conceituada como a heterodireção patronal, que permite àquele que detém o poder de direção definir o modo de prestação dos serviços, fiscalizar e aplicar penalidades[(304)]. É conhecida a definição de Paul Colin, trazida por Evaristo de Moraes Filho, no sentido de que por subordinação jurídica entende-se um estado de dependência real criado por um direito, o direito de o empregador comandar, dar ordens, donde nasce a obrigação correspondente para o empregado de se submeter a essas ordens[(305)].

A subordinação clássica foi identificada, assim, com a presença constante de ordens intrínsecas, com a predeterminação de um horário rígido e fixo de trabalho, com o exercício da prestação laborativa nos próprios locais da empresa, sob vigilância e controle assíduos do empregador e de seus prepostos. A subordinação, em sua matriz clássica, corresponde à submissão do empregado a ordens patronais precisas, vinculantes, sobre o modo de desenvolver a sua prestação, e a controles contínuos sobre o seu respeito, além de aplicação de sanções em caso de descumprimento[(306)].

Esse conceito é egresso do modelo taylorista e decorre de um modelo organizacional que posicionou o trabalhador como engrenagem do sistema produtivo, segundo uma direção científica do trabalho, e serviu de base para a Segunda Revolução Industrial, que, por sua vez, originou o fordismo. Nesse modelo, a precisão das ferramentas, a uniformidade do ritmo e a padronização dos produtos são características, não havendo o requisito do conhecimento científico, mas, sim, de uma cadência constante no trabalho executado, mediante o contínuo exercício do poder diretivo do empregador e a constante subordinação do empregado.

O padrão fordista entrou em declínio por conta da emergência de um novo modelo capitalista, caracterizado pela acumulação flexível, apoiada na flexibilidade dos processos de trabalho, dos produtos e padrões de consumo. Trata-se do toyotismo, caracterizado pelo surgimento de novos setores de produção, novas maneiras de fornecimento de serviços

(304) BUDEL, Diego G. O. *As Espécies de Subordinação Propostas pela Doutrina Justrabalhista Brasileira*. Disponível em: <https://revistas.unifacs.br/index.php/redu/article/download/2367/1737>. Acesso em: 10 set. 2020.

(305) OLIVEIRA, Murilo Carvalho Sampaio. *A subordinação jurídica no Direito do Trabalho*. Disponível em: <https://enciclopediajuridica.pucsp.br/verbete/374/edicao-1/a-subordinacao-juridica-no-direito-do-trabalho>. Acesso em: 10 set. 2020. *Apud* MORAES FILHO, *Evaristo de. Introdução ao direito do trabalho*, p. 220.

(306) PORTO, Lorena Vasconcelos. *A subordinação no contrato de trabalho:* uma releitura necessária. São Paulo: LTr, 2009. p. 43.

financeiros, novos mercados e taxas intensificadas de inovação comercial e tecnológica e organizacional(307).

Nesse novo modelo, a subordinação jurídica antes tão claramente comandada pelo empregador, começou a deixar de ser identificada de forma fácil e evidente, percebendo uma redefinição do perfil do trabalhador, que, como aponta Luciano Martinez(308), foi chamado a assumir riscos antes exclusivamente tomados pelos capitalistas. No lugar da subordinação jurídica típica passou a existir uma situação de parassubordinação, na qual o poder diretivo, apesar de presente, foi mitigado, visualizando-se em relações pessoais de colaboração contínua e coordenada, em que a direção dos serviços está presente de modo difuso e pontual(309).

Não há na legislação brasileira uma regulamentação expressa acerca do trabalhador parassubordinado, ficando a cargo da doutrina e da jurisprudência a criação do conceito e da disciplina jurídica para essa espécie de subordinação. Nesse contexto, a parassubordinação está presente nas relações de colaboração que se concretizem em uma prestação de obra continuada e coordenada, prevalentemente pessoal, ainda que de caráter não subordinado(310).

Sobre o assunto, Alice Monteiro de Barros(311) dispôs:

> Atenta a essa realidade, boa parte da doutrina italiana mostra a necessidade de adotar novos modelos para disciplinar as transformações operadas nas modalidades de trabalho. Para isso, sugere-se um modelo intermediário entre o trabalho subordinado e o trabalho autônomo, isto é, o trabalho parassubordinado ou coordenado. Os trabalhadores, nesse caso, não são subordinados, mas prestam uma colaboração contínua e coordenada à empresa e, por motivos fáticos e de desnível econômico, contratam seus serviços com esta em condições de inferioridade, sob a modalidade de contratos civis ou mercantis, como o de obra, prestação de serviços profissionais, transporte, etc., sem, entretanto, possuírem uma efetiva liberdade negocial. Propõe-se para o trabalho parassubordinado, uma tutela adequada, sem a intensidade prevista para o trabalho subordinado e sem a ausência de tutela eficaz que ainda caracteriza o trabalho autônomo.

André Zipperer(312) expõe que a parassubordinação é conceito já consolidado no direito italiano e, com o advento de novas formas de intermediação de trabalho digitais,

---

(307) MARTINEZ, Luciano. *Op. cit.*, p. 179.

(308) *Idem.*

(309) *Idem.*

(310) GASPAR, Danilo Gonçalves. *Subordinação potencial:* encontrando o verdadeiro sentido da subordinação jurídica. São Paulo: LTr, 2016. p. 150.

(311) BARROS, Alice Monteiro de. *Curso de direito do trabalho*. 4 ed. rev. e ampl. São Paulo, LTr: 2008. p. 284.

(312) ZIPPERER, André Gonçalves. *Op. cit.*, p. 114.

muitos autores passam a ver nela o encaixe hermenêutico perfeito para o enquadramento desses novos trabalhadores. Para o referido autor[313], a transposição das características da parassubordinação para o direito brasileiro demonstra que esta é uma espécie do gênero relação de trabalho, não sendo relação de emprego por faltar o gênero fático-jurídico da subordinação.

Outra variável importante na análise da subordinação diz respeito a subordinação estrutural, integrativa ou reticular, caracterizada pela dispensabilidade da ordem direta do empregador para formação do vínculo entre os efetivos beneficiários dos serviços e contratados. A subordinação estrutural se manifesta pela inserção do trabalhador na dinâmica do tomador de seus serviços, independentemente de receber (ou não) ordens diretas, mas acolhendo estruturalmente, sua dinâmica de organização e funcionamento[314]. A subordinação integrativa faz-se presente quando a prestação de trabalho integra as atividades exercidas pelo empregador e o trabalhador não possui uma organização empresarial própria, não assume verdadeiramente os riscos de perdas ou de ganhos e não é o proprietário dos frutos de seu trabalho, que pertencem, originariamente, à organização produtiva alheia para a qual presta sua atividade[315].

A subordinação reticular é relacionada ao fenômeno da união de empresas em sistema de rede e encontra-se atenta a reestruturação produtiva, marcado por certo grau de liberdade conferida ao trabalhador na execução dos serviços[316]. Assim, a subordinação reticular ocorre quando não obstante o trabalhador tenha um controle relativo sobre suas funções, não detém a mesma autonomia com relação ao aspecto econômico da atividade empresarial.

Esse conceito possuía uma forte ligação com o fenômeno da terceirização, pois partia do pressuposto de que empresas eram interligadas em redes e que, no final da cadeia, uma empregadora era beneficiada. Partia-se do entendimento de que, havendo subordinação econômica entre a empresa prestadora de serviço e a tomadora, esta seria diretamente responsável pelos empregados daquela, configurando a subordinação estrutural reticular. Ocorre que a Lei n 13.429/2017 mudou essa realidade ao regulamentar a terceirização de serviços, autorizando a realização em face das atividades-fim. A referida lei permitiu a terceirização em todas as atividades da empresa, o que, em rigor, retirou a utilidade prática da tese da subordinação estrutural[317].

Nesse contexto de terceirização, vale a menção também à diferenciação entre subordinação direta e indireta. Essa distinção é facilmente percebida na terceirização, por meio

(313) ZIPPERER, André Gonçalves. *Op. cit.*, p. 118-119.

(314) DELGADO, Mauricio Godinho. Direitos Fundamentais na Relação de Trabalho. *Revista LTr*, São Paulo: LTr, v. 70, n. 06, jun. 2006, p. 667. *Apud* DELGADO, Mauricio Godinho. *Op. cit.*, p. 305.

(315) PORTO, Lorena Vasconcelos. *A Subordinação no Contrato de Trabalho:* uma Releitura Necessária. São Paulo: LTr, 2009. p. 253.

(316) GASPAR, Danilo Gonçalves. *Op. cit.*, p. 183-184.

(317) MARTINEZ, Luciano. *Op. cit.*, p. 181.

da qual a empresa prestadora disponibiliza trabalhadores para empesa-cliente, outorgando a esta apenas parte do seu poder diretivo. Nesse caso, a empresa prestadora fraciona a subordinação jurídica que lhe é inerente, concedendo à tomadora o poder de dar ordens de comando e de exigir que a tarefa seja feita a contento (subordinação indireta), preservando consigo o poder intransferível de punir o trabalhador diante do descumprimento das ordens de comando diretivo (subordinação direta)(318).

Como exposto, a análise e o estudo da subordinação possuem grande relevância para o direito do trabalho, já que se trata de requisito fundamental para a configuração de um vínculo empregatício. Ao longo do século XX e até meados do final da década de 1970, observou-se uma tendência no sentido da expansão do conceito de subordinação, em comparação com sua acepção clássica, com a ampliação do campo de incidência das normas trabalhistas. Nesse contexto, surgiram novos conceitos e ocorreu o fortalecimento de conceitos antigos, que têm em comum o objetivo de ampliar o campo de abrangência das normas trabalhistas. A jurisprudência também passou a aplicar critérios novos, notadamente por meio da técnica do "conjunto de indícios", para identificação da subordinação no caso concreto, o que também acabou contribuindo notavelmente para a ampliação do conceito(319).

No próximo tópico, essas novas teorias e as ampliações do conceito de subordinação serão apresentadas, com foco nas novas tecnologias e nas inovações que surgiram nos últimos anos. Desde já, vale o registro de que essa expansão, apesar de possuir uma intenção digna e louvável de proteger e tutelar o trabalhador, pode trazer consequências negativas e contrárias ao objetivo almejado, conforme será detalhado adiante.

2.3.2. Novas teorias sobre a subordinação

As transformações, avanços e inovações da tecnologia possuem ligação direta com as mudanças que ocorrem no cenário econômico e social. Nesse contexto, com a descentralização produtiva, a informatização e automação cada vez mais utilizadas nos diversos tipos de relacionamentos, novas profissões e novas formas de contratação e de trabalho surgiram e continuam a surgir. Atrelada a todas essas novidades, a dicotomia entre trabalho autônomo e trabalho subordinado ganhou ainda mais destaque e força, aumentando o debate e, consequentemente, a discordância em relação a configuração de um ou de outro.

Alice Monteiro de Barros(320) afirmou, ao analisar essa diferenciação entre trabalho autônomo e trabalho subordinado, que os modelos (ideais) típicos submetidos a essa dicotomia acarretam, frequentemente, dificuldades, em face das modificações que se operaram no cenário econômico e social. Como era de se esperar, para atender essas exigências particulares e inovadoras, a doutrina e a jurisprudência têm criado e proposto novos conceitos

(318) MARTINEZ, Luciano. *Op. cit.*, p. 181.

(319) PORTO, Lorena Vasconcelos. *Op. cit.*, p. 47-48.

(320) BARROS, Alice Monteiro de. *Op. cit.*, p. 284.

e teorias sobre a subordinação. Esses novos conceitos e interpretações possibilita a inclusão de situações fronteiriças, localizadas na chamada "zona grise", habitada, por exemplo, por trabalhadores intelectuais, trabalhadores artísticos e, principalmente, os prestadores de serviços em plataformas virtuais, originados da chamada economia sob demanda.

Arion Sayão Romita(321), no fim da década de 1970, já sinalizava que a subordinação jurídica era objeto de discussão, especialmente pela sua abrangência de proteção, citando a existência de corrente doutrinária que buscava a ampliação do objeto do direito do trabalho. Essa discussão ganhou força ao longo dos anos, pois o critério subjetivista que considera a existência da subordinação a partir das ordens de direção, da fiscalização, do poder de mando e obediência não é considerado suficiente para amparar e definir as relações existentes.

Nesse contexto, surgiram, ou se fortaleceram, as teorias da dependência econômica, potencialidade do poder empregatício, subordinação objetiva, riscos do empreendimento, primazia da realidade, subordinação potencial e, mais recentemente, o conceito que é o foco da presente obra, subordinação algorítmica, além das variáveis já abordadas anteriormente, quais sejam, subordinação estrutural, subordinação reticular e subordinação integrativa. Como a intenção dessa obra é analisar o poder diretivo algorítmico, iremos nos ater aos conceitos de subordinação objetiva, potencial e algorítmica, que possuem relação direta com o objeto da presente obra. Os demais conceitos, apesar de relevantes, não serão analisados no momento.

A subordinação objetiva nada mais é do que uma crítica ao conceito da subordinação subjetiva, isto é, o exercício do poder de comando por parte do empregador. O conceito de subordinação objetiva parte do pressuposto de que a subordinação subjetiva revela aspecto importante da subordinação, mas não desvenda a essência do instituto e inaugura uma visão que identifica o exercício do poder de direção sobre a atividade do trabalhador(322). A subordinação objetiva, portanto, consiste em integração da atividade do trabalhador na organização da empresa mediante um vínculo contratualmente estabelecido, em virtude do qual o empregado aceita a determinação, pelo empregador, das modalidades de prestação de trabalho(323).

O conceito de subordinação objetiva surgiu quando se percebeu que o critério subjetivista e personalista, que considera a subordinação pelo prisma da direção e da fiscalização como dever de obediência, passou a se mostrar insuficiente(324). A subordinação, então,

---

(321) ROMITA, Arion Sayão. *A subordinação do contrato de trabalho*. Rio de Janeiro: Forense, 1979. *Apud* SILVA, Paula Jaeger da. *Redefinição do conceito de subordinação:* necessidade de ampliação da sua abrangência? Disponível em: <https://www.ibijus.com/blog/526-redefinicao-do-conceito-da-subordinacao-necessidade-de-ampliacao-da-sua-abrangencia>. Acesso em: 15 set. 2020.

(322) GASPAR, Danilo Gonçalves. *Op. cit.*, p. 174-175.

(323) ROMITA, Arion Sayão. *A subordinação do contrato de trabalho*. Rio de Janeiro: Forense, 1979. *Apud* GASPAR, Danilo Gonçalves, *Op. cit.*, p. 175.

(324) ZIPPERER, André Gonçalves. *Op. cit.*, p. 108.

poderia se traduzir de maneira objetiva, quando o empregador conta com o trabalho do indivíduo que participa das atividades da empresa. André Zipperer[(325)] define a subordinação objetiva como a integração da atividade do trabalhador na organização da empresa mediante vínculo, em razão do empregado aceitar a determinação pelo empregador das modalidades de prestação de trabalho.

Percebe-se, portanto, que se trata de um conceito que ultrapassa os limites da concepção subjetiva, não contemplando a necessidade do exercício do poder de direção por parte do empregador sobre a pessoa do empregado. A subordinação, de acordo com essa teoria, fica atrelada à integração de sua atividade na organização do tomador de serviços. Por meio dessa concepção, resta superada a tese de que subordinado é aquele trabalhador que se encontra sujeito, constante e intensamente, ao exercício efetivo do poder diretivo do empregador, bastando que o empregador, por força do contrato de trabalho e por ser detentor dos meios de produção, possa exercer a direção. Percebe-se, facilmente, que essa teoria possibilita o enquadramento de diversos trabalhadores autônomos como empregados, passíveis, consequentemente, de tutela trabalhista[(326)]. As nossas críticas a essa teoria serão apresentadas mais adiante.

A subordinação potencial, por sua vez, é um conceito criado a partir da escolha do caminho que leva à revisão e ampliação do conceito de subordinação jurídica, possuindo uma íntima relação com a potencialidade do poder diretivo. Esse conceito busca abranger todos os trabalhadores que, não sendo donos de seus próprios negócios (trabalhadores autônomos), trabalham por conta alheia (recebendo, até, no máximo 49% do resultado econômico do produto do trabalho), ficando sujeitos, potencialmente à direção do tomador de serviços que pode ser exercida individual e diretamente (dimensão subjetiva) ou por meio de normas genéricas de direção, compreendendo as diretivas que definem a estrutura do processo produtivo, o que se detecta com a integração do trabalhador na estrutura organizacional do tomador dos serviços (dimensão objetiva) [(327)].

Assim, de acordo com essa teoria, há subordinação potencial quando o trabalhador, sem possuir o controle dos fatores de produção e, portanto, o domínio da atividade econômica, presta serviços por conta alheia, ficando sujeito, potencialmente, à direção do tomador dos serviços, recebendo ou não ordens diretas desse, em razão de sua inserção na dinâmica organizacional do tomador[(328)].

Tanto a teoria da subordinação objetiva, como a da subordinação potencial merecem ponderações, sendo imprescindíveis alguns questionamentos e reflexões sobre os respectivos conceitos, que serão expostos em tópico posterior.

---

(325) ZIPPERER, André Gonçalves. *Op. cit.*, p. 109.

(326) GASPAR, Danilo Gonçalves. *Op. cit.*, p. 176-180.

(327) *Ibidem*, p. 199.

(328) *Ibidem*, p. 199-200.

2.3.3. Subordinação por algoritmo

Considerando o foco do presente livro e o objeto de estudo do mesmo, a subordinação por algoritmo possui uma grande relevância. Trata-se do conceito mais novo e atual no que tange à ampliação do conceito de subordinação jurídica. A ideia de nomear e analisar a subordinação por algoritmo é resultado do avanço tecnológico e da utilização constante de aplicativos, aparelhos eletrônicos, *softwares* e plataformas digitais. Como exposto no capítulo anterior, os algoritmos estão, cada vez mais, inseridos na sociedade e nas relações, o que inclui e abrange as relações trabalhistas.

Antes de adentrar no conceito dessa nova espécie de subordinação, vale contextualizar seu surgimento. No final do século XIX, a eletricidade surgiu como nova força motriz colocada à disposição para o uso residencial e industrial. Com isso, houve um avanço significativo no funcionamento das máquinas, pois esse tipo de energia induziu à criação de novos motores que aumentaram a produção de bens e serviços.

Dando continuidade ao desenvolvimento técnico do sistema de produção, surgiram os computadores, com seus sistemas, algoritmos e funcionalidades que, alinhados em rede pela internet, facilitaram ainda mais o desenvolvimento de novas tecnologias. Nesse novo cenário, o trabalho humano começou a deixar de ser aquele prestado dentro das fábricas, no antigo estilo fordista e passou a ser mais fluido e executado, muitas vezes, à distância e com certa flexibilidade em relação àquele que havia desde os primórdios da Primeira Revolução Industrial[(329)].

Atualmente, grande parte das empresas atua por meio de plataformas digitais e dispensaram o modelo de produção que exige um empregado em cada um dos seus pontos de intersecção, numa determinada hora do dia. A produção passou a ser fracionada em diversos estabelecimentos, inclusive do mesmo grupo empresarial, vez que a terceirização e a flexibilização se tornaram uma realidade (modelo toyotista). E, com as mudanças e inovações proporcionadas pelas novas tecnologias, o contrato de trabalho e as relações trabalhistas também sofreram impactos.

Transformações nas relações pessoais, novas dinâmicas configuradas pela tecnologia e possibilidades de modernizações nos diversos tipos de trabalho acabaram por exigir novos conceitos, novos pensamentos, novas interpretações. Nesse contexto, surge o *crowdwork*[(330)],

---

(329) CASTILHO, Paulo Cesar Baria de. Subordinação por algoritmo nas relações de trabalho. Disponível em: <https://www.jota.info/opiniao-e-analise/artigos/subordinacao-por-algoritmo-nas-relacoes-de-trabalho-17062019>; Acesso em : 26 set. 2020.

(330) Luciano Martinez dispõe que o *crowdworker* acaba por ser um trabalhador, detentor dos seus meios de produção, que, com pessoalidade, oferece, abertamente, mas na medida de suas próprias disponibilidades, os seus serviços individuais para diferentes requerentes, mediante um preço fixado segundo as regras de mercado, através da intermediação eletrônica, que somente se realiza por conta da expertise tecnológica de uma empresa que criou uma plataforma digital para intermediar as ofertas de trabalho e as demandas pontuais (curtas e limitadas) de clientes que se cadastram como interessados. (MARTINEZ, Luciano. *Curso de Direito do Trabalho*. 11. ed São Paulo: Saraiva, 2020).

que parte do conceito de "trabalho em multidão" ou "colaboração coletiva", e é o trabalho informal do século XXI. A maioria desses serviços é prestada de forma flexível e baseia-se na autonomia e independência do prestador de serviço. Surgiu, então, o desafio de enquadrar, ou não, essas espécies de prestações de serviço em novas formas de subordinação.

Diante desse contexto e da utilização cada vez maior de aplicativos e aparelhos eletrônicos que, por sua vez, utilizam os algoritmos de forma intensa, passou-se a utilizar a expressão subordinação por algoritmo, com o fundamento de que os trabalhadores não seguem mais ordens de superiores, mas sim as regras dos programas. Defende-se que os trabalhadores que respondem ou se vinculam à aplicativos ou plataformas digitais não agem livremente, mas exprimem reações controladas pelo programa (algoritmo). No conceito de subordinação por algoritmo, o chefe é o aplicativo, o próprio algoritmo[(331)].

Nessa nova conjuntura, trabalhar por meio de aplicativos e plataformas digitais não exige mais frequentar diariamente a sede da empresa, as atividades podem ser desempenhadas à distância. Sabe-se que o trabalho remoto, por si só, não é suficiente para afastar a configuração da subordinação entre as partes e, consequentemente, a existência de vínculo de emprego. Nesse sentido, vale lembrar a previsão do art. 6º da CLT, de que não se distingue o trabalho realizado no estabelecimento do empregador, o executado no domicílio do empregado e o realizado a distância, desde que estejam caracterizados os pressupostos da relação de emprego. No referido artigo, portanto, estão previstas as bases legais para o teletrabalho, o *home office* e outras modalidades de trabalho à distância.

O fato de o trabalhador poder ser controlado e estar subordinado, mesmo que à distância, é uma das bases, também, para o conceito de subordinação algorítmica ou subordinação por algoritmo. As novas formas de trabalho e de contratação deram ensejo a criação da expressão "uberização" do contrato de trabalho, para tratar dos casos de prestadores de serviços que utilizam aplicativos para disponibilizar sua mão de obra e ter uma renda. A referida expressão, como o próprio nome sugere, baseia-se nas relações entre os prestadores de serviços que se cadastram como motoristas no aplicativo "Uber" e o referido aplicativo.

No caso do "Uber", é o aplicativo que gerencia o cliente e o prestador de serviço. O algoritmo escolhe qual cliente o motorista vai atender e vice-versa, além de definir o destino, distribuir os passageiros segundo a demanda e impor o preço, de acordo com a procura. Além disso, por meio do aplicativo o cliente pode avaliar o serviço e o resultado dessas avaliações irá gerar uma nota para o motorista. Há quem defenda que, nesse contexto, a nota somente existe para controle do "Uber" sobre o motorista. Isso porque argumenta-se que não se pode escolher um motorista pela avaliação, logo a nota não seria para escolha do cliente e sim para controle da empresa, sendo, justamente uma forma de fiscalização. No

(331) STUDART, Ana Paula. *Subordinação por algoritmo nas relações de trabalho*. Disponível em: <https://4s.adv.br/relacoes-trabalhistas/subordinacao-por-algoritmo-nas-relacoes-de-trabalho/>. Acesso em: 25 set. 2020.

entendimento da corrente que defende essa nova espécie de subordinação, a subordinação por algoritmo estaria configurada nessa relação.

Outros exemplos que podem ser citados, muito presentes no dia a dia atual, são os aplicativos "Rappi" e "Ifood". Partindo da mesma ideia do "Uber", as pessoas que se cadastram para realizar as entregas de pedidos feitos por meio dos referidos aplicativos, no nosso entendimento, não são empregados. Esses prestadores de serviços possuem autonomia, independência e podem escolher, livremente, quando vão estar disponíveis e quando vão querer prestar os serviços por meio dos referidos aplicativos. Mas, para os defensores da existência de uma subordinação por algoritmo, a partir do momento que esses prestadores ficam disponíveis e recebem orientações do aplicativo ou plataforma, estariam subordinados às empresas, mediante seus algoritmos.

Ao tratar do assunto, Paulo Cesar Baria de Castilho(332) expõe que as novas tecnologias estão criando novas formas de subordinação e, nesse novo cenário, muitas ordens são ocultas, na forma de "sugestão" ou outros rótulos mais amenos. O referido autor sustenta que por essas ordens serem dissimuladas, tornam-se mais severas e eficazes do que aquelas impostas pelo antigo chefe de seção, presencialmente, quando o empregado estava sujeito apenas aos olhos atentos do seu superior hierárquico, dentro do horário de trabalho.

A ideia de uma subordinação por algoritmo parte do pressuposto de que, nesses modelos atuais de contratação, dispensa-se a atuação humana e pessoal do empregador ou de seus prepostos para o exercício das atividades de comando, direção, supervisão e fiscalização das atividades e da forma de execução do trabalho, ou seja, os algoritmos assumem o papel de direção, exercendo as atividades inerentes ao empregador. Dessa forma, o controle passa a operar mediante programação algorítmica, fixação de objetivos e medição informatizada do desempenho individual do trabalhador(333).

Nesse sentido, Rodrigo de Lacerda Carelli(334) dispõe:

> Enquanto o taylorismo/fordismo centrava-se na subordinação do trabalhador a uma racionalidade que lhe restava exterior, agora o foco está na sua programação, pela apresentação de metas, regras e medida dos resultados do trabalho

---

(332) CASTILHO, Paulo Cesar Baria de. *Op. cit.*

(333) PIRES, Elisa Guimarães Brandão. *Aplicativos de transporte e o controle por algoritmos:* repensando o pressuposto da subordinação jurídica. Dissertação apresentada ao Programa de Pós-Graduação da Faculdade de Direito da Universidade Federal de Minas Gerais como requisito parcial para a obtenção do título de mestre. Disponível em: <https://repositorio.ufmg.br/bitstream/1843/DIRS-BCDEMA/1/disserta__o_de_mestrado___elisa_guimar_es_brand_o_pires.pdf>. Acesso em: 26 set. 2020.

(334) CARELLI, Rodrigo de Lacerda. O caso Uber e o controle por programação: de carona para o século XIX. In: LEME, Ana Carolina Paes; RODRIGUES, Bruno Alves; CHAVES JÚNIOR, José Eduardo Resende (Coords.). *Tecnologias disruptivas e a exploração do trabalho humano:* a intermediação de mão de obra a partir das plataformas eletrônicas e seus efeitos jurídicos e sociais. São Paulo: LTr, 2017. p. 140.

por meio de indicadores estatísticos. É importante, no entanto, que o sujeito se aproprie desta avaliação para reagir positivamente à lacuna que ela revela entre sua performance e seus objetivos.

De acordo com o conceito de subordinação por algoritmo, o trabalhador que disponibiliza sua mão de obra por meio de aplicativos e plataformas digitais, está à disposição o tempo todo por meio dos equipamentos eletrônicos. Além disso, os preços são calculados, os trabalhos são designados, os pagamentos são realizados e a remuneração é descontada em forma de percentual sobre o serviço prestado mediante plataforma, o que, na concepção da subordinação por algoritmo, seriam demonstrações dessa hierarquia e do requisito necessário para configuração de vínculo empregatício.

Nesse contexto, as políticas de premiação por desempenho (que visam ter o prestador de serviço disponível pelo maior tempo possível para atender as demandas dos usuários), o *backgroud check*[(335)] dos prestadores cadastrados e certo controle sobre a qualidade dos serviços por meio das pesquisas e satisfação seriam elementos, dentro do referido conceito, que têm servido de base para as discussões quanto à existência de vínculo empregatício entre as plataformas tecnológicas e os prestadores que livremente se cadastram para ter uma fonte extra ou principal de renda decorrente dos trabalhos ali gerados[(336)]. Não concordamos com esses argumentos e os supostos elementos para configuração da subordinação e consequente vínculo empregatício nesses casos específicos de prestação de serviço por plataformas virtuais, mas as críticas serão expostas no próximo capítulo, em tópico específico sobre o tema.

Por fim, vale ressaltar que os defensores da espécie subordinação algorítmica, sustentam que a mesma se assemelha a subordinação estrutural, na medida em que a atividade econômica é concebida, organizada e dirigida pela inteligência artificial, que se materializa em linguagem de programação. O "chefe", como exposto, se materializa num robô impessoal, objetivo, técnico. Trata-se, portanto, de um resultado do avanço tecnológico, no sentido de emancipação da necessidade de direção pessoal do trabalho[(337)].

Nesse contexto e para os defensores dessa espécie de subordinação, o resultado da interação entre o algoritmo e os trabalhadores, embora dispersos e individualizados, é um trabalho rigorosamente unificado em seus objetivos e meios de operação e cujo lucro,

(335) Checagem de antecedentes (tradução nossa).

(336) RODRIGUES, Mauricio Pallotta. *Subordinação algorítmica e o fenômeno da uberização do trabalho*. Disponível em: <https://www.jota.info/opiniao-e-analise/artigos/subordinacao-algoritmica-e-o-fenomeno-da-uberizacao-do-trabalho-06032020>. Acesso em: 26 set. 2020.

(337) DE OLIVEIRA, Thiago Barison. *A subordinação ao algoritmo*. Disponível em: <https://www.brasildefato.com.br/2020/07/20/artigo-a-subordinacao-ao-algoritmo-por-thiago-barison>. Acesso em: 26 set. 2020.

resultante da diferença entre o salário pago e o valor produzido e realizado na comercialização dos serviços, é centralizado e apropriado pelas poucas empresas[(338)].

Em tempos de economia compartilhada e contratação na multidão, é necessário, mas também desafiante, equilibrar a intervenção estatal na garantia de direitos aos trabalhadores e a viabilização da operação das empresas dessa nova forma de trabalho e geração de receita. Como exposto por Maurício Pallotta Rodrigues[(339)], a precarização das condições de trabalho é anterior ao fenômeno tecnológico, não foi criada por ele. É preciso diferenciar prestação de serviços de vínculo empregatício. Ampliar o conceito de subordinação, mediante criação de novas espécies, como a subordinação por algoritmos, com o intuito de configurar todas as relações trabalhistas como vínculo de emprego não nos parece ser a solução, como será exposto no tópico seguinte.

Por outro lado, reconhecer o potencial e a possibilidade dos algoritmos executarem, cada vez mais, atividades antes exercidas apenas por seres humanos é necessário. Assim, admitimos que a subordinação jurídica tradicional pode ser, atualmente, exercida por meio de algoritmos. Ou seja, em um vínculo de emprego, no qual estejam presentes todos os requisitos para tanto — pessoalidade, habitualidade, onerosidade, subordinação — a subordinação pode ser identificada mediante controle por algoritmo (o chamado poder diretivo algorítmico, que será abordado no próximo capítulo).

Contudo, essa possibilidade de direção por meio dos algoritmos não significa que toda e qualquer relação com a presença dos algoritmos será um vínculo de emprego ou configurará, necessariamente, uma subordinação por algoritmo. Criticamos e discordamos, portanto, o conceito de subordinação por algoritmo de forma ampla e generalizada, por meio do qual entende-se que, por existir o potencial, todo e qualquer relação com a presença e atuação de algoritmos será, necessariamente, um vínculo empregatício.

Além disso, reconhecer o potencial dos algoritmos para exercer atividades inerentes ao empregador, configurando, portanto, uma subordinação mediante controle e atuação dos algoritmos não implica na configuração dos algoritmos como "chefes". No próximo capítulo iremos destrinchar essas possibilidades e as suas repercussões.

2.3.4. Críticas à ampliação da abrangência do conceito de subordinação

Feitas as exposições e explicações acerca dos novos conceitos e novas espécies de subordinação, convém expor as impressões e críticas. As novas espécies de subordinação são frutos da corrente que entende que o critério da subordinação jurídica clássica é insuficiente para proteção dos novos trabalhadores hipossuficientes, motivo pelo qual a referida corrente

---

(338) DE OLIVEIRA, Thiago Barison. *A subordinação ao algoritmo.* Disponível em: <https://www.brasildefato.com.br/2020/07/20/artigo-a-subordinacao-ao-algoritmo-por-thiago-barison>. Acesso em: 26 set. 2020.

(339) RODRIGUES, Mauricio Pallotta. *Op. cit.*

defende a ampliação e revisão do conceito da subordinação jurídica. Percebe-se, nesse contexto, a intenção e preocupação de estender os direitos trabalhistas a determinadas relações não empregatícias, como o trabalho eventual, prestadores de serviços hipossuficientes, casos de terceirização[(340)] e, recentemente, as prestações de serviços por meio de plataformas virtuais. De logo, deixamos claro que não concordamos com essa corrente e o entendimento de que o conceito de subordinação esta(va) em crise.

Como exposto no tópico anterior, não se nega e nem se ignora que são positivos e bem-intencionados os objetivos e a busca dos doutrinadores de ampliar o conceito de subordinação, para abarcar relações que, de acordo com o conceito clássico e tradicional, não estariam englobadas e amparadas pelo direito do trabalho. A ideia, portanto, é conferir uma maior proteção juslaboral aos trabalhadores que, supostamente, necessitam de tutela, mas não se enquadram no "conceito parcial e restrito"[(341)] de subordinação. O objetivo, portanto, é tutelar juridicamente esses "novos trabalhadores" que são, segundo a corrente em questão, igualmente hipossuficientes.

Contudo, de logo, percebe-se uma incoerência nesse movimento de ampliação do conceito da subordinação. É incontroverso que todos os doutrinadores que criaram ou se filiaram às correntes que ampliaram a concepção da subordinação clássica, reconhecem que a ideia de subordinação em seu âmbito originário, tradicional e subjetivo não se aplica às novas formas de contratação e às atuais relações de trabalho. Ora, essa percepção não deixa de ser, portanto, um reconhecimento de que, com o passar do tempo, novos cenários surgem, novas formas de se relacionar são oportunizadas, novos interesses, novas vontades, novos objetivos, novas prioridades e, consequentemente, novas formas de contratações.

Superado esse primeiro ponto, faz-se necessário questionar o motivo de alguns doutrinadores reconhecerem e admitirem que o conceito de subordinação, criado há muitos anos, presente na CLT de 1943, não se aplica e nem se enquadra nas relações dos anos 2000, mas, quererem ampliar essa visão clássica e tradicional para configurar e tutelar, como vínculo de emprego, toda e qualquer relação de trabalho atual. Pode parecer exagerada essa generalização, mas não é. Explica-se.

Primeiramente, em relação ao conceito de subordinação objetiva, percebe-se, claramente, que, usando-o como base, toda e qualquer relação profissional estaria apta a ser considerada uma relação de emprego, haja vista a presença da referida espécie de subordinação. O conceito de subordinação objetiva aproxima-se, muito mais, do requisito da não eventualidade ou habitualidade do que da própria subordinação. Tanto é assim, que o referido conceito não se consolidou por ser, conforme exposto por Mauricio Godinho Delgado[(342)], muito amplo,

(340) ZIPPERER, André Gonçalves. *Op. cit.*, p. 110.

(341) PORTO, Lorena Vasconcelos. *Op. cit.*, p. 47.

(342) DELGADO, Mauricio Godinho. *Curso de direito do trabalho*. 7. ed. São Paulo: LTr, 2008. p. 667.

desproporcional aos objetivos visados, ou seja, a desproporção da fórmula elaborada, tendente a enquadrar como subordinadas situações fático-jurídicas eminentemente autônomas, contribuiu para seu desprestígio[(343)].

Os referidos critérios acabam por abranger trabalhadores verdadeiramente autônomos, mostrando-se, assim, incapaz de diferenciar, em situações concretas, o trabalho realmente autônomo daquele subordinado, principalmente quando a prestação laborativa é realizada fora do estabelecimento empresarial[(344)]. Esse cenário só reflete e demonstra como é desarrazoado querer estender e ampliar o critério de subordinação, adaptando o referido requisito de vínculo de emprego aos novos tempos, com o intuito de aplicar o direito do trabalho a toda e qualquer relação. Querer ampliar, a todo custo, a aplicação do referido requisito fere, antes de tudo, o princípio da primazia da realidade, bem como o da autonomia da vontade, que sabemos tratar-se de um princípio limitado no direito do trabalho, mas, como exposto anteriormente, continua existindo nas relações, dentre elas as trabalhistas, e precisa ser respeitado.

Por conta dessas críticas e do referido desprestígio do conceito de subordinação objetiva, Mauricio Godinho procurou enfatizar a inserção do trabalhador na dinâmica empresarial, porém, sem perder a noção de conceitos sedimentados[(345)]. O conceito de subordinação estrutural, já exposto em tópico anterior, se expressa pela inserção do trabalhador na dinâmica do tomador de seus serviços, independente de receber ou não suas ordens diretas, mas acolhendo estruturalmente, sua dinâmica de organização e funcionamento. O fundamental para esse conceito é que o trabalhador esteja vinculado à dinâmica operativa da atividade do tomador de serviços[(346)].

A proposta é incompatível com a realidade produtiva, econômica e social do mundo contemporâneo, dado que as modernas formas de organização da produção e avanços tecnológicos não permitem mais a concentração improdutiva e cara de todas as etapas de elaboração de bens e serviços em uma única e gigantesca empresa[(347)]. Além disso, a efetiva proteção do trabalhador não se dá, apenas, por meio da expansão do direito do trabalho, mas, sim, por meio de proteção do trabalho em qualquer de suas formas, motivo pelo qual a teoria da subordinação estrutural, em que pese possa ser utilizada como elemento auxiliar na detecção da relação de emprego, mostra-se desfocada, uma vez que se encontra baseada

(343) DELGADO, Mauricio Godinho. *Curso de direito do trabalho*. 7. ed. São Paulo: LTr, 2008. p. 667.

(344) PORTO, Lorena Vasconcelos. *Op. cit.*, p. 250.

(345) ZIPPERER, André Gonçalves. *Op. cit.*, p. 110.

(346) *Idem*.

(347) LEE, Paulo Woo Jin; MANNRICH, Nelson. *Subordinação e seus desafios na dinâmica do trabalho contemporâneo*. Universidade de São Paulo, São Paulo, 2019. Disponível em: <https://www.teses.usp.br/teses/disponiveis/2/2138/tde-24072020-142644/pt-br.php>..

na premissa de que apenas o direito do trabalho, com seu feixe de normas, protege o trabalhador de forma digna[(348)].

Volta-se a questionar a necessidade de se ampliar conceitos tradicionais e clássicos às relações modernas. Não seria mais coerente e adequado criar novas previsões? Não seria mais seguro adaptar a legislação aos novos cenários, proporcionando uma modernização e uma atualização do direito em relação aos novos cenários e necessidades da sociedade?

Se é fato que novas situações surgiram e continuarão a surgir, não estando abarcadas pela legislação e pelos conceitos até então existentes, por que querer adaptar os antigos entendimentos em vez de criar novos e mais adequados? Consideramos que o conceito clássico de subordinação ainda se mostra adequado à conjuntura atual para os casos em que, de fato, configura-se o vínculo de emprego e, em vez de alterá-lo, é imperiosa a adoção de figura intermediária entre autônomo e subordinado, como fizerem outros países, de modo a ampliar a proteção aos que dela necessitam[(349)].

De fato, as relações de trabalho da nova era estão longe de serem explicadas com base nas definições tradicionais. A subordinação jurídica do empregado é o pressuposto de maior relevância na discussão acerca das novas formas de relação de emprego, uma vez que foi o mais atingido com o aparecimento das novas modalidades de contratação[(350)]. Ressalte-se que não se está defendendo que a flexibilização das características da relação de emprego deva resultar na total exterminação da configuração de vínculo empregatício, pois se assim fosse, haveria uma precarização das relações trabalhistas e dos direitos dos trabalhadores, bem como inúmeras fraudes seriam cometidas.

Não estamos fechando os olhos para essa possibilidade e os riscos de isso acontecer. Mas o contrário também é verdadeiro, já que configurar toda e qualquer relação de trabalho como vínculo empregatício, além de contrariar a própria CLT e a Constituição Federal, viola princípios essenciais que devem ser respeitados e garantidos, como a livre-iniciativa e a já mencionada autonomia da vontade. Neste ponto, nota-se a necessidade urgente de haver uma ponderação e uma análise minuciosa e cuidadosa do caso concreto, a fim de que se atinja ao máximo uma melhor adaptação à realidade atual sem a aplicação irrestrita e ilimitada de conceitos ultrapassados e retrógados.

É preciso levar em consideração que as leis que tratam da terceirização e do trabalho autônomo, por exemplo, foram validamente promulgadas e não podem ser simplesmente rotuladas como fraudulentas ou precarizadoras. A fraude será daquele que dela se serve

---

(348) MATTOS, Felipe de Vasconcelos Soares Montenegro; MANNRICH, Nelson. *Subordinação estrutural:* críticas a sua aplicação às relações de trabalho. Universidade de São Paulo, São Paulo, 2016.

(349) LEE, Paulo Woo Jin; MANNRICH, Nelson. *Op. cit.*

(350) GUERRA, Rogéria Gladys Sales. *O contrato de trabalho e o novo conceito de subordinação jurídica nas atuais relações de trabalho.* Disponível em: <https://juslaboris.tst.jus.br/bitstream/handle/20.500.12178/102978/2013_guerra_rogeria_contrato_trabalho.pdf?sequence=1&isAllowed=y>. Acesso em:19 set. 2020.

para impedir a aplicação de direitos de outrem para aumentar seu lucro, desconfigurando ferramentas jurídicas válidas(351).

Além disso, nem todos almejam a rigidez do contrato de emprego, que traz restrições à autonomia da vontade quando determina que o trabalhador deve se colocar à disposição para obedecer às ordens do empregador em troca de remuneração. Muitos profissionais buscam maior liberdade no trabalho e se dedicam a projetos pessoais, o que é incompatível com o poder diretivo inerente ao contrato de trabalho(352).

A sociedade vem sofrendo um processo de mudança que acarreta modificações na forma de prestação de serviços, resultando na inadequação do modelo tradicional de vínculo entre prestador e tomador. Nas palavras de Pedro Paulo Teixeira Manus, com as quais concordamos integralmente, situações diversas necessitam enquadramento jurídico igualmente diverso, sob pena de evidente divórcio entre a realidade e a tentativa de solução jurídica, com absoluta impossibilidade de harmonização dos interesses dos atores sociais, ocasionando a falência da pretendida proteção, pela sua inadequação à realidade a que se destina(353).

O referido jurista(354) dispõe:

> Não há fundamento para tentar reduzir todas as formas de prestação de serviços por pessoa física a outra pessoa física ou jurídica à figura do contrato individual de trabalho, porque realidades diversas reclamam enquadramento jurídico diverso.
>
> O que é essencial para a correta compreensão do alcance do contrato individual de trabalho e das formas diversas e lícitas de prestação de serviços por pessoa física, é atentar, inicialmente, para a conceituação legal e, a seguir, para os aspectos fáticos da prestação de serviços, que irão determinar se há trabalho não subordinado lícito.
>
> Assim, o simples fato de determinado serviço prestado por pessoa física ser útil ou inserir-se no processo produtivo da empresa tomadora de serviços, não induz, obrigatoriamente, ao reconhecimento da relação de emprego, pois esta requer a presença de todos os requisitos anteriormente referidos.
>
> A mera subordinação estrutural, assim entendida a prestação de serviços que se agrega à atividade empresarial, sem que o prestador receba ordens diretas ou

(351) LEE, Paulo Woo Jin. *Op. cit.*

(352) *Idem.*

(353) MANUS, Pedro Paulo Teixeira. *Subordinação jurídica ainda é requisito essencial ao contrato de trabalho.* Disponível em: <https://www.conjur.com.br/2014-nov-07/reflexoes-trabalhistas-subordinacao-juridica-ainda-requisito-essencial-contrato-trabalho>. Acesso em: 19 set. 2020.

(354) *Idem.*

> indiretas do tomador de serviços, mesmo que esta atividade venha a integrar a organização empresarial, por si só não tem o condão de configurar o vínculo empregatício, a nosso juízo.

Dessa forma, entende-se que, apesar de grande parte da doutrina brasileira defender a ideia de estender o critério da subordinação com o objetivo de ampliar a aplicação do direito do trabalho, esse caminho não é compatível (e nem adequado) com os rumos que a sociedade e o trabalho têm tomado. Faz-se necessário a revisitação do direito do trabalho, buscando acompanhar as novas realidades e novas formas de contratação, sem engessamento e sem amarras criadas por conceitos antigos e tradicionais. Tal revisitação é imprescindível, sob pena do referido ramo do direito se tornar obsoleto e inaplicável, não sendo condizente com a realidade ou, pior ainda, criar entraves e obstáculos para modernização, evolução e avanços da sociedade.

Ressalte-se que ao reconhecer a existência de outras modalidades de trabalho, o direito do trabalho não está negando sua identidade e suas tradicionais atribuições de proteção e redistribuição de riquezas, mas apenas adaptando-se à realidade, tendo em vista que, como exposto anteriormente, não é o direito que molda o comportamento da sociedade, mas o contrário, pois apenas reflete determinado momento histórico[(355)].

Com esse posicionamento, não se está defendendo, de forma alguma, o fim do direito do trabalho ou a sua restrição, pelo contrário. O objetivo é que o direito do trabalho possa acompanhar as novas realidades de forma coerente, segura e razoável, impedindo a configuração de abusos, precarizações ou violações e garantindo proteção jurídica trabalhista e previdenciária, mas sem limitar e obstaculizar as novas possibilidades de trabalho.

Sabe-se que, no Brasil, a quantidade de trabalhadores sem carteira assinada, ou seja, sem estarem abarcados pela CLT é significativa[(356)], chegando a 39,1% da população ativa[(357)]. Não se pode concluir com isso, que há uma precarização, pois existem diversas formas de trabalho, que são dignas e lícitas, mas que não são vínculos empregatícios. Nesse sentido, ressalta-se que a Constituição Federal, no art. 1º, inciso IV, prevê o direito ao trabalho, o que não significa e não é sinônimo do direito do trabalho. O primeiro está inserido tanto no âmbito dos direitos humanos quanto no âmbito dos direitos fundamentais sociais, já o direito do trabalho está apoiado em normas constitucionais e infraconstitucionais, que

---

(355) LEE, Paulo Woo Jin. *Op. cit.*

(356) Neste sentido: <https://epocanegocios.globo.com/Brasil/noticia/2020/03/informalidade-cai-mas-atinge-38-milhoes-de-trabalhadores.html> e <https://valor.globo.com/brasil/noticia/2020/08/06/total-de-trabalhadores-com-carteira-no-2o-trimestre-tem-queda-recorde-mostra-ibge.ghtml>. Acesso em: 26 set. 2020.

(357) *Desemprego fica em 14,1% no trimestre encerrado em novembro.* Disponível em: <https://agenciadenoticias.ibge.gov.br/agencia-noticias/2012-agencia-de-noticias/noticias/29935-desemprego-fica-em-14-1-no-trimestre-encerrado-em-novembro>. Acesso em: 1º fev. 2021.

estabelecem um padrão de regulação ao assalariamento, de proteção à saúde do trabalhador, limite de jornada de trabalho etc.(358).

Contudo, não deixa de ser um sinal de alerta, sendo necessário refletir e analisar o motivo desses índices. Ao se identificar a crise no conceito da subordinação decorrente da crise do direito do trabalho, reitera-se e reforça-se a necessidade de revisitação e adequação do mesmo a realidade do mundo atual.

Nesse sentido, é o entendimento de Nelson Mannrich(359):

> Crise indica ruptura no funcionamento de um determinado sistema, podendo ainda sugerir a revisão de valores e de princípios fundantes de uma determinada ciência. A expressão crise do Direito do Trabalho parece indicar mudança profunda ou revisão das bases que deram sustentação e autonomia a essa ciência jurídica. Em outras palavras, parte-se do pressuposto de que certas bases sobre as quais se assentava determinado sistema, no caso o Direito do Trabalho, devem ser revisitadas, repensadas ou até abandonadas, em face das novas realidades e diferentes concepções de valores.

Não é difícil perceber, portanto, que a tecnologia reinventou as relações e modelos de negócios e criou novas formas de contratação, de tal modo que a legislação trabalhista vigente, mesmo após a reforma, não é capaz de abarcar de maneira inequívoca os novos relacionamentos profissionais(360). O fato de a legislação não evoluir no mesmo compasso que a evolução do mercado de trabalho, juntamente com o restante das atividades humanas, não pode ser um freio para essas mudanças inerentes a um mundo globalizado, tecnológico e fluido. O alargamento do conceito de subordinação acabou virando uma verdadeira perseguição "entre gato e rato", a qual não faz bem para nenhuma das partes afetadas(361).

O direito é, como já exposto, objeto cultural, assim como o comportamento e os relacionamentos humanos, que sofrem modificações sociais. O direito procura regular as relações, sempre com o objetivo de realizar o bem comum e em busca da pacificação social. Nesse sentido, alguns especialistas e estudiosos defendem ser necessária uma atualização da legislação laboral. Filiamo-nos a essa corrente, desde que essa atualização diga respeito a novas interpretações e novas alternativas e não ampliações de conceitos já existentes.

---

(358) SILVA, Paula Jaeger da. *Redefinição do conceito de subordinação:* necessidade de ampliação da sua abrangência? Disponível em: <https://www.ibijus.com/blog/526-redefinicao-do-conceito-da-subordinacao-necessidade-de-ampliacao-da-sua-abrangencia>. Acesso em: 26 set. 2020.

(359) MANNRICH, Nelson. Tendências atuais relativas ao âmbito pessoal do direito do trabalho em Portugal, Espanha e Brasil. In: *Revista de Direito do Trabalho*. v. 34, n. 130, São Paulo, abr./jun. 2018 *Apud* SILVA, Paula Jaeger da. *Op. cit.*

(360) RODRIGUES, Mauricio Pallotta. *Op. cit.*

(361) *Idem.*

Nesse sentido, compartilhamos do entendimento de Paula Jaeger da Silva[362] que expõe, *in verbis:*

> E uma atualização da legislação laboral não significa necessariamente trazer mais trabalhadores para a relação de emprego, afinal a vida real demonstra que o movimento tem sido reverso, ou seja, a maior parte da população ativa que despende força de trabalho no Brasil não se encontra protegida pelo Direito do Trabalho.
>
> Assim, acredita-se que conjugando a situação econômica, que não pode ser desconsiderada, afinal, sem economia não se tem trabalho e somada as questões tecnológicas e de globalização, a necessidade é de se pensar em formas de valorização e de proteção das outras modalidades de trabalho e até mesmo o surgimento de novas espécies laborais, que estimulem o empreendedorismo, o crescimento econômico, a renda do brasileiro, etc.
>
> [...]
>
> Desta forma, acredita-se que para um desenvolvimento econômico que permita o país estar em nível de concorrência mundial, se necessita atualizar e modernizar as relações de trabalho permitindo que novas espécies surjam e possam ser pensadas, protegidas, reguladas de acordo com a sua realidade.
>
> A subordinação, chave mestre da relação de emprego, não parece existir atualmente de tal forma como existia quando da sua criação. Não se pode negar que a autonomia dos empregados hoje em dia é muito maior, pelo menos em sua maioria, afinal, é comum a possibilidade de flexibilização de jornada, de trabalhar em locais diversos que não sob os olhos do chefe, de se ter vários trabalhos ao mesmo tempo, etc.

Acreditamos que o ponto principal desse novo contexto é entender que as relações estão evoluindo, se aperfeiçoando e se tornando mais dinâmicas e, por que não, autônomas. O preconceito é prejudicial em todos os aspectos, inclusive no que tange à tecnologia aplicada ao direito do trabalho. Muito tem se discutido sobre como tratar de questões que envolvem a subordinação tradicional do trabalho ao capital e a nova subordinação algorítmica, estabelecida por meio de um instrumento telemático. Sustenta-se que o aplicativo é a via por onde se coordena e se organiza o trabalho de forma "flexível". Percebe-se um tom irônico e muita crítica ao se falar da flexibilidade que, sabemos, existe, de fato[363].

(362) SILVA, Paula Jaeger da. *Op. cit.*

(363) STUDART, Ana Paula. *Op. cit.*

Não se pode generalizar e condenar qualquer forma de tecnologia, muito menos querer configurar um vínculo de emprego em toda e qualquer relação de trabalho. Se as inovações permitem novas formas de prestações de serviços, fontes alternativas de rendas, autonomia e flexibilidade nas atividades desempenhadas, por que querer aplicar um conceito antigo e tradicional as novas possibilidades e relações?

Entendemos que para configuração de uma relação de emprego é necessária a presença de subordinação e nas novas relações laborais existe uma subordinação mitigada ou sequer existe subordinação, motivo pelo qual deveria ser pensado novas formas de proteção para estes trabalhadores, tal como aconteceu na Itália e na Espanha(364). Isso faz com que se gere mais atrativos financeiros para o país, que mais empresas queiram investir, que o crescimento econômico floresça e consequentemente gere frutos para todos.

Nesse sentido, André Gonçalves Zipperer(365), ao abordar o assunto, dispôs sobre a necessidade de novas respostas diferentes das atualmente vigentes, opinião da qual compartilhamos:

> O Direito é sempre construído pelo homem diante do dado social que lhe é oferecido. As novas formas de trabalho não se amoldam na atual legislação, cuja ideia de trabalho subordinado foi construída sobre fatos, elementos e paradigmas baseados no trabalho industrial. Aliás, ressalte-se que algumas plataformas, por sua característica remota, sequer precisam operar do mesmo país no qual o serviço é prestado. As plataformas de multiterceirização *on-line*, como a da Amazon, são exemplos disso.
>
> Os argumentos considerados "tradicionais" voltam-se para o velho discurso obreirista, de retorno ao pleno emprego, ao trabalho duradouro, enfim, ao retorno do estado do bem-estar Social e suas garantias institucionais.
>
> O Direito do Trabalho, surgido sob o signo da uniformidade e do coletivo, sofre o influxo das transformações tecnológicas em consequência de uma pluralidade de mundos produtivos, que exigem novas respostas diferentes das espelhadas na atual legislação.

Reiteramos, mais uma vez, que não defendemos que as novas formas de trabalho devam estar desprotegidas, muito menos apoiamos ou menosprezamos a possibilidade de precarização das relações e dos direitos trabalhistas. Mas discordamos e combatemos a busca por ampliações e aplicações de conceitos antigos e desatualizados em novos cenários, que

(364) DA SILVA, Paula Jaeger. *Op. cit.*

(365) ZIPPERER, André Gonçalves. *Trabalho e plataformas digitais:* vínculo de emprego? Disponível em: <https://www.gazetadopovo.com.br/opiniao/artigos/trabalho-e-plataformas-digitais-vinculo-de-emprego/>. Acesso em: 26 set. 2020.

não possuem, necessariamente, os requisitos de um vínculo de emprego. Interpretar toda e qualquer relação de trabalho como um vínculo de emprego fere a autonomia da vontade, a livre-iniciativa e impede o crescimento e o surgimento de novas formas de prestações de serviços e fontes de renda e, consequentemente, trava o crescimento econômico do país.

Ressalta-se que consideramos que o correto é que as novas formas de contratação e de relação de trabalho estejam protegidas de acordo com a sua realidade, especialmente no que tange a proteção em termos de seguridade social. Além disso, nos casos em que se verifique que a subordinação ocorre tal como prevê o conceito de subordinação jurídica, na sua modalidade tradicional, somada aos demais requisitos para configuração de um vínculo empregatício, a relação deve ser considerada como de emprego.

Os tribunais e a doutrina precisam analisar as situações com cautela, enfrentando o desafio em questão, proporcionando um nível adequado de apreciação das relações de trabalho existentes neste novo cenário. Tentar encaixar as novas relações advindas da revolução tecnológica em categorias e critérios pensados para as relações de trabalho de tempos antigos não irá atender as expectativas de uma sociedade em constante mudança e frustrará tanto os empresários como os muitos prestadores de serviços e trabalhadores que não querem ser — e não são — subordinados.

2.4. Poder diretivo e as novas tecnologias

Etimologicamente, a palavra poder deriva do latim "*potere*", da raiz "*poti*", que significa chefe de um grupo. O termo poder tem ligação direta com a ideia de posse, de força, de vontade, de obediência e de influência. Em sendo assim, é possível afirmar que não há poder sem hierarquia e não há hierarquia sem disciplina.

Por outro lado, o poder é inerente à organização, portanto, ausentes a hierarquia e, consequentemente, o poder, a organização sucumbe. Deste modo, tratam-se de elementos interligados, que juntamente com a manifestação da liberdade e da resistência[(366)] se fazem necessários para que a vida humana persista de forma equilibrada e organizada[(367)].

O poder se faz presente em diversas áreas e projeções e trata-se de um fenômeno com uma relevância fundamental na experiência histórica-social do homem. Em qualquer relação minimamente constante entre duas ou mais pessoas, o poder aparece como elemento central. No contexto empregatício, principalmente, manifesta-se uma das dimensões mais importantes do poder na atualidade.

Na Antiguidade, a pessoa que detinha o poder, chamado de poder patronal, era considerado o mais forte, mais poderoso, sendo a palavra "patrão" originária de "*pater*", que significa "pai", o que demonstra a existência de um devido respeito e subordinação. Essa

(366) BARROS, Alice Monteiro de. *Curso de direito do trabalho*. 4. ed., rev. e ampl. São Paulo: LTr, 2008. p. 575.

(367) PINTO, José Augusto Rodrigues. *Tratado de direito material do trabalho*. São Paulo: LTr, 2007. p. 305.

concepção também advém da ideia de que, antigamente, o trabalho era considerado uma punição, associado a valores negativos, ora depreciativos, ora penosos. O próprio significado da palavra trabalho traz essa noção, pois advém do latim *tripalium*, que nada mais era do que um instrumento de tortura, assemelhando a uma canga que pesa sobre animais[(368)].

No âmbito empregatício esse poder se manifesta por meio de um conjunto de prerrogativas asseguradas pela ordem jurídica, concentradas na figura do empregador, para exercício no contexto da relação de emprego. De acordo com o art. 2º da CLT, considera-se empregador a empresa, individual ou coletiva, que, assumindo os riscos da atividade econômica, admite, assalaria e dirige a prestação pessoal de serviço. O parágrafo primeiro do referido artigo complementa o conceito de empregador prevendo que se equiparam ao empregador, para os efeitos exclusivos da relação de emprego, os profissionais liberais, as instituições de beneficência, as associações recreativas ou outras instituições sem fins lucrativos, que admitirem trabalhadores como empregados.

O conceito de empregado, por sua vez, previsto no art. 3º da CLT, considera empregado toda pessoa física que prestar serviços de natureza não eventual a empregador, sob a dependência deste e mediante salário. Percebe-se, portanto, dois principais aspectos no conceito de empregado e de empregador, quais sejam, a subordinação do empregado e o poder de direção do empregador.

Tratando do assunto, Aluísio Henrique Ferreira[(369)] expõe:

> [...] pode-se visualizar a relação empregatícia como as duas faces de uma mesma moeda, isto é, subordinação do empregado e poder diretivo se completam, mesmo estando em sentidos opostos, na medida em que onde existe alguém com poder de mando, lá se encontrará alguém que se submeta a este poder, sendo que a recíproca também se verifica.

Ressalta-se que o estado de sujeição do empregado é meramente jurídico, fundado na autonomia da vontade que as partes possuem para formar o contrato de trabalho, ou seja, existe a relação de subordinação e mando em virtude da relação contratual entabulada[(370)]. No presente livro, optamos por utilizar o termo "poder diretivo" para se referir ao poder conferido ao empregador, sendo este gênero dos quais o poder de organização, o poder de fiscalização e o poder disciplinar são espécies.

(368) FERREIRA, Aluísio Henrique. *O poder diretivo do empregador e os direitos da personalidade do empregado*. São Paulo: LTr, 2011. p. 19.

(369) *Ibidem*, p. 30.

(370) *Ibidem*, p. 30.

Como exposto por Luciano Martinez(371), apesar de existir correntes que nomeiam o conjunto de prerrogativas asseguradas pela ordem jurídica e concentrada na figura do empregador como poder empregatício(372), a expressão "poder diretivo" tem dimensão equivalente ao da expressão "poder empregatício" com a vantagem de ser mais frequentemente aplicada, além do vocábulo "dirigir" aglutinar em si, necessariamente, as ações de organização, fiscalização e sanção.

O poder diretivo, portanto, é caracterizado pelas prerrogativas dispensadas ao empregador no contexto das relações laborais, se consubstanciando no direito de organizar, fiscalizar e disciplinar o modo de realização de trabalho. Por intermédio do poder diretivo, o empregador exige determinados comportamentos lícitos dos seus empregados com vistas ao alcance de propósitos preestabelecidos(373). Vale mencionar que a contraface do poder diretivo é o direito de resistência, que se manifesta no sentido de que o uso irregular do primeiro faz nascer o segundo.

Sobre o assunto, Luciano Martinez(374) dispõe:

> O poder diretivo ou poder de comando é uma prerrogativa dada ao empregador para exigir determinados comportamentos lícitos de seus empregados com vistas ao alcance de propósitos preestabelecidos. Para atingir esses desígnios e para organizar a atuação de seus subordinados, o empregador pode valer-se de orientações de natureza técnica e de caráter geral. Essa conduta administrativa, normalmente associada à hierarquia e à disciplina, conduz a uma situação segundo a qual o empreendedor tem as faculdades de organizar o seu sistema produtivo, de fiscalizar (controlar) o cumprimento daquilo que foi ordenado e, se for o caso, de punir os transgressores de suas ordens de comando. Nesses moldes, o poder diretivo subdivide-se em poder de organização, poder de fiscalização e poder disciplinar [...].

Não há dúvidas, portanto, acerca da relevância do poder diretivo numa relação de emprego, tratando-se de um dos seus pilares. A faculdade conferida ao empregador para fiscalizar e controlar a prestação de serviços é inerente ao contrato de trabalho. Contudo, é importante deixar claro que tal qual o poder diretivo é inerente ao empregador e a subordinação é um elemento presente nas relações de emprego, fazendo com que o empregado se sujeite às determinações e orientações advindas do poder diretivo, também é fato que esse poder não é ilimitado. A dignidade da pessoa humana e os direitos da personalidade

(371) MARTINEZ, Luciano. *Op. cit.*, p. 276.

(372) Nesse sentido: DELGADO, Mauricio Godinho. *Curso de direito do trabalho*. 7. ed. São Paulo: LTr, 2008. p. 631.

(373) MARTINEZ, Luciano. *Op. cit.*, p. 276.

(374) *Idem.*

são essenciais e não se pode conceber uma relação de emprego sem a aplicação efetiva dos mesmos[(375)].

Além disso, ao analisar o poder diretivo e as prerrogativas inerentes ao mesmo, faz-se necessário abordar os impactos causados pelo avanço tecnológico. Atualmente a vida e a sociedade tornaram-se dinâmicas, voláteis, com mudanças e inovações constantes, estando a tecnologia à frente desse cenário. O avanço tecnológico decorre do aspecto econômico, cultural, político e social em que o ser humano está inserido e que interfere e estimula o mesmo a criar novas tecnologias.

Como exposto no primeiro capítulo, o avanço tecnológico e os novos equipamentos, aparelhos, máquinas e programas que são resultados das inovações e criações interferem e provocam consequências positivas e negativas em todo tipo de relação e na sociedade como um todo, não sendo diferente nas relações trabalhistas, principalmente nas relações de emprego. No que tange ao poder diretivo, é incontroverso que o desenvolvimento das tecnologias causou e continua causando grande impacto nas relações trabalhistas, ampliando a iniciativa do empregador quanto ao controle da produtividade e qualidade[(376)], aumentando as possibilidades de fiscalização e, consequentemente, fazendo crescer também as chances de punição.

André Zipperer[(377)] expõe que o tipo de gerenciamento via algoritmo tem suas raízes em uma teoria de gestão desenvolvida por Frederick Taylor em seu trabalho:

> Na nossa era de *Big Data*, o taylorismo se espalhou muito além do chão da fábrica. Os algoritmos complexos, o *software* de análise e outros componentes ocultos dos sistemas de gerenciamento geram inteligência que é usada para avaliar os trabalhadores.
>
> A tecnologia também permite um gerenciamento de desempenho muito mais sofisticado do que durante a vida de Taylor. Avaliações de desempenho dos funcionários são dispendiosas, exigem encontros presenciais e preenchimento de extensos relatórios.
>
> Cherry chama este tipo de processo de controle de gestão automática de "algocracia" na qual os algoritmos absorvem muitas funções organizacionais que os gerentes executariam. O código do computador realiza diversas tarefas de supervisão como a atribuição de tarefas, acelerando os processos de trabalho,

(375) FERREIRA, Aluísio Henrique. *Op. cit.*, p. 99.

(376) BUGALHO, Andreia Chiquini; OLIVEIRA, Caroline Cristina Vissotho; SANTORO, Clara Carolina. *O Novo Poder Diretivo do Empregador com as Novas Tecnologias*. Disponível em: <https://cvissotho2.jusbrasil.com.br/artigos/898839917/o-novo-poder-diretivo-do-empregador-com-as-novas-tecnologias>. Acesso em: 26 set. 2020.

(377) ZIPPERER, André Gonçalves. *Op. cit.*, p. 90.

determinando o tempo e o comprimento de intervalos, monitoramento de qualidade, classificação de funcionários e muito mais.

Além disso, os artefatos tecnológicos proporcionam ao empregado contato incessante a sua atividade laboral, inclusive fora do seu ambiente e do seu horário de trabalho, proporcionando, também, um maior controle do empregador. É notável, portanto, a transformação que as relações vêm sofrendo por conta da ascensão das tecnologias digitais, não sendo o âmbito profissional excluído desse fenômeno. O formato de produção mudou, bem como a execução das atividades laborais e, como exposto, a possibilidade de os empregadores exercerem seus poderes diretivos.

Sobre o assunto, Teresa Coelho Moreira[(378)] expõe:

> A utilização cada vez maior de novas tecnologias de informação e comunicação nos últimos anos tem aumentado exponencialmente, refletindo-se no mundo do trabalho e levantando várias questões. Existe, atualmente, uma enorme quantidade de dispositivos eletrônicos, desde a videovigilância, audiovigilância, geolocalização, controlo das comunicações eletrônicas, controlo através das redes sociais, das mensagens instantâneas, dos dados biométricos, que permitem monitorizar, virtualmente, todos os aspectos da vida profissional, assim como a vida extraprofissional, e mesmo, por vezes, a vida íntima dos trabalhadores. É possível, assim, tratar, armazenar, regular e controlar grande número de informação sobre as pessoas, o que permite um elevado controlo sobre elas podendo implicar que o trabalhador deixe de realizar certas atividades, já que aspectos pessoais extremamente íntimos podem ser revelados, incluindo opiniões políticas, saúde mental e física e, mesmo, a vida sentimental.
>
> [...]
>
> O emprego destas novas tecnologias explica-se tanto pela sua enorme incorporação e generalização no processo produtivo das empresas, como pelas inúmeras aplicações e vantagens que comporta, pelo impacto que pode ter para dissuadir a prática de infrações laborais, por permitir um controlo diferido quer a nível espacial, que a nível temporal da atividade laboral e, por vezes, extralaboral, quer, ainda, por poder constituir, em determinados casos, um meio de prova em procedimentos disciplinares.

---

(378) MOREIRA, Teresa Coelho. O Controlo dos Trabalhadores através de Sistemas de Geolocalização. In: LEME, Ana Carolina Reis Paes; RODRIGUES, Bruno Alves; CHAVES JÚNIOR, José Eduardo de Resende (Orgs.). *Tecnologias Disruptivas e a Exploração do Trabalho Humano.* A intermediação de mão de obra a partir das plataformas eletrônicas e seus efeitos jurídicos e sociais. São Paulo: LTr, 2017. p. 56.

Dessa forma, percebe-se que os impactos dos avanços tecnológicos no poder diretivo propiciam diversos desdobramentos e análises. Em um passado não tão distante, quando se abordava os limites do poder patronal e as possibilidades de abuso de direito, com a violação ou ofensa de direitos da personalidade do empregado, citava-se as revistas pessoais, as revistas em objetos ou pertences do empregado, o monitoramento do uso da internet e de *e-mails*, o controle no uso do sanitário, circuito interno de câmeras, entre outras hipóteses amplamente discutidas pela doutrina e pela jurisprudência. Na análise dessas expressões e exercícios do poder diretivo, sempre existiu, com toda razão, uma grande preocupação com a tutela e garantia dos direitos fundamentais dos empregados, preservando a sua dignidade.

Atualmente, com todos os avanços e as novas ferramentas criadas e disponibilizadas, essa preocupação é ainda maior e, muitas vezes, ainda insuficiente, pois a dinâmica é tão veloz e as inovações são tão intensas e significativas que é difícil mapear os riscos ou potenciais danos dos novos instrumentos de controle e direção. Há alguns anos não se podia imaginar que sistemas e programas eletrônicos passariam a fazer parte de uma forma tão essencial nas relações de trabalho. Desde a comunicação interna, entre colegas, superiores e subordinados, por meio de programas como o *Skype, Slack, Whatsapp, Messenger*, bem como por meio de *e-mails* e redes sociais, passando por agendas compartilhadas, convites e reuniões por vídeo até mesmo sistemas de reconhecimento facial e biometria para acessar ambientes ou registrar as jornadas, chegando até a problemática da ausência de desconexão, potencializada pelo fornecimento de *smartphones* e *notebooks* corporativos. A tecnologia está, cada vez mais, inserida no dia a dia profissional de todos os setores.

Assim, as preocupações de antes — com monitoramento de *e-mails*, circuito interno de câmeras, revista pessoal etc. — continuam existindo, de forma potencializada e ainda mais intensa, e ainda sofreram acréscimos, com as novas possibilidades que surgiram para o empregador exercer seu poder diretivo. É importante ressaltar que não estamos condenando ou criticando as tecnologias e os avanços da informática e comunicação, pelo contrário. As ferramentas que surgiram (e as que ainda vão surgir) tonaram-se instrumentos essenciais para aperfeiçoar a comunicação organizacional, facilitando o contato durante o expediente de trabalho, automatizando e facilitando a execução de tarefas, otimizando o tempo e aumentando a produtividade e eficiência e tendência é que isso evolua cada vez mais. Além disso, são inegáveis os benefícios que o avanço tecnológico proporcionou no que tange a segurança e a qualidade do dia a dia.

Por outro lado, também é fato que o referido avanço potencializou o controle do empregador, tanto em relação à execução das tarefas e acompanhamento das rotinas como no acesso aos resultados. O empregador possui o direito de fiscalizar a realização e desenvolvimento do trabalho, quer pela garantia e segurança da sua empresa, quer pela saúde e segurança dos seus empregados e da coletividade[379]. Contudo, é importante reiterar que

(379) BUGALHO, Andreia Chiquini. OLIVEIRA, Caroline Cristina Vissotho. SANTORO, Clara Carolina. *Op. cit.*

existe uma linha tênue entre o direito ao exercício do poder diretivo do empregador com o direito a preservação da dignidade e personalidade do empregado. A boa-fé, a razoabilidade, o respeito à intimidade e o respeito à dignidade devem prevalecer na relação contratual.

É inegável que as novas tecnologias alteraram e estão alterando substancialmente o modo de execução do contrato de trabalho, o relacionamento humano e a forma de exercício dos direitos fundamentais[(380)]. Nesse sentido, o poder diretivo encontra nas novas tecnologias uma forma de buscar e garantir a efetividade da organização empresarial e do rendimento do trabalhador. O empregado, por sua vez, tem suas atividades facilitadas com a utilização das ferramentas de trabalho adaptadas as novas tecnologias.

Nas palavras de Rodrigo Tascón López[(381)]:

> El avance tecnológico permite, por tanto, que el control empresarial gane en cantidad y en calidad, pues habilita un mayor número de instrumentos capaces de fiscalizar más aspectos de los controlables mediante la vigilancia tradicional, siendo además más precisos y detalladoseres, al tiempo que abren un gran número de posibilidades de almacenamiento y de reproducción.

Entendemos que o empregador possui liberdade e autonomia para ditar as regras e determinações, podendo decidir e estabelecer as medidas que considerar necessárias para execução das tarefas inerentes a cada empregado. Contudo, como exposto anteriormente, essa liberdade não é ilimitada, assim como o poder diretivo não é irrestrito, sob pena de se configurar abuso de direito. O limite existente, portanto, é a proporcionalidade e a razoabilidade, devendo ser verificada a finalidade e a adequação do instrumento escolhido e da conduta adotada e, principalmente, a observância e a garantia dos direitos fundamentais do trabalhador.

Assim, dentre os critérios de razoabilidade estão o fato do controle e direção ocorrer durante o horário de trabalho, no local de trabalho, bem como abrangendo aspectos que tenham relação com o trabalho e não com a vida pessoal e íntima do empregado. Além disso, é preciso respeitar os limites previstos no ordenamento jurídico, acerca da correta adequação do referido controle aos fins a que se destinam, evitando a fiscalização irrestrita e sem fundamento.

---

(380) NEUENSCHWANDER, Guilherme. *Limites do poder diretivo do empregador e as novas tecnologias de informação e comunicação.* Dissertação para a obtenção do grau de Mestre em Direito pela Universidade de Lisboa. Disponível em: <https://repositorio.ual.pt/bitstream/11144/4329/1/Arquivo%20Disserta%C3%A7%C3%A3o%20Mestrado%20Ual%20Original.pdf>. Acesso em: 26 set. 2020.

(381) LÓPEZ, Rodrigo Tascón. La Protección de Datos Personales de Los Trabajadores. *Revista Jurídica de Castilla y Leon*, n. 16, 2008. *Apud* FIGUEIREDO, Guilherme Neuenschwander. *Op. cit.*

A ordem jurídica outorga ao empregador o poder diretivo, em todas as suas prerrogativas, de reger, organizar e controlar o empreendimento (e até punir), com a vantagem de ainda usufruir da subordinação do trabalhador. O contraponto jurídico a este poder é justamente os valores e princípios constitucionais aplicáveis e os direitos fundamentais, a ponto de dirimir e restringir o campo de atuação pelo empregador. A roupagem necessária de proteção perpassa pelo campo da eficácia privada dos direitos fundamentais frente ao avanço tecnológico acelerado, cujo reflexo no âmbito das relações de trabalho é sentida mais claramente pelo controle de dados pessoais e sensíveis, isto em um universo de intenso controle da rotina laboral dentro e fora da empresa. Por isto, o controle e fiscalização empreendidos por meio eletrônico são fatos que necessitam de regulamentação adequada, sob pena de violação aos direitos da personalidade, nomeadamente a privacidade[(382)].

Estamos vivendo uma nova era, na qual o poder diretivo do empregador está sendo utilizado não só de forma direta, mas também indiretamente, por meio das novas inserções de tecnologias no ambiente de trabalho, promovendo uma mudança nas atividades laborais e sua configuração na produção. Assim, o novo poder diretivo do empregador proporcionado pelo avanço da tecnologia deve observar regras factíveis de harmonização para que haja a coexistência pacífica do direito ao controle, com os valores sociais do trabalho[(383)].

2.5. Punitivismo nas relações de trabalho

Um dos desdobramentos do poder diretivo, ou seja, uma das espécies do gênero, é o chamado poder disciplinar. O referido poder possibilita ao empregador impor sanções aos empregados que descumprirem alguma das obrigações impostas por intermédio do contrato. Assim, por meio do poder disciplinar, o empregador tem a possibilidade de punir aqueles que não observam as regras diretivas por ele emanadas[(384)]. Pode-se afirmar, portanto, que o poder disciplinar é o meio que o empregador possui de fazer valer seu poder diretivo.

Sobre este poder, Mauricio Godinho Delgado[(385)] expõe:

> Embora possa também ser considerado simples dimensão, extensão ou corolário do poder de direção, o poder disciplinar tem sido universalmente identificado em seara conceitual própria, em virtude da existência de figuras jurídicas especificas ao exercício desse poder, como, ilustrativamente, as noções de ilícito trabalhista, sanção e procedimento punitivo.

(382) Guilherme Neuenschwander. *Op. cit.*

(383) BUGALHO, Andreia Chiquini. OLIVEIRA, Caroline Cristina Vissotho. SANTORO, Clara Carolina. *Op. cit.*

(384) GASPAR, Danilo Gonçalves. *Op. cit.*, p. 110.

(385) DELGADO, Mauricio Godinho. *Op. cit.*, p. 638.

As sanções que podem ser aplicadas pelo empregador comportam vários níveis, a depender da gravidade da falta cometida pelo empregado. As faltas leves são punidas com a advertência escrita ou verbal. Já as faltas de grau médio são repreendidas por meio das suspensões, que variam entre um e trinta dias no máximo. Por fim, os ilícitos trabalhistas graves são sancionados com a despedida por justa causa, constituindo deste modo, a penalidade máxima no âmbito da relação empregatícia.

Sobre a aplicação das penalidades, Aluísio Henrique Ferreira[(386)] preleciona:

> No sistema trabalhista brasileiro, as penalidades mencionadas poderão ser aplicadas diretamente pelo empregador ao empregado, sem a necessidade de qualquer interveniência de órgão estatal ou entidade coletiva. De igual forma, inexiste hierarquia na aplicação de penalidades, devendo sempre ser adequada a penalidade aplicada à falta cometida, utilizando-se, para isso, um juízo de proporcionalidade. Portanto, o empregador só estará obrigado a obedecer uma hierarquia na aplicação de penalidades — por exemplo, primeiro advertir, depois suspender, e só assim poder demitir por justa causa —, ou observar qualquer interveniência de terceiro à relação, se houver norma coletiva ou previsão em regulamento da empresa dispondo sobre isso.

O legislador trabalhista procurou tipificar em um rol taxativo algumas infrações existentes. É o que se denota no art. 482 da CLT. Além disso, ainda existem outras infrações tipificadas aplicáveis a categorias profissionais e situações específicas. Cite-se o parágrafo único dos arts. 158[(387)], 240[(388)], incisos I e III do 433[(389)], todos da CLT. Ressalte-se que

---

(386) FERREIRA, Aluísio Henrique. *Op. cit.*, p. 41.

(387) Art.158: Cabe aos empregados:

I – observar as normas de segurança e medicina do trabalho, inclusive as instruções de que trata o item II do artigo anterior;

II – colaborar com a empresa na aplicação dos dispositivos deste Capítulo.

Parágrafo único – Constitui ato faltoso do empregado a recusa injustificada:

a) à observância das instruções expedidas pelo empregador na forma do item II do artigo anterior;

b) ao uso dos equipamentos de proteção individual fornecidos pela empresa.

(388) Art. 240: Nos casos de urgência ou de acidente, capazes de afetar a segurança ou regularidade do serviço, poderá a duração do trabalho ser excepcionalmente elevada a qualquer número de horas, incumbindo à Estrada zelar pela incolumidade dos seus empregados e pela possibilidade de revezamento de turmas, assegurando ao pessoal um repouso correspondente e comunicando a ocorrência ao Ministério do Trabalho, Industria e Comercio, dentro de 10 (dez) dias da sua verificação.

Parágrafo único – Nos casos previstos neste artigo, a recusa, sem causa justificada, por parte de qualquer empregado, à execução de serviço extraordinário será considerada falta grave.

(389) Art 433: [...] I – desempenho insuficiente ou inadaptação do aprendiz;

[...] III – ausência injustificada à escola que implique perda do ano letivo; ou [...]

da taxatividade existente nas hipóteses de justa causa resulta a proibição da interpretação extensiva ou analógica. No entanto, caso inexistente a pactuação contratual individual ou coletiva prevendo a possibilidade de aplicação das penas de advertência, ainda assim é possível a ocorrência de sua aplicação(390).

Neste sentido, Mauricio Godinho Delgado(391):

> O fato de a advertência não estar tipificada em texto legal não a torna irregular. Ao contrário, a doutrina e a jurisprudência firmemente tem considerado a gradação de penalidades um dos critérios essenciais de aplicação de sanções no contexto empregatício, surgindo, desse modo, a advertência verbal ou escrita como o primeiro instante de exercício do poder disciplinar em situações de conduta faltosa do empregador. Apenas em vista de cometimento de falta muito grave pelo obreiro, consubstanciada em ato que não comporte gradação de penalidades, é que esse critério tende a ser concretamente observado. O acatamento da penalidade de advertência pelo Direito do Trabalho demonstra que esse ramo jurídico especializado incorporou apenas parcialmente o princípio da tipificação legal de ilícitos e penas, já que no tocante às penas, admite o papel criativo das regras autônomas. Note-se, porém, que esse papel criativo acatado restringe-se à instituição de penas ou critérios mais favoráveis ao obreiro [...].

Ainda sobre o assunto, Alice Monteiro de Barros(392):

> [...] na aplicação das medidas disciplinares, o empregador deverá ater-se ao nexo de causalidade entre a falta e a punição e à imediatidade, sob pena de perdão tácito; à proporcionalidade entre o comportamento faltoso e a sanção; à proibição de dupla penalidade pela mesma falta — *non bis in idem*; à aplicação de sanções iguais aos empregados que praticarem a mesma falta. Lembre-se, ainda, que a punição aplicada não poderá ser substituída.

Cumpre afirmar, ainda, que, caso ocorra o uso do poder disciplinar de forma ilegal ou desproporcional, ocorrerá o abuso de poder, e o empregado poderá buscar o Judiciário para o devido controle da situação(393). É importante ressaltar que, a rigor, o Judiciário não deve adequar uma penalidade ao nível que considerar justo, haja vista o respeito ao direito de o empregador dosar a pena aplicável em caso de transgressão do empregado, contudo,

---

(390) FERREIRA, Aluísio Henrique. *Op. cit.*, p. 41.

(391) DELGADO, Mauricio Godinho. *Op. cit.*, p. 669.

(392) DE BARROS, Alice Monteiro. *Op. cit.*, p. 603-604.

(393) FERREIRA, Aluísio Henrique. *Op. cit.*, p. 44.

como todo direito é suscetível de abuso, a Justiça pode redimensionar a penalidade quando identificar que o patrão atuou de modo desproporcional[(394)].

Sobre o tema, Luciano Martinez dispõe:

> É bom deixar claro que a intervenção do Judiciário na dosimetria da pena aplicada pelo empregador não é recomendável. Isso deve ser realizado unicamente em situações extremas e claramente abusivas, preservando-se, na medida do que seja possível, a autoridade patronal. A atuação do Judiciário não está, porém, submetida a nenhuma régua. Não há dispositivo legal que especificamente discipline essa atuação judicial, simplesmente porque proporcionalidade e razoabilidade são princípios, e não regras.

O poder disciplinar, portanto, funda-se no próprio contrato. Contudo, como já exposto anteriormente, esse poder não é ilimitado, nem discricionário e, restando configurado abuso de direito, as medidas adotadas pelo empregador, ao serem apreciadas pelo Judiciário, serão canceladas. O poder em questão deve ser usado com moderação e critério, de forma razoável e proporcional, configurando exercício regular de direito e não abuso de poder.

As considerações apresentadas no presente tópico possuem grande relevância para o objeto de estudo do presente livro. Isso porque conforme abordado em tópico anterior, bem como será abordado no capítulo seguinte, com o avanço da tecnologia e as novas modalidades de trabalho e contratação que surgiram, a atuação dos algoritmos nas relações de trabalho tem sido muito debatida e suscitada. Nesse contexto, faz-se necessário analisar e ponderar a viabilidade do poder disciplinar ser exercido por um algoritmo.

Pode-se afirmar que diante do potencial e da capacidade que os algoritmos já demonstraram possuir, existe também um potencial poder diretivo algorítmico. Nesse caso, os critérios da punibilidade com base na proporcionalidade e razoabilidade seriam igualmente aplicados aos algoritmos? Se sim, como aferir se o algoritmo estaria configurando abuso de direito ou não? Como realizar a dosagem da sanção a ser aplicada por um algoritmo?

Apesar dos avanços e de todos os aspectos positivos que a Inteligência Artificial proporciona, os riscos da eliminação das decisões humanas vão muito além dos erros que podem acontecer e atingem direitos da personalidade como a intimidade, a vida privada e a autodeterminação informativa. Diante da impossibilidade de os algoritmos prestarem contas além de suas frias programações, como será possível, então, reconhecer neles um equilibrado poder de direção?

Como exposto no primeiro capítulo, o potencial de um algoritmo é enorme e desconhecido na sua totalidade. A análise e a discussão sobre o aqui chamado "poder diretivo

(394) MARTINEZ, Luciano. *Op. cit.*, p. 281.

algorítmico" é essencial, e é um excelente ponto de partida, que será destrinchado no próximo capítulo.

Vale reiterar que o primeiro e mais importante passo, nesse contexto, é conhecer e entender melhor os algoritmos, e neles inserir programações virtuosas e a sempre permanente possibilidade de revisão de suas decisões por autoridades humanas, justamente para que sejam evitadas — ou pelo menos minimizadas — as possibilidades de erros, equívocos, discriminações e abusos de poder. Reitera-se, portanto, a necessidade de perceber e entender como os algoritmos funcionam, como podem ser utilizados e, principalmente, como podem — é o que se deseja — ser controlados, pois não deve haver nesse mundo nenhum poder sem o correspondente e necessário controle(395).

2.6. Impactos da tecnologia nas relações de trabalho

Diante de todo o exposto e abordado no presente capítulo, resta claro que a tecnologia impacta diretamente no direito do trabalho e nas relações trabalhistas. As tecnologias do século XXI, mormente as relacionadas com a biotecnologia e os algoritmos já são consideradas como poderes.

Nesse sentido, Yuval Noah Harari(396) dispõe:

> [...] mais potentes do que o vapor e o telégrafo e não serão usados apenas para produzir alimentos, têxteis, veículos e armas. Os principais produtos do século XXI serão corpos, cérebros [...]. Na verdade, será maior do que brecha entre o *Sapiens* e os neandertais. Neste século, os que viajam no trem do progresso vão adquirir aptidões divinas de criação e destruição, enquanto os que ficarem para trás enfrentarão a extinção [...].

Antes da revolução digital, muitas atividades eram inerentes tão somente aos humanos. Atualmente, os robôs e as máquinas assumiram tal posição e há uma perspectiva de que em um curto espaço de tempo consigam ofuscar o homem na realização de boa parte de suas atividades, inclusive laborais(397). O avanço da Inteligência Artificial é exponencial e, como exposto no capítulo anterior, os algoritmos podem rapidamente superar a atuação humana no que diz respeito aos padrões de reconhecimento para execução de tarefas.

A velocidade das mudanças sociais, especialmente no mundo do trabalho, a partir das inovações tecnológicas, aponta para uma nova realidade. Com a criação de plataformas de

(395) STUDART, Ana Paula Didier; MARTINEZ, Luciano. O *poder diretivo algorítmico: a nova autoridade anônima e implacável.* Disponível em: <https://www.linkedin.com/pulse/poder-diretivo-algor%C3%ADtmico-nova-autoridade-an%C3%B4nima-e-didier-studart/>. Acesso em: 28 set. 2020.

(396) HARARI, Yuval Noah. Homo *Deus*. Uma breve história do amanhã. 3. reimp. São Paulo: Companhia das Letras. p. 278.

(397) KELLER, Werner. *Direito do trabalho e novas tecnologias*. São Paulo: Almedina, 2020. p. 260.

intermediação de trabalho humano desde a segunda metade da primeira década do século XXI, o mundo do trabalho vem experimentando uma mudança profunda e radical, que tem potencial para ser a mais importante desde a introdução do trabalho subordinado. É nesse contexto que surge o *crowdwork* ou o "trabalho na multidão" [398].

O fato é que estamos presenciando mudanças constantes nas relações, inclusive as de trabalho. O modelo tradicional rígido de contratação trabalhista, como o padrão de contratação por tempo indeterminado, está sendo substituído por formas mais flexíveis e inovadoras, como, por exemplo, uma maior horizontalidade e um maior poder de criatividade e de participação nas decisões empresariais por parte do trabalhador[399]. Essa flexibilização não deve ser compreendida, necessariamente, como sinônimo de precarização.

Neste sentido, Werner Keller[400] dispõe:

> Assim, cabe aos países utilizares medidas para que as novas tecnologias não sejam um algoz do desemprego, e, consequentemente da desigualdade social; mas sim uma ferramenta indispensável para proporcionar a integração das tecnologias com todas as formas de trabalho, além de propiciar o desenvolvimento de ambiente de trabalho mais saudável e seguro, a gim de que seja assegurado ao homem a mais importante vertente de sua dignidade, o respeito à vida.

Existem duas correntes opostas sobre o avanço tecnológico e os impactos do mesmo nas relações de trabalho. A primeira acredita no desmantelamento de empregos pelas novas tecnologias, enquanto a segunda entende que haverá o fechamento de postos de trabalho, mas outros serão criados em diferentes e novas áreas do setor econômico. Filiamo-nos a segunda, mas concordamos com o posicionamento de Werner Keller[401] no sentido de que, sem a existência de uma educação de alta qualidade e continuada, certamente não haverá geração de trabalhos dignos, e, por sua vez, a preocupação com o desequilíbrio social já elevado aumentará ainda mais.

O referido autor dispõe que as tecnologias devem ser desenvolvidas de maneira colaborativa com o trabalho humano, mas o indivíduo precisa estar preparado com competências específicas para lidar com essa colaboração e, principalmente, para ter condições de negociar e ter sua mão de obra valorizada. A sugestão de Keller é que os países que desejarem se preparar para o deságio imposto pela quarta revolução industrial devem disponibilizar uma educação de qualidade em todas as etapas, dando ênfase a educação técnica profissionalizante, se não quiserem ver decretado o futuro de suas novas gerações à exclusão social por ausência de conhecimento.

---

(398) ZIPPERER, André Gonçalves. *Op. cit.*, p. 30.

(399) *Ibidem*, p. 309.

(400) *Idem*.

(401) *Idem*.

Estamos vivendo uma era em que a autoridade anônima dos algoritmos já comanda, e tanto mais comandará, os trabalhadores e os prestadores de serviços, dando-lhes orientações, traçando-lhes metas, estabelecendo as prioridades e, até mesmo, aplicando-lhes punições. A tendência é que o avanço tecnológico se intensifique um pouco mais a cada dia.

Se compararmos as ferramentas existentes há dez anos nos surpreenderemos ao lembrar como conseguíamos viver sem usar equipamentos, plataformas, *softwares* e aplicativos que hoje fazem parte do nosso dia a dia de forma intrínseca. Sem dúvidas, não será preciso esperar mais dez anos para ter a mesma sensação sobre o momento atual. Isso porque as evoluções e as inovações são constantes e exponenciais, crescendo de forma surpreendente. Isso significa que a influência, a presença e o controle dos algoritmos nas nossas vidas serão cada vez mais intensos, incluindo as diversas relações de trabalho, sejam elas vínculos de emprego ou não.

Como exposto no tópico anterior, é possível afirmar que os algoritmos possuem potencial para regulamentar, dirigir, fiscalizar e punir os diferentes tipos de trabalhadores. O documentário "O Dilema das Redes" ("The Social Dilemma[(402)]", Netflix) revela claramente que o poder inestimável e implacável dos algoritmos aumenta de forma exponencial, sendo os limites, atualmente, desconhecidos. A Inteligência Artificial que dá alma aos algoritmos pode ser definida como a possibilidade de as máquinas executarem tarefas com o mesmo discernimento da inteligência humana, seja no planejamento, na compreensão de linguagens, no reconhecimento de objetos e sons, no aprendizado, raciocínio, solução de problemas etc.

Os algoritmos, portanto, se arvoram a ser os novos detentores do poder diretivo. O "poder diretivo algorítmico", portanto, é uma nova e implacável autoridade anônima. Nesse contexto, é importante ressaltar que não se deve desprezar a Inteligência Artificial, sendo essencial saber como utilizá-la, mediante controles necessários e inserção de programações éticas. Muito além de todas as preocupações sobre a extensão da autoridade algorítmica, é fundamental ter e buscar a sensibilidade de contemporizar as inovações e de dar a elas um tratamento adequado aos tempos modernos, sem a tendência de muito em querer relacionar novos cenários aos conceitos tradicionais. Como já exposto, tentar encaixar as novas relações advindas da revolução digital em categorias e critérios pensados para as relações de trabalho de tempos antigos não irá atender as expectativas de uma sociedade em constante mudança.

Desta feita, conforme podemos observar, o uso dos algoritmos implica em novos desafios que, até o presente momento, não eram objeto de discussão ou preocupação do direito, logo, os institutos jurídicos até então existentes podem não ser mais úteis ou aplicáveis, tornando necessário o desenvolvimento de novos raciocínios e soluções jurídicas para sua proeminência. Diante de tal realidade, é necessário adaptação e abertura por parte dos

(402) *THE SOCIAL DILEMMA. Op. cit.*

juristas a essas relações algorítmicas, ou a inter-relações e intermediações por algoritmos em inúmeras áreas da vida, principalmente no que tange ao direito do trabalho, no sentido de se repensar a configuração de suas profissões e relações ou de se "reconciliar" com as tecnologias[(403)].

Dessa forma, reiteramos a necessidade da difusão e fortalecimento da educação e do conhecimento, principalmente entre os jovens. As novas tecnologias devem ser desenvolvidas e utilizadas com a ideia de serem, também um pilar de recuperação dogmática do princípio da proteção do trabalhador na sociedade do conhecimento[(404)].

Nesse sentido, Werner Keller[(405)] dispõe:

> [...] as novas tecnologias devem ser sempre projetadas para colaborar e interagir com o ser humano, e nunca fazer que o homem seja subjugado a elas. Na seara trabalhista, vertente desse estudo, é primordial esse raciocínio, tendo em vista que o princípio da proteção do trabalhador é um direito humano fundamental (atemporal). Portanto, em que pese as relações de trabalho sejam reinventadas e impactadas pelas tecnologias existentes e as que ainda surgirão, é certo que tal princípio nunca perderá sua força normativa constitucional, eis que protege o maior bem de um empregado, ou seja, sua dignidade como ser humano.

Dessa forma, percebe-se que a discussão proposta no presente livro e a análise do poder diretivo algorítmico vão muito além da questão acerca do reconhecimento de vínculo, ou não, das novas modalidades de contratação na nova era digital. Sem dúvidas debater sobre a existência de vínculo de emprego dos prestadores de serviços por meio de plataformas virtuais é necessário e muito importante.

Contudo, a problemática envolve todo e qualquer tipo de relação de trabalho, as que são vínculo, as que não são vínculo e as que possuem potencial para ser ou não! Isso porque os algoritmos estão inseridos — e estarão cada vez mais — de forma intensa no nosso dia a dia e nas nossas relações. Dessa forma, muito em breve a presença e o consequente controle dos algoritmos serão realidades em todos os tipos de relação, motivo pelo qual a análise e o estudo do poder diretivo algorítmico (seja como autoridade empregadora, seja como autoridade certificadora) se fazem imperiosos e urgentes, e serão abordados no próximo capítulo.

---

(403) REIS, Paulo Victor Alfeo. *Algoritmo e relação jurídica: personificação e objeto*. Dissertação de mestrado. São Paulo, 2018. Disponível em: <http://arquivo.fmu.br/prodisc/mestradodir/pvar.pdf>. Acesso em: 28 set. 2020.

(404) KELLER, Werner. *Op. cit.*, p. 313.

(405) *Idem*.

Capítulo 3

As Novas Tecnologias e as Novas Formas de Dirigir a Prestação Laboral

3.1. Algoritmo como instrumento a serviço do empregador para gestão

Como exposto no capítulo anterior, consideramos claro que o algoritmo tem potencial para controlar, comandar, dirigir, fiscalizar, determinar, ordenar etc. A capacidade da Inteligência Artificial é atualmente desconhecida, no que tange a ausência de limites e o enorme potencial existente, motivo pelo qual é possível afirmar que a máquina é capaz de substituir o homem na execução de determinadas tarefas, principalmente quando se tratam de atividades que podem ser padronizadas. Dessa forma, chegando à conclusão de que é possível que o algoritmo exerça atividades inerentes ao poder diretivo, faz-se necessário analisar e abordar a possibilidade de o algoritmo ser o novo chefe, a nova autoridade empregadora.

O primeiro ponto que se considera importante abordar e trazer à tona diz respeito a reflexão sobre uma via de mão dupla envolvendo o poder diretivo e a subordinação. No capítulo anterior, foi exposto que os dois institutos são essenciais para relação de emprego e um acaba existindo por consequência do outro, ou seja, o poder diretivo do empregador é exercido em decorrência da subordinação do empregado e a subordinação deste é resultado da sujeição ao poder diretivo do empregador. Assim, podemos afirmar que para o poder diretivo ser exercido é essencial que a subordinação também se configure na relação.

Feita essa primeira consideração, vamos analisar, então, casos práticos para que o tema fique mais claro. Nos casos envolvendo prestadores de serviços por meio de plataformas virtuais, para quem entende que existe vínculo de emprego entre os prestadores e as respectivas empresas que gerenciam as plataformas ou aplicativos, o trabalhador, ao disponibilizar sua mão de obra, está se submetendo ao algoritmo, ou seja, está se sujeitando às determinações, direções, regras e até possíveis punições que o algoritmo pode executar — mediante seu poder diretivo — justamente por considerarem que esses indivíduos são subordinados ao algoritmo. Para essa corrente[406], portanto, a subordinação por algoritmo

(406) Neste sentido, é o entendimento de CHAVES JÚNIOR, José Eduardo de Resende; OLIVEIRA, Murilo Carvalho Sampaio; OLIVEIRA NETO, Raimundo Dias de. *Plataformas digitais e vínculo empregatício?* Disponível em:<https://

é uma realidade e o poder diretivo algorítmico é exercido, configurando a aqui chamada autoridade empregadora do algoritmo.

Nesse contexto, as exigências impostas pelo titular da plataforma digital, como o padrão de atendimento, a forma de pagamento, o preço do serviço, sugeririam a existência de controle e avaliação, ainda que de forma difusa, afastando a noção de trabalho autônomo e independente(407). Para os adeptos da corrente(408) que entende pelo vínculo de emprego nesses casos, há uma intervenção empresarial, por meio da qual as empresas mantêm controle considerável dos processos e produtos e, ainda que existente alguma liberdade para o trabalhador, ela é mitigada na medida em que submetida a uma forma de subordinação peculiar, controlada pelos algoritmos(409).

Nesse sentido, Daniela Muradas Reis e Eugênio Delmaestro Corassa(410) dispõem:

> Sob a ótica do controle vinculado ao aplicativo, com a mediação por algoritmo atuando em sua forma mais direta sobre o motorista, podemos destacar nas plataformas Uber e Lyft: "atribuição de tarefas passageiro-motorista, o display dinâmico de áreas 'surge-priced' e a avaliação baseada em dados qe utiliza de tacas de aceitação e classificação" (LEE, *et al.*, 2015, p. 2). Em todos esses elementos estão presentes o gerenciamento por algoritmos da decisão, da informação e da avaliação, realizado outrora por administradores humanos nas empresas. [...]

---

www.jota.info/opiniao-e-analise/artigos/plataformas-digitais-e-vinculo-empregaticio-26082020>. Acesso em: 20 set. 2020; CARELLI, Rodrigo de Lacerda. O trabalho em plataformas e o vínculo de emprego: desfazendo mitos e mostrando a nudez do rei. In: CARELLI, Rodrigo de Lacerda; CAVALCANTI, Tiago Muniz; FONSECA, Vanessa Patriota da (Orgs.). *O de Futuro do trabalho:* os efeitos da revolução digital na sociedade. Brasília: ESMPU, 2020; e REIS, Daniela Murada; CORASSA, Eugênio Delmaestro. Aplicativos de Transporte e Plataforma de Controle: o mito da tecnologia disruptiva do emprego e a subordinação por algoritmos. In: LEME, Ana Carolina Paes; RODRIGUES, Bruno Alves; CHAVES JÚNIOR, José Eduardo Resende (Coords.). *Tecnologias disruptivas e a exploração do trabalho humano:* a intermediação de mão de obra a partir das plataformas eletrônicas e seus efeitos jurídicos e sociais. São Paulo: LTr, 2017. p. 164.

(407) ARAUJO, Wanessa Mendes de. Reflexões sobre a Subordinação Jurídica na Era da Economia sob Demanda. In: LEME, Ana Carolina Paes; RODRIGUES, Bruno Alves; CHAVES JÚNIOR, José Eduardo Resende (Coords.). *Tecnologias disruptivas e a exploração do trabalho humano:* a intermediação de mão de obra a partir das plataformas eletrônicas e seus efeitos jurídicos e sociais. São Paulo: LTr, 2017. p. 182.

(408) CARELLI, Rodrigo de Lacerda. *Op. cit.*; CHAVES JÚNIOR, José Eduardo de Resende; OLIVEIRA, Murilo Carvalho Sampaio; OLIVEIRA NETO, Raimundo Dias de. *Op. cit.*; REIS, Daniela Murada; CORASSA, Eugênio Delmaestro. *Op. cit.*

(409) REIS, Daniela Murada; CORASSA, Eugênio Delmaestro. Aplicativos de Transporte e Plataforma de Controle: o mito da tecnologia disruptiva do emprego e a subordinação por algoritmos. In: LEME, Ana Carolina Paes; RODRIGUES, Bruno Alves; CHAVES JÚNIOR, José Eduardo Resende (Coords.). *Tecnologias disruptivas e a exploração do trabalho humano:* a intermediação de mão de obra a partir das plataformas eletrônicas e seus efeitos jurídicos e sociais. São Paulo: LTr, 2017. p. 164.

(410) *Ibidem*, p. 162-163.

> Na nova prática de gerenciamento pelo algoritmo utilizada pelo Uber, a avaliação pelo consumidor modela práticas e comportamentos de tal modo que se evidencia uma intensificação na subordinação tradicional. [...]
>
> Destaque-se o controle rigoroso exercido pelo aplicativo sobre as notas dos motoristas, os quais podem ser dispensados por avaliação insatisfatória ou por práticas decorrentes de sua conduta. [...]
>
> Assim, desloca-se o controle do empresário não para a mercadoria, mas para o próprio trabalho, o que se trona possível por mediações de algoritmos. Desse modo, o trabalho humano converte-se em reificação não meramente simbólica.

Assim, nos casos dos prestadores de serviços que disponibilizam sua mão de obra por meio de plataformas virtuais, a corrente que entende pela configuração de vínculo de emprego fundamenta sua tese no fato de os prestadores de serviço precisarem seguir regras de comportamento consideradas rígidas, que são avaliadas pelo algoritmo criado pela empresa proprietária do aplicativo, com base em banco de dados próprios e nas informações fornecidas por seus clientes(411). Essa corrente argumenta, ainda, que a referida base de dados serve não só para direcionar as atividades do prestador de serviço, como também para advertir, punir e até dispensar seus serviços, excluindo-o do sistema, com base nas avaliações feitas pelos usuários do sistema.

Além disso, argumentam que os preços dos serviços são definidos pelo aplicativo, podendo ser alterado de acordo com a conveniência e vontade do mesmo, sem a participação do prestador de serviços. Segundo afirmam, não há liberdade para o prestador de serviço fixar o preço, recusar clientes ou mesmo avaliar a plataforma eletrônica(412). Também sustentam que não há negociação nem possibilidade de alteração nas condições determinadas nesse tipo de prestação, uma vez que os termos são impostos pelas empresas, sendo um contrato de adesão.

Nesse sentido, para essa corrente, o algoritmo seria o chefe, restando configurado o vínculo de emprego entre o prestador de serviço e a empresa de plataforma digital. Outro fundamento muito utilizado pelos que acreditam ser o algoritmo uma autoridade empregadora nos casos dos prestadores de serviço por meio de plataformas virtuais é a previsão do art. 6º da CLT, no sentido de que os meios telemáticos e informatizados de comando, controle e supervisão se equiparam, para fins de subordinação jurídica, aos meios pessoais e diretos de comando, controle e supervisão do trabalhado alheio.

---

(411) CASTILHO, Paulo Cesar Baria de. *Op. cit.*

(412) OLIVEIRA, Murilo Carvalho Sampaio; ASSIS, Anne Karolline Barbosa de. O direito do trabalho (des)conectado das plataformas digitais. *Teoria Jurídica Contemporânea*, 4:1, jan./jun. 2019. PPGD/UFRJ – ISSN 2526-0464, p. 246-266. Disponível em: <https://revistas.ufrj.br/index.php/rjur/article/download/24367/17785>. Acesso em: 20 set. 2020.

Dessa forma, o entendimento da referida corrente é de que trabalhadores que vivem a laborar por meio de tecnologias disruptivas, especialmente as plataformas digitais de trabalho, são envoltos numa aparência de autonomia em contraste com ideia clássica de empregado hierarquicamente subordinado, mas com notória hipossuficiência econômica[(413)]. Para os adeptos dessa corrente, apesar das circunstâncias fáticas dos trabalhadores de plataformas eletrônicas afastarem-se da clássica situação de subordinação jurídica, visualiza-se um poder fiscalizatório e disciplinar, numa subordinação por algoritmo e uma clara condição de hipossuficiência, expressada nos baixos salários e longas jornadas.

Nesse sentido, argumenta-se que o direito do trabalho vem seguindo desconectado das plataformas digitais, as quais estabelecem condições fáticas da atividade numa zona cinzenta, na qual a dimensão clássica da subordinação jurídica é de difícil visualização, embora seja cristalina a manifestação de um poder fiscalizatório, terceirizado ao usuário, e também um poder punitivo[(414)]. Afirmam, também, que a condição hipossuficiente do trabalhador por aplicativos é evidente, bem expressada nos baixos preços impostos pela plataforma, nas intensas jornadas e na sujeição aos riscos do negócio[(415)]. Sustentam existir uma dependência econômica sobressalente nesses trabalhadores, o que caracterizaria a justificativa para a proteção social[(416)].

Discordamos, veementemente, dessa corrente que defende a configuração de vínculo nos casos dos prestadores de serviços por meio de plataformas virtuais. Apesar de não ser o foco desta obra, consideramos relevante e necessário expor os motivos dessa discordância.

Primeiramente, não vislumbramos a configuração de subordinação (em qualquer das suas espécies) nesse caso. O fato de os algoritmos terem potencial para orientar, ordenar e dirigir as pessoas não significa que, em todos os casos e situações, as pessoas estão obrigadas a segui-los e é justamente o que acontece, no nosso entendimento, nos casos dos prestadores de serviço por meio de plataformas virtuais. Consideramos que a existência da possibilidade do prestador de serviços escolher quando irá disponibilizar a mão de obra, se é que irá, por si só, é suficiente para afastar qualquer vínculo de emprego.

A partir do momento que o prestador decide quando vai estar disponível — pelo tempo que desejar, sem qualquer vinculação a quantidades mínimas ou máximas de serviços ou valores mínimos ou máximos de arrecadação — já resta demonstrada a autonomia do mesmo. O fato de o prestador de serviço precisar seguir determinadas diretrizes de forma alguma significa que o mesmo é um subordinado, muito menos empregado. Ora, em qualquer contratação de um serviço, espera-se a observância de determinados resultados, sendo

(413) OLIVEIRA, Murilo C. S. *O futuro do Direito do Trabalho:* ultraliberalismo e uberização. Disponível em: http://abet-trabalho.org.br/o-futuro-do-direito-do-trabalho-ultraliberalismo-e-uberizacao/>. Acesso em: 29 set. 2020.

(414) *Idem.*

(415) *Idem.*

(416) *Idem.*

completamente cabível a orientação para que o resultado seja alcançado. Traçar rotas e precificar os serviços não implica, de forma alguma, controle ou direção, muito menos significa a configuração da subordinação do prestador de serviço.

A subordinação se configura quando evidenciado o poder de direção e comando do empregador em relação ao empregado, interferência efetiva no modo de desempenho de atividade e de tempo a ela dedicado, o que não se verifica nas prestações de serviço por plataforma virtual. A subordinação não se revela apenas por orientações dadas diretamente ao prestador de serviço ou pela internet[417], a configuração de meras obrigações, como as de um contrato, não geram relação de emprego. Por fim, o fato de a empresa orientar e instruir os prestadores sobre determinadas situações não caracteriza subordinação, até pelo fato de não serem obrigatórias.

Ora, o prestador de serviços que disponibiliza sua mão de obra em plataformas pode recusar chamadas para atividades, pode escolher quando irá se disponibilizar e por meio de qual aplicativo ficará disponível. Além disso, o prestador, nesses casos, possui o próprio meio de produção, o que o afasta, ainda mais, da figura do empregado que utiliza dos meios de produção do empregador.

Nesse tipo de prestação de serviços, consideramos claro que o prestador é autônomo, uma vez que o mesmo se coloca à disposição para prestar serviços no dia que escolher e quiser, iniciando e terminando as atividades no momento que decidir, escolhendo o serviço que quer fazer e para qual aplicativo vai fazer, podendo se colocar à disposição, ao mesmo tempo, para quantos aplicativos desejar. Não há qualquer obrigação quanto ao horário ou aos dias em que irá trabalhar, podendo fazer uma viagem ao mês, ou ficar meses sem realizar qualquer corrida, pois de forma alguma será descadastrado do sistema.

Essa autonomia de horários e de frequência na realização do serviço afasta totalmente o requisito da não eventualidade exigido para o reconhecimento do contrato de emprego, bem como o da subordinação, inexistindo qualquer tipo de subordinação, portanto, inclusive a algorítmica. Ressalta-se, inclusive, que a grande maioria dos prestadores de serviço que utiliza essas plataformas opta por assim fazer justamente por não haver uma relação de emprego entre as partes, permitindo que utilizem os aplicativos de forma independente, como autônomos que são, podendo escolher os dias e horários que irão se disponibilizar, e se irão se disponibilizar[418].

---

(417) Neste sentido, foi o julgado do TST, PROCESSO N. TST-RR-1000123-89.2017.5.02.0038; RECORRENTE: MARCIO VIEIRA JACOB, RECORRIDO: UBER DO BRASIL TECNOLOGIA LTDA. E OUTROS, RELATOR: MINISTRO BRENO MEDEIROS, DATA 05.02.2020.

(418) CUNHA, Sólon. *STJ decide pela incompetência da Justiça do Trabalho em caso de aplicativo*. Disponível em: <https://www.jota.info/opiniao-e-analise/artigos/stj-decide-pela-incompetencia-da-justica-do-trabalho-em-caso-de-aplicativo-09092019>. Acesso em: 29 set. 2020.

Compartilhamos do entendimento de que trabalhador independente não é empregado e que para se enquadrar em empregado, é necessário o preenchimento de todos os requisitos, concomitantemente, para tanto (pessoalidade, habitualidade, onerosidade, subordinação), o que claramente não acontece nos casos em questão.

Neste sentido, é o entendimento de Sólon Cunha(419):

> Trabalhador independente não é empregado! Nossa legislação trabalhista regula pessoas com postos de trabalho definidos, horários estabelecidos e controlados, somada à dependência ao empregador único. Sem falar no local pré-estabelecido onde as relações de trabalho devam se desenvolver. O que distingue a relação de emprego das demais relações de trabalho é a ausência de subordinação. Os usuários que buscam os aplicativos são pessoas independentes, não querem ter horário definido para a atividade, muito menos um local fixo ao qual permaneceriam vinculadas. Podem se cadastrar em várias plataformas e desvinculam-se da exclusividade. Podem parar de trabalhar a hora que bem entenderem. Viajam quando querem, mudam de cidade, e podem ficar "off-line" o tempo que sua independência econômica permitir. Podem ter essa atividade como algo paralelo às demais atividades profissionais. São independentes. Portanto, não subordinados e tampouco habituais ao mesmo aplicativo. A expectativa é diferente da do empregado. Esta independência é valorizada. Além disso, a lei os caracteriza como contribuintes voluntários ao sistema de Previdência Social, [Decreto n. 9.792/2019], ratificando essa independência na composição de sua renda futura. [...]
>
> O momento é de reflexão. O mundo mudou e a disseminação tecnológica cria desafios crescentes para a globalização. São oportunidades! São novos modelos de independência. Uma nova geração!

No entanto, faz-se necessário ampliar a discussão para além dos prestadores de serviços em plataformas digitais. Isso porque, o debate acerca do poder diretivo algorítmico e da possibilidade de o algoritmo ser o novo chefe, engloba situações muito mais amplas e diversas, não sendo razoável restringir a presente obra à análise apenas de uma modalidade de prestação de serviços. Dessa forma, consideramos necessário e relevante abordar a possibilidade de o algoritmo ser considerado uma autoridade empregadora não apenas nos casos de prestação de serviços por plataformas virtuais, enfrentando a problemática inclusive nas próprias relações de emprego tradicionais. Convém, portanto, refletir e analisar se o algoritmo pode ser o empregador, o chefe, o "patrão".

---

(419) CUNHA, Sólon. *STJ decide pela incompetência da Justiça do Trabalho em caso de aplicativo*. Disponível em: <https://www.jota.info/opiniao-e-analise/artigos/stj-decide-pela-incompetencia-da-justica-do-trabalho-em-caso-de-aplicativo-09092019>. Acesso em: 29 set. 2020.

Como exposto anteriormente, diante do potencial da Inteligência Artificial e do impactante avanço tecnológico, não restam dúvidas acerca da capacidade que os algoritmos possuem de exercer atividades humanas, dentre elas a possibilidade de dar ordens, orientar, induzir, fiscalizar e até mesmo aplicar sanções em caso de descumprimentos de obrigações ou deveres. Dessa forma, a possibilidade e o potencial que os algoritmos possuem para exercer o poder diretivo são claros e perceptíveis.

Atualmente, já se sabe que os algoritmos possuem mais informações sobre as pessoas do que elas podem imaginar. Com essas informações, os algoritmos são capazes de mapear nossas preferências, gostos, escolhas, interesses e até mesmo induzir nossas decisões. O controle é tamanho que os algoritmos, literalmente, controlam até os passos dados pelas pessoas por meio de sistemas instalados em *smartphones* e *smartwatches*.

Analisar, portanto, a possibilidade de o algoritmo poder exercer o papel do empregador, exercendo o poder diretivo do mesmo, é uma necessidade atual. O reconhecimento ou não dessa potencialidade e da autoridade empregadora do algoritmo não se restringe aos casos que se enquadram na chamada "zona grise", na qual existe controvérsia acerca da configuração de vínculo de emprego ou não, quais sejam, os que envolvem as novas formas de contratação, novas formas de prestação de serviço e, principalmente, a disponibilização de mão de obra por meio de plataformas virtuais.

Isso significa que a configuração ou não configuração da autoridade empregadora do algoritmo engloba, inclusive, situações em que, de fato, existe um vínculo. Ou seja, faz-se necessário avaliar se nas relações de emprego, nas quais os requisitos da pessoalidade, habitualidade, onerosidade e subordinação estão configurados incontroversamente, o poder diretivo pode ser exercido também por um algoritmo. Acreditamos que a tendência é que essa discussão se torne cada vez mais comum nos próximos anos, haja vista a utilização cada vez mais frequente e intensa da tecnologia e da Inteligência Artificial.

Atualmente, o potencial dos algoritmos já está sendo percebido e sentido nos vínculos que envolvem atividades eletrônicas, digitais, com empregados e empregadores de uma geração mais nova, que estão inseridos e mais familiarizados com a Inteligência Artificial e os avanços tecnológicos. Mas, com o passar do tempo, a nova era digital contemplará todas as relações, todo tipo de atividade e todas as profissões[(420)]. É claro que alguns tipos de trabalho serão sempre mais afetados e envolvidos com os algoritmos de forma mais intensa que outras, mas, sem dúvidas, a tendência é que todos sejam abarcados por essa nova era.

---

(420) Uma pesquisa da Universidade de Stanford, nos Estados Unidos, indica que a inteligência das máquinas estará em pé de igualdade com a dos humanos até 2050 e a consultoria americana McKinsey calcula que 60% das funções do mercado de trabalho já podem ter pelo menos 30% de suas atividades automatizadas a partir de agora. Dados recentes de uma pesquisa da consultoria Deloitte nos EUA mostram que cerca de 55% dos gerentes de recursos humanos planejam usar ferramentas de inteligência artificial como parte regular de seu trabalho nos próximos cinco anos. Disponível em: <https://www.infomoney.com.br/carreira/o-chefe-do-futuro-vai-ser-um-algoritmo/>. Acesso: 29 set. 2020.

Neste sentido, Patrícia Strauss Riemenschneider e Guilherme Antônio Balczarek Mucelin[(421)] dispõem:

> Assim, a partir da programação, da estipulação de regras e de comandos preordenados e mutáveis pelo programador através de algoritmos, ao trabalhador "é incumbida a capacidade de reagir em tempo real aos sinais que lhe são emitidos para realizar os objetivos assinalados pelos programas. Os trabalhadores, nesse novo modelo, devem estar mobilizados e disponíveis à realização dos objetivos dados".
>
> Para compreender o funcionamento da organização do trabalho algorítmica (e não mais por engrenagens) deve-se ter em conta o significado de algoritmo, ainda mais que, segundo Yuval Harari, o século XXI será dominado por ele e por sua lógica. Para o autor, "um algoritmo é um conjunto metódico de passos que pode ser usado na realização de cálculos na resolução de problemas e na tomada de decisões. Não se trata de um cálculo específico, mas do método empregado quando se fazem cálculos" e exemplifica o processo como uma receita de sopa: o passo a passo seria o algoritmo; mesmo que se alterem alguns ingredientes, o algoritmo, entendido como o método do fazer (receita), permanecerá o mesmo, e o resultado também — a sopa. [...]
>
> Desta maneira, e neste raciocínio, as estruturas empresariais estão se organizando pela lógica algorítmica, importando que os trabalhadores sigam os passos, regulamentos e protocolos para cumprir o objetivo negocial da empresa. Mas não fica limitado a isso, pois a própria estrutura transforma os trabalhadores em algoritmos que respondem a impulsos e, assim, os controla segundo seus objetivos lucrativos.
>
> Carelli, levando isto em consideração, diz que toda a empresa funciona virtualmente nesse modelo e traz como exemplo os bancos, cujos funcionários estão cada vez menos ocupando cargos gerenciais, sendo eles transformados em algoritmos, já que os gerentes intermediários estariam sendo substituídos por atendentes de telemarketing menos qualificados, que apenas transmitem aos clientes as informações estatuídas pelo sistema, com base em algoritmos que tomam decisões para cada caso apresentado. "Se a resposta não está no sistema, geralmente não há como ser resolvida a questão, pois é o algoritmo que está no controle, não os trabalhadores", de forma que as empresas "todas

---

(421) RIEMENSCHNEIDER, Patrícia Strauss; MUCELIN, Guilherme Antonio Blaczarek. *Economia do compartilhamento:* a lógica algorítmica das plataformas virtuais e a necessidade de proteção da pessoa nas atuais relações de trabalho. Disponível em: <https://revistas.unilasalle.edu.br/index.php/redes/article/view/4632/pdf>. Acesso em: 01 out. 2020.

de uma forma ou de outra estão aplicando elementos dessa nova forma de organizar o trabalho".

> Nota-se neste novo modelo de organização empresarial uma contradição, no sentido de que há a entrega de uma significativa parcela de autonomia ao trabalhador e, ao mesmo tempo, tolhimento dessa autonomia pela programação, isto é, pela existência da lógica algorítmica. [...]
>
> A novidade foi o reconhecimento das mutações (ou deslocamentos de sentido) que a direção por programação algorítmica imprime à subordinação juridicamente reconhecida, "trocando-se a ficção do trabalho-mercadoria pela noção de liberdade programada. Assim, a autonomia concedida é uma autonomia na subordinação". Em outras palavras, segundo Supiot, os trabalhadores não devem mais seguir ordens, mas sim "regras de programação": uma vez programados, na prática, os trabalhadores não agem livremente, mas exprimem reações esperadas. "O algoritmo, cujos ingredientes podem ser modificados a cada momento pela sua reprogramação ('inputs'), garante que os resultados ('outputs') sejam alcançados, sem necessidade de dar ordens diretas àqueles que realizam o trabalho".

Apesar de não restarem dúvidas acerca da capacidade que os algoritmos possuem de substituir pessoas na execução de tarefas, inexistindo, portanto, qualquer obstáculo para que atividades de um "chefe" sejam realizadas por um algoritmo, discordamos e não entendemos ser possível configurar o algoritmo como o próprio chefe ou autoridade empregadora, em nenhuma situação. A certeza e a convicção para essa afirmação advêm, inicialmente, do fato de que o empregador, se consideramos o algoritmo como tal, seria uma "coisa" e não uma pessoa, não tendo personalidade jurídica, o que, por si só, já impede a configuração do mesmo como empregador.

Além disso, reconhecer e admitir a capacidade do algoritmo de executar tarefas inerentes ao poder diretivo não implica e nem condiciona o entendimento de que o algoritmo é o próprio empregador. O algoritmo é, sem dúvidas, uma ferramenta à disposição da autoridade empregadora e será cada vez mais. O avanço tecnológico e a Inteligência Artificial permitem o gerenciamento via algoritmo, inclusive nas relações de trabalho, nas prestações de serviço, nos vínculos de emprego, ou seja, nas diversas formas de contratação. Contudo, em se tratando de vínculo empregatício, consideramos claro que a autoridade empregadora continua sendo o empregador humano, não sendo possível configurar o próprio algoritmo como o "chefe".

Dessa forma, podemos afirmar que o algoritmo, como ferramenta do empregador, executará aquilo que um ser humano programou e, nesse sentido, é mero instrumento de gestão de alguém ou de alguma organização empresarial[422]. O capital renunciou à subsunção material do trabalho, ou seja, de controlar pessoal e diretamente o empregado, passando a fazê-lo à distância, exigindo comportamentos e resultados pelos meios telemáticos, o que se trata de um direito potestativo do empregador na antiga noção *de jus variandi*[423].

É preciso saber diferenciar a impessoalidade, consequência da utilização cada vez maior e mais constante das ferramentas tecnológicas e da realização de tarefas inerentes ao superior hierárquico pelas máquinas e algoritmos, com a ausência de um chefe humano. As mudanças configuradas na forma de estruturar a organização empresarial muitas vezes dão a impressão ao empregado de não ter um chefe direto a quem recorrer em caso de dúvidas ao executar seu serviço e muitas vezes pode não existir mesmo[424]. O trabalho torna-se impessoal, mas isso não significa que o algoritmo se tornou o próprio chefe.

Ainda nesse sentido, é importante questionar como irá se configurar o conflito "capital *x* trabalho" caso o algoritmo seja considerado o próprio empregador. O trabalho conflitaria com quem ou com o que? É claro, para nós, que por trás de um algoritmo atuando e exercendo atividades até pouco tempo exclusivamente humanas sempre terá — ou deverá ter — uma pessoa natural, responsável pelo mesmo, que usufruirá as vantagens materiais e imateriais do mesmo, sendo, portanto, o empregador, dono do capital, e com quem o trabalho irá conflitar[425].

É válida e necessária a reflexão sobre as críticas, que sempre existiram, acerca da maquinização e automação, conforme abordado no primeiro capítulo, no sentido de que as máquinas substituiriam os homens e, por isso, os empregados ficariam sem trabalho, existindo, sempre, muitas análises negativas sobre o avanço tecnológico por conta disso. Mas, com toda a preocupação com o potencial da Inteligência Artificial para substituir trabalhadores comuns, a possibilidade de que ela também substitua os patrões em

---

(422) CASTILHO, Paulo Cesar Baria de. *Subordinação por algoritmo*. Disponível em: <https://www.fathemis.com.br/arquivos/revista01/ThemisV01A01_Article03.pdf>. Acesso em: 20 dez. 2020.

(423) *Idem*.

(424) *Idem*.

(425) Nesse sentido, Henrique Amorim e Felipe Bruner Moda dispõem: Os conceitos de subsunção formal e real do trabalho ao capital foram desenvolvidos por Marx no "Capítulo VI Inédito de O Capital" (s/d), buscando descrever como os diferentes processos de produção convertem-se em instrumento do processo de valorização do capital e, ao ser realizada esta conversão, temos que o capitalista passa a participar deste processo apenas como um dirigente que explora o trabalho alheio de acordo com os seus interesses, buscando aumentar a extração da mais-valia. A subsunção real do trabalho acontece quando o capital passa a modificar a forma pelo qual o trabalho é executado, em especial pela utilização de novas tecnologias no processo de trabalho que incorporam o saber-fazer operário, subordinando diretamente o trabalho ao domínio capitalista ritmado pela maquinaria. AMORIM, Henrique; MODA, Felipe Bruner. *Trabalho por aplicativo:* gerenciamento algorítmico e condições de trabalho dos motoristas da Uber. Disponível em: <http://www.revistas.unisinos.br/index.php/fronteiras/article/download/fem.2020.221.06/60747739>. Acesso em: 20 dez. 2020.

determinadas atividades, já é uma realidade, cabendo a discussão e o debate acerca da configuração dessas máquinas como o próprio chefe ou superior hierárquico(426).

Ao abordar a capacidade da Inteligência Artificial e dos algoritmos, Werner Keller(427) traz o conceito de "singularidade tecnológica", que, segundo o autor, nada mais é do que a capacidade da Inteligência Artificial tomar decisões por si mesma, sem qualquer interferência humana, e, com isso, eventualmente assumir tanto o protagonismo no lugar do ser humano como ameaçar a sua sobrevivência. Daí surge a necessidade de se criar procedimentos para assegurar que a Inteligência Artificial, em determinado momento, não se volte contra o seu criador e tenha sempre a supervisão de um ser humano.

Nesse sentido, para ilustrar a atuação dos algoritmos e a capacidade e a viabilidade dos mesmos exercerem atividades inerentes ao poder diretivo, cita-se o caso de uma empresa de *call center* americana. A referida empresa possui muitos empregados e supervisores humanos, mas foi instalado um *software*(428) nas telas dos atendentes, que utiliza da Inteligência Artificial, para acompanhar as ligações feitas.

Nesse caso, quando o atendente fala com um cliente pelo telefone, no canto inferior direito da tela aparece uma pequena caixa azul, que diz ao atendente como ele está desempenhado suas atividades. Se o empregado estiver falando muito rápido, o programa pisca o ícone de um velocímetro, indicando que ele deve diminuir a velocidade. Se o empregado parecer sonolento, o *software* exibe uma "sugestão de energia", com a imagem de uma xícara de café. Se, por fim, o empregado demonstrar falta de empatia suficiente, um ícone de coração aparece. O *software* está sempre "observando" os atendentes e no final de cada chamada, as notificações são computadas e adicionadas a um painel de estatísticas que o supervisor do atendente pode visualizar, e se o atendente ocultar a janela, o programa notifica diretamente o supervisor(429).

Os exemplos ainda vão muito além. Algumas empresas, como é o caso da "Amazon", usam algoritmos complexos para rastrear a produtividade do funcionário em seus centros de distribuição e os funcionários respondem não só aos superiores, mas também a um *software*, que pode adverti-los e demiti-los. Tratam-se de sistemas de medição que, com base em parâmetros objetivos previamente estabelecidos, monitoram e avaliam a produtividade de cada trabalhador. A máquina também leva em conta o *Time Off Task* (tempo de suspensão

---

(426) ROOSE, Kevin. *A Machine May Not Take Your Job, but One Could Become Your Boss*. Disponível em: <https://www.nytimes.com/2019/06/23/technology/artificial-intelligence-ai-workplace.html>. Acesso em: 01 out. 2020.

(427) KELLER, Werner. *Op. cit.*, p. 271.

(428) Trata-se de o *software* chamado Cogito, que no próprio *site* da empresa está definido como empatia em cada interação. O *software* analisa sinais de voz em conversas telefônicas e, de acordo com o *site*, capacita os agentes para construir um melhor relacionamento em cada chamada. Disponível em: <https://www.cogitocorp.com/solutions/customer-service/>. Acesso em: 1º out. 2020.

(429) ROOSE, Kevin. *Op. cit.*

da própria função), que indica por quanto tempo os trabalhadores param durante as suas atividades, gerando um relatório que é avaliado pelos supervisores[(430)].

A "IBM", por sua vez, usa uma plataforma de IA durante as avaliações dos funcionários para prever o desempenho futuro e afirma ter uma taxa de precisão de 96%[(431)]. Outro *software* permite que, por meio de sensores numa loja, seja calculada uma pontuação de "produtividade real" para cada trabalhador e sejam classificados os trabalhadores do mais para o menos produtivo. Algumas plataformas[(432)] já garantem todo o processo de admissão virtual, sem que seja necessário a interação entre o novo empregado e algum outro ser humano, haja vista os algoritmos realizarem todos os passos.

Em maio de 2014, a *Deep Knowledge Ventures* — uma firma de capital de risco de Hong Kong especializada em medicina regenerativa — abriu novos caminhos ao nomear para seu conselho diretor um algoritmo chamado VITAL, que recomenda investimentos por meio da análise de uma quantidade enorme de dados sobre a situação financeira, experimentos clínicos e propriedade intelectual de companhias que estão sendo avaliadas[(433)]. Assim como os outros cinco membros do conselho, o algoritmo participa da votação que decide se a firma investirá ou não em determinada companhia. O algoritmo, juntamente com os demais diretores, decide se a empresa irá ou não investir em determinado setor e também pode decidir se um trabalhador deve ou não ser dispensado[(434)].

De acordo com Kevin Roose[(435)], o gerenciamento por algoritmo não é um conceito novo:

> No início do século 20, Frederick Winslow Taylor revolucionou o mundo da manufatura com sua teoria de "gerenciamento científico", que tentava eliminar a ineficiência das fábricas cronometrando e medindo cada aspecto de um trabalho. Mais recentemente, Uber, Lyft e outras plataformas *on-demand* ganharam bilhões de dólares terceirizando tarefas convencionais de recursos humanos — agendamento, folha de pagamento, análises de desempenho — para computadores.

---

(430) Disponível em: <http://www.ihu.unisinos.br/78-noticias/588859-o-robo-da-amazon-que-demite-os-funcionarios>.

(431) ROOSE, Kevin, *Op. cit.*

(432) É o caso do *site*: <https://acessodigital.com/acessorh/> que descreve entre os serviços "Assinatura sem necessidade de contato humano".

(433) CASTILHO, Paulo Cesar Baria de. *Op. cit.*

(434) Neste sentido: *O homem que foi demitido por uma máquina*. Disponível em: <https://www.bbc.com/portuguese/salasocial-44600350>. Acesso em: 20 dez. 2020.

(435) ROOSE, Kevin, *Op. cit.*

> Mas usar a IA para gerenciar trabalhadores em empregos convencionais das 9 às 5 tem sido mais controverso. Os críticos acusaram as empresas de usar algoritmos para tarefas gerenciais, dizendo que sistemas automatizados podem desumanizar e punir injustamente os funcionários. E embora seja claro por que os executivos desejam IA que possa rastrear tudo o que seus funcionários fazem, é menos claro por que os trabalhadores o fariam.[(436)]

Paulo Cesar Baria de Castilho[(437)], ao analisar a subordinação por algoritmo, dispõe:

> Nessa perspectiva, as profissões também vão se inovando e tornam-se cada vez mais específicas e especializadas. Com isso, é maior a facilidade com que podem ser substituídas por inteligência artificial. Até mesmo a atividade de gerenciar a função de outros trabalhadores pode ser substituída. "O Uber é capaz de gerenciar milhões de taxistas empregando apenas alguns humanos. A maioria dos comandos é acionada pelos algoritmos sem necessidade de supervisão humana." Não há gerente, não há supervisor (pessoa física), mas esse algoritmo pode dispensar, e efetivamente dispensa, o motorista de continuar prestando seus serviços à estrutura empresarial que comanda o negócio, apenas desligando-o do aplicativo. Sem aviso prévio.
>
> (...)
>
> A interação dos algoritmos com os seres humanos levou Yuval Noah Harari a defender a ideia do algoritmo como uma "pessoa" com direitos e deveres, "enquanto uma entidade intersubjetiva não humana" que, em razão disso, poderia ser inscrito nas repartições públicas e existir como uma empresa que, aliás, também é uma ficção jurídica. A verdade é que "O direito cria suas próprias realidades".
>
> Até alguns anos atrás, a ideia que se tinha de um algoritmo era algo como um mero cálculo matemático, abstrato, com regras definidas e limitadas. (...)
>
> Não há limites para atuação dos algoritmos. Eles não se limitam mais a fornecer dados. Eles decidem junto com os humanos ou no seu lugar. Essa realidade atual torna inconteste a existência da subordinação por algoritmo, lembrando sempre que, em última análise e por enquanto, ela é antes a decisão de alguém que o programou para isso.

Os exemplos citados acima apenas corroboram a capacidade do algoritmo exercer atividades do poder diretivo, o que não significa atuar como o empregador, exercendo o seu

---

(436) Tradução nossa.

(437) CASTILHO, Paulo Cesar Baria de. *Op. cit.*

papel. Como exposto anteriormente e reforçado na citação de Paulo Cesar de Castilho, em última análise e por enquanto[(438)], a decisão de um algoritmo é, antes, a decisão de alguém que o programou para isso. O algoritmo somente executa aquilo que um ser humano programou e, nesse sentido, é mero instrumento de gestão de alguém ou de alguma organização empresarial[(439)].

O objetivo das empresas ao utilizar esse tipo de ferramenta sempre está atrelado ao discurso de eficiência e otimização. Há sempre a justificativa de tornar os empregados melhores, dando *feedbacks* em tempo real, orientando de forma mais célere e próxima, fazendo-os lembrar de determinadas atividades ou detalhes que às vezes passam despercebidos, mas não para os algoritmos. Mas é óbvio, também, que existe a intenção de ter um maior controle e fiscalização por parte do empregador. Não restam dúvidas, portanto, que os algoritmos — e seus inerentes potenciais e imensuráveis capacidades — são ferramentas à disposição e a serviço do empregador, que possui, cada vez mais, novas formas e meios de exercer o seu poder diretivo.

A relevância do assunto já é uma realidade, inclusive, nos processos trabalhistas. Recentemente, no Tribunal Regional do Trabalho da 9ª Região[(440)], o juiz Leonardo Wandelli determinou a realização de perícia computacional no código fonte de um aplicativo de transporte, para que fossem identificadas as condições em que se dava a distribuição de chamadas, a definição de valores a serem cobrados e a serem repassados, a existência de restrições ou preferências no acesso e na distribuição de chamados em decorrência da avaliação e da aceitação ou frequência de realização de corridas, bem como conteúdo das comunicações entre a empresa e motoristas.

No Tribunal Regional do Trabalho da 1ª Região[(441)] também foi requerido pela parte autora a produção de prova pericial a fim de ter acesso ao algoritmo de outro aplicativo de transporte, em razão do pedido de reconhecimento de vínculo empregatício, o que foi deferido pelo juiz do trabalho Munif Saliba Achoche. Neste caso, a empresa reclamada impetrou mandado de segurança[(442)] contra a decisão em questão, mas o TRT da 1ª Região negou a liminar.

---

(438) Por enquanto porque, nas palavras de Paulo Cesar de Castilho e como abordado no primeiro capítulo deste livro, a expectativa no futuro é que a Inteligência Artificial — IA dispense a programação por um ser humano, que poderia ser feita pelo próprio sistema de computador, por meio da chamada "aprendizagem de máquina".

(439) CASTLHO, Paulo Cesar Baria de. *Op. cit.*

(440) Processo n. 0000335-45.2020.5.09.0130.

(441) Processo n. 0100531-98.2020.5.01.0080.

(442) BRASIL. Tribunal Regional do Trabalho, 1ª Região. *MSCiv 0103519-41.2020.5.01.0000*. Órgão julgador colegiado: SEDI-2; Impetrante: Uber do Brasil Tecnologia Ltda..; Autoridade coatora: Juízo da 80ª Vara do Trabalho do Rio de Janeiro; Terceiro interessado: Carlos Cesar Gonçalves Ventura; Relatora: Desembargadora Raquel de Oliveira Maciel; Data de Julgamento: 22.04.2021; Data de Publicação: 30.04.2021. Disponível em: <https://bibliotecadigital.trt1.jus.br/jspui/bitstream/1001/2571384/1/01035194120205010000-DEJT-28-04-2021.pdf>. Acesso em: 1º maio 2021.

Conforme consta no acórdão[(443)], toda discussão a respeito da formação ou não de vínculo de emprego entre trabalhadores motoristas e plataformas digitais transita pela tentativa de separação daquilo que se apresenta no plano superficial da aparência daquilo que efetivamente corresponde à realidade. Na referida decisão foi fundamentado, ainda, que é sabido tratar-se de tarefa árdua, porque relação acinzentada pela combinação algorítmica que supostamente funda o poder diretivo empresarial, porque possibilita, dentre aspectos outros, a definição dos valores dos serviços e, sobretudo, a distribuição das chamadas, conforme preterição e/ou preferência de alguns trabalhadores em decorrência das avaliações feitas especialmente pelos consumidores, assim como a possibilidade de aplicação de sanções que podem chegar até mesmo ao bloqueio do trabalhador. Por essa razão foi requerida a realização de perícia técnica do algoritmo do aplicativo, mediante a qual se pretende identificar as correlações de dados de inteligência que influenciam naqueles parâmetros acima estabelecidos.

Por sua vez, a impetrante alegou que o código-fonte do algoritmo que manuseia deve ser protegido, na medida em que o aplicativo e o *software* por ela utilizados constituem o principal produto/serviço que oferece. Logo, o código-fonte do algoritmo que manuseia deve ser protegido, na medida em que propriedade intelectual e concorrencial, resguardado por sigilo empresarial. Acrescentou, ademais, que a análise do poder hierárquico e disciplinar, com base nos parâmetros estabelecidos pelo próprio trabalhador, pode se dar mediante outras provas, como, aliás, o próprio termo de uso por ela disponibilizado.

Na decisão, o TRT entendeu, dentre outros aspectos, que o segredo que defende a impetrante cede frente ao interesse social público. Contudo, o Poder Judiciário deve observar e adotar certos parâmetros a fim de garantir o sigilo legal. Assim, a prova pericial sob comento, dentre outros requisitos, deve ser adstrita "à análise das instruções, critérios e algoritmos inseridos no código-fonte do aplicativo utilizado", inclusive no que se refere a "testes de metodologia, verificação de documentos de desenvolvimento *datasets* do código-fonte e outros que a perícia encontrar necessários".

O impetrante recorreu ao Tribunal Superior do Trabalho e o ministro Douglas Alencar, deferiu tutela provisória de urgência[(444)] para suspender a realização de prova pericial cujo

(443) BRASIL. Tribunal Regional do Trabalho, 1ª Região. *MSCiv 0103519-41.2020.5.01.0000*. Órgão julgador colegiado: SEDI-2; Impetrante: Uber do Brasil Tecnologia Ltda..; Autoridade coatora: Juízo da 80ª Vara do Trabalho do Rio de Janeiro; Terceiro interessado: Carlos Cesar Gonçalves Ventura; Relatora: Desembargadora Raquel de Oliveira Maciel; Data de Julgamento: 22.04.2021; Data de Publicação: 30.04.2021. Disponível em: <https://bibliotecadigital.trt1.jus.br/jspui/bitstream/1001/2571384/1/01035194120205010000-DEJT-28-04-2021.pdf>. Acesso em: 1º maio 2021.

(444) BRASIL, Tribunal Superior do Trabalho. *Processo: TutCautAnt-1000825-67.2021.5.00.0000*. REQUERENTE: UBER DO BRASIL TECNOLOGIA LTDA.REQUERIDO: Juízo da 80ª Vara do Trabalho do Rio de Janeiro-RJ. Órgão julgador colegiado: Subseção II Especializada em Dissídios Individuais; Órgão julgador: Gabinete do Ministro Douglas Alencar Rodrigues. Data de Julgamento: 28.05.2021; Disponível em: <https://pje.tst.jus.br/consultaprocessual/detalhe-processo/1000825-67.2021.5.00.0000/3>. Acesso em: 30 maio 2021.

objeto é o algoritmo da recorrente. A perícia deve ser suspensa até o julgamento do apelo já interposto no Mandado de Segurança n. 0103519-41.2020.5.01.0000.

Consideramos pertinente e necessário tecer alguns comentários sobre a referida decisão do Egrégio Tribunal Regional da 1ª Região, haja vista a relação com o objeto deste livro. Conforme já exposto anteriormente e como será detalhado nos próximos tópicos, consideramos essenciais a transparência e a possibilidade de rever e, principalmente, explicar decisões automatizadas e conclusões e/ou determinações feitas por algoritmos. Conferir e garantir transparência sobre os impactos das decisões algorítmicas é mais do que legítimo e deve ser feito sempre que possível, observando sempre o segredo industrial. Contudo, é preciso razoabilidade e cautela nesse tipo de conduta.

Nesse sentido, faz-se necessário mencionar o art. 20 da Lei de Introdução às Normas do Direito Brasileiro (LINDB), que dispõe que nas esferas administrativa, controladora e judicial, não se decidirá com base em valores jurídicos abstratos sem que sejam consideradas as consequências práticas da decisão, prevendo, no seu parágrafo único, que a motivação demonstrará a necessidade e a adequação da medida imposta ou da invalidação de ato, contrato, ajuste, processo ou norma administrativa, inclusive em face das possíveis alternativas.

Não há como ignorar os efeitos e as consequências de decisões nesse sentido, para além do processo em questão. Não restam dúvidas que a determinação de perícia e consequente divulgação dos algoritmos da empresa reclamada trará impacto não só para a empresa que é parte no processo, mas também nos valores de mercado, aportes e investimentos em empresas de tecnologias e no incentivo à inovação.

Ressalte-se que o transporte por meio de aplicativos é utilizado internacionalmente e em nenhum outro país houve rompimento judicial de segredo industrial de código-fonte de uma empresa de tecnologia nesses termos, o que não impediu análise judicial com decisões em sentidos diversos, com conclusões tanto pelo vínculo como pela ausência do mesmo, todas fundamentadas da forma devida e necessária. Não restam dúvidas que é urgente e necessária a discussão e a busca por um equilíbrio entre a Inteligência Artificial auditável, com mecanismos de controle eficientes, e a preservação do segredo industrial, o que não desestimularia o investimento em tecnologia.

Para o caso em questão, consideramos que seria mais do que suficiente a utilização de outras formas de prova, como, por exemplo, o teste dos algoritmos utilizados pela plataforma em questão por meio da utilização de uma base de dados fictícia, voltada para buscar exatamente os comandos emitidos pelo algoritmo. Além disso, os recursos do aplicativo em questão são de conhecimento público, independentemente de perícia. O caso em tela não envolve discussões acerca de uma discriminação com base em vieses e, sim, de uma verificação de existência, ou não, de subordinação, o que não será extraído do código-fonte. Assim, bastaria fazer uso do aplicativo em questão para identificar as ferramentas e as possibilidades decorrentes das mesmas, e o que é automatizado ou não.

Defendemos, portanto, a possibilidade de periciar o algoritmo de determinada plataforma ou empresa sempre que isso for realmente necessário e de forma cautelosa, buscando proteger o sigilo industrial. Autorizar ou deferir pedidos de perícia em algoritmos, de forma indiscriminada e sem a real necessidade, como nos parece ser o caso da referida decisão, acabará por desestimular o investimento em tecnologia, além de prejudicar sobremaneira as empresas que tiverem seus algoritmos periciados.

Voltando ao ponto do presente tópico, é possível afirmar, sem dúvidas, que os algoritmos possuem o potencial e a capacidade de exercer atividades do poder diretivo, o que será aperfeiçoado de forma rápida e intensa ao longo do tempo, mas não pode ser considerado o próprio chefe ou "superior". Os exemplos citados anteriormente, inclusive, comprovam que os algoritmos já estão sendo utilizados para exercer tarefas inerentes ao empregador, mas essas tarefas, orientações, decisões devem ser sempre supervisionadas ou ao menos imputadas a algum ser humano, que irá se responsabilizar pelas mesmas e, consequentemente, exercer o papel do superior hierárquico, chefe, supervisor etc.

Além disso, entendemos que as máquinas não têm consciência, o que impede a utilização dos algoritmos e da Inteligência Artificial para atividades que demandam pensamento crítico, criatividade e empatia[(445)]. Por exemplo na saúde, a máquina pode fazer muito bem a análise de imagens, mas como na verdade não veem, mas simplesmente identificam *pixels*, não podem substituir o médico[(446)] nas interações onde os cuidados médicos demandam personalização e humanidade[(447)]. Podemos fazer a analogia, portanto, ao papel de "chefe". Os algoritmos podem exercer atividades de fiscalização, avaliação, orientação e até mesmo punição, configurando um verdadeiro poder diretivo algorítmico, mas ser o próprio chefe, em nossa visão, não é possível.

Faz-se necessário ressaltar, ainda, que, como exposto anteriormente, entendemos que para que o poder diretivo seja exercido, seja na modalidade tradicional, seja na modalidade algorítmica, é necessário que o requisito da subordinação esteja presente em relação ao trabalhador. Dessa forma, inexistindo a subordinação, não há o que se falar em empregado ou empregador, muito menos em poder diretivo algorítmico.

Isso não significa que o algoritmo deixará de seguir um padrão e, consequentemente, esperar que o indivíduo que o utilize também siga. Assim, será possível — e certamente

---

(445) TAURION, Cezar. *Inteligência artificial:* até os algoritmos têm "preconceito". Disponível em: <https://neofeed.com.br/blog/home/inteligencia-artificial-ate-os-algoritmos-tem-preconceito/>. Acesso em: 26 dez. 2020.

(446) Cezar Taurion cita o artigo "Paging Dr. Pigeon; You're Needed in Radiology" (Disponível em: <https://www.nytimes.com/2015/11/25/science/pigeons-detect-breast-cancer-tumors.html>. Acesso em: 26 dez. 2020), expondo que pombos treinados conseguem fazer identificação de tumores em imagens melhores que nós humanos. O referido artigo mostra que estas aves conseguem ter precisão melhor que radiologistas experientes. Mas isso implica em substituir um radiologista por pombos? Absolutamente não, pois o pombo não tem a mínima ideia do que seja um tumor e suas consequências para a pessoa doente.

(447) *Idem.*

acontecerá com frequência — a identificação de um comportamento do algoritmo no sentido de dar orientações, estabelecer diretrizes e até mesmo monitorar o prestador de serviço que o utilize e o usuário que o consuma, se assemelhando a um papel de fiscalização, inclusive.

Contudo, mesmo estando presentes esses comportamentos do algoritmo, não temos dúvidas que não existirá vínculo de emprego em toda e qualquer relação de trabalho e, consequentemente, o algoritmo não exercerá atividades inerentes ao empregador em todas as plataformas ou todos os aplicativos que utilizarem algoritmos. Ou seja, não é porque os algoritmos são utilizados numa relação de trabalho que essa será, necessariamente, uma relação de emprego.

Além de considerarmos necessário a presença de um ser humano utilizando os algoritmos, para configuração da figura do empregador e consequente exercício do poder diretivo algorítmico, é imprescindível a configuração da subordinação para que o trabalhador seja considerado empregado, não o sendo quando exerce, autonomamente, o papel de um prestador de serviços. Dessa forma, conceituamos aqui como ferramenta certificadora o papel do algoritmo num contrato de prestação de serviços, no qual não há configuração de vínculo empregatício, mas nem por isso o algoritmo deixará de ser uma ferramenta a serviço do tomador, orientando a prestação de serviços em questão.

Como exposto anteriormente, em qualquer contratação de um serviço, espera-se a observância de determinados resultados, sendo completamente cabível a orientação para que o resultado seja alcançado e a verificação da execução para que o resultado esperado seja obtido. Orientar, sugerir, nortear não implicam, necessariamente, controle ou direção, muito menos significam a configuração da subordinação do prestador de serviço. O prestador de serviços, ao se cadastrar para disponibilizar sua mão de obra e obter uma renda a partir disso, concorda em prestar serviços dentro de padrões de conduta preestabelecidos e o estabelecimento desses padrões de conduta não implica em subordinação.

Nesse sentido, André Zipperer(448) ao comparar o trabalho subordinado e o trabalho intermediado a partir de plataformas eletrônicas dispõe:

> As distinções apontadas são as seguintes: a) no trabalho subordinado, a direção de tarefas é feita de forma direta, enquanto que, no trabalho coordenado, apenas a coordenação do trabalho; b) no trabalho digital, as atividades são, normalmente, autogeridas; c) no trabalho subordinado, há controle da consecução das tarefas, enquanto, no trabalho coordenado há obediência a regras de conduta; d) no trabalho subordinado, há processo de contratação, enquanto, no trabalho coordenado digital o trabalhador adere à plataforma sem muitas barreiras e

(448) ZIPPERER, André Gonçalves. *Op. cit.*, p. 175.

> impedimentos, para ter acesso a sua base de clientes, que serão, em regra os beneficiários finais do resultado do trabalho em um processo que liga demanda à oferta.

A subordinação se configura quando evidenciado o poder de direção e comando do empregador em relação ao empregado, interferência efetiva no modo de desempenho de atividade e de tempo a ela dedicado. A subordinação não se revela apenas por orientações dadas diretamente ao prestador de serviço ou pela internet[(449)], a configuração de meras obrigações, como as de um contrato, não geram relação de emprego.

A exigência de regras e padrões mínimos para a utilização do aplicativo ou plataforma e para manutenção do contrato com o prestador de serviço é natural, como, por exemplo, a avaliação feita pelo usuário final, quanto a oferta de promoções e incentivos, a fim de preservar a qualidade do serviço ofertado[(450)]. Por fim, o fato de a empresa orientar e instruir os prestadores sobre determinadas situações não caracteriza subordinação, até pelo fato dessas orientações não serem obrigatórias, mas possuírem um caráter de sugestão ou possibilidade. Há uma grande diferença entre instruções e ordens.

Como exposto em julgamento pelo Tribunal Superior do Trabalho[(451)], o enquadramento da relação estabelecida entre o motorista de aplicativo e a respectiva plataforma deve se dar com aquela prevista no ordenamento jurídico com maior afinidade, como é o caso da definida pela Lei n. 11.442/2007, do transportador autônomo, assim configurado aquele que é proprietário do veículo e tem relação de natureza comercial. O trabalho prestado com a utilização de plataforma tecnológica de gestão de oferta de motoristas-usuários e demanda de clientes-usuários, não se dá para a plataforma e não atende aos elementos configuradores da relação de emprego previstos nos arts. 2º e 3º da CLT, inexistindo, por isso, relação de emprego entre o motorista profissional e a desenvolvedora do aplicativo, o que não acarreta violação do disposto no art. 1º, III e IV, da Constituição Federal.

Nesse contexto, a capacidade do algoritmo de nortear e acompanhar a execução de um serviço, visando a obtenção de um resultado, pode se configurar como uma espécie de ferramenta de certificação. O algoritmo será programado e esperará determinado comportamento do prestador de serviços, mas nem por isso estará exercendo atividades de um empregador, muito menos configurando requisitos para um vínculo de emprego, quando não existir a subordinação por parte do prestador. Essa hipótese pode ser vista justamente nas situações de prestação de serviços por plataformas virtuais. Como exposto

(449) Neste sentido, foi o julgado do TST- Processo: Ag-AIRR – 1001160-73.2018.5.02.0473; Órgão Judicante: 5ª Turma; relator: Ministro Breno Medeiros; Data de Julgamento: 04.08.2021.

(450) *Idem*.

(451) BRASIL, Tribunal Superior do Trabalho. *TST – AIRR-10575-88.2019.5.03.0003*. 4ª Turma, rel. Ministro Alexandre Luiz Ramos, Data de Julgamento: 11.09.2020.

anteriormente, não há o que se falar em vínculo de emprego nas prestações de serviços por meio de aplicativos como o "Uber", o "Ifood" e o "Rappi", por exemplo. Nesses casos, não restam dúvidas que o papel do algoritmo é de uma ferramenta certificadora, apenas.

A prestação de serviços é coordenada, não significando, de forma alguma, um trabalho subordinado. O resultado da atividade é prometido pelo prestador tendo em vista um programa que é previamente definido, porém, não é controlado(452). Os algoritmos, por meio de plataformas ou aplicativos, definem aspectos genéricos e técnicos sobre a sua utilização, além de outros de conduta geral ou disciplinares, enquanto as diretrizes sobre o resultado esperado da tarefa são definidas pelo próprio requerente, comprador e beneficiário do serviço e seu resultado.

No entanto, um algoritmo que meramente sirva à organização produtiva, faça a gestão de dados, informações ou patrimônio de uma empresa não se presta, por si, a caracterizar a subordinação algorítmica(453). Para que se possa dizer da característica subordinativa de um algoritmo, este deve, efetivamente, servir ao controle, comando e supervisão do trabalho e do trabalhador, de forma idêntica à pessoal. Seria preciso identificar a persona do "chefe" em um robô que efetivamente dirigirá a prestação de serviços a partir de uma programação prévia, com tendências expansionistas em face às potencialidades de aprendizado da inteligência artificial(454).

Alain Supiot(455) dispõe sobre a questão da autonomia da vontade resumindo o quanto exposto:

> Se o conjunto de tarefas que o trabalhador deve cumprir se encontrasse precisamente definido *ab initio* pelo contrato, não restaria nenhum espaço para o exercício do poder de direção do empregador. O nexo de subordinação não poderia estabelecer-se entre as partes, e encontrar-nos-íamos perante uma relação de trabalho independente. O objecto do compromisso do trabalhar assalariado é renunciar à sua vontade autónoma, submetê-la à outra parte, o que implica uma larga indeterminação das obrigações concretas que pesarão sobre ele durante a execução do contrato.

---

(452) ZIPPERER, André Gonçalves. *Op. cit.*, p. 176.

(453) FINCATO, Denise Pires; WÜNSCH, Guilherme. *Subordinação algorítmica nas relações de emprego:* o chefe robô. Disponível em: <https://politica.estadao.com.br/blogs/fausto-macedo/subordinacao-algoritmica-nas-relacoes-de-emprego-o-chefe-robo/>. Acesso em: 25 abr. 2021.

(454) *Idem.*

(455) SUPIOT, Alain. *Crítica ao direito do trabalho.* Lisboa: Fundação Calouste Gulbenkian, 2016, p. 159-160. *Apud* ZIPPERER, André Gongalves Gonçalves. *Op. cit.*, p. 179.

Não há dúvidas que nesses casos não existe um poder diretivo algorítmico em exercício, o prestador não será empregado, uma vez que inexistente a subordinação, a pessoalidade e a habitualidade nesse caso, e o algoritmo não exercerá atividades inerentes ao empregador, não havendo o que se falar em autoridade empregadora. Além disso, como já exposto, a possibilidade e a capacidade do algoritmo verificar se o serviço está sendo corretamente prestado, bem como de garantir orientações, dar suporte e auxiliar a execução do serviço não configuram, de maneira alguma, vínculo de emprego, apenas o papel de autoridade certificadora.

Nesse contexto, reiteramos o que foi exposto no capítulo anterior acerca da inexistência de precarização nessa nova forma de contratação. Em tempos de economia compartilhada e contratação na multidão, existe o desafio de equilibrar a intervenção estatal na garantia de direitos aos trabalhadores que se cadastram em plataformas virtuais e a viabilização da operação em grande escala das companhias geradoras dessa forma de trabalho e geração de receita. A tal precarização das condições de trabalho é anterior ao fenômeno tecnológico, não foi criada por ele(456).

Concluímos, assim, que o algoritmo não pode ser autoridade empregadora porque o algoritmo é uma ferramenta da autoridade empregadora. O algoritmo é uma ferramenta da autoridade e não a própria autoridade, há um gerenciamento via algoritmo, mas a autoridade continua sendo o empregador "pessoa física". O algoritmo, portanto, é um instrumento a serviço do empregador para gestão. O poder diretivo algorítmico existe e é uma realidade, sendo exercido, necessariamente, pelo empregador humano.

Assim, consideramos perfeitamente possível que os algoritmos exerçam atividades inerentes ao poder diretivo, haja vista tratarem-se de ferramentas à disposição do empregador, sem, contudo, exercer propriamente o papel de chefe, mas configurando e possibilitando, por sua vez, o exercício do poder diretivo algorítmico, nos vínculos de emprego, como também exerçam apenas e tão somente o papel de uma ferramenta certificadora do tomador de serviços, acompanhando obrigações contratuais, garantindo que as condições preestabelecidas numa prestação de serviço sejam respeitadas e acompanhando a obtenção de um resultado esperado e contratado, sem que isso configure vínculo empregatício.

Nesse sentido, já é uma realidade o uso cada vez mais constante dos algoritmos nas relações de trabalho. Esse fenômeno envolve o uso de dados e métricas de pessoal, em vários estágios, para controlar e medir o desempenho, planejar recompensas e estímulos, conceber mecanismos de promoção e investimento em habilidades e preparar *feedback* instantâneo e dispositivos de contestação(457). O controle acaba se acentuando, resultando em um estado de avaliação permanente, por parte de superiores, colegas ou mesmo simples consumidores em detrimento da autonomia dos trabalhadores para decidirem se e como se deve realizar

(456) RODRIGUES, Mauricio Pallotta. *Op. cit.*

(457) ALOISI, Antonio; STEFANO, Valerio de. *Op. cit.*, p. 78.

determinada atividade. Além disso, existe um risco de que esses algoritmos responsáveis pela gestão dos processos internos, bem como da mão de obra, possam sair do controle e acabar fazendo escolhas erradas sem nenhum controle ou possibilidade de retificação(458).

Feito esse discernimento e a consequente conclusão, é preciso questionar até que ponto o algoritmo pode funcionar como um instrumento para gestão do empregador e quais são os limites da utilização dessa ferramenta tão relevante, o que será analisado nos próximos tópicos.

3.2. Limites do controle algorítmico na relação de emprego

Sabe-se que o empregador, numa relação de emprego, possui poderes específicos, conforme exposto no capítulo anterior, dentre eles o poder diretivo. O poder diretivo algorítmico, portanto, é uma nova espécie desse poder patronal. Paralelo a esse poder, que é legítimo do empregador e já é uma realidade nas relações de emprego — e será cada vez mais —, existem limites impostos para o seu exercício.

Isso porque, como já analisado, o poder, quando abusado ou utilizado de forma desproporcional, deixa de ser legítimo e degenera em tirania. Dessa forma, é sempre necessário observar e garantir a existência de limites, que devem ser determinados e respeitados, não sendo diferente com essa nova espécie de poder diretivo, principalmente no que tange a esfera individual e privada do empregado, que não pode ser violada de forma injustificada ou desproporcional.

A manifestação e a execução do poder diretivo algorítmico, portanto, têm limites estabelecidos no exercício dos direitos fundamentais e personalíssimos do trabalhador. A grande questão que se pretende discutir e analisar é, justamente, a definição desses limites, ou seja, quais são eles e até onde a atuação patronal, por meio de algorítmicos, pode ir. Sendo uma realidade a utilização dos algoritmos pelos empregadores, como uma ferramenta de gestão, o potencial dos mesmos é inquestionável e ilimitado, contudo, por outro lado, a sua utilização e atuação não o são, ou pelo menos não devem ser.

O direito lida com duas questões de forma constante: os limites existentes para determinadas condutas e as consequências e os efeitos decorrentes da extrapolação desses limites. Não restam dúvidas que os algoritmos possuem uma capacidade surpreendente de atuação e de realização de tarefas humanas, não sendo diferente nas relações de emprego, mas essa atuação não deve ser ilimitada.

Nos próximos tópicos, iremos abordar a utilização dos algoritmos para exercício do poder diretivo nas diferentes fases contratuais de trabalho, quais sejam, fase pré-contratual, fase contratual e fase pós-contratual. Serão expostos exemplos e demonstrações da atuação do empregador atrelada aos algoritmos nesses diferentes momentos do contrato de trabalho

(458) ALOISI, Antonio; STEFANO, Valerio de. *Op. cit.*, p. 78.

e os efeitos que já podem ser vislumbrados, com a consequente necessidade de adequação, imposição de limites e tutela e garantia de direitos.

3.2.1. Fase pré-contratual

Como exposto ao longo desta obra, a tecnologia tem assumido uma importância crescente e cada vez maior na vivência em sociedade, nos relacionamentos e, consequentemente, nas relações de trabalho. Nesse contexto, os processos de recrutamento e seleção, que fazem parte da chamada fase pré-contratual, já estão sendo impactados de forma considerável e perceptível pelo avanço da tecnologia e consequente atuação dos algoritmos. Na fase de seleção, caracterizada pela análise de currículos, realização de entrevistas, dinâmicas em grupo, testes práticos e psicológicos, dentre outras etapas, a otimização do tempo e a rapidez na triagem e no recrutamento já são uma realidade, em decorrência da utilização dos algoritmos, que aperfeiçoou e tornou mais célere os processos seletivos.

A partir de critérios pré-estabelecidos, os algoritmos fazem a gestão de dados e geram indicadores dos quais extraem as melhores decisões, tendo em vista um recrutamento e seleção mais funcionais e inteligentes[(459)]. Os algoritmos estão sendo usados em entrevistas, por exemplo, para avaliar os candidatos em suas expressões faciais e vocais, bem como os *chatbots* estão substituindo pessoas na realização de entrevistas e os *textbots* estão se comunicando com os candidatos por SMS ou *e-mail*[(460)]. O uso de algoritmos e da IA está cada vez mais constante e intenso no recrutamento e nas etapas de seleção e outras decisões de RH, como será exposto nos próximos tópicos.

Os algoritmos que analisam as candidaturas e selecionam os perfis que mais se aproximam das vagas geralmente baseiam seu aprendizado e suas escolhas por meio de avaliação de uma série de currículos e seleções anteriores, e priorizam as qualificações apresentadas naqueles que resultaram em contratações efetivas para a empresa[(461)]. Nesse processo, portanto, os algoritmos fazem a análise e a gestão de dados a partir de critérios preestabelecidos e geram indicadores dos quais extraem as melhores decisões, tendo como objetivo deixar a fase de recrutamento e seleção mais funcional e inteligente[(462)].

O primeiro passo é fazer uma gestão entre as vagas disponíveis e os candidatos que se cadastraram. Os *softwares* que geralmente são utilizados — e funcionam por meio de

(459) PEREIRA, Luísa S.; CARO, Gonçalo Asper; DELGADO, Inês Cruz. *Algoritmos:* uma realidade (contestável) no recrutamento. Disponível em: <https://direitocriativo.com/algoritmos-uma-realidade-contestavel-no-recrutamento-2/>. Acesso em: 20 dez. 2020.

(460) DAVIES, James. *Algorithms and employment law*. Disponível em: <https://www.lewissilkin.com/en/insights/algorithms-and-employment-law>. Acesso em: 20 dez. 2020.

(461) ALVES, Ariane. *Uso de algoritmos em análise de currículo pode gerar seleção enviesada*. Disponível em: <https://exame.com/tecnologia/uso-de-algoritmos-em-analise-de-curriculo-pode-gerar-selecao-enviesada/>. Acesso em: 20 dez. 2020.

(462) PEREIRA, Luísa S. CARO, Gonçalo Asper. DELGADO, Inês Cruz. *Op. cit.*

algoritmos — cruzam as habilidades apresentadas nos currículos (as chamadas *soft skills* e *hard skills*) e o perfil e os requisitos da vaga. Os resultados gerados pelos algoritmos são usados para guiar o recrutador na seleção[(463)].

A utilização dos algoritmos na fase pré-contratual, contudo, não se limita a análise de currículos. Quando se trata do início da relação de emprego, por exemplo, *softwares* orientados por IA permitem que potenciais empregadores realizem uma extensa triagem da atividade *on-line* do candidato[(464)]. Nesse sentido, alguns provedores de *software* prometem rastrear a presença na internet dos trabalhadores em uma amplitude e profundidade sem precedentes[(465)]. Além disso, a realização de ofertas e a determinação de níveis salariais, pode ser automatizado[(466)].

Além da celeridade e otimização do tempo dispendido no recrutamento de candidatos, um outro fundamento muito comum para a utilização de algoritmos nessa fase é de que os mesmos garantem uma maior imparcialidade, haja vista não se tratarem de seres humanos, com emoções e preferências. Os algoritmos, portanto, pelo menos em tese, permitem uma diminuição significativa do grau de subjetivismo[(467)], sendo este um aspecto positivo, principalmente para os candidatos. Partindo do pressuposto que os algoritmos atuam sem emoções e utilizando critérios objetivos e preestabelecidos, em princípio podemos pensar que isso garantiria isenção e imparcialidade e a possibilidade de uma seleção justa, proporcional e razoável, com a escolha do profissional, de fato, mais adequado para vaga.

No entanto, na prática, não é isso que ocorre em todos os casos. Apesar de serem imparciais, por não possuírem sentimentos e emoções humanas, os algoritmos podem reproduzir preconceitos e gerar discriminações. Isso porque os algoritmos são criados e produzidos por pessoas ou com base em condutas e escolhas humanas. As máquinas precisam ser treinadas por pessoas e é comum que elas tenham a tendência de programar o *software* para que trabalhe priorizando determinadas qualidades no momento de selecionar candidatos[(468)]. Os algoritmos, portanto, acabam reproduzindo os preconceitos de quem os programaram.

Como já exposto no primeiro capítulo, a Inteligência Artificial não é neutra, aprendendo a partir de padrões e ajustes. Caso um recrutador queira selecionar um candidato

---

(463) LEANDRO, Lucimara. *Algoritmos de recrutamento podem aumentar a diversidade nas empresas*. Disponível em: <https://corporate.showmetech.com.br/algoritmos-de-recrutamento/>. Acesso em: 20 dez. 2020.

(464) ADAMS-PRASSL, Jeremias. Gestão algorítmica e o futuro do trabalho. In: CARELLI, Rodrigo de Lacerda; CAVALCANTI, Tiago Muniz; FONSECA, Vanessa Patriota da (Coords.). *Futuro do trabalho:* os efeitos da revolução digital na sociedade. Brasília: ESMPU, 2020.

(465) *Idem*.

(466) *Idem*.

(467) PEREIRA, Luísa S.; CARO, Gonçalo Asper; DELGADO, Inês Cruz. *Op. cit.*

(468) LEANDRO, Lucimara. *Op. cit.*

com perfil semelhante aos dos melhores funcionários da empresa e considerando que a organização tenha mais trabalhadores homens, apesar de não usar diretamente o fator gênero, vai acabar discriminando as mulheres(469). Foi o que aconteceu no já mencionado caso da empresa Amazon, que abandonou sua ferramenta própria de captação de talentos ao perceber que o sistema penalizava currículos que incluíam termos relacionados ao gênero feminino.

No que tange a fase de recrutamento, portanto, uma das críticas que se pode assinalar aos algoritmos é que estes poderão determinar, dependendo da forma como são programados, bem como das instruções e da finalidade buscada, a exclusão de certo tipo de perfil de candidato ou o favorecimento de outros, podendo favorecer e/ou fomentar discriminações não legalmente permitidas(470). Se a base de dados possuir preconceitos embutidos, ainda que de maneira invisível, os preconceitos serão replicados(471).

A matemática Cathy O'Neil(472), ao ser questionada sobre os preconceitos existentes no uso de algoritmos para a contratação de empregados, dispôs:

> A automatização dos processos de seleção está crescendo entre 10 e 15% ao ano. Nos Estados Unidos, já são usados com 60% dos trabalhadores em potencial, e 72% dos currículos não chegam a ser analisados por pessoas. Os algoritmos costumam castigar os pobres, enquanto os ricos recebem um trato mais pessoal. Por exemplo, um escritório de advocacia renomado ou um colégio privado de elite se basearão mais em recomendações e entrevistas pessoais durante os processos de seleção do que uma rede de fast food. Os privilegiados são analisados por pessoas, e as massas, por máquinas.
>
> Se você quiser trabalhar num *call center* ou como caixa, tem que passar por um teste de personalidade. Para um cargo no Goldman Sachs há uma entrevista. Sua humanidade é levada em conta para um bom trabalho. Para um emprego de salário baixo, você é simplesmente analisado e categorizado. Uma máquina lhe etiqueta.

Dessa forma, o debate e a discussão acerca do equilíbrio na utilização dos algoritmos e das ferramentas tecnológicas, visando a não discriminação e a igualdade no acesso aos empregos e ao mercado de trabalho, são extremamente necessários e urgentes.

---

(469) CARDOSO, Letycia. *Uso de algoritmos em processo seletivo de emprego pode prejudicar candidatos*. Disponível em: <https://extra.globo.com/economia/emprego/uso-de-algoritmos-em-processo-seletivo-de-emprego-pode-prejudicar-candidatos-24643581.html>. Acesso em: 28 dez. 2020.

(470) PEREIRA, Luísa S.; CARO, Gonçalo Asper; DELGADO, Inês Cruz. *Op. cit.*

(471) CARDOSO, Letycia. *Op. cit.*

(472) MENÁRGUEZ, Ana Torres. *Os privilegiados são analisados por pessoas; as massas, por máquinas*. Disponível em: <https://brasil.elpais.com/brasil/2018/11/12/tecnologia/1542018368_035000.html>. Acesso em: 28 dez. 2020.

Nesse sentido, Luísa S. Pereira, Gonçalo Asper Caro e Inês Cruz Delgado(473) dispõem:

> Se ampliarmos o foco da nossa análise a ordenamentos jurídicos estrangeiros, denotamos, p.e, que nos Estados Unidos da América têm vindo a ser discutidos os prós e contras da utilização de algoritmos em processos de recrutamento, tendo, inclusive, os algoritmos sido entendidos como redutores da subjetividade inerente aos processos de recrutamento "normais" (realizados por seres humanos), o que decorre, desde logo, da circunstância de os algoritmos de recrutamento não recorrerem, naturalmente, a emoções na hora de selecionar os perfis dos candidatos e de não imprimem uma carga pessoal na análise do perfil dos candidatos. Tal implicaria um acréscimo assinalável (ainda que, na verdade, aparente) da objetividade na escolha do(s) candidato(s).
>
> Mas será mesmo assim? Não poderão os algoritmos ser também manipulados de forma discriminatória? O facto de os algoritmos otimizarem o trabalho dos recursos humanos, melhorando as decisões finais, não significa que o façam sempre.
>
> (...)
>
> Em Portugal, o uso de algoritmos em contexto laboral ainda não é uma realidade ou, pelo menos, uma realidade transversal a um conjunto alargado de entidades empregadoras. No entanto, olhando à realidade internacional e de olhos postos no futuro, importa atender aos desafios e questões de mais difícil resposta que a utilização de algoritmos poderá colocar:
>
> Com efeito, o sistema de algoritmos parece ser vulnerável à invocação de discriminação por parte dos trabalhadores e/ou candidatos a emprego. Cabendo ao empregador nos termos do art. 25º do CT provar que não existiu discriminação, tal gera uma dificuldade, desde logo técnica, já que à partida o empregador não estará apto a compreender o funcionamento do algoritmo e como tal deveria ser chamado o fornecedor/programador do algoritmo para provar que o algoritmo foi devidamente programado. Neste caso, não poderá colocar-se, porventura, em causa o segredo de negócio? E se se apurasse que o algoritmo tinha sido efetivamente mal programado, existiria responsabilidade solidária do empregador e programador perante o trabalhador e/ou candidato a emprego discriminado?
>
> Estas são algumas dúvidas e inquietudes que a implementação prática de ferramentas de inteligência artificial evidencia. (...).

---

(473) PEREIRA, Luísa S.; CARO, Gonçalo Asper; DELGADO, Inês Cruz. *Op. cit.*

Percebe-se, portanto, que existe uma real e necessária preocupação com a chamada discriminação algorítmica, configurada pelo uso de base de dados tendenciosas e por preconceitos enraizados e transmitidos pelos criadores dos algoritmos. É o chamado viés do algoritmo (*algorithm bias)* ou viés da máquina (*machine bias*).

A Inteligência Artificial, apesar de inteligente como o próprio nome sugere, não possui a expertise de um humano, não é sábia. Tudo o que as máquinas compreendem foi ensinado por um ser humano e, consequentemente, os preconceitos também foram ensinados ou foram absorvidos por meio do *machine learning*, tendo a capacidade de reproduzir os vieses humanos. Dessa forma, uma vez assimilados, esses preconceitos são replicados pelas máquinas, tendo um potencial destrutivo significativo e muito perigoso.

O recente documentário "Coded Bias"[(474)], expõe, de forma didática e fundamentada, que os mesmos algoritmos que facilitam aspectos da vida em sociedade também podem ter comportamentos racistas, machistas, misóginos e fortalecer sistemas autoritários de vigilância com o reconhecimento facial[(475)]. O referido documentário reúne provas e mostra exemplos de violação de direitos civis e falhas inaceitáveis que a Inteligência Artificial vem cometendo e deixa claro que tecnologias não são neutras e trabalham com vieses que podem excluir pessoas e causar graves prejuízos e danos.

Para exemplificar, um sistema de digitalização automática de currículos para contratação ou promoção, que for construído com base em dados sobre as contratações anteriores na empresa, tem uma grande chance de repetir as práticas de recrutamento anteriores. Se, por sua vez, essas práticas forem discriminatórias ou enviesadas, elas podem ser perpetuadas no futuro, e, o que é pior, isso ocorreria sob uma "aura" de objetividade percebida, geralmente creditada às máquinas[(476)].

Não é uma tarefa simples eliminar a discriminação apenas instruindo os algoritmos a ignorar dados sensíveis como gênero ou raça, já que *softwares* sofisticados ainda poderiam reconhecer e penalizar os sujeitos sub-representados na contratação anterior com base em outros dados, usando certos tipos de interrupções na carreira para reconhecer mulheres, ou códigos postais ou nomes e sobrenomes para identificar membros de minorias[(477)]. Esse risco é ainda mais grave quando essas práticas são baseadas na Inteligência Artificial de

---

(474) *CODED BIAS*. Direção: Shalini Kantayya. Netflix, 2020. Disponível em: <https://www.netflix.com/br/title/81328723>. Acesso em: 22 maio 2021.

(475) CRUZ, Bruna Souza. Com didatismo, "Coded Bias" é um "O Dilema das Redes" sobre falhas das IAs. Disponível em: <https://www.uol.com.br/tilt/noticias/redacao/2021/04/10/coded-bias-da-netflix-prova-como-a-tecnologia-e-racista-e-viola-direitos.htm>. Acesso em: 23 maio 2021.

(476) STEFANO, Valerio de. Automação, inteligência artificial e proteção laboral: patrões algorítmicos e o que fazer com eles. In: CARELLI, Rodrigo de Lacerda; CAVALCANTI, Tiago Muniz; FONSECA, Vanessa Patriota da. *Futuro do trabalho:* os efeitos da revolução digital na sociedade. Brasília: ESMPU, 2020. Disponível em: <http://escola.mpu.mp.br/a escola/comunicacao/noticias/esmpu-lanca-publicacao-sobre-o-futuro-do-trabalho-e-os-efeitos-da-revolucao-digital-na-sociedade/livro_futuro-do-trabalho.pdf>. Acesso em: 20 jan. 2021.

(477) *Idem*.

autoaprendizagem, com o *software* sendo capaz de reprogramar seus próprios critérios e métricas para alcançar um resultado predefinido muito geral, como a melhoria da produtividade no trabalho(478). No contexto do mundo algorítmico, a governança e a proteção de dados são essenciais para corrigir, ou pelo menos amenizar, os vieses existentes em algoritmos(479).

No que tange a proteção de dados, o uso de algoritmos para tomar decisões relacionadas ao emprego e, principalmente, ao recrutamento de candidatos levanta questões relevantes sobre a privacidade e a proteção de dados. É essencial que o processamento dos dados pessoais seja feito de maneira transparente e legal, de forma não discriminatória.

Nesse sentido, se os dados usados para treinar ou criar um algoritmo forem desequilibrados ou refletirem discriminações passadas ou preconceitos enraizados, não há dúvidas de que restará configurada uma conduta discriminatória(480). Daí a importância do art. 20 da Lei Geral de Proteção de Dados, que dispõe que o titular de dados tem direito a solicitar a revisão de decisões tomadas unicamente com base em tratamento automatizado de dados pessoais que afetem seus interesses, incluídas as decisões destinadas a definir o seu perfil pessoal, profissional, de consumo e de crédito ou os aspectos de sua personalidade.

Dessa forma, caso determinado algoritmo tenha ensejado tratamento discriminatório a um determinado trabalhador, tanto para fins de recrutamento quanto para fins de dispensa, por exemplo, a empresa deverá respeitar o princípio da transparência, previsto no art. 6º, inciso VI, da LGPD, e prestar todas as informações necessárias sobre o tratamento dos dados que fundamentaram a decisão, sob pena de ser auditada pela Autoridade Nacional de Proteção de Dados (ANPD)(481).

Sobre a importância da transparência, Bruno Freire de Carvalho Calabrich(482) dispõe:

> Como ensina Ana Frazão, sem transparência, a programação pode estar permeada de vieses e preconceitos dos programadores, intencionais ou não,

---

(478) STEFANO, Valerio de. Automação, inteligência artificial e proteção laboral: patrões algorítmicos e o que fazer com eles. In: CARELLI, Rodrigo de Lacerda; CAVALCANTI, Tiago Muniz; FONSECA, Vanessa Patriota da. *Futuro do trabalho:* os efeitos da revolução digital na sociedade. Brasília: ESMPU, 2020. Disponível em: <http://escola.mpu.mp.br/a-escola/comunicacao/noticias/esmpu-lanca-publicacao-sobre-o-futuro-do-trabalho-e-os-efeitos-da-revolucao-digital-na-sociedade/livro_futuro-do-trabalho.pdf>. Acesso em: 20 jan. 2021.

(479) VIEIRA, Leonardo Marques. *A problemática da Inteligência Artificial e dos vieses algorítmicos:* caso COMPAS. Disponível em: <https://www.lcv.fee.unicamp.br/images/BTSym-19/Papers/090.pdf>. Acesso em: 29 dez. 2020.

(480) DAVIES, James. *Op. cit.*

(481) MARCHI, Caroline; ASSALIN, Fernanda Pellegrino Gianotti. *Implicações dos algoritmos nas relações de trabalho após a LGPD.* Disponível em: <https://www.machadomeyer.com.br/pt/inteligencia-juridica/publicacoes-ij/trabalhista-ij/implicacoes-dos-algoritmos-nas-relacoes-de-trabalho-apos-a-lgpd>. Acesso em: 10 jan. 2021.

(482) CALABRICH, Bruno Freire de Carvalho. *Revista de Direito e as Novas Tecnologias*, vol. 8/2020, jul./set. 2020, DTR\2020\10208; Disponível em: <https://dspace.almg.gov.br/bitstream/11037/38411/1/Bruno%20Freire%20de%20Carvalho%20Calabrich.pdf>. Acesso em: 23 jan. 2021.

> que podem levar a erros de diagnóstico ou a graves discriminações. Além disso, é possível que correlações encontradas no processamento sejam consideradas equivocadamente causalidades, o que pode reforçar discriminações (que não se justificam racionalmente).
>
> Decisões que afetem a esfera de direitos de alguém, automatizadas ou não, precisam ser racionalmente justificáveis. A transparência, assim, é um pressuposto para que uma decisão — tomada por uma pessoa ou por um robô — seja racionalmente justificável. Se não se conhece adequadamente como foi tomada a decisão, não há como se afirmar se essa decisão foi lícita ou ilicitamente discriminatória.

O princípio da transparência aplica-se com ainda mais ênfase nos processos de seleção automatizadas, tal como previsto no art. 20 da LGPD. O § 1º do referido artigo prevê que o controlador (que nas relações de trabalho é, em regra, o empregador) deverá fornecer, sempre que solicitadas, informações claras e adequadas a respeito dos critérios e procedimentos utilizados para a decisão automatizada, observados os segredos comercial e industrial[(483)].

Célio Pereira Oliveira Neto e Ricardo Calcini[(484)], ao analisarem o processo de decisão em fase de recrutamento e seleção, por algoritmos, e a necessidade de observância e adequação à LGPD, dispõem:

> A questão é que se a decisão for tomada por algoritmo — diante da opacidade dos algoritmos, verdadeiras caixas pretas — muitas vezes nem sequer o programador conseguirá decifrar como se deu o processo decisório, ficando complexa a tarefa de atender ao princípio da transparência incrustado no dispositivo legal supra.
>
> Ademais, a leitura adotada pelo algoritmo possivelmente adotará um padrão, que poderá ser discriminatório, se não observada igualdade de oportunidades em razão de raça, sexo e outros dados passíveis de discriminação, que a LGPD nomeia como sensíveis. Exemplo prático é o caso da Amazon, que com base no histórico de contratações levou à discriminação de mulheres na seleção pela ferramenta utilizada.
>
> Vê-se, pois, a cautela que se deve adotar na tomada de decisões automatizadas, mormente quando assim o for por meio da inteligência artificial, o que desde logo faz recomendar a elaboração de Relatório de Impacto — não obrigatório

(483) OLIVEIRA NETO, Célio Pereira; CALCINI, Ricardo. *Adequação à LGPD no recrutamento e seleção de candidatos a emprego*. Disponível em: <https://www.conjur.com.br/2020-set-24/pratica-trabalhista-adequacao-lgpd-recrutamento-selecao-candidatos-emprego>. Acesso em: 10 jan. 2021.

(484) *Idem*.

em geral, mas imprescindível à medida em que aumenta o potencial de o algoritmo tomar decisões que possam violar a LGPD.

Por sinal, cumpre observar que a nossa legislação não prevê a revisão humana da decisão automatizada, diferentemente do RGPD, o que amplifica o desafio no uso de uma inteligência artificial ética, num cenário em que a IA pode ser usada para mapear as emoções do candidato ao emprego quando das entrevistas.

Percebe-se, portanto, que não criar um viés algorítmico é difícil, haja vista a reprodução de preconceitos estruturais, enraizados na sociedade. Contudo, não se trata de uma tarefa impossível. A revisão ou verificação constante das decisões automatizadas e a avaliação da base de informações e da estrutura de dados utilizadas são fundamentais e necessárias, para que o "desenviesamento" seja possível(485).

Os algoritmos de recrutamento precisam ser programados para valorizar a exploração, para aumentar a diversidade dentro das instituições e não apenas se basear em informações estáticas(486), isso porque algoritmos que analisam somente o desempenho ou a adequação de um perfil, utilizando como base apenas o histórico, normalmente são enviesados e tendenciosos(487). A solução, portanto, está no tratamento correto e na seleção adequada dos dados que serão utilizados para treinar os algoritmos e fazer eles atuarem, indo além da adoção de critérios relacionados à performance e características de trabalho, ao invés de variáveis como gênero, idade, orientação sexual etc. Trata-se, sem dúvidas, de um processo custoso e exigente, que pode levar tempo, de acordo com a complexidade do projeto(488), mas é viável, existindo, portanto, uma alternativa, que deve ser perseguida.

O Comitê Econômico e Social Europeu(489), ao elaborar um parecer sobre a Inteligência Artificial e o impacto no mercado único (digital) na produção, no consumo, no emprego e na sociedade, dispôs:

> [...] o desenvolvimento da IA ocorre atualmente num ambiente homogéneo composto essencialmente por homens jovens e brancos, o que leva (conscientemente ou não) à introdução de disparidades culturais e de género na IA,

---

(485) BABO, Gustavo Schainberg S. *Discriminação algorítmica:* origens, conceitos e perspectivas regulatórias (parte 1). Disponível em: <https://www.dtibr.com/post/discrimina%C3%A7%C3%A3o-algor%C3%ADtmica-origens-conceitos-e-perspectivas-regulat%C3%B3rias-parte-1>. Acesso em: 10 jan. 2021.

(486) LEANDRO, Lucimara. *Op. cit.*

(487) CARDOSO, Letycia. *Op. cit.*

(488) *Idem.*

(489) Comité Económico e Social Europeu. *Inteligência artificial* — Impacto no mercado único (digital), na produção, no consumo, no emprego e na sociedade (parecer de iniciativa). Relatora: Catelijne Muller, 2017. Disponível em: <https://webapi2016.eesc.europa.eu/v1/documents/EESC-2016-05369-00-00-AC-TRA-PT.docx/content>. Acesso em: 20 jan. 2021.

nomeadamente porque os sistemas de IA aprendem com base em dados de teste. Estes dados devem ser corretos, mas também de elevada qualidade, variados, suficientemente aprofundados e imparciais. Há uma tendência geral para acreditar que os dados são, por definição, objetivos, o que é um equívoco. Os dados são fáceis de manipular, podem ser tendenciosos, refletir preconceitos e preferências culturais e de género, entre outros, e conter erros.

[...] Os sistemas de IA que estão atualmente a ser desenvolvidos não incluem normas éticas. É a nós, seres humanos, que compete dotar dessas normas éticas os sistemas de IA e os ambientes em que são utilizados. O desenvolvimento, a aplicação e a utilização dos sistemas da IA (públicos ou comerciais) devem respeitar os limites dos nossos valores, normas, liberdades e direitos humanos fundamentais. O CESE apela, por conseguinte, para o desenvolvimento e a definição de um código de ética uniforme à escala mundial para o desenvolvimento, a implantação e a utilização da IA.

Também sobre o assunto, Tales Schmidke Barbosa defende:

O fato é que a inteligência artificial (AI) repercute nas dimensões sociais, econômicas, ambientais, éticas, tornando crucial análise de qualquer tipo de enviesamento, que deve necessariamente ser corrigido no momento da programação da Inteligência Artificial, no curso do aprendizado (adaptabilidade), ou posteriormente. O desenviesamento evita qualquer relação da Inteligência Artificial com a discriminação algorítmica, que deve ser evitada para não inquinar aos vieses associados às predisposições esteriotipantes, discriminatórias e ameaçadoras.

Conforme já exposto ao longo deste livro, a evolução tecnológica possui aspectos muitos positivos e proporciona avanços em diversos setores da sociedade, podendo aumentar a qualidade de vida das pessoas e trazendo inúmeras vantagens. Contudo, não se pode fechar os olhos ou ignorar os riscos e as potenciais consequências negativas, sendo necessário mapear e se atentar para as implicações e os efeitos, para que alternativas viáveis sejam pensadas e soluções sejam criadas. Pode-se afirmar, portanto, que o que realmente importa no processo da evolução tecnológica e no uso dos algoritmos é a forma pela qual a implementação será moldada, afinal uma decisão automatizada sem controle efetivo pode acabar legitimando decisões enviesadas[490] e configurando graves prejuízos e danos.

---

(490) ROSSI, Edson. Disponível em: <https://www.istoedinheiro.com.br/10-perguntas-para-thiago-junqueira-chalfin-goldberg-vainboim/>. Acesso em: 20 jan. 2021.

Percebe-se que a presença dos algoritmos já é constante e intensa em todas as fases de um contrato de trabalho, começando antes mesmo dele ser firmado, no recrutamento. Sem dúvidas, há uma grande otimização de tempo e um potencial impressionante na eficiência para selecionar candidatos aptos e adequados para vagas. Os critérios utilizados, contudo, merecem atenção e destaque, para que não se configurem discriminações e consequentes retrocessos. Apenas a Inteligência Artificial não basta para assegurar um ambiente equilibrado nas empresas, já que, por enquanto, as máquinas que tentam acertar no futuro ainda estão aprendendo com os erros do passado[491], motivo pelo qual a supervisão e a revisão humanas são essenciais em cada fase do contrato de trabalho.

3.2.2. *Fase contratual*

Passada a fase pré-contratual, iniciando, efetivamente, o contrato de trabalho, o uso dos algoritmos não cessa nem diminui, pelo contrário. As preocupações e os pontos relevantes envolvendo as consequências do poder diretivo algorítmico, que necessitam de análise, discussões e debates, se intensificam cada vez mais, sendo natural e lógico que o ápice dessa questão se refira ao contrato de trabalho em si, ou seja, a fase contratual. São muitas as formas de utilização de algoritmos e o exercício do poder diretivo algorítmico ao longo do contrato de trabalho e as ferramentas para tanto aumentam exponencialmente com o passar do tempo.

Num passado não muito distante, era ilusório imaginar e vislumbrar uma máquina exercendo as atividades inerentes a um empregador. Talvez essa fosse uma projeção sempre voltada para o futuro e para onde o avanço da tecnologia iria nos levar. Além disso, a preocupação existente sempre envolveu a substituição do trabalhador pela máquina.

Hoje já é uma realidade imaginar — e em alguns casos visualizar — atividades do empregador sendo executadas por algoritmos. Em muitas empresas, inclusive, inexiste atualmente funções tradicionais de setores administrativos e financeiros, o que se trata do resultado da capacidade dos algoritmos exercerem funções antes exclusivamente humanas. A tendência, inclusive, é que isso ocorra de forma cada vez mais frequente.

Na rotina do contrato de trabalho, a tecnologia da informação e a Inteligência Artificial permitem o monitoramento das atividades dos trabalhadores em proporções antes impensáveis, bem como a coleta e o processamento de uma enorme quantidade de dados sobre as atividades[492]. Nesse sentido, cada vez mais trabalhadores utilizam instrumentos portáteis

---

(491) ALVES, Ariane. *Uso de algoritmos em análise de currículo pode gerar seleção enviesada*. Disponível em: <https://exame.com/tecnologia/uso-de-algoritmos-em-analise-de-curriculo-pode-gerar-selecao-enviesada/>. Acesso em: 20 jan. 2021.

(492) STEFANO, Valerio de. Automação, inteligência artificial e proteção laboral: patrões algorítmicos e o que fazer com eles. In: CARELLI, Rodrigo de Lacerda; CAVALCANTI, Tiago Muniz; FONSECA, Vanessa Patriota da. *Futuro do trabalho:* os efeitos da revolução digital na sociedade. Brasília: ESMPU, 2020. Disponível em: <http://escola.mpu.mp.br/a-escola/comunicacao/noticias/esmpu-lanca-publicacao-sobre-o-futuro-do-trabalho-e-os-efeitos-da-revolucao-digital-na-sociedade/livro_futuro-do-trabalho.pdf>. Acesso em: 20 jan. 2021.

como *smartphones*, *tablets*, *smartwatches*, *notebooks*, entre outros dispositivos que permitem registrar seus movimentos e sua localização minuto a minuto, medindo também seu ritmo de trabalho e suas pausas(493).

Os dados recolhidos por meio desses instrumentos são frequentemente analisados, com a ajuda da Inteligência Artificial, para avaliar a produtividade e a aptidão do trabalhador para executar determinada tarefa. Além disso, instrumentos portáteis são usados ou experimentados para direcionar os trabalhadores para a sua próxima tarefa, rastreando e medindo a velocidade e a eficiência de cada trabalhador, que podem ser punidos ou até dispensados em virtude do seu desempenho(494).

Ao tratar do tema, Valerio de Stefano(495) dispõe:

> Também não se deve partir do princípio de que as formas intensificadas de vigilância se limitam aos empregos com baixos salários ou de "colarinho azul". As práticas de RH que recorrem a formas de inteligência artificial que facilitam a "gestão por algoritmo" e o "monitoramento eletrônico do desempenho" também são amplamente utilizadas em ocupações de colarinho branco. O monitoramento de desempenho eletrônico (EPM, na sigla em inglês) foi descrito por Phoebe Moore *et al.* (2018) como incluindo "monitoramento de *e-mail*, escutas telefônicas, rastreamento de conteúdo de computador e tempos de uso, monitoramento de vídeo e rastreamento por GPS". Segundo esses pesquisadores,
>
> os dados produzidos podem ser utilizados como indicadores de produtividade; indicação da localização dos empregados; uso de *e-mail*; navegação no *site*; uso de impressora; uso de telefone; até mesmo tom de voz e movimento físico durante a conversa. (MOORE; AKHTAR; UPCHURCH, 2018).
>
> Esses dados, juntamente com o uso de instrumentos analíticos de *big data*, também constituem a base das práticas chamadas de People Analytics ("Análises de Pessoas"). Estudos jurídicos pioneiros sobre esse tema, realizados por Matthew Bodie *et al.*, definem *People Analytics* como:
>
> um processo ou método de gestão de recursos humanos baseado no uso de *"big data"* para capturar insights sobre o desempenho do trabalho. A ideia central é

(493) STEFANO, Valerio de. Automação, inteligência artificial e proteção laboral: patrões algorítmicos e o que fazer com eles. In: CARELLI, Rodrigo de Lacerda; CAVALCANTI, Tiago Muniz; FONSECA, Vanessa Patriota da. *Futuro do trabalho:* os efeitos da revolução digital na sociedade. Brasília: ESMPU, 2020. Disponível em: <http://escola.mpu.mp.br/a-escola/comunicacao/noticias/esmpu-lanca-publicacao-sobre-o-futuro-do-trabalho-e-os-efeitos-da-revolucao-digital-na-sociedade/livro_futuro do trabalho.pdf>. Acesso em: 20 jan. 2021.

(494) *Idem.*

(495) *Idem.*

> que o julgamento subjetivo não estruturado não é rigoroso ou confiável como forma de avaliar talentos ou criar políticas de recursos humanos. Em vez disso, grandes conjuntos de dados, geralmente dados quantitativos, devem formar a base para a tomada de decisões no espaço de RH. (BODIE *et al.*, 2016). Os dados são, portanto, recolhidos a partir de um vasto leque de fontes.
>
> [...]
>
> O EPM também tem sido utilizado para monitorar os trabalhadores em situações de teletrabalho e de "contratos de trabalho inteligente", que permitem aos trabalhadores exercer as suas atividades fora dos locais de trabalho tradicionais e, por conseguinte, estão geralmente associados a maior autonomia dos trabalhadores (THE WORKPLACE..., 2018; SOLON, 2017). [...]

Dessa forma, percebe-se que na rotina de um contrato de trabalho, muitas são as formas, atualmente, de controlar as atividades do empregado, por meio de algoritmos. Exercer o poder diretivo algorítmico tornou-se viável e cada vez mais comum pelo avanço tecnológico, que possibilita uma monitorização muito mais intensa e detalhada do que antes. É possível, portanto, conforme exposto no trecho supratranscrito, fiscalizar e monitorar até mesmo um empregado à distância, em teletrabalho, graças as ferramentas existentes, que, sem dúvidas, serão cada vez mais aperfeiçoadas e proliferadas.

Sobre o assunto, muitas críticas são feitas em relação à transparência e à ausência de conhecimento ou pelo menos de clareza por parte dos empregados acerca das fiscalizações e dos controles exercidos pelo empregador via algoritmos. A forma como funcionam esses sistemas de gestão raramente é transparente, uma vez que as empresas não partilham os métodos pelos quais são recolhidos e processados os dados utilizados para avaliação do empregado(496).

O controle do trabalho por meio de algoritmos é, portanto, muito mais intenso e eficaz do que aquele feito pessoalmente pelo chefe de seção no chão de fábrica da década de 1970(497). Além disso, muitas dessas ordens e comandos são ocultos por sua própria natureza, fazendo com que o trabalhador seja obrigado a ficar conectado indefinidamente à plataforma digital como condição para executar seu trabalho(498).

---

(496) STEFANO, Valerio de. Automação, inteligência artificial e proteção laboral: patrões algorítmicos e o que fazer com eles. In: CARELLI, Rodrigo de Lacerda; CAVALCANTI, Tiago Muniz; FONSECA, Vanessa Patriota da. *Futuro do trabalho:* os efeitos da revolução digital na sociedade. Brasília: ESMPU, 2020. Disponível em: <http://escola.mpu.mp.br/a-escola/comunicacao/noticias/esmpu-lanca-publicacao-sobre-o-futuro-do-trabalho-e-os-efeitos-da-revolucao-digital-na-sociedade/livro_futuro-do-trabalho.pdf>. Acesso em: 20 jan. 2021.

(497) CASTILHO, Paulo Cesar Baria de. *Op. cit.*

(498) *Idem.*

Nesse sentido, Teresa Coelho Moreira[(499)] dispõe:

> A grande questão neste tipo de situações é a de que, na maior parte dos casos, não há uma ordem expressa do empregador nesse sentido. Há, sim, uma interiorização desta ideia pelos trabalhadores e uma gestão realizada por objetivos de tal forma que, após algum tempo, são os próprios trabalhadores a não conseguirem separar a vida profissional da vida privada e a levar, voluntariamente, trabalho para casa.

Nem sempre, portanto, há uma ordem expressa ou até mesmo uma transparência por parte do empregador acerca das formas de controle e fiscalização. Existem metas a cumprir e uma cobrança, ainda que velada[(500)], além de um monitoramento nem sempre explícito. A subordinação, que antes exigia uma jornada predeterminada de trabalho presencial, agora coloca o trabalhador à disposição o tempo todo, por meio de *smartphones*, *tablets* e outros aparelhos eletroeletrônicos[(501)].

Ao abordar o assunto, Paulo Cesar Baria de Castilho expõe:

> Essas mudanças na forma de estruturar a organização empresarial trazem insegurança ao empregado que não tem um chefe direto a quem recorrer em caso de dúvidas ao executar seu serviço. O trabalho torna-se impessoal.
>
> Nessa perspectiva, as profissões também vão se inovando e tornam-se cada vez mais específicas e especializadas. Com isso, é maior a facilidade com que podem ser substituídas por inteligência artificial. Até mesmo a atividade de gerenciar a função de outros trabalhadores pode ser substituída.

O controle atualmente, portanto, é feito de maneira dispersa, seja pela própria organização algorítmica do trabalho, seja pela dispersão do controle, que é do tipo panóptico difuso, muito mais eficaz do que qualquer controle pessoal[(502)]. São muitas as ferramentas já existentes que proporcionam um controle intenso e detalhado dos empregados. Desde *softwares* que fazem a captura de tela dos computadores em intervalos fixos e coletam dados adicionais, incluindo, atividade de teclado, uso de aplicativos, fotos de *webcam* para gerar um cartão de ponto a cada 10 minutos, até filtragem do uso da internet, por meio de ferramentas que registram e relatam dados como o histórico da web e a utilização da banda

---

(499) MOREIRA, Teresa Coelho. O direito à desconexão dos trabalhadores. *Revista Questões Laborais*, ano XXIII, n. 49 – jul./dez. 2016, p. 14. Lisboa: Almedina.

(500) CASTILHO, Paulo Cesar Baria de. *Op. cit.*

(501) *Idem.*

(502) CARELLI, Rodrigo de Lacerda. *Op. cit.*

larga, processando os dados obtidos e classificando os trabalhadores em várias métricas de desempenho, examinando o comportamento dos mesmos, também para identificar "influenciadores" e "formuladores de mudanças" na força de trabalho(503).

Além disso, já existe um controle da vida do empregado até mesmo fora do ambiente e do horário de trabalho, ou seja, na sua vida privada, durante os horários de folga e intervalo, sob a justificativa de controlar a condição física dos empregados(504). Sabe-se que *People Analytics* e EPM às vezes podem estar enraizados em necessidades genuínas do negócio, como a promoção da produtividade e o aumento dos níveis de segurança, mas também podem ser utilizados para o benefício de empregados individualmente considerados(505).

As ferramentas que analisam dados relacionados a atividades físicas, por exemplo, podem ser utilizadas para mitigar riscos de saúde e segurança, incluindo o estresse, e para prevenir acidentes. Os trabalhadores também podem estar interessados em utilizar sistemas que os ajudem a manter o foco em suas tarefas, quando estão tanto no local de trabalho quanto fora dele, e em ter suas atividades registradas com precisão para que — se algo der errado — eles possam provar que agiram diligentemente.

Também pode existir um interesse das partes na prevenção de comportamentos ilícitos, como fraudes e formas de assédio que podem ocorrer *on-line*. Além disso, as práticas de RH, como a *People Analytics*, também se baseiam na ideia de que a Inteligência Artificial pode ajudar a gerir melhor a força de trabalho, eliminando preconceitos individuais dos supervisores e substituindo-os por métricas mais objetivas e neutras(506), conforme já exposto no tópico anterior.

Como afirma Valerio de Stefano(507), ao abordar o assunto:

> A utilização da inteligência artificial e de outros instrumentos tecnológicos para supervisionar as atividades de trabalho não deve, portanto, ser considerada como necessariamente negativa.
>
> No entanto, as práticas acima referidas podem também conduzir a uma intrusão muito grave na vida privada dos trabalhadores e violar materialmente a sua privacidade (HENDRICKX, 2015), ao permitir que a gestão tenha acesso a informações muito íntimas, incluindo, por exemplo, a utilização de dados baseados em pedidos de seguro médico sobre a intenção de engravidar e sobre a possibilidade de contrair uma doença (AJUNWA; CRAWFORD; SCHULTZ,

(503) STEFANO de, Valerio. *Op. cit.*

(504) *Idem.*

(505) *Idem.*

(506) *Idem.*

(507) *Idem.*

2017). *Wearables* e câmeras de segurança, programas que registram atividades *on-line* e *off-line*, bem como capturas de tela de computadores, também podem se transformar em práticas extenuantes de vigilância sem fim. Longe de promover o desempenho da força de trabalho, esses modelos também podem gerar estresse, bem como reações adversas, e causar quedas bruscas na eficiência e na produtividade (MOORE; AKHTAR; UPCHURCH, 2018).

O controle do trabalhador por meio de algoritmos, portanto, é muito mais intenso e eficaz do que o controle pessoal direto, pois além de dirigir a prestação pessoal dos serviços, também avalia de forma estatística o trabalho prestado, ficando sujeito às mesmas consequências jurídicas de uma relação de emprego clássica, com advertência, punição e, inclusive, sua dispensa(508). Existe, contudo, uma preocupação necessária e relevante com os limites desse controle por meio de algoritmos, bem como os riscos existentes relacionados aos preconceitos de seus programadores humanos, conforme exposto no tópico anterior.

Neste sentido, Jeremias Adams-Prassl(509) dispõe:

> O quadro que emerge da rica literatura sobre a questão é claro: a automação da gestão permite o exercício de um controle até agora incrivelmente granular sobre todos os aspectos do dia de trabalho. No entanto, isso não é apenas um retorno ao taylorismo (digital): os tipos de dados considerados, os padrões probabilísticos utilizados na autoaprendizagem e as novas formas de exercício do controle diferem fundamentalmente das estruturas tradicionais de gestão em torno das quais o Direito do Trabalho foi concebido.
>
> Uma combinação de coleta de dados em tempo real e análise de aprendizagem por máquina permite que os empregadores monitorem e direcionem sua força de trabalho de forma contínua — enquanto dispersam a responsabilidade pelos algoritmos. Impulsionadas por parâmetros imprevisíveis e em rápida evolução, as decisões de gestão tornam-se difíceis de registrar, ou mesmo de explicar.

Alguns casos se aproximam das práticas de "neurovigilância" dos empregados, por meio da análise de dados biométricos como os batimentos cardíacos, da análise do tom de voz, das expressões faciais e, em casos ainda mais extremos, das ondas cerebrais, para ter um mapeamento em tempo real de sensações como cansaço, ansiedade ou mesmo irritação(510). Esse tipo de monitoramento pode ser usado para inferir a probabilidade de um bom funcionário estar prestes a pedir demissão e mudar de negócio, o que pode fazer com que as

(508) CASTILHO, Paulo Cesar Baria de. *Op. cit.*

(509) ADAMS-PRASSL, Jeremias. *Op. cit.*

(510) ALOISI, Antonio; STEFANO, Valerio de. *Op. cit.*, p. 79.

empresas que contam com a retenção dos melhores empregados tracem planos de bônus não indiscriminados, excluindo aqueles que teriam ficado de qualquer maneira na empresa[511]. Em suma, é preciso estar vigilante para que os sonhos ocultos da leitura da mente de alguém não se transformem em pesadelos distópicos de todos os demais[512].

Nas palavras de Antonio Aloisi e Valerio de Stefano[513]:

> Para entender a extensão de tudo isso, é necessário considerar que os algoritmos desenvolvidos até agora não são de forma alguma exclusivamente descritivos. Ao contrário, a verdadeira novidade consiste precisamente em suas capacidades preditivas, por assim dizer, de antecipação ultrarrápida das expectativas, comportamentos e respostas humanas. Tomadas emprestadas dos processos implementados pelos departamentos de contraterrorismo e pela força policial, essas práticas permitem prever ameaças internas, sinalizar comportamentos suspeitos e outros elementos pertinentes. Nessa lógica, sempre que o sistema revela atividades duvidosas (downloads excessivos, *e-mails* para destinatários duvidosos, comportamento inesperado, acessos de lugares inusitados), são acionados relatórios para os gestores que são responsáveis por dirimir as dúvidas e agir em conformidade.
>
> Além disso, muitas vezes são os próprios trabalhadores que têm que preencher formulários de autoavaliação, contribuindo gratuitamente para os sistemas da empresa que visam a redução de custos. O resultado é uma classificação de humanos eficientes, que nem sabem que estão sob observação. Essa classificação é tanto mais questionável quanto mais "improváveis" forem os parâmetros escolhidos para medir a eficiência ou a produtividade: basta pensar nos algoritmos que tendem a rastrear quantos *e-mails* enviados por cada um de nós são encaminhados para outros destinatários. Quanto mais *e-mails* são encaminhados, segundo os desenvolvedores, mais a pessoa é um "produtor de ideias" na empresa. [...]

No parecer oficial sobre Inteligência Artificial, o Comitê Econômico e Social Europeu[514] observou recentemente:

> A IA afetará não só a quantidade de trabalho disponível no mercado, mas também a natureza desse trabalho. Os sistemas de IA proporcionam cada vez

(511) ALOISI, Antonio; STEFANO, Valerio de. *Op. cit.*, p. 79.

(512) *Idem.*

(513) *Idem.* Tradução nossa.

(514) Comitê Econômico e Social Europeu. *Op. cit.*

> mais possibilidades de seguir e monitorizar os trabalhadores, o que levanta a questão da autonomia e da privacidade. O trabalho já é hoje frequentemente determinado e dividido por algoritmos, sem intervenção humana, o que influencia a natureza e as condições de trabalho. E há um risco de diminuição da qualidade do trabalho, bem como da perda de competências importantes devido ao uso de sistemas de IA.
>
> [...] O que é certo, porém, é que não estamos a ser «conquistados» pela tecnologia. Os governos e os parceiros sociais têm a possibilidade de determinar a forma como a IA virá a ser desenvolvida e aplicada no processo de trabalho, e devem fazê-lo com determinação. Nesse contexto, importa não nos focarmos apenas no que a IA pode fazer, mas sim naquilo que as pessoas são capazes de fazer (criatividade, empatia, cooperação), naquilo que queremos que as pessoas continuem a fazer, e procurarmos formas de melhorar a cooperação entre o ser humano e a máquina (complementaridade).

Percebe-se, portanto, que o uso dos algoritmos durante a fase contratual de um vínculo empregatício, apesar de trazer inúmeros benefícios, tanto para o empregado como para o empregador, gera diversas consequências que podem vir a ser danosas. A preocupação com a automação e a substituição do homem pela máquina é antiga e já foi abordada no primeiro capítulo, mas vai além da substituição do empregado. Algumas atividades podem, com o avanço da tecnologia, ser desenvolvidas exclusivamente pelas máquinas e as fiscalizações podem estar incluídas nas mesmas.

Estudos apontam que a inteligência das máquinas se equiparará à de humanos até 2050, graças a uma nova era na sua capacidade de aprendizado[(515)]. A consultoria americana McKinsey calculou, em 2017, que 60% das funções do mercado de trabalho já podiam ter pelo menos 30% de suas atividades automatizadas[(516)]. Funções, portanto, como as de gerentes ou supervisores estariam ameaçadas?

Se partirmos do pressuposto que gerenciar diz respeito apenas a exercer uma fiscalização podemos dizer que, sim, as funções de gerência podem vir a acabar. Contudo, acreditamos que gerenciar vai muito além de apenas fiscalizar, haja vista a necessidade de exercer uma liderança, sendo essencial compartilhar valores e propósitos[(517)], agregar, liderar

(515) WAKEFIELD, Jane. *Inteligência artificial:* máquinas que pensam devem surgir 'até 2050'. Disponível em: <http://g1.globo.com/tecnologia/noticia/2015/09/inteligencia-artificial-maquinas-que-pensam-devem-surgir-ate-2050.html>. Acesso em: 20 jan. 2021.

(516) McKinsey Global Institute. *O futuro do mercado de trabalho:* impacto em empregos, habilidades e salários. Disponível em: <https://www.mckinsey.com/featured-insights/future-of-work/jobs-lost-jobs-gained-what-the-future-of-work-will-mean-for-jobs-skills-and-wages/pt-br#part%201>. Acesso em: 20 jan. 2021.

(517) *O chefe do futuro vai ser um algoritmo?* Disponível em: <https://www.infomoney.com.br/carreira/o-chefe-do-futuro-vai-ser-um-algoritmo/>. Acesso em: 20 jan. 2021.

e motivar, motivo pelo qual a tecnologia e os algoritmos são necessários e relevantes como um complemento e não como ferramentas autossuficientes e independentes. Da mesma forma que defendemos que o algoritmo não pode exercer, sozinho, o papel de um chefe, sendo essa atividade necessariamente desempenhada por um ser humano, acreditamos que funções que envolvem liderança, por si só, não serão exterminadas nem desempenhadas exclusivamente pelos algoritmos.

Assim, podemos concluir que tecnologias são ferramentas importantes para realização de tarefas repetitivas, analíticas, perigosas e insalubres. Já as tarefas que exijam as chamadas soft skills, altamente valorizadas por se ligarem a valores como liderança, treinamento, empatia, criatividade e julgamento, deverão ser executadas por seres humanos[(518)].

Nesse sentido, consideramos que a Inteligência Artificial nunca deve suplantar a experiência e a capacidade de raciocínio humanas em áreas que tenham claras implicações éticas[(519)]. Ou seja, uma máquina nunca pode decidir em quem atirar nem a quem demitir, porque fará isso baseada exclusivamente em critérios de eficiência e decisões desse tipo não devem ser automatizadas, não devem ser dissociadas de um processo de reflexão responsável, uma ferramenta exclusivamente humana[(520)]. É preciso evitar que empregadores, chefes de setores, líderes de RH se escondam atrás de algoritmos e outras inovações tecnológicas para fugir da responsabilidade e desumanizar ainda mais as relações trabalhistas[(521)].

Faz-se necessário esclarecer que apesar de todos os riscos envolvidos e os consequentes limites necessários ao uso dos algoritmos durante o vínculo empregatício, consideramos que estes são ferramentas importantes e muitas vezes necessárias, que podem agregar valor e resultado, trazendo efeitos muito positivos para relação de emprego. O controle, a fiscalização e até mesmo as cobranças, como, por exemplo, por meio da análise e monitoramento de conversas de atendentes com clientes, são importantes e muitas vezes necessárias para verificar o desempenho, o atendimento e a execução das atividades, que influenciam diretamente no serviço desempenhado e na satisfação do cliente, interferindo no sucesso — ou não — do negócio.

Dessa forma, acreditamos e defendemos que os algoritmos podem ser utilizados ao longo do contrato de trabalho, seja como ferramenta de fiscalização ou até mesmo de controle e comunicação, aferindo o desempenho dos empregados, verificando as aptidões,

---

(518) RICCHETTI, Carla; ZIPPERER, André Gonçalves. *Será que amanhã vamos ser gerenciados por algoritmos ou robôs?* Disponível em: <https://mercadodenoticias.com.br/2021/01/14/sera-que-amanha-vamos-ser-gerenciados-por-algoritmos-ou-robos/>. Acesso em: 20.10 out. 2021.

(519) ECHARRI, Miquel. *150 demissões em um segundo:* os algoritmos que decidem quem deve ser mandado embora. Disponível em: <https://brasil.elpais.com/tecnologia/2021-10-10/150-demissoes-em-um-segundo-assim-funcionam-os-algoritmos-que-decidem-quem-deve-ser-mandado-embora.html>. Acesso em: 20 out. 2021.

(520) *Idem.*

(521) *Idem.*

avaliando os erros e acertos. Contudo, a decisão final, ou seja, a definição sobre promoções ou punições, alterações de funções e dispensas, podem até ser tomadas com a ajuda dos algoritmos, mas não pelos próprios algoritmos, o que implica na defesa da ideia de que os algoritmos devem sempre ser supervisionados por humanos e nunca deverão ter a "última palavra".

Dessa forma, o exercício final do controle e do poder diretivo deve ser do empregador humano. Os algoritmos precisam ter limites, tanto para evitar preconceitos e discriminações, conforme já exposto anteriormente, como para evitar ofensas aos direitos da personalidade dos empregados, motivo pelo qual a revisão e a supervisão humana são essenciais, o que demonstra — ainda mais — a impossibilidade, na nossa visão, do algoritmo ser o chefe propriamente dito.

Apesar de existir uma série de benefícios na fiscalização e no controle exercido pelos algoritmos, haja vista o fato dos mesmos, em tese, não maltratarem, xingarem, mal dizerem, muito menos possuírem qualquer tipo de predileção, já que os algoritmos não agem por emoções, não possuem simpatia nem antipatia por alguém, o que evita favoritismos e preterições, a coerência dos algoritmos não é plena e incondicional.

Uma recente pesquisa feita pela *Oracle* com a *Workplace Intelligence* apontou que 68% da força de trabalho global prefere falar com um robô sobre estresse e ansiedade em vez de seu gestor e no Brasil esse número é de 64%(522). A referida pesquisa indica que as pessoas se sentiriam mais confortáveis de ter acesso a alguma ferramenta de Inteligência Artificial, que trouxesse soluções baseadas em dados e não tivesse subjetividade na análise da situação. Segundo a mesma pesquisa, o uso de IA no dia a dia do trabalho também ajudaria a melhorar a saúde mental, segundo 87% dos brasileiros entrevistados. Para 41%, automatizar tarefas e reduzir a carga evitaria a síndrome de *burnout* e 34% citaram a redução do estresse ao conseguir priorizar tarefas. Percebe-se, portanto, uma confiança maior nos algoritmos, por conta do nível de acerto e da ausência de subjetividade. Contudo, como já exposto anteriormente, é preciso cautela e cuidado ao confiar tão plenamente na suposta coerência dos algoritmos.

Para ilustrar a análise em questão, vamos citar o exemplo do VAR (*Video Assistant Referee*), ferramenta muito utilizada atualmente nos jogos de futebol e campeonatos nacionais e internacionais. A assistência por vídeo procura detectar erros claros e óbvios em situações que possam modificar o resultado de um jogo, quais sejam: gol, pênalti, cartão vermelho direto, confusão de identidade(523). Assim, quando acontece algum dos lances descritos e o juiz tem uma ação diferente da que deveria ser correta (validou um gol irregular,

---

(522) BIGARELLI, Barbara. *Funcionários preferem um robô a seu gestor para falar sobre estresse.* Disponível em: <https://valor.globo.com/carreira/noticia/2020/10/08/funcionarios-preferem-um-robo-a-seu-gestor-para-falar-sobre-estresse.ghtml>. Acesso em: 15 jan. 2021.

(523) Disponível em: <https://globoesporte.globo.com/rj/futebol/noticia/guia-do-var-globoesportecom-explica-tudo-o-que-voce-precisa-saber-sobre-o-arbitro-de-video.ghtml>. Acesso em: 30 jan. 2021.

não marcou pênalti claro, ou deu cartão amarelo para a pessoa errada, por exemplo), o VAR entra em ação.

Recentemente a FIFA anunciou[524] que irá investir em ferramentas que auxiliem na decisão acerca dos lances de impedimento. Trata-se de uma tecnologia de impedimento semi-automatizada, que deve fornecer ao VAR informações adicionais e mais precisas para auxiliar o processo de tomada de decisão do árbitro e tornar o processo de revisão o mais eficiente possível. No futuro, os algoritmos do sistema devem ser capazes de identificar automaticamente qual parte do corpo colocou o jogar em impedimento e a que distância. A Fifa e a International Board (IFAB) sempre sustentaram que a decisão final permanecerá com o árbitro, com a introdução de tecnologia para fornecer aos oficiais o melhor suporte disponível[525].

A analogia em questão justifica-se pela existência de uma relação com o tema abordado no presente livro. O VAR pode dizer se foi gol ou não e se foi impedimento ou não (o que, como exposto, será ainda mais aperfeiçoado nos próximos anos), essas conclusões, portanto, podem ser feitas sem a presença do juiz, de forma automatizada. Mas não seria possível o VAR decidir e informar se foi falta ou não, sem a presença de um juiz, o que corrobora a necessidade de um complemento humano nas conclusões tomadas por algoritmos.

Como exposto, os algoritmos e o avanço da tecnologia já possuem uma grande influência na gestão dos trabalhadores. O uso da Inteligência Artificial, a análise de pessoas e a gestão por algoritmo podem potencializar e configurar, cada vez mais, a automação de atividades gerenciais[526]. As implicações e os efeitos dessas novas práticas e novas realidades do poder diretivo exercido por meio de algoritmos merecem atenção e devem ser debatidos e analisados com cautela e urgência.

As consequências são inúmeras e envolvem questões como privacidade, diversidade, empregabilidade, produtividade[527], discriminações e preconceitos, que devem ser avaliadas com cuidado. Sabe-se que mesmo medidas bem-intencionadas, correm o risco de se transformarem em formas de controle distópico, sendo necessária uma reflexão séria sobre o uso (e os limites desse uso) da tecnologia no local de trabalho[528].

Dentre os argumentos dos críticos ao uso dos algoritmos nas relações de trabalho, está o de que as ferramentas que atuam por meio dos algoritmos acabariam configurando

---

(524) RUEL, Renata. *Fifa apresenta tecnologia semi-automatizada para impedimento.* Disponível em: <http://www.espn.com.br/blogs/renataruel/765432_fifa-apresenta-tecnologia-semi-automatizada-para-impedimento>. Acesso em: 30 jan. 2021.

(525) *Idem.*

(526) STEFANO, Valerio de. *Op. cit.*

(527) *Idem.*

(528) *Idem.*

uma extensão ilimitada dos poderes dos empregadores, ao mesmo tempo em que reduziria a autonomia dos trabalhadores, intensificando o estado de sujeição e dependência[(529)]. Nesse sentido, os críticos[(530)] questionam se a autoridade exercida pelo empregador hoje é realmente a mesma ou se a quantidade de novas formas de controle não levou a um salto de qualidade destas últimas em relação ao praticado no passado[(531)].

Sobre o assunto, Antonio Aloisi e Valerio de Stefano[(532)] dispõem:

> É uma verdadeira mutação genética, um alargamento descontrolado das formas e métodos, para o qual o sistema regulatório existente está mal equipado. De acordo com estudos científicos, variação genética significa uma mudança evolutiva no tecido genético básico de um organismo, o DNA. Definida como a soma de inúmeras transformações em pequena escala, uma mutação pode ser benéfica, prejudicial ou neutra. A partir desta definição técnica move-se o paralelismo com as forças transformadoras dos "líderes digitais".
>
> [...]
>
> O conjunto de normas que leva o nome de direito do trabalho foi pensado justamente para domar o excesso de poder do empregador, por meio de institutos imperativos, limites conegociados e contramedidas coletivas. No entanto, as novas práticas questionam a resistência desta disciplina, seu papel e sua relevância. Tanto mais que assistimos a um transbordamento desses modelos mesmo em relações de natureza diversa da subordinada (começando pelas de trabalho autônomo, mas contratos, subcontratação, franquia não são exceção).

Os referidos autores[(533)] prosseguem na análise do tema em questão, definindo o "gerenciamento por meio de algoritmos" como práticas organizacionais que são realizadas por agentes não humanos, principalmente fórmulas matemáticas[(534)]. De acordo com os doutrinadores, não existe apenas uma complementaridade, mas também um pré-requisito entre a análise da força de trabalho e o gerenciamento algorítmico da força de trabalho, bem como o reservatório de informações coletadas serve para reabastecer as sequências de código que terão que assumir funções gerenciais. Os algoritmos, portanto, preparam decisões sobre as quais os executivos têm a última palavra (se tudo correr bem). Caso contrário,

(529) ALOISI, Antonio; STEFANO, Valerio de. *Op. cit.*, p. 85.

(530) *Idem.*

(531) *Idem.*

(532) ALOISI, Antonio; STEFANO, Valerio de. *Op. cit.*, p. 87 (Tradução nossa).

(533) *Idem.*

(534) *Idem.*

é possível delegar em branco as funções gerenciais, de controle e disciplina a uma multidão de aplicativos que atuam por aproximação, por tentativa e erro, por ajustes(535).

Faz-se necessário ressaltar que a atuação dos algoritmos e o consequente controle, fiscalização, monitoramento, aplicação de sanções realizados por eles não se trata de um padrão apenas em plataformas *on-line* ou aplicativos de disponibilização de mão de obra. Com o avanço da tecnologia e o uso cada vez mais constante de *softwares* e ferramentas que atuam com base nos algoritmos, cada vez mais empresas, de diferentes ramos, vêm utilizando e configurando o poder diretivo algorítmico na prática das relações de trabalho.

Uma vez que os sistemas algorítmicos que atuam sobre os trabalhadores estão se tornando muito convenientes e fáceis de usar, é de se esperar que se multipliquem as possibilidades de classificar as informações de forma eficiente e fazer previsões em uma velocidade mais rápida do que é possível hoje. Como exemplo, podemos citar grandes distribuidoras, varejistas e redes de comércio que utilizam métodos de monitoramento, fiscalização e aferição de desempenho e produção, há décadas, internalizando e atualizando os ensinamentos da gestão de recursos humanos: fragmentar, medir, tornar mais eficiente, corrigir(536).

Essas etapas e procedimentos são realizados e efetivados por meio de sensores de diversos tipos, como códigos de barra, leitores ópticos, *QR code*, laser etc., que mapeiam e monitoram o desempenho de colaboradores(537). Nesse sentido, um lampejo sinaliza ao trabalhador quantas peças faltam ser concluídas para atingir a meta, ou um alarme toca toda vez que o atendente da caldeira demora mais do que o esperado para fazer a inspeção, uma xícara de café pisca para lembrar o funcionário de *call center* para ser mais empático, ou uma medalha aparece no chat da empresa, obtida na conclusão de um rico contrato com um novo cliente(538).

Nesse contexto, tem surgido um sentimento de insegurança por conta da falta de transparência no uso dos algoritmos, também nas relações de trabalho. Além da falta de transparência, existe um receio decorrente da sensação de incontrolabilidade dos algoritmos e dos consequentes modelos adotados. Existe ainda a crítica no sentido de que se trata de um sistema de microgestão sem gerente e para que o trabalhador possa se manifestar ou até mesmo questionar decisões, é forçado a utilizar uma espécie de "serviço ao cliente", com formulários imprecisos e interação mínima, resultando um desencorajamento de queixas e protestos(539).

---

(535) ALOISI, Antonio; STEFANO, Valerio de. *Op. cit.*, p. 87 (Tradução nossa).

(536) *Idem*.

(537) *Idem*.

(538) *Idem*.

(539) *Idem*.

As profundas transformações no ambiente de trabalho ocasionadas pelas novas tecnologias se refletem negativamente, também, sobre as relações interpessoais, tanto que muitas pesquisas identificam algumas causas graves de stress nos conflitos entre colegas, nas agressões atribuídas ao fenômeno do assédio moral e nas dificuldades de comunicação com os superiores(540). Nesse contexto, já existe a definição do "technostress", conceituado como a doença moderna causada pela incapacidade de lidar com as informações e com as novas tecnologias de maneira saudável(541).

É preciso, portanto, ter sempre em mente que a delegação de decisões cruciais e importantes de gestão empresarial não deve ser feita de forma ilimitada e descontrolada para as máquinas e ferramentas eletrônicas. Os algoritmos são qualificados como "caixas preta", no sentido de que as decisões e os dados que são utilizados para tais decisões são, muitas vezes, desconhecidos ou imensuráveis. Além disso, os dados utilizados pelos algoritmos muitas vezes são incompletos, recortados ou viciados por preconceitos e vieses. Tais riscos e complexidades não podem ser ignorados, nem mesmo relativizados.

Somos favoráveis e defendemos o uso da tecnologia, dos algoritmos e das ferramentas existentes ao longo do vínculo de emprego, conforme exposto anteriormente. Contudo, entendemos que a tecnologia deve ser um complemento, auxiliando na gestão, na direção, no controle e fiscalização, mas necessitando, sempre, de uma liderança humana. Além disso, enxergamos que os algoritmos podem, ao identificar problemas, contribuir para solucioná-los e não tomar decisões definitivas(542). A discussão sobre o poder diretivo algorítmico, portanto, e as formas de exercício do mesmo se mostram cada vez mais necessárias e urgentes.

Acreditamos e partilhamos o entendimento exposto pelo Comitê Econômico e Social Europeu(543) de que a inteligência aumentada (complementaridade), que consiste na cooperação e no reforço mútuo entre homem e máquina, é a aplicação mais interessante da IA, porque o ser humano trabalha com a máquina, e não em vez da máquina. A implementação conjunta é extremamente importante: os trabalhadores devem participar no desenvolvimento deste tipo de sistemas de IA complementares, para garantir que os sistemas de IA funcionem e que o trabalhador mantenha autonomia e controle suficientes (*human in command*), realização e satisfação no trabalho.

Além disso, é necessário que os empregadores, que exercem esse poder diretivo algorítmico ao longo do vínculo empregatício, de forma mais potencializada na fase contratual do mesmo, se conscientizem acerca dos limites existentes para tal exercício. A pergunta e o

(540) LUDOVICO, Giuseppe. *Op. cit.*

(541) *Idem.*

(542) *O chefe do futuro vai ser um algoritmo?* Disponível em: <https://www.infomoney.com.br/carreira/o-chefe-do-futuro-vai-ser-um-algoritmo/>. Acesso em: 30 jan. 2021.

(543) Comitê Econômico e Social Europeu. *Op. cit.*

debate acerca do alcance do algoritmo como um instrumento para gestão do empregador e das delimitações necessárias ao mesmo são fundamentais. Os limites, nesse caso, precisam ser pensados tanto como contenção quanto como meta.

Não há dúvidas, conforme já exposto, que a inovação é bem-vinda e os avanços tecnológicos trazem aspectos muito positivos para sociedade como um todo, não sendo diferente nas relações de trabalho. Contudo, não podemos ignorar os altos riscos existentes. Assim, as inovações — e consequentemente os algoritmos — precisam ser controladas numa via de negociação que envolva os parceiros sociais e os diretamente envolvidos, aumentando a transparência e colocando o ser humano em primeiro lugar(544).

3.2.3. *Fase pós-contratual*

Passada a fase contratual, com a extinção do contrato de trabalho, seja por iniciativa do empregado ou do empregador, tem-se início a fase pós-contratual. A atuação dos algoritmos e o exercício das atividades inerentes ao poder diretivo algorítmico também repercutem, influenciam e produzem efeitos durante a fase pós-contratual. Assim, além de ser necessária a observância dos limites do uso de algoritmos na fase pré-contratual, durante o processo de recrutamento, seleção e admissão e na fase contratual, ao longo de todo o vínculo, é preciso tutelar e garantir a utilização dos algoritmos com razoabilidade e proporcionalidade também após a extinção do contrato, ou seja, com o fim da relação entre empregado e empregador.

Conforme exposto no tópico referente ao período pré-contratual, existe um grande potencial discriminatório, já configurado em alguns casos, no uso de algoritmos, o que tem gerado muitas discussões acerca da utilização e dos vieses dos mesmos. Tal circunstância é válida também para fase pós-contratual, pois nesse momento a empresa continua detendo os meios de produção (entre eles as ferramentas tecnológicas, sistemas, *softwares*, aplicativos etc.) e possuindo uma quantidade significativa de dados e informações sobre o ex-empregado. Dessa forma, seja intencionalmente ou não, o vazamento de determinadas informações ou a divulgação ou utilização equivocada das mesmas pode comprometer seriamente o futuro dos trabalhadores.

Durante o processo de seleção, uma série de dados do candidato ao emprego é obtida, tratada e armazenada pelo empregador e são acrescentados a estes diversas outras informações caso a relação de emprego se estabeleça. Dessa forma, é inquestionável que o empregador possui em suas mãos diversos elementos que dizem respeito à vida profissional do seu antigo empregado, nestes incluídos aspectos de sua personalidade e características pessoais.

Em sendo assim, todo cuidado necessário quando da realização do processo seletivo, no que diz respeito a obtenção somente de informações que interfiram na atividade que

---

(544) ALOISI, Antonio; STEFANO, Valerio de. *Op. cit.*, p. 91 (Tradução nossa).

possa vir a ser executada pelo candidato, repercute até a fase pós-contratual. Isto porque o empregador continuará com a posse desses dados e mesmo que devolva todos os documentos exigidos ao empregado ou elimine os dados tratados ao longo do vínculo, já vai ter tido acesso e conhecimento das características profissionais do seu antigo empregado e, consequentemente, das suas características pessoais demonstradas no dia a dia da relação de emprego estabelecida.

A Lei Geral de Proteção de Dados ("LGPD"), já mencionada em algumas oportunidades, tem uma relevância muito grande no que tange as diferentes fases do contrato de trabalho, incluindo a fase pós-contratual. O término do tratamento de dados, portanto, merece ser destacado, haja vista a necessidade de compreender e observar até que momento é possível continuar tratando os dados pessoais de um ex-empregado(545). No que tange às relações trabalhistas existem peculiaridades que precisam ser observadas, principalmente no que diz respeito às obrigações existentes de guarda de documentos que decorrem de imposição legal(546).

Nesse sentido, será necessário analisar cada caso, observando-se, por exemplo, o dever de guarda de documentos para fins de documentação probatória para ações trabalhistas ou eventuais fiscalizações das Superintendências Regionais do Trabalho. Além disso, apesar do prazo decadencial para propositura de ações trabalhistas ser de dois anos contatos da data de desligamento, existem situações excepcionais, envolvendo prescrição total ou parcial, bem como hipóteses em que o prazo prescricional está suspenso ou impedido de correr, como é o caso das ações que tenham por objeto anotações para fins de prova junto à Previdência Social ou os casos envolvendo doenças ocupacionais, que podem se manifestar apenas depois de determinado lapso temporal e que tem o início de contagem do prazo prescricional apenas com a sua ciência inequívoca (Súmula n. 230 do STF e Súmula n. 278 do STJ)(547).

Dessa forma, não há como limitar o prazo de guarda de documentos e, consequentemente, de dados do ex-empregado ao prazo prescricional de dois anos, sendo possível e até mesmo indicado que os empregadores armazenem de forma indeterminada os documentos que sejam essenciais e realmente necessários para se defender de pretensões imprescritíveis, o que não impede, se possível, a anonimização de dados pessoas, conforme previsto no art. 16, IV, da LGPD(548). Além disso, faz-se necessário a preservação da boa-fé, que deve nortear o contrato em toda sua plenitude, em todas as suas fases, seja ela pré-contratual, contratual, ou na fase pós-contratual, estando tal princípio previsto, inclusive, na LGPD.

---

(545) PINHEIRO, Iuri; BOMFIM, Volia. *A Lei Geral de Proteção de Dados e seus impactos nas relações de trabalho.* Disponível em: <http://trabalhoemdebate.com.br/artigo/detalhe/a-lei-geral-de-protecao-de-dados-e-seus-impactos-nas-relacoes-de-trabalho>. Acesso em: 06 fev. 2021.

(546) ARAUJO, Cristiane Carvalho Andrade; CALCINI, Ricardo. *O impacto da LGPD nas relações de trabalho.* Disponível em: <https://www.conjur.com.br/2020-set-17/lgpd-impactos-trabalhistas>. Acesso em: 06 fev. 2021.

(547) PINHEIRO, Iuri; BOMFIM, Volia. *Op. cit.*

(548) *Idem.*

Não restam dúvidas, portanto, da importância de se ter o cuidado na proteção de dados do ex-empregado, não restringindo-se, contudo, a privacidade no que diz respeito aos dados pessoais, mas a todas as informações que possam causar danos ao ex-empregado. A violação à intimidade do empregado durante a fase pós-contratual pode ensejar indenização por danos morais, sendo a competência da Justiça do Trabalho, nos termos do art. 5º, V e X, e art. 114 da CF, sempre que a ofensa guardar nexo de causalidade entre o ato ilícito (comportamento culposo ou doloso) e o dano. Conforme exposto, os algoritmos possuem cada vez mais acesso e controle de informações pessoais, não sendo diferente no âmbito profissional.

Dessa forma, é imprescindível a cautela nos sistemas e *softwares* utilizados pelos empregadores, não só no momento de recrutar, contratar e executar o contrato, mas também após a rescisão. Há alguns anos, na Polônia, um algoritmo foi utilizado para calcular o nível de empregabilidade de desempregados. O algoritmo em questão classificou uma parcela de pessoas como "impossíveis de contratar"[(549)], sendo, claro, portanto, os danos causados às mesmas.

Tal situação ocorreu em maio de 2014, quando o Ministério Polonês do Trabalho e Política Social (MLSP), que é responsável por elaborar políticas na área de emprego e combate ao desemprego, introduziu um sistema com base na coleta de dados e perfis. O perfil envolvia a divisão de todos os desempregados em três categorias, levando em conta as características individuais dos mesmos.

A atribuição a uma determinada categoria determinava o tipo de programas de mercado de trabalho que uma pessoa poderia receber dos escritórios de trabalho locais (por exemplo, colocação de emprego, treinamento vocacional, aprendizagem, subsídio de ativação). Esta categorização baseava-se em dados coletados durante uma entrevista por computador com os desempregados. Eram 24 diferentes dimensões relatadas no banco de dados eletrônico e cada uma delas recebia uma pontuação. A pontuação final — e a categoria à qual um determinado desempregado deveria ser atribuído — era determinada pelo algoritmo. Ao mesmo tempo, a lógica por trás da criação de perfil e do próprio algoritmo eram tratadas como informações confidenciais. Como resultado, o desempregado não sabia com certeza características individuais ou circunstâncias de vida que afetava sua chance de ser atribuído a uma determinada categoria[(550)]

---

(549) BUCCO, Rafael. *Para organizações civil, algoritmos não devem ser sigiloso*. Disponível em: <https://www.telesintese.com.br/para-organizacoes-civis-algoritmos-nao-devem-ser-sigilosos/>. Acesso em: 06 fev. 2021.

(550) NIKLAS, Jędrzej; SZTANDAR-SZTANDERSKA, Karolina; SZYMIELEWICZ, Katarzyna. *PROFILING THE UNEMPLOYED IN POLAND: SOCIAL AND POLITICAL IMPLICATIONS OF ALGORITHMIC DECISION MAKING*. Disponível em: <https://panoptykon.org/sites/default/files/leadimage-biblioteka/panoptykon_profiling_report_final.pdf>. Acesso em: 06 fev. 2021.

A Fundação polonesa Panoptykon elaborou um relatório com o objetivo de traçar o perfil dos desempregados na Polônia e as implicações sociais e políticas da tomada de decisões algorítmicas.(551) O relatório é o resultado de uma análise de disposições legais e documentos sobre a definição de perfis de assistência aos desempregados, de dados estatísticos sobre a definição de perfis de mais de 100 agências de trabalho e de entrevistas com funcionários de agências de trabalho e desempregados. Além disso, contém uma lista de recomendações para um novo mecanismo de processamento de dados por agências de emprego. O estudo foi realizado como parte de um projeto mais amplo intitulado *"Quantified Society"* — que coleta informações sobre casos de *profiling* e uso de técnicas baseadas no processamento de grandes quantidades de dados por instituições públicas e empresas de diversos países.

O relatório incidiu sobre a falta de transparência e o caráter discriminatório da criação de perfis de assistência para desempregados na Polônia, apresentada pelo Ministério do Trabalho e da Política Social em maio de 2015. Os poloneses que estavam sem emprego foram divididos em três categorias, de acordo com a sua "prontidão" para trabalhar, o local em que moravam, as deficiências e outros dados. Contudo, percebeu-se que os critérios utilizados pelo sistema para definir o perfil dos desempregados estava levando à discriminação. No relatório elaborado pela Fundação Panoptykon foram formuladas recomendações sobre como alterar o sistema para respeitar os direitos fundamentais(552).

De acordo com o relatório em questão, baseado em estatísticas de 100 escritórios de trabalho e entrevistas com funcionários públicos e desempregados, é preciso haver mais transparência, de modo a garantir que as pessoas que procuram ajuda nas repartições de trabalho sejam atendidas de acordo com critérios justos e transparentes. Além disso, foi pontuado que quaisquer termos baseados em estereótipos, que conduzem à exclusão social, devem ser reformulados, bem como deve ser concedida aos desempregados a possibilidade de recorrer do resultado da categorização.

Ao analisar os riscos de discriminações no referido sistema e as discriminações que efetivamente se configuraram, foi exposto no relatório(553):

> A análise de entrevistas semiestruturadas e depoimentos feitos por desempregados e trabalhadores de escritório de trabalho nos leva a concluir que o novo sistema do programa de distribuição do mercado de trabalho gerou segregação de indivíduos em categorias melhores e piores. Em particular, muito rapidamente na inscrição da reforma tornou-se um entendimento comum entre os

(551) NIKLAS, Jędrzej; SZTANDAR-SZTANDERSKA, Karolina; SZYMIELEWICZ, Katarzyna. *PROFILING THE UNEMPLOYED IN POLAND: SOCIAL AND POLITICAL IMPLICATIONS OF ALGORITHMIC DECISION MAKING.* Disponível em: <https://panoptykon.org/sites/default/files/leadimage-biblioteka/panoptykon_profiling_report_final.pdf>. Acesso em: 06 fev. 2021.

(552) PANOPTYKON FOUNDATION. *Profiling the Unemployed in Poland* — report. Disponível em: <https://en.panoptykon.org/articles/profiling-unemployed-poland-%E2%80%93-report>. Acesso em: 06 fev. 2021.

(553) NIKLAS, Jędrzej; SZTANDAR-SZTANDERSKA, Karolina; SZYMIELEWICZ, Katarzyna. *Op. cit.*

desempregados e o pessoal da linha de frente que o Perfil III é projetado para pessoas em situações difíceis que muitas vezes não podem ser ajudados ("junk people"). Embora seja parcialmente devido a fatores objetivos, como uma escassez de recursos públicos para lidar com essas situações difíceis, também pode-se argumentar que a própria categorização de pessoas como método de gestão social gera a percepção de que alguns são melhores ou piores do que outros.

No discurso oficial cada perfil foi apresentado como "igualmente bom" e, até mesmo, sob medida a uma situação particular do desempregado (o conceito de "individualização" que descrevemos acima). Assim, quaisquer diferenças na gama de programas do mercado de trabalho oferecidos aos desempregados deveriam refletir as diferenças em suas necessidades reais. No entanto, descobriu-se que o a escolha de programas oferecidos a indivíduos atribuídos ao Perfil III é muito limitada devido à escassez de programas dedicados aos desempregados que se encontram em situações particularmente difíceis, como falta de moradia ou deficiência. Portanto, na prática, o fato de ser atribuído a esta categoria leva à exclusão da maioria dos serviços atraentes.

Por causa da percepção negativa do Perfil III e fatores objetivos que fazem este perfil menos atraente, tornou-se uma prática comum entre os desempregados (bem como entre os funcionários da linha de frente que estavam tentando ajudá-los) manipular o processo de criação de perfil para evitar ser categorizado como "III". Como resultado, o número de pessoas atribuídas ao Perfil II de longe excede o número daqueles atribuídos ao Perfil III. Esta prática prejudica efetivamente o próprio objetivo da reforma, nomeadamente o ajustamento da assistência às necessidades reais do desempregado. Na realidade, essas necessidades são diferentes e não devem ser fundidas em uma grande categoria sem sentido.

Nosso estudo de caso mostra que há um problema inerente ao uso de categorização de pessoas como forma de gestão social. Não importa quais argumentos serão usados no discurso oficial, haverá uma tendência entre aqueles que gerenciam o sistema e aqueles afetados por ele em perceber algumas categorias como "piores" e outras como "melhores". Na próxima etapa, ser classificado como uma categoria "pior" afetará a autoestima e dignidade da pessoa em questão. Esta dinâmica poderia, provavelmente, ser interrompida por uma distribuição igualitária dos recursos públicos e o uso de narrativas (ou seja, funcionários da linha de frente e a mídia usando a mesma linguagem positiva em relação a todas as categorias). Infelizmente, na Polônia foi apenas agravado pela escassez de recursos públicos dedicado ao Perfil III e uma percepção negativa desta categoria que era visível até mesmo nas diretrizes internas usadas pelo pessoal da linha de frente.

[...]

A alocação para um determinado perfil é determinada com base em características como: idade, sexo ou deficiência, o que implica que a situação de determinados indivíduos desempregados (em particular, o seu acesso efetivo aos programas de mercado de trabalho) é diferenciada com base nessas características. Ao mesmo tempo, a lei não explica como a existência de um determinado recurso afeta a atribuição de um determinado perfil.

Com base em entrevistas semiestruturadas, concluímos que, pelo menos em alguns casos, a o próprio fato de ter uma deficiência ou ser mãe solteira acabou sendo suficiente para atribuir uma pessoa ao Perfil III. A análise de dados estatísticos — mostrando a idade ou a estrutura de gênero de cada perfil — não exibiu tais correlações devido ao fato de que muitos outros fatores podem afetar a distribuição dos desempregados de determinada idade e sexo em cada perfil em várias cidades e regiões da Polónia, mas levou-nos a acreditar que podem existir. No entanto, esta hipótese certamente requer mais pesquisas.

O risco de discriminação no caso polonês está intimamente relacionado à falta de transparência de todo o processo. Argumentamos que o ônus da prova de que a discriminação não está ocorrendo é do lado do estado, não dos cidadãos. Deve-se ao fato de que, por um lado, foi uma decisão política projetar o novo sistema de distribuição de suporte de forma não transparente e, sobre o outro, o estado criou um quadro jurídico e administrativo que requer cobrança e tratamento de dados pessoais sensíveis, criando assim um risco de discriminação neste âmbito.

Visto que, pelos motivos acima mencionados, não podemos estabelecer a existência de práticas discriminatórias neste caso particular. Também seria injustificado afirmar que o risco de a discriminação é inerente aos processos de tomada de decisão algorítmicos. Certamente depende do tipo de dados coletados e a lógica aplicada no processo. No entanto, diríamos que uma vez dados confidenciais estão envolvidos e a lógica por trás da criação de perfil não é totalmente transparente, o risco de o impacto discriminatório aumenta e deve ser visto como um problema.

O relatório deixa claro, portanto, o risco de discriminação na utilização de decisões algorítmicas. De forma minuciosa e fundamentada, o referido documento aponta as implicações sociais e políticas da prática em questão e expõe recomendações para um novo mecanismo, com base, principalmente, na transparência. O caso em tela apenas corrobora e comprova a necessidade de cautela no uso dos algoritmos durante as fases contratuais de uma relação de emprego, bem como a importância de uma revisão humana sobre as decisões tomadas pelas "máquinas".

Consideramos válida e extremamente positiva a iniciativa de criar um sistema com o intuito de ajudar trabalhadores que estejam desempregados a se realocar no mercado de trabalho, criando ferramentas para reinserção dos mesmos. Contudo, o exemplo em questão demonstra que, apesar da boa intenção e da louvável ação proativa, o resultado acabou sendo prejudicial para muitos desempregados, classificando-os como pouco "empregáveis", o que vai totalmente de encontro ao planejado e almejado por meio do sistema. Assim, uma ação que intencionalmente traria benefícios e consequências positivas, acabou gerando prejuízos para alguns envolvidos e danos imensuráveis.

Como o próprio relatório desenvolvido pela fundação polonesa sugere, existem alternativas e formas de eliminar ou pelo menos minimizar os riscos de discriminações e consequentes prejuízos. A necessidade de supervisão humana das conclusões e decisões algorítmicas será abordada em tópico posterior e se mostra cada vez mais clara e urgente, diante das inúmeras possibilidades de utilização dos algoritmos nas diferentes fases contratuais do vínculo empregatício.

Nesse sentido, faz-se necessário mencionar, também, o caso da Estônia[(554)]. O referido país também utiliza os algoritmos com o intuito de auxiliar os desempregados a encontrarem novos empregos. Os algoritmos são utilizados num sistema que define quais são os melhores candidatos para cada vaga com base nas habilidades informadas por cada um. De acordo com os relatórios do projeto, cerca de 72% dos empregados contratados pela indicação dos algoritmos continuam no emprego depois de seis meses da contratação, um aumento de 14% em relação à época em que a definição de candidatos era feita por humanos[(555)].

O avanço e o uso cada vez mais constantes das ferramentas tecnológicas inevitavelmente alcançou as relações de emprego, o que pode ser benéfico e trazer muitas consequências positivas. Contudo, tal prática exige razoabilidade, proporcionalidade, cautela, ponderação e, principalmente, a observância dos direitos fundamentais dos envolvidos, sob pena de violá-los em casos de extrapolação dos limites do poder diretivo algorítmico, conforme será analisado no tópico seguinte.

---

(554) Além do uso dos algoritmos para auxiliar desempregados, a IA também tem ajudado o sistema de saúde e de educação do país: todo o sistema de registros de nascimentos dos hospitais é não apenas automatizado como está também vinculado ao cadastro das escolas do país. Assim que uma nova criança nasce, ela já está automaticamente matriculada em uma escola próxima de onde mora, e os pais não precisam se preocupar em preparar documentos, tampouco enfrentar filas de espera por uma vaga. Basta esperar a criança chegar à idade de poder frequentar as aulas e levá-la à escola designada no início das aulas, sem burocracia. Além disso, o Ministério de Justiça da Estônia desenvolveu um "juiz robô", uma IA usada para mediar pequenas causas (cuja disputa seja menor do que US$ 8 mil) com o intuito de liberar os juízes do país para se dedicarem a casos mais complexas. Fonte: SILVA, Rafael Rodrigues da. *Estônia está desenvolvendo o primeiro "juiz robô" do mundo*. Disponível em: <https://canaltech.com.br/inteligencia-artificial/estonia-esta-desenvolvendo-o-primeiro-juiz-robo-do-mundo-136099/>. Acesso em: 30 out. 2020.

(555) SILVA, Rafael Rodrigues da. Estônia está desenvolvendo o primeiro "juiz robô" do mundo. Disponível em: <https://canaltech.com.br/inteligencia-artificial/estonia-esta-desenvolvendo-o-primeiro-juiz-robo-do-mundo-136099/>. Acesso em: 30 out. 2020.

3.3. Efeitos decorrentes da extrapolação dos limites do poder algorítmico

Conforme exposto nos tópicos anteriores, os algoritmos podem possuir vieses preconceituosos, que acabam discriminando e causando diversos prejuízos e violações de direitos, inclusive fundamentais. Para além dos riscos demonstrados anteriormente, de discriminações em processos seletivos, violações à vida privada e à intimidade dos empregados e até mesmo exclusões de desempregados do mercado de trabalho, a atuação ilimitada e desregulada dos algoritmos, além de violar direitos e garantias fundamentais, pode configurar danos materiais e morais até mesmo irreversíveis. Contudo, além das violações e danos que podem ser causados e configurados, faz-se necessário discutir e definir as consequências da extrapolação de limites e a necessária responsabilização pela correção, compensação ou, pelo menos, minimização dos efeitos.

Não existe atualmente uma definição concreta sobre os limites do poder algorítmico, ou seja, da atuação da Inteligência Artificial. Defendemos que esses limites devem ter como base a garantia e a observância dos direitos fundamentais do indivíduo. Sabe-se que a Inteligência Artificial trouxe avanços antes impensados e pode vir a contribuir de forma positiva em muitos aspectos e setores da sociedade, contudo, é preciso, também, analisar as implicações, as consequências e os problemas, especialmente os desdobramentos éticos(556) e as violações de direitos. É essencial, portanto, e urgente, que os parâmetros e limites do poder algorítmico sejam definidos, bem como os efeitos da extrapolação dos mesmos sejam analisados.

Os avanços tecnológicos e o uso constante dos algoritmos acabaram impactando e trazendo mudanças nos relacionamentos, na forma de pensar, decidir, agir, interferindo na sociedade como um todo e criando um novo tipo de organização social, regida pela algocracia: o governo feito pelos algoritmos(557). Trata-se de uma série de fatores que passaram a ser orientados pelo uso de algoritmos no dia a dia das pessoas, política, governos, empresas, o que acaba tendo efeitos sobre a forma como a sociedade toma decisões, interage e vive(558). Por isso fala-se em um governo feito pelos algoritmos, pois eles estão cada vez mais presentes em tudo que é feito, trazendo mudanças na organização da sociedade como um todo(559).

Como exposto anteriormente, as decisões dos algoritmos são baseadas em informações que eles recebem. Assim, tendo como base a interação com as informações fornecidas por humanos, as máquinas apresentarão os resultados daquilo que lhes é solicitado(560).

---

(556) *Os destinos e perigos da Inteligência Artificial*. Disponível em: <https://www.hostmidia.com.br/blog/limites-eticos-da-inteligencia-artificial/>. Acesso em: 30 jan. 2021.

(557) NYBO, Erik Fontenele. *O Poder dos Algoritmos*. São Paulo: Enlaw, 2019. p. 119.

(558) *Idem*.

(559) *Idem*.

(560) NYBO, Erik Fontenele. *Op. cit.*, p. 137.

Ao analisar esse processo, Erik Fontenele Nybo[561] dispõe:

> A partir desse momento, os algoritmos passam a ter um efeito de *feedback* — ao retornar determinados resultados, a máquina também passará a moldar determinados comportamentos dos humanos. Assim, os humanos passam a tomar suas decisões em tempo real, com base as respostas feitas por um algoritmo que chegou a conclusões com base em dados passados fornecidos por humanos. É nesse contexto que nasce o perigo do preconceito presente nas máquinas, pois é fruto dos vieses humanos que influenciaram a decisão da máquina. Por outro lado, essa máquina passará a influenciar o comportamento dos humanos, reforçando qualquer preconceito existente na sociedade.

Percebe-se, portanto, que além de reproduzir preconceitos, decorrentes dos vieses humanos de quem os programou, os algoritmos podem influenciar o comportamento preconceituoso, fazendo perpetuar condutas discriminatórias na sociedade, configurando um ciclo vicioso e indesejável. Além disso, dependendo dos critérios adotados pelos algoritmos, eles podem tomar decisões ou fornecer informações que desconsideram injustiças históricas, direitos de minorias, dentre outros[562].

É preciso ter em mente que qualquer decisão binária carrega um risco: o da generalização e, consequentemente, os problemas decorrentes da generalização, sendo um deles o preconceito. Por essa razão, é necessário se precaver para garantir que as decisões pautadas em algoritmos ou as próprias informações propagadas por eles não sejam soberanas[563].

Nesse sentido, Antonio Aloisi e Valerio de Stefano[564] dispõem:

> Quer se trate de uma hipoteca, um caso de uma noite ou uma mensagem de publicidade feita sob medida, os algoritmos estão cada vez mais tomando decisões sobre nós e por nós. Eles essencialmente trabalham para nos combinar: com um banco, com uma chama, com uma oferta. O mesmo acontece no trabalho: com base em informações e dados agregados, o *software* determina se um candidato está suficientemente qualificado para determinado cargo, antes mesmo de marcar uma entrevista ao vivo. Nisso reside uma nova função da tecnologia que até agora permanecera no domínio humano: chegar a conclusões com base em certas premissas, muitas vezes de forma "oracular", isto é, sem revelar e contestar os passos que levaram a isso resposta.

(561) NYBO, Erik Fontenele. *Op. cit.*, p. 137.

(562) *Ibidem*, p. 138.

(563) *Idem*.

(564) ALOISI, Antonio; STEFANO, Valerio de. *Op. cit.*, p. 61-64.

Em suma, um algoritmo é um conjunto de instruções formais e abstratas com base nas quais um computador é chamado para completar uma atividade. Ao contrário dos humanos, sempre lutando com gostos e preferências, os sistemas "algocráticos" não sofrem o embaçamento da fadiga, não são temperamentais nem podem ser enganados ou corrompidos. Segundo o pensamento dominante, a inteligência artificial nada mais seria do que uma obra-prima de objetividade, tecnicamente programada para tratar todos os candidatos da mesma forma, evitando qualquer preconceito. Afinal, se você quiser ouvir os otimistas, contar com um sistema semelhante para o perfil dos aspirantes a novos contratados tem um mérito irrepreensível: permite que você faça escolhas enquanto mantém o componente mais falível da alma humana à distância. Muito bom para ser verdade. E de fato não é verdade. Vários estudiosos, com dados em mãos, destacam o lado negro dos processos seletivos e de tomada de decisão automatizados. Algoritmos, escreveu a programadora Cathy O'Neil, nada mais são do que "opiniões embutidas na matemática". Se, além disso, esses sistemas forem combinados com um dispositivo de aprendizado de máquina, o resultado é um efeito de avalanche, em grande escala.

[...]

Se há algo em que os algoritmos são verdadeiramente imbatíveis é a capacidade de introjetar preconceitos relacionados à identidade de gênero, orientação sexual e origem étnica: se os dados fornecidos no passado refletem práticas discriminatórias, os resultados serão obtidos. Como escreveu Giorgio Resta, acabamos cristalizando soluções e previsões dentro das grades fornecidas pelo passado histórico e pelo conjunto de valores que nortearam a programação do sistema.

Para além dos preconceitos e consequentes discriminações que podem se configurar por decisões algorítmicas, outras implicações práticas — e prejudiciais — já podem ser vislumbradas nas relações de trabalho. De acordo com Cathy O'Neil[565], há um fenômeno chamado "*clopenning*", que na tradução livre pode ser denominado como "abre-fecha". São horários irregulares que afetam os empregados com salários baixos. Esses calendários são resultados da atuação dos algoritmos, desenvolvidos para gerar eficiência, ao mesmo tempo em que trata os trabalhadores como engrenagens.

Há uma lei nos Estados Unidos que estipula que o empregado deve receber benefícios se trabalhar pelo menos de 35 horas na semana. Dessa forma, o algoritmo garante que nenhum empregado faça mais de 34 horas e como não há nenhuma lei que determine que o empregado deve trabalhar no mesmo horário todos os dias, o algoritmo não se preocupa

(565) MENÁRGUEZ, Ana Torres. *Op. cit.*

com a vida ou a organização pessoal do empregado e atribui as horas de trabalho em função das necessidades da empresa.

Assim, se há previsão de chuva num dia, as vendas aumentam, e os turnos mudam, mas a decisão acontece na última hora, motivo pelo qual as pessoas não conhecem seu horário com antecedência, não podem organizar seu tempo livre, diminuindo a qualidade de vida, e os computadores são "cegos" a isso. De acordo com O'Neil, segundo dados do governo dos Estados Unidos, dois terços dos trabalhadores do setor de serviços e mais de 50% dos vendedores recebem informações sobre suas escalas de trabalho com uma semana ou menos de antecedência, sendo essa, nas palavras de Cathy O'Neil, uma das situações extremas que o uso de algoritmos provoca no âmbito trabalhista[(566)].

A matemática ainda critica o fato de que atualmente não temos como saber apenas com dados se um trabalhador é eficiente. Para O'Neil, o dilema se o empregado é ou não bom não pode ser resolvido com tecnologia, porque se trata de um problema humano. Para agravar a situação, os algoritmos não são transparentes, não prestam contas do seu funcionamento e, de acordo com a referida autora, são opacos, inclusive, para os que os desenvolvem, que, muitas vezes, não são suficientemente pagos para entender como funcionam e também não comprovam se cumprem as leis. Para O'Neil os governos devem legislar e definir, por exemplo, o que torna um algoritmo racista ou sexista[(567)].

Percebe-se, portanto, a necessidade de se identificar a qualidade dos dados que vão ensinar um algoritmo a tomar decisões. É necessário tomar cuidado para que os algoritmos não propaguem ou instiguem as pessoas a tomarem decisões circulares, tal como ocorre com o reforço de padrões de comportamento no efeito bolha[(568)].

Nesse sentido, Erik Fontenele Nybo[(569)] dispõe:

> Assim, torna-se necessário criar métodos e processos de revisão por humanos da tomada de decisões dos algoritmos para evitar erros que podem ser replicados ao longo do tempo ou, até mesmo, atingir uma escala maior. Os algoritmos correm o risco de perpetuar uma situação que não faz mais sentido no presente, tornando os resultados incoerentes com a realidade atual, ao passo que perpetuam padrões antigos, dificultando algumas mudanças evolutivas ou quebras de paradigmas.
>
> Essas constatações podem desencadear uma série de problemas com as quais devemos ser capazes de lidar e, por isso, precisamos desenvolver novas

(566) MENÁRGUEZ, Ana Torres. *Op. cit.*

(567) *Idem.*

(568) NYBO, Erik Fontenele. *Op. cit.*, p. 134.

(569) *Ibidem*, p. 134-135.

habilidades e entender a fundo como essa nova sociedade passará a funcionar. Ao mesmo tempo em que esses algoritmos facilitam a tomada de decisão e trazem comodidade, esses mesmos aplicativos [...] também resultam em cenários de piora. [...]

O ponto é que grande parte das pessoas ainda não está preparada para essa mudança e, portanto, não sabe como lidar com as tecnologias que carregam consigo algoritmos.

Constata-se, portanto, que os algoritmos, de fato, trazem efeitos positivos — e na grande maioria das vezes são utilizados com intuitos e objetivos lícitos e benéficos — mas, na prática, podem resultar em consequências negativas, trazendo prejuízos, malefícios e até mesmo causando danos. Assim, o primeiro passo para evitar esses efeitos indesejáveis e prejudiciais é a conscientização digital.

Não estamos aqui defendendo que os indivíduos tenham conhecimentos avançados de programação e ciência da computação. O ponto é a necessidade de conhecer a forma de funcionamento desse novo tipo de sociedade, para que as pessoas possam ter a chance de saber até que ponto a tomada de decisões está sendo realizada por elas ou por outras pessoas e quando os algoritmos passam a tomar as decisões ou influenciá-las[(570)].

Sabe-se que um algoritmo não é capaz de considerar a acuracidade de sua decisão levando em consideração que analisou apenas uma quantidade limitada de dados disponíveis. Muitas vezes, os próprios dados existentes não são suficientes ou não traduzem a realidade por estarem focados apenas em um nicho[(571)]. Contudo, isso não significa que utilizar algoritmos seja ruim e esta obra não busca condenar ou desincentivar a utilização de algoritmos, pelo contrário. O objetivo é justamente abordar a importância de entender, discutir e analisar os efeitos — positivos e negativos — para que as melhores práticas sejam adotadas, as adequações necessárias sejam feitas e os direitos fundamentais dos indivíduos sejam respeitados e garantidos.

Nesse sentido, é essencial a transparência, conforme já abordado anteriormente, para que sejam garantidas e fornecidas informações claras, precisas e acessíveis sobre a utilização de algoritmos e de que forma eles são utilizados. Além disso, defendemos a necessidade de revisão humana das decisões automatizadas, ou seja, por meio de algoritmos. Apesar de não existir atualmente uma obrigação legal nesse sentido, consideramos coerente, plausível e recomendável que as decisões algorítmicas sejam sempre revistas por humanos, para impedir ou pelo menos minimizar os potenciais impactos negativos, o que será abordado em tópico seguinte.

---

(570) NYBO, Erik Fontenele. *Op. cit.*, p. 135.

(571) *Ibidem*. p. 135-136.

Os efeitos decorrentes da extrapolação dos limites do poder algorítmico, portanto, são inúmeros e extremamente prejudiciais. Para comprovar tal afirmação, podemos citar como exemplo um caso que ocorreu em 2007, quando o então prefeito de Washington, D.C., estava determinado a melhorar o desempenho das escolas municipais(572). Na época, apenas um em cada dois estudantes de ensino médio conseguia se formar após o nono ano e só 8% dos estudantes de oitavo ano conseguiam a nota média em matemática.

A teoria corrente dizia que os estudantes não estavam aprendendo o suficiente porque os professores não faziam um bom trabalho. O prefeito, então, em 2009, implementou um plano para erradicar os professores de baixa performance. Foi desenvolvida uma ferramenta de avaliação de professores chamada IMPACT, e no fim do ano letivo de 2009-2010 o distrito de Washington demitiu todos os professores cujas pontuações os colocavam entre os 2% inferiores. No fim do ano seguinte, outros 5% (206 professores) foram dispensados.

Uma das professoras dispensadas foi Sarah Wysocki que, até então, recebia excelentes avaliações do diretor e dos pais dos alunos, nos dois anos em que estava na escola. Ocorre que Sarah recebeu uma pontuação lastimável na avaliação do IMPACT, em decorrência do novo sistema de pontuação conhecido como modelagem de valor agregado, que pretendia medir a eficácia da professora ao ensinar matemática e habilidades linguísticas. A pontuação, gerada por um algoritmo, representava metade da avaliação final, e prevaleceu sobre comentários positivos dos gestores e da comunidade escolar, não restando outra alternativa senão demiti-la juntamente com outros 205 professores(573).

Na época, foi argumentado que gestores poderiam ser amigos de professores ruins e que maus professores poderiam parecer bons e este viés humano seria minimizado e levar-se-ia em conta a pontuação baseada em resultados sólidos: notas em matemática e leitura. A justificativa, portanto, seria que os números falariam claramente e seriam mais justos(574). Sarah Wysocki sentiu que os números eram injustos e quis saber de onde vinham, mas descobriu que a resposta não seria muito fácil de ser obtida.

Cathy O'Neil(575), ao relatar o episódio em questão, expôs:

> O distrito havia contratado uma consultoria, Mathematica Policy Research, de Princeton, para criar o sistema de avaliação. O desafio da Mathematica era medir o progresso educacional dos estudantes do distrito e, então calcular quanto do avanço ou declínio poderia ser atribuído aos professores. Não era uma tarefa fácil, é claro. Os pesquisadores sabiam que muitas variáveis, desde

(572) O'Neil, Cathy. *Algoritmos de destruição em massa:* como o *big data* aumenta a desigualdade e ameaça a democracia. 1. ed. Santo André/SP: Editora Rua do Sabão, 2020. p. 8-9.

(573) *Ibidem*, p. 10.

(574) *Ibidem*, p. 11.

(575) *Ibidem*, p. 11-13.

o histórico socioeconômico aos efeitos dos transtornos de aprendizagem, poderiam afetar os resultados dos alunos. Os algoritmos tinham de dar conta dessas diferenças, o que era uma das razoes por serem tão complexos.

De fato, tentar reduzir comportamento, performance e potencial humanos a algoritmos não é tarefa fácil. Para entender o desafio que a *Mathematica* enfrentava, imagine uma menina de dez anos morando em um bairro pobre no sudeste de Washington. No final do ano letivo, ela faz a prova padronizada da quinta série. Então a vida segue. Ela pode ter problemas familiares ou de dinheiro. Talvez tenha que se mudar de casa ou viver preocupada com um irmão mais velho com problemas legais. Talvez esteja infeliz com seu peso ou assustada com bullying na escola. De todo modo, no ano seguinte ela faz outra prova padronizada, desta vez projetada para alunos de sexto ano.

Se você comparar os resultados das provas, as notas devem permanecer estáveis, ou quem saber aumentar. Mas se o resultado afundar, é fácil calcular a diferença entre a performance dela com a de alunos de sucesso.

Mas quanto dessa diferença se deve ao professor? É difícil saber, e os modelos da *Mathematica* possuem apenas alguns números de comparação. [...]

Tentar calcular o impacto que uma pessoa pode ter sobre outra ao longo de um ano escolar é muito mais complexo. "Há tantos fatores envolvidos em ensinar e aprender que seria muito difícil medir todos eles", Wysocki diz. E mais, tentar avaliar a efetividade de um professor analisando notas de provas de apenas 25 ou 30 alunos é estatisticamente frágil, risível até. Os números são pequenos demais levando-se em conta o que pode dar errado. [...]

Igualmente importante, sistemas estatísticos demandam retorno ou *feedback* — algo que os diga quando saíram dos trilhos. Estatísticos usam erros para treinar seus modelos e fazê-los mais inteligentes. [...] Sem *feedback*, no entanto, um mecanismo estatístico pode continuar fazendo análises ruins e danosas sem nunca aprender com seus erros.

O modelo de valor agregado das escolhas de Washington, portanto, comportou-se dessa forma, fazendo análises ruins e danosas sem *feedback* e, portanto, sem aprender com os erros. Ao classificar os professores como "ruins", ocasionando a demissão dos mesmos, não há uma forma do sistema aprender se estava certo ou não. O sistema em si determinou que os professores demitidos eram um fracasso e é assim que são vistos. Ao invés de buscar pela verdade, a pontuação passa a lhe dar o corpo[576].

---

(576) O'Neil, Cathy. *Algoritmos de destruição em massa:* como o *big data* aumenta a desigualdade e ameaça a democracia. 1. ed. Santo André/SP: Editora Rua do Sabão, 2020. p. 14.

O alarmante é que esse não se tratou de um caso isolado. Focando no objeto deste livro e analisando esses aspectos no âmbito trabalhista, é necessário mencionar que empregadores estão usando, cada vez mais, escores de crédito para avaliar potenciais funcionários. Aqueles que pagam suas contas em dia, acredita-se, são mais propensos a chegar ao trabalho no horário e obedecer às regras. Na realidade, há muitas pessoas responsáveis e bons profissionais que sofrem revezes e observam seus escores de crédito baixarem. Mas a crença de que um escore ruim se correlaciona com má performance no trabalho dá menos chance de aqueles com baixo escore acharem emprego[(577)].

Por sua vez, o desemprego leva à pobreza, o que piora ainda mais os escores dos indivíduos, dificultando ainda mais conseguirem um emprego. Trata-se, portanto, de um ciclo vicioso. E os empregadores nunca descobrem quantos bons empregados foram perdidos por conta desse foco no escore de crédito. Percebe-se que os algoritmos podem gerar premissas "venenosas" que serão camufladas pela matemática e passam amplamente incontestadas[(578)].

No caso citado de Washington, a professora Sarah, que não encontrou e nem recebeu explicações para sua pontuação baixa, havia constatado, antes de começar o que seria seu último ano na escola, que seus alunos de quinta série haviam ido surpreendentemente bem nas provas de final de ano, 29% deles haviam sido classificados como "nível avançado de leitura", cinco vezes a média do distrito. Contudo, quando as aulas começaram, ela notou que muitos dos alunos tinham dificuldade com frases simples. Algum tempo depois, investigações revelaram um alto nível de rasura nos testes padronizados em 41 escolas do distrito, incluindo a escola que os alunos da professora Sarah vieram. Uma taxa alta de respostas corrigidas apontara para uma alta probabilidade de fraude e em algumas escolas até 70% das salas sofreram suspeitas[(579)].

Desses fatos, pode-se concluir que os algoritmos são uma poderosa ferramenta de modificação de comportamento, haja vista os professores saberem que se os alunos falhassem nas provas, seus empregos estariam em risco, o que dava uma motivação forte para garantir que os alunos fossem aprovados. Além disso, se os alunos superassem os colegas, professores e gestores poderiam receber bônus de até 8 mil dólares. Há, portanto, espaço para suspeita de que os professores da quarta série, sucumbindo ao medo ou ganância, haviam corrigido e alterado as provas de seus alunos.

Os alunos da professora Sarah, portanto, podem ter começado o ano com notas artificialmente infladas e os resultados do ano seguinte fariam parecer que pioraram e que o professor era insatisfatório. Sarah Wyscocki estava convencida de que isso tinha acontecido e que essa explicação faria sentido com as observações dos pais, colegas e diretor de que

---

(577) O'Neil, Cathy. *Algoritmos de destruição em massa:* como o *big data* aumenta a desigualdade e ameaça a democracia. 1. ed. Santo André/SP: Editora Rua do Sabão, 2020. p. 14.

(578) *Ibidem*, p. 15.

(579) *Ibidem*, p. 17.

ela, ao contrário do que o sistema determinou, era uma boa professora. Contudo, Sarah Wysocki obteve como resposta que as evidências não eram conclusivas e que ela havia sido tratada de forma justa(580).

Cathy O'Neil(581) ao analisar o referido caso dispôs:

> Um algoritmo processa um pântano de números e gera uma probabilidade que uma certa pessoa pode ser uma má-contratação, um devedor de risco, um terrorista, ou um professor péssimo. Essa probabilidade é destilada numa pontuação, que pode pôr a vida de alguém de ponta cabeça. E mesmo quando a pessoa reage, evidências "sugestivas" do contrário simplesmente não bastam. O caso precisa ser robusto. As vítimas humanas das ADMs(582), veremos vez após outra, são objeto de um padrão muito mais alto de evidências do que os próprios algoritmos.

No caso em questão, Sarah Wysocki ficou sem trabalho por poucos dias, haja vista muitas pessoas, incluindo o diretor, terem feito indicações. A professora garantiu uma vaga numa escola de um distrito abastado no norte da Virgínia. Dessa forma, graças a um modelo altamente questionável, uma escola pobre perdeu uma boa professora e uma escola rica, que não demitia pessoas com base nas notas dos alunos, ganhou uma(583).

Não restam dúvidas, à essa altura, que vivemos a era da hiperconexão, com seus benefícios a malefícios, e as relações são cada vez mais afetadas, não sendo diferente com as relações de trabalho(584). Alain Supiot(585) adverte que a governança pelos números sonhada pelo ultraliberalismo pode nos levar ao pesadelo, pois a faculdade de julgamento e de interpretação de textos pode se limitar aos cálculos matemáticos, ou seja, nas operações de quantificação por meio de algoritmos "e nos dispensaria da compreensão e da confrontação das experiências, e nos economizaria, assim, o esforço de julgar e, em decorrência, de pensar".

Ao analisar os impactos que os algoritmos causam na sociedade e a algocracia, Erik Nybo Fontele(586) expõe:

> É desejável numa sociedade algocrata que as pessoas entendam minimamente como funcional as principais tecnologias para evitar a tomada de decisões

(580) O'Neil, Cathy. *Algoritmos de destruição em massa:* como o *big data* aumenta a desigualdade e ameaça a democracia. 1. ed. Santo André/SP: Editora Rua do Sabão, 2020. p. 18-19.

(581) *Ibidem*, p. 19.

(582) Sigla criada por Cathy O'Neil para denominar as chamadas "Armas de Destruição Matemática".

(583) O'Neil, Cathy. *Op. cit.*, p. 20.

(584) CASTILHO, Paulo Cesar Baria de. *Op. cit.*

(585) SUPIOT, Alain. O espírito de Filadélfia. A justiça social diante do mercado total. Tradução de Tânia do Valle Tshiedel. Porto Alegre: Sulina, 2014, p. 70, 102-103. *Apud* CASTILHO, Paulo Cesar Baria de. *Op. cit.*

(586) NYBO, Erik Fontenele. *Op. cit.*, p. 154-155.

equivocadas ou fortemente influenciadas. Dessa forma, as pessoas serão capazes de aproveitar as oportunidades que surgem e surgirão com o advento da sociedade algocrata.

Apenas cientes do funcionamento dessa sociedade e alertados sobre os desafios que essa nova organização apresenta seremos capazes de moldar um futuro desejável para todos. Esse futuro deve trazer novos direitos para garantir o bem-estar da população e levar em conta os direitos das gerações futuras. Dessa maneira, torna-se possível evitar injustiças que podem perpetuar durante anos em função da repetição de padrões por algoritmos opacos (não transparentes) e não auditados pela sociedade no geral.

Assim, ter a consciência acerca do potencial positivo e negativo dos algoritmos é crucial. A criação de novos direitos que protejam e tragam segurança aos indivíduos é necessária e importante. Primeiramente, porque a questão do uso de algoritmos para tomada de decisões ou até mesmo para o auxílio na tomada de decisões envolve direitos e controles políticos. Trazendo o assunto para o âmbito profissional e para as relações trabalhistas, se uma pessoa for dispensada num vínculo empregatício porque o algoritmo assim o determinou é mais do que natural e extremamente necessário que tal decisão seja explicada e fundamentada. É necessário, portanto, exigir direitos(587).

Além disso, a conscientização coletiva é urgente. Conforme exposto, os algoritmos são desenvolvidos e "alimentados" por humanos, que repassam suas opiniões, ideias e, consequentemente, preconceitos e equívocos. Os humanos são responsáveis por repassar falhas à IA – intencionalmente ou não – por causa da forma como os dados são coletados, modelos treinados e regras ou lógica ao tomar decisões são aplicadas(588). Acabamos transmitindo o viés algorítmico, e isso se torna um grande passivo, sendo necessário saber como lidar e atuar proativamente para eliminá-lo(589).

Os algoritmos e suas previsões precisam ser confiáveis, justos e explicáveis. Trata-se, sem dúvidas, de um grande desafio, principalmente porque os algoritmos de *machine learning* não são necessariamente lineares — eles evoluem à medida que aprendem e, em seu estado de evolução recente podem apresentar um novo viés(590). Algoritmos transparentes podem ser inspecionados para entender a linhagem da IA — quem a criou (humano ou máquina),

---

(587) MENÁRGUEZ, Ana Torres. *Op. cit.*

(588) SILVA, Maurício Prado. *Inteligência Artificial:* defina limites e reduza o viés. Disponível em: <https://www.convergenciadigital.com.br/cgi/cgilua.exe/sys/start.htm?UserActiveTemplate=site&from%5Finfo%5Findex=51&infoid=54847&sid=15>. Acesso em: 10 dez. 2020.

(589) *Idem.*

(590) *Idem.*

quais dados são usados, como são testados e como um resultado desses dados interpretados é determinado(591).

Definir os limites apropriados para transparência e tomar medidas para identificar e eliminar preconceitos ajudará qualquer organização a operar com ética, garantir um resultado mais justo e equilibrado para todos e ajudar a fortalecer a reputação de uma marca confiável(592). Tomar medidas para identificar e remover preconceitos, preventivamente e proativamente, portanto, é extremamente necessário. Ressalta-se que os dados subjacentes, e não o algoritmo em si, costumam ser a principal fonte do problema, sendo inúmeras as possibilidades de coleta e acesso a esses dados e, consequentemente, diferentes origens dos vieses, como decisões humanas, dados que reflitam efeitos de segunda ordem de desigualdades sociais ou históricas, *loop* de *feedbacks*, forma de coleta ou seleção, correlações estatísticas etc.(593).

Além disso, conforme já defendido ao longo desta obra e como será exposto em tópico posterior, a defesa da criação de novos direitos passa pela necessidade de o Direito acompanhar a realidade, sem tentar encaixar conceitos antigos e tradicionais às novas realidades. Muito além de todas as preocupações sobre a extensão e os efeitos decorrentes da extrapolação dos limites do poder algorítmico, cabe-nos a sensibilidade de contemporizar as inovações e de dar a elas um tratamento adequado aos tempos modernos, sem a tendência de muitos em querer relacionar novos cenários aos conceitos tradicionais. Tentar encaixar as novas relações advindas da revolução digital em categorias e critérios pensados para as relações de trabalho de tempos antigos não irá atender as expectativas de uma sociedade em constante mudança(594).

A tecnologia é uma criação humana. Além disso, a tecnologia empregada na construção da Inteligência Artificial não é neutra, é humanamente orientada e, se não observar princípios claros, pode reproduzir padrões de preconceito e discriminação que são essencialmente humanos(595). Além de não ser neutra, a tecnologia também não é imparcial, por isso é preciso pensar nas implicações éticas e morais que decisões tomadas pelos algoritmos podem ter na vida das pessoas(596), bem como nos impactos e efeitos que a extrapolação do poder algorítmico pode causar.

(591) SILVA, Maurício Prado. *Inteligência Artificial:* defina limites e reduza o viés. Disponível em: <https://www.convergenciadigital.com.br/cgi/cgilua.exe/sys/start.htm?UserActiveTemplate=site&from%5Finfo%5Findex=51&infoid=54847&sid=15>. Acesso em: 10 dez. 2020..

(592) *Idem.*

(593) SILBERG, Jake; MANYIKA, James. *Como lidar com vieses na inteligência artificial (e nos seres humanos).* Disponível em: <https://www.mckinsey.com/featured-insights/artificial-intelligence/tackling-bias-in-artificial-intelligence-and-in-humans/pt-br>. Acesso em: 20 fev. 2021.

(594) STUDART, Ana Paula Didier; MARTINEZ, Luciano. *Op. cit.*

(595) AUGUSTO, Victor. *Quais são os limites éticos da Inteligência Artificial?* Disponível em: <http://uplab.cc/future-sight/quais-sao-os-limites-eticos-da-inteligencia-artificial>. Acesso em: 30 jan. 2021.

(596) *Idem.*

Como já exposto, para que os efeitos negativos sejam mitigados ou minimizados, é essencial que os processos automatizados por algoritmos sejam transparentes, auditáveis, confiáveis e validados por uma supervisão humana[597]. Além das questões éticas e morais envolvidas, que ensejaram a criação de um documento com diretrizes para criação e desenvolvimento de tecnologias de Inteligência Artificial centrada em humanas pela União Europeia, é necessário analisar a situação com base nos direitos fundamentais de cada indivíduo. Assim, é essencial discutir, debater e criar uma política de governança e boas práticas direcionadas ao uso dos algoritmos e, principalmente, ao poder que os mesmos possuem, bem como seus limites e efeitos.

Ao analisar a questão, Paulo César Baria de Castilho[598] dispõe:

> Sabe-se que o algoritmo ajuda o homem em diversas tarefas, manuais ou cognitivas. Ocorre que esse mesmo instrumento computacional pode ser utilizado para discriminar pessoas, invadir sua privacidade, excluir outras de bens e serviços públicos. Pode, portanto, prestar um desserviço à população.
>
> Assim, se o problema levantado depende de um comportamento humano ético na construção de um algoritmo, é claro que isso pode e deve ser regulado pelo Direito. E exemplos não faltam, no Brasil e no mundo, tentando minorar os efeitos nocivos do uso indiscriminado da tecnologia.
>
> A utilização da IA pode ser benéfica ou não para as pessoas e, dada sua relevância na vida em sociedade, precisa ser monitorada pelos Estados e pela própria sociedade civil que é diretamente interessada no assunto, inclusive com a criação de leis regulamentadoras, como deve ser como toda matéria importante que interfere e causa reflexos na vida humana.

Concordamos completamente com o pensamento supratranscrito. Dessa forma, faz-se necessário que a sociedade e os atores políticos, bem como os operadores do direito, voltem sua atenção para as possíveis implicações de como os dados serão utilizados e quais são as consequências de decisões tomadas ou influenciadas por algoritmos[599]. Como exposto no primeiro capítulo, o lema que norteia as diretrizes da União Europeia é que o desenvolvimento da tecnologia de Inteligência Artificial deve ser centrado nos humanos, o que explicita o caráter político e social dos algoritmos e seus códigos, haja vista os mesmos serem aplicados na sociedade e, portanto, precisarem respeitar os direitos humanos, sem configurar discriminações e preconceitos[600].

---

(597) AUGUSTO, Victor. *Quais são os limites éticos da Inteligência Artificial?* Disponível em: <http://uplab.cc/futuresight/quais-sao-os-limites-eticos-da-inteligencia-artificial>. Acesso em: 30 jan. 2021.

(598) CASTILHO, Paulo César Baria de. *Subordinação por algoritmo*. São Paulo: LTr, 2021. p. 133.

(599) *Idem*.

(600) *Idem*.

O relatório em questão sinaliza que as orientações determinam que são necessários três componentes para se alcançar uma Inteligência Artificial de confiança: conformidade com a legislação, respeito aos princípios éticos e robustez. Com base nesses três componentes e nos valores europeus, as orientações identificam sete requisitos essenciais que as aplicações de I.A. devem respeitar para serem consideradas de confiança, quais sejam: iniciativa e controle por humanos, robustez e segurança, privacidade e governança dos dados, transparência, diversidade, não discriminação e equidade, bem-estar social e ambiental, responsabilização[(601)].

Assim, as sete diretrizes são princípios norteadores que visam à construção de mecanismos de I.A. socialmente responsáveis, éticos e que respeitem os direitos fundamentais e a dignidade humana[(602)]. Entendemos que essas diretrizes não devem ficar restritas à União Europeia, devendo ser aplicada por todos os países, haja vista a importância e a necessidade de se preservar e garantir os direitos humanos e a ética na utilização dos algoritmos.

O poder algorítmico ainda não é totalmente conhecido, mas já é possível afirmar que seu potencial é enorme e que os impactos que podem ser causados nas vidas humanas — abrangendo questões como futuro do trabalho, equidade, segurança, inclusão social, privacidade, dignidade etc. — são ainda maiores, motivo pelo qual pensar em modelos éticos, responsáveis e que respeitem e garantam os direitos humanos, além de essencial, é urgente.

3.3.1. Assédio moral algorítmico

No tópico anterior, foram expostos os efeitos da extrapolação dos limites do poder algorítmico. Não existem limites impostos formalmente ou legalmente, ainda, para o poder algorítmico. Contudo, sugerimos como parâmetro a preservação dos direitos fundamentais dos indivíduos. Dessa forma, se algum direito fundamental for violado ou ofendido pelo algoritmo, configurar-se-á a extrapolação do poder algorítmico, sendo necessário pensar em alternativas para cessar tal violação, mitigar ou pelo menos minimizar os efeitos.

Nesse sentido, é importante avaliar e analisar se é possível falar em assédio moral algorítmico nas relações de trabalho. Já concluímos que o poder diretivo algorítmico existe e será cada vez mais exercido, contudo, necessariamente, precisa ser exercido por um ser humano, haja vista os algoritmos não exercerem o papel de "chefe", mas, sim, de uma ferramenta a serviço do empregador. O patrão, portanto, exercerá esse poder diretivo algorítmico, usufruindo do mesmo para fiscalizar, avaliar, orientar, punir e até mesmo dispensar um empregado, caso queira.

---

(601) COMISSÃO EUROPEIA. *Comunicação da Comissão ao Parlamento Europeu, ao Conselho, ao Comitê Econômico e Social Europeu e ao Comitê das Regiões*. Disponível em: <https://eur-lex.europa.eu/legal-content/PT/TXT/PDF/?uri=CELEX:52019DC0168&from=PT>. Acesso em: 30 jan. 2021.

(602) AUGUSTO, Victor. *Op. cit.*

É necessário, contudo, respeitar os limites desse poder para que não se configurem violações aos direitos fundamentais do empregado, conforme exposto. Caso a intimidade do empregado seja violada, por exemplo, mediante uma fiscalização abusiva ou de uma coleta e tratamento de dados acerca da vida privada do empregado, configurar-se-á um abuso do poder diretivo algorítmico. Esse abuso pode gerar danos extrapatrimoniais ao empregado, ensejando a reparação dos mesmos, além de impactar negativamente na vida do indivíduo que tiver seus direitos fundamentais desrespeitados.

Uma das práticas mais comuns ensejadoras de danos morais ao longo de um vínculo de emprego é o assédio moral. De acordo com Rodolfo Pamplona Filho e Claiz Maria Pereira Gunça dos Santos[(603)], o assédio moral tanto em sua modalidade interpessoal quanto organizacional, é um fenômeno social abusivo que viola diversos direitos fundamentais do trabalhador. Segundo os referidos autores, a dignidade da pessoa humana garante que a vida, a integridade física e moral, assim como outros direitos fundamentais do indivíduo trabalhador sejam respeitados e preservados em um meio ambiente laboral sadio e harmônico. O assédio moral surge, nesse contexto, como um grande óbice à concretização desses preceitos[(604)].

Rodolfo Pamplona Filho e Claiz Maria Pereira Gunça dos Santos[(605)] formulam a seguinte proposta de conceituação de assédio moral:

> Assédio moral laboral é a tortura psicológica perpetrada por um conjunto de ações ou omissões, abusivas e intencionais, praticadas por meio de palavras, gestos e atitudes de forma reiterada e prolongada, que atingem a dignidade, a integridade física e mental, além de outros direitos fundamentais do trabalhador, comprometendo o exercício do labor e, até mesmo, a convivência social e familiar.

Percebe-se, portanto, que de acordo com o conceito proposto acima, os elementos caracterizadores do assédio moral são a abusividade da conduta, intencionalidade, habitualidade e ataque à dignidade e aos direitos fundamentais do trabalhador.

Vólia Bomfim Cassar[(606)] conceitua o assédio moral como espécie de dano extrapatrimonial que se distingue do dano moral, pois enquanto neste a lesão é identificada, sentida, percebida pela vítima, no assédio é camuflado, não perceptível, podendo ser o dano moral pontual ou repetitivo, mas sempre expresso, claro e real. O terror psicológico, por sua

(603) PAMPLONA FILHO, Rodolfo; SANTOS, Claiz Maria Pereira Gunça dos. *Assédio moral organizacional:* presencial e virtual. São Paulo: Saraiva Educação, 2020. p.23.

(604) *Ibidem*, p. 47.

(605) *Ibidem*, p. 51.

(606) CASSAR, Vólia Bomfim. *Direito do trabalho*. 14. ed., rev. atual. e ampl. Rio de Janeiro: Forense; São Paulo: Método, 2017. p. 914.

vez, é velado, oculto, despercebido pela vítima quando praticado, caracterizando-se pela prática de sucessivos atos que baixam a autoestima do trabalhador de tal forma que ele próprio acredita na sua baixa competência ou no seu fracasso.

Para exemplificar a referida autora(607) dispõe:

> Podem caracterizar assédio moral atos como estabelecer metas impossíveis de ser cumpridas; determinar a realização de muitas tarefas em curtíssimo espaço de tempo, de forma que nenhum trabalhador consiga cumprir; determinar o refazimento constante das tarefas, deixando subentendida a falha ou incompetência; incentivar a prática do "dedo duro", isto é, prestigiar aquele que denuncia ou dedura o colega; isolar o empregado e/ou retirar-lhe os poderes; exibir em reuniões coletivas tabelas de desempenho comparando pessoas e equipes com sinais negativos; praticar sucessivos rebaixamentos de função e transferências, de forma que o trabalhador se sinta isolado e diminuído; prática de rotatividade de pessoal com dispensas constantes de forma a deixar todos inseguros em seus postos e empregos; etc. Ressalte-se que alguns dos atos acima, se analisados isoladamente, não geram, por si sós, o psicoterrorismo. É a conjunção de vários desses atos que acarreta o assédio.

Não restam dúvidas que os avanços da tecnologia e as inovações trazidas pela mesma transformaram a sociedade e as relações, alcançando as relações de trabalho. Por consequência, as possibilidades de assédio moral foram potencializadas, com mais ferramentas à disposição do empregador. Sempre é válido ressaltar que não acreditamos na condenação ou nas críticas ao uso das tecnologias nas relações de trabalho. Temos convicção que os pontos problemáticos e os equívocos no uso das mesmas não se devem aos avanços tecnológicos e as inovações geradas, mas, sim, a má-intenção de quem as usa ou até mesmo a falta de cuidado e cautela necessários no uso das mesmas.

Dessa forma, queremos deixar claro, desde já, que a possibilidade de potencialização e intensificação do assédio moral por meio das novas tecnologias não deve ser um motivo, na nossa visão, para não as utilizar. É preciso, ao contrário, punir quem as utiliza de forma a prejudicar alguém ou até mesmo quem não dedica a atenção necessária e os cuidados essenciais na utilização dos mesmos, causando impactos negativos na vida dos trabalhadores.

Sabe-se que o potencial dos algoritmos, e consequentemente das máquinas, é muito grande, a ponto de não poder ser mensurado, com plena certeza, atualmente. Dessa forma, conforme exposto nos tópicos anteriores, as máquinas são capazes de tomar decisões e auxiliar muitas outras, gerando impactos positivos e negativos. Cabe, portanto, uma análise

(607) CASSAR, Vólia Bomfim. *Direito do trabalho*. 14. ed., rev. atual. e ampl. Rio de Janeiro: Forense; São Paulo: Método, 2017. p. 914.

acerca da possibilidade de os algoritmos praticarem assédio moral contra trabalhadores, de forma intencional ou não.

Como já exposto, as inovações tecnológicas e informacionais transformaram a sociedade e a organização do trabalho e, por meio da robótica e da informática, tornou-se possível o aumento da produção e a melhoria da qualidade dos produtos e serviços[(608)]. A nova organização laboral, todavia, conquanto tenha ampliado a produtividade, não melhorou necessariamente as condições de trabalho, submetendo os trabalhadores a acelerados ritmos e gerando um sofrimento cada vez maior com o estresse, com o controle do modo, forma e método de trabalho, com o comprometimento das relações interpessoais e, em alguns casos, com o desrespeito à diversidade[(609)], além da ausência de desconexão.

A contínua tensão, provocada pela exigência de maior empenho no trabalho, é agravada pelo uso de dispositivos eletrônicos, os quais permitem uma conexão quase que permanente com a esfera laboral e, deste modo, ao se estender no tempo e no espaço, reduz a convivência da vida privada[(610)].

Nesse contexto, a disseminação da internet e o surgimento de aplicativos e plataformas digitais, no contexto da Quarta Revolução Industrial, acarretam o advento de um novo modelo de produção, cuja organização do trabalho, alicerçada no *crowdsourcing*, é controlada pela programação ou pelo algoritmo[(611)]. Sendo assim, o *outosourcing* e o *crowdsourcing* intensificaram as formas atípicas de execução do labor, ancoradas em plataformas eletrônicas e sistemas informatizados, entre as quais se destaca o teletrabalho[(612)]. As inovações tecnológicas, contudo, conforme exposto, possibilitam o surgimento de uma nova modalidade de assédio moral, qual seja, o assédio moral virtual ou teleassédio moral[(613)].

Rodolfo Pamplona Filho e Claiz Maria Pereira Gunça dos Santos[(614)] conceituam o assédio moral virtual como:

> a tortura psicológica perpetrada por um conjunto de ações ou omissões, abusivas e reiteradas, praticadas por meio de comunicação escritos, orais e visuais, por intermédio de plataformas eletrônicas, aplicativos de mensagens instantâneas, correio eletrônico ou sistemas informatizados, que violam os direitos fundamentais do trabalhador.

---

(608) PAMPLONA FILHO, Rodolfo; SANTOS, Claiz Maria Pereira Gunça dos. *Op. cit.*, p. 101.

(609) *Ibidem*, p. 104.

(610) LUDOVICO, Giuseppe. *Op. cit.*

(611) PAMPLONA FILHO, Rodolfo; SANTOS, Claiz Maria Pereira Gunça dos. *Op. cit.*, p. 132.

(612) *Idem*.

(613) *Idem*.

(614) *Ibidem*, p. 142.

A partir da conceituação proposta pelos referidos autores, percebe-se que a principal diferença entre o assédio moral e o assédio moral virtual diz respeito à forma digital ou eletrônica por meio da qual as condutas abusivas são praticadas. Dessa forma, quando o assédio moral for praticado predominantemente por mecanismos telemáticos e informatizados de comunicação, restará configurada a modalidade virtual(615). Como exemplo dessa espécie atual de assédio moral, pode-se citar a cobrança de metas desarrazoadas geradas pelos próprios sistemas eletrônicos, cujo descumprimento acarreta punições ao teletrabalhador, inclusive com a exposição do seu resultado perante supervisores e demais colegas de trabalho em *e-mails*, grupos de aplicativos de mensagens instantâneas ou nos sistemas informatizados da própria empresa(616).

Além disso, as condutas abusivas assediadoras também podem estar presentes nos mecanismos informatizados de fiscalização do teletrabalhador, que objetivam controlar a jornada e o modo de execução das atividades. Entre os instrumentos de monitoramento podem ser citadas as câmeras instaladas nos computadores, que transmitem em tempo real a imagem do empregado; programas que espelham a imagem do monitor ou captam os dados digitados pelo teclado; sistemas eletrônicos acessíveis por login e logout, com monitoramento dos respectivos períodos ou das atividades realizadas; exigência de envio imediato de cada tarefa realizada, seja por *e-mail*, aplicativo ou plataforma computadorizada, entre outros(617).

Ao analisar essas hipóteses, Rodolfo Pamplona Filho e Claiz Maria Pereira Gunça dos Santos(618) expõem:

> Assim, se a utilização desses sistemas for feita de modo desarrazoado, submetendo o empregado a uma vigilância ostensiva, geralmente seguida por mensagens de cobrança ou de desqualificação, restará também caracterizado o assédio moral organizacional virtual.
>
> A exigência de conexão permanente e respostas imediatas (telepressão) também ocasiona assédio moral virtual. Isso porque sujeita o teletrabalhador a uma constante pressão para realizar as atividades, independentemente de lugar, dia ou horário, o que acaba por comprometer seu descanso, lazer e convívio familiar, violando o direito fundamental à desconexão.

Nos tópicos anteriores, foram abordados os impactos negativos que os algoritmos podem causar na vida dos indivíduos, inclusive dos trabalhadores. A análise cronológica das fases contratuais demonstrou que, apesar de serem usados, na grande maioria das vezes, com

(615) PAMPLONA FILHO, Rodolfo; SANTOS, Claiz Maria Pereira Gunça dos. *Op. cit.*, p. 143.

(616) *Ibidem*, p. 144.

(617) *Ibidem*, p. 145.

(618) *Idem*.

intuitos positivos, os algoritmos não estão livres de causar impactos negativos e até danos concretos na vida das pessoas, inclusive no âmbito profissional. A discriminação algorítmica é uma realidade e ocorre quando sistemas de Inteligência Artificial são afetados por informações enviesadas que alimentam seu funcionamento, como já exposto.

Dessa forma, contrariando a crença tecnocrática de que a eliminação do fator humano traria mais clareza e objetividade a processos sensíveis conduzidos por máquinas, o que tem sido observado é a reprodução de antigos preconceitos. Os algoritmos são criados e programados com base em um banco de dados que reflete uma sociedade injusta, motivo pelo qual acabam tomando decisões também discriminatórias[(619)]. Além disso, como também exposto anteriormente, os algoritmos são utilizados, no âmbito das relações de trabalho, com foco em eficiência e acabam tratando os trabalhadores como engrenagens de uma máquina[(620)].

Cathy O`Neil, na sua obra "Algoritmos de destruição em massa", aponta para um fenômeno que vem ocorrendo nos Estados Unidos, já mencionado anteriormente, denominado *"clopening"*, que pode ser traduzido como "fechabrir". Trata-se de uma situação em que o funcionário trabalha até tarde da noite para fechar o estabelecimento, como uma loja ou café, e então volta algumas horas depois para reabri-lo. Para as empresas, fazer o mesmo funcionário fechar e reabrir ou "fechabrir", costuma fazer sentido do ponto de vista logístico, mas isso leva trabalhadores a serem privados de sono e suportarem horários irregulares, sem qualquer previsibilidade ou normalidade[(621)].

Essa prática afeta especialmente trabalhadores com baixos salários e muitos deles descobrem apenas um ou dois dias antes que terão que trabalhar num turno noturno da semana ou tomar conta do horário de pico em outro dia da semana. A referida situação acaba impedindo qualquer planejamento pessoal por parte dos trabalhadores, tornando a vida dos mesmos caótica e impactando nas relações pessoais e familiares, bem como na qualidade de vida dos mesmos. Isso acontece porque as empresas analisam seu tráfego de clientes para calcular exatamente quantos funcionários irão precisar a cada hora do dia. O objetivo é gastar o mínimo de dinheiro possível, o que significa manter uma equipe reduzida ao máximo, ao mesmo tempo garantindo que os reforços estejam disponíveis para horários mais agitados[(622)].

O que acontece, na prática, é que os novos *softwares* de escala de horários oferecem opções sofisticadas, processando novos fluxos de dados em constante mudança, do clima a padrões de pedestre. As condições mudam de hora em hora e a força de trabalho precisa

---

(619) VICENTE, João Paulo. *Preconceito das máquinas:* como algoritmos podem ser racistas e machistas. Disponível em: <https://www.uol.com.br/tilt/noticias/redacao/2018/04/24/preconceito-das-maquinas-como-algoritmos-tomam-decisoes-discriminatorias.htm>. Acesso em: 20 fev. 2021.

(620) O'Neil, Cathy. *Op. cit.*, p. 192.

(621) *Ibidem*, p. 191.

(622) *Ibidem*, p. 193.

ser alocada para atender a demanda flutuante, para que a empresa não perca dinheiro. Por consequência, os trabalhadores não possuem mais horários previsíveis e, com os *softwares* "coreografando" o trabalho, cada minuto deve ser ocupado e esses minutos virão sempre que o programa exigir, mesmo que signifique "fechabrir" de sexta para sábado(623).

Ao analisar a situação em questão, Cathy O'Neil(624) dispõe:

> Esses horários irregulares são um produto da economia dos dados. [...] vimos como as ADMs fazem a peneira de candidatos, boicotando alguns e ignorando muitos outros. Vimos como o *software* muitas vezes traz preconceitos venenosos no código, aprendendo com registros passados a como ser injusto. Agora continuamos a jornada até o trabalho, onde ADMs focadas em eficiência tratam trabalhadores como engrenagens de uma máquina. O fechabrir é apenas um produto dessa tendencia, que deve crescer conforme a vigilância se estende para o local de trabalho, dando mais forragem à economia dos dados.

Esse caso americano tem, como raiz do problema, a escolha de objetivos do modelador. O modelo é otimizado para eficiência e lucratividade, não para justiça ou para o bem da equipe. Para as empresas, as receitas são como oxigênio e isso as mantém vivas, sendo incoerente, portanto, negar possíveis economias(625), oferecidas por meio de *softwares*, aplicativos, plataformas, ou seja, algoritmos. Tais situações mostram, cada vez mais, a necessidade de regulação, para evitar excessos e buscar a razoabilidade e a proporcionalidade na utilização de algoritmos. Além disso, casos como do "fechabrir" americano demonstram o potencial negativo dos algoritmos, inclusive no que tange a possibilidade de os mesmos configurarem assédio moral.

Outra situação que chamou atenção no uso de algoritmos no contrato de trabalho ocorreu também nos Estados Unidos, quando em 2008, uma empresa de São Francisco anunciou um sistema de *software* que classificava trabalhadores de tecnologia em uma série de métricas, incluindo geração de ideias(626). O *software* em questão filtrava e buscava mensagens e *e-mails* corporativos para encontrar ideias. O grande problema era que programas de *software* têm dificuldades para distinguir entre uma ideia e uma simples série de palavras. A hipótese norteadora era que as melhores ideias tenderiam a se espalhar mais amplamente pela rede e se as pessoas copiavam e colavam certos grupos de palavras e as compartilhavam, essas palavras provavelmente eram ideias e o *software* poderia quantificá-las(627).

---

(623) O'Neil, Cathy. *Op. cit.*, p. 193-194.

(624) *Ibidem*, p. 192.

(625) *Ibidem*, p. 201.

(626) *Ibidem*, p. 202.

(627) *Ibidem*, p. 202-203.

Contudo, existiam complicações nessa hipótese norteadora, haja vista ideias não serem apenas grupos de palavras amplamente compartilhados em redes sociais, uma vez que piadas são extremamente virais e igualmente desorientantes a sistemas de *softwares* e fofocas também circularem de forma semelhante e intensa. Como piadas e fofocas seguiam um determinado padrão, foi possível ensinar ao *software* a filtrar ao menos algumas delas e o sistema, com o tempo, passou a identificar os grupos de palavras que mais provavelmente representavam ideias. O sistema as rastreava pela rede, contando o número de vezes em que eram copiadas, medindo sua distribuição e identificando a fonte[(628)].

Com base nessas premissas e nesses dados, o sistema concluiu, portanto, os papéis dos funcionários e quais eram geradores de ideias. Além disso, o sistema marcava os conectores, transmitindo as informações, fazendo trechos de palavras viralizar. Independente do sistema medir ou não de modo eficiente o fluxo de ideia, o conceito em si não é nefasto, fazendo sentido usar esse tipo de análise para identificar o que as pessoas sabem e combiná-las com os colegas e colaboradores mais promissores[(629)].

Um sistema semelhante foi utilizado para analisar comportamento de funcionários de *call center* de um banco americano, com o objetivo de descobrir por que algumas equipes eram mais produtivas que outras. Foram pendurados crachás sociométricos em volta do pescoço de cada empregado e os eletrônicos nesses crachás rastreavam a localização do funcionário e também mediam, a cada dezesseis milissegundos, seu tom de voz e gestual, além de gravar quando as pessoas estavam olhando umas para as outras e quando cada uma falava, ouvia e interrompia[(630)]. O trabalho desses funcionários era altamente regrado, conversas eram desencorajadas porque eles deveriam passar tantos minutos quanto possível ao telefone, atendendo clientes, e pausas para café eram programadas, uma a uma.

O resultado dessa pesquisa foi que a equipe mais rápida e eficiente do *call center* era, também, a mais social. Os funcionários que se destacaram eram justamente os que não seguiram as regras e conversavam muito mais que os outros. Quando todos os funcionários foram encorajados e estimulados a socializar mais, a produtividade do *call center* disparou[(631)].

Esses exemplos de utilização positiva dos sistemas e dos algoritmos ao longo do vínculo de emprego, contudo, não são unânimes e muito menos constantes. Fizemos questão de demonstrá-los para que fique claro que existem, sim, muitos aspectos positivos na utilização dessas ferramentas tecnológicas, que podem ser incorporadas ao dia a dia do trabalho, de forma benéfica para os dois lados da relação. Contudo, como o foco do presente tópico trata-se do assédio moral algorítmico, cumpre-nos expor, também, os aspectos

(628) O'Neil, Cathy. *Op. cit.*, p. 203.

(629) *Ibidem*, p. 204.

(630) *Ibidem*, p. 204-205.

(631) *Ibidem*, p. 205.

negativos que os algoritmos podem configurar, ou ajudar a configurar, especificamente no que tange ao assédio moral, na espécie virtual.

No caso do sistema utilizado para buscar e filtrar geradores de ideias e conectores que divulgavam as mesmas, os gestores, com a recessão de 2008, passaram a enxergar o gráfico gerado pelo referido *software* com uma nova finalidade. Nos gráficos de empregados, o sistema marcava geradores de ideias com círculos que eram maiores e mais escuros, se produziam muitas ideias. Os conectores, que transmitiam informação como neurônios numa rede distribuída, fazendo trechos de palavras viralizar, eram pintados pelo sistema em cores escuras de igual modo. Os gestores identificaram que alguns trabalhadores eram representados por grandes círculos escuros, enquanto outros por círculos menores e mais apagados e concluíram que, caso precisassem despedir funcionários, faria sentido começar pelos menores e mais fracos do gráfico.

Ocorre que os funcionários não necessariamente eram descartáveis por estarem representados dessa forma no gráfico. Contudo, se um sistema designa uma trabalhadora como pobre geradora de ideias ou fraca conectora, a conclusão se torna a própria verdade, configurando o que Cathy O'Neil chama de frenologia digital(632). Ao analisar a situação em questão, a referida autora(633) dispõe:

> Talvez alguém possa aparecer com evidências de contraponto. A funcionária com o círculo mais apagado pode ter ideias fabulosas, mas não as compartilhar na rede. Ou talvez dê conselhos inestimáveis durante o almoço ou faz o ambiente do escritório mais leve com piadas. Talvez todo mundo goste dela. Isso tem alto valor no ambiente de trabalho. Mas sistemas computacionais têm dificuldade em encontrar indicadores digitais aproximados para esses tipos de habilidades interpessoais. Os dados relevantes simplesmente não são coletados, e de qualquer forma é difícil dar-lhes um valor. Geralmente é mais fácil deixá-los fora do modelo.
>
> Então o sistema identifica os aparentes perdedores. E um bom número deles perdeu o emprego durante a recessão, o que por si só é injusto.

Para além da injustiça cometida por muitos desses sistemas, outro ponto crítico dos mesmos é que sistemas como esse recebem o mínimo de dados de *feedback* sendo esse um verdadeiro problema. Isso porque cientistas precisam desse *feedback* de erro para analisar e

(632) Cahty O'Neil expõe: "A frenologia era um modelo que dependia de bobagens pseudocientíficas para fazer declarações de autoridade, e por décadas não foi testado. O *Big Data* pode cair na mesma armadilha. Modelos [...] podem impedir o acesso de pessoas, mesmo quando a "ciência" dentro deles não passa de um pacote de suposições não testadas.". O'Neil, Cathy. *Op. cit.*, p. 190.

(633) *Ibidem*, p. 206.

descobrir o que deu errado, o que foi mal interpretado e quais dados foram ignorados. Nesse caso concreto, alguém identificado como perdedor, e em seguida demitido, pode ter encontrado outro emprego e gerado inúmeras patentes, mas o sistema não tem nenhum indício de que entendeu totalmente errado uma pessoa ou até mil delas[(634)].

É assim, portanto, que os algoritmos podem perpetuar e propagar decisões equivocadas e muitas vezes injustas e prejudiciais, criando uma própria realidade que não é coerente, nem correta, muito menos justa. Dessa forma, gerentes supõem que as pontuações são verdadeiras o bastante para serem úteis e o algoritmo facilita a tomada de decisões difíceis, fazendo com que gerentes possam demitir funcionários, cortar custos e culpar um número objetivo por suas decisões, seja esse número correto ou não[(635)].

Sistemas como esse, que classificam empregados como criativos, conectores, produtivos etc., têm o potencial de se tornarem Armas de Destruição Matemática (ADMs), conforme denominação criada por Cathy O'Neil, na medida em que podem mal interpretar pessoas e puni-las sem quaisquer provas de que suas pontuações têm correlação com a qualidade de seu trabalho[(636)].

Dessa forma, resta cada vez mais clara a necessidade de informação acerca dos algoritmos e da transparência no uso dos mesmos, além da urgência de uma regulamentação legal. Uma vez que as pessoas reconheçam a utilização de algoritmos e entendam seus dados e também seus defeitos e riscos, irão exigir avaliações mais justas e transparentes. Se a meta da avaliação, no entanto, for encontrar alguém em quem culpar e intimidar trabalhadores, então, como vimos no caso dos professores americanos, uma ADM que distribui pontuações sem sentido irá ganhar nota dez[(637)].

Percebe-se, portanto, que os algoritmos podem contribuir ou até mesmo configurar práticas de assédio moral. Não restam dúvidas que ao fiscalizar, monitorar, avaliar e até mesmo aplicar punições aos empregados, os algoritmos podem acabar configurando ações ou omissões abusivas e reiteradas, praticadas por meio de comunicações por intermédio de plataformas eletrônicas, aplicativos, correio eletrônico ou sistemas informatizados, que violam os direitos fundamentais do trabalhador. Contudo, cumpre-nos fazer duas ressalvas sobre a questão.

A primeira diz respeito a conclusão exposta em tópico anterior do presente capítulo, acerca da impossibilidade de o algoritmo exercer, por si só, o papel de "chefe", sendo uma ferramenta à serviço do empregador. O algoritmo, portanto, é uma ferramenta da autoridade empregadora e não a própria autoridade, existindo um gerenciamento via algoritmo,

(634) O'Neil, Cathy. *Op. cit.*, p. 207.

(635) *Ibidem*, p. 207.

(636) *Ibidem*, p. 208.

(637) *Ibidem*, p. 218.

mas a autoridade continua a ser o empregador "pessoa física". O poder diretivo algorítmico existe e é uma realidade, sendo exercido, necessariamente, pelo empregador humano.

Assim, consideramos perfeitamente possível que os algoritmos exerçam atividades inerentes ao poder diretivo, haja vista tratarem-se de ferramentas à disposição do empregador, sem, contudo, exercer propriamente o papel de chefe, mas configurando e possibilitando, por sua vez, o exercício do poder diretivo algorítmico, nos vínculos de emprego. Consideramos também possível que os algoritmos exerçam apenas e tão somente o papel de uma ferramenta certificadora do tomador de serviços, acompanhando obrigações contratuais, garantindo que as condições preestabelecidas numa prestação de serviço sejam respeitadas e acompanhando a obtenção de um resultado esperado e contratado, sem que isso configure vínculo empregatício.

Dessa forma, como uma ferramenta, os algoritmos podem ser utilizados para o "bem" ou para o "mal", no sentido de visarem finalidades lícitas e ilícitas, ética e antiéticas, causando impactos e consequências positivas ou negativas. Nesse contexto, parece-nos claro que os algoritmos podem ser utilizados como ferramentas para a prática do assédio moral, abatendo a força de trabalho e causando danos aos empregados, ao violar seus direitos fundamentais. Contudo, essa primeira conclusão nos leva a uma segunda, não menos importante.

Já expusemos que entendemos que os algoritmos possuem o potencial e a capacidade de exercer atividades do poder diretivo, o que será aperfeiçoado de forma rápida e intensa ao longo do tempo, mas não pode ser considerado o próprio chefe ou "superior". Os exemplos citados anteriormente comprovam que os algoritmos já estão sendo utilizados para exercer tarefas inerentes ao empregador, mas essas tarefas, orientações, decisões devem ser sempre supervisionadas ou ao menos imputadas a algum ser humano, que irá se responsabilizar pelas mesmas e, consequentemente, exercer o papel do superior hierárquico, chefe, supervisor etc.

A conclusão que chegamos, portanto, é que o algoritmo — genuinamente — não irá praticar assédio moral contra empregados. As máquinas, conforme exposto, não têm consciência, o que impede a utilização dos algoritmos e da Inteligência Artificial para atividades que demandam pensamento crítico, criatividade e empatia. Por outro lado, os algoritmos também não irão, por iniciativa própria e original, praticar torturas psicológicas.

Esse aspecto reforça, ainda mais, a necessidade da revisão humana de decisões algorítmicas. Os algoritmos precisam de dados para decidir e agem com base nas orientações e determinações dos humanos ou com base em dados já existentes, que são replicados pelo algoritmo com base no histórico ou no banco de dados a que têm acesso. O algoritmo não tem consciência, nem empatia, nem sentimentos, então, também não irá, por si só, praticar nenhuma tortura psicológica por iniciativa própria.

Dessa forma, se restar configurada a prática de condutas que configurem assédio moral algorítmico, a responsabilidade é de algum indivíduo que não o programou corretamente, alimentando-o com dados equivocados ou deixando de inserir dados essenciais, podendo ter agido com má-fé ou não, ou do indivíduo que não fiscalizou a atuação do algoritmo corretamente, agindo com negligência. Contudo, considerando o potencial desconhecido e ainda imprevisível da Inteligência Artificial, ainda existe um agravante, qual seja, o risco de determinados resultados sequer terem sido calculados, imaginados ou previstos.

Assim, resta claro que os algoritmos devem ser sempre supervisionados por humanos, principalmente no que diz respeito à processos de decisão, que podem, sem dúvidas, ensejar violações aos direitos fundamentais dos empregados, e, até mesmo, configurar assédio moral. Contudo, uma vez configurado assédio moral — ou qualquer outro dano extrapatrimonial — será necessário enfrentar a problemática da responsabilização, conforme será exposto no tópico seguinte.

3.3.2. A problemática acerca da responsabilidade pela atuação dos algoritmos

Ao longo do presente livro foi exposto como o avanço da tecnologia e a Inteligência Artificial, por meio dos algoritmos, já permitem, em grandes proporções, a coleta e o processamento e tratamento de dados sobre as atividades laborais. Dispositivos portáteis permitem registrar a localização e os movimentos dos trabalhadores em tempo real, medindo o ritmo de trabalho e as pausas feitas, bem como monitorando a produtividade e avaliando a aptidão e a capacidade dos trabalhadores para execução de determinadas tarefas[(638)].

Nesse contexto, decisões no setor de Recursos Humanos, principalmente na fase pré-contratual, já são tomadas a partir de amplos conjuntos de dados. Além disso, redes sociais, relógios inteligentes, *wearables*, *webcam*, programas de bem-estar e *softwares* registram atividades *on-line* e *off-line*, permitindo inclusive capturas de tela de computadores, e são utilizados para realizar a vigilância não apenas no ambiente laboral, mas também para ter acesso a informações relacionadas a atividades realizadas fora do local de trabalho, diluindo assim as fronteiras entre trabalho e vida[(639)].

Diante desse cenário, surgiu o conceito do poder diretivo algorítmico, buscando esta obra conceituá-lo e, principalmente, analisar os impactos e efeitos do mesmo e os seus limites de atuação. Os exemplos citados acima, bem como as situações concretas expostas ao longo dos capítulos, demonstram a necessidade da criação e da existência de um marco regulatório adequado para a proteção do trabalho do presente e do futuro, principalmente no que tange a tutela dos direitos fundamentais dos empregados. Como já exposto ao longo do trabalho, não defendemos e nem estimulamos a criação de óbices ou obstáculos à utilização das inovações tecnológicas e até mesmo dos algoritmos nas relações de trabalho, pelo contrário.

---

(638) PAES, Arnaldo Boson. *O trabalho do futuro:* construção do marco regulatório. Disponível em: <https://www.conjur.com.br/2021-fev-08/boson-paes-trabalho-futuro-construcao-marco-regulatorio>. Acesso em: 10 fev. 2021.

(639) *Ibidem.*

Defendemos e estimulamos a utilização consciente, proporcional, lícita e razoável da tecnologia, como ferramenta a serviço não só do empregado na execução de suas tarefas, mas também do empregador no exercício dos seus poderes patronais, entre eles, o poder diretivo. Contudo, para que essa utilização seja equilibrada e saudável, respeitando os direitos de ambas as partes, é necessária uma regulamentação, que desde já defendemos e pugnamos. A falta de regulamentação, para além da insegurança jurídica e da concretização dos potenciais riscos existentes, acaba gerando incertezas acerca da responsabilidade na utilização dos algoritmos, foco o presente tópico.

Ressalta-se que o destaque dado no presente tópico não se trata da regulamentação geral do uso dos algoritmos, haja vista já ter sido exposto em outros tópicos a necessidade de se impor limites, tanto como contenção da utilização dos algoritmos e do consequente poder algorítmico, quanto como a imposição de limites como meta, ou seja, como limite a ser alcançado e objetivos e finalidades a serem concretizadas. Sendo definidos e impostos os limites do poder diretivo algorítmico, quais sejam, a garantia, tutela e proteção dos direitos fundamentais e as finalidades éticas e lícitas, restaram demonstrados os efeitos decorrentes da extrapolação dos limites e as consequências e impactos que podem se configurar.

Percebe-se, assim, o potencial das decisões algorítmicas violarem direitos fundamentais, se tomadas sem o cumprimento de determinados parâmetros éticos e constitucionais que garantam sua transparência, possibilidade de controle, a participação do indivíduo no âmbito do processo decisório e a correção dos dados que serviam como *input* do algoritmo[(640)]. Faz-se necessário, portanto, analisar a responsabilidade por esses efeitos, definindo quem responderá pelos danos potenciais ou concretizados.

Antes de analisar o assunto, é importante ressaltar que a possibilidade de responsabilização, de um lado, poderá incentivar o desenvolvimento de bens e tecnologias mais seguros, claros e eficientes, mas, de outro, poderá acabar impactando negativamente as taxas de desenvolvimento de inovação e a adoção de novos negócios e tecnologias, o que seria nocivo para a sociedade de forma geral[(641)]. É necessário, portanto, atingir um equilíbrio, fundamental para questão.

Além disso, conforme já exposto reiteradamente, não temos a intenção de desestimular o uso das tecnologias, muito menos os avanços das mesmas, nem mesmo desestimular o seu uso nos diferentes âmbitos e aspectos da vida em sociedade. O objetivo principal é estimular e buscar a concretização do uso consciente e responsável, de forma razoável e proporcional, respeitando os direitos dos indivíduos como um todo e garantindo a segurança para todos os envolvidos.

(640) TEFFÉ, Chiara Spadaccini de; MEDON, Filipe. Responsabilidade civil e regulação de novas tecnologias: questões acerca da utilização de Inteligência Artificial na tomada de decisões empresariais. *Revista Estudos Institucionais*, v. 6, n. 1, p. 301-333, jan./abr. 2020; Disponível em: <https://estudosinstitucionais.com/REI/article/view/383/493>. Acesso em: 20 fev. 2021.

(641) TEFFÉ, Chiara Spadaccini de; MEDON, Filipe. *Op. cit.*

Nesse sentido, ao analisar a questão, Filipe Medon e Chiara Spadaccini de Teffé dispuseram:

> Entende-se que uma abordagem jurídica pessimista para a evolução tecnológica pode prejudicar o desenvolvimento de novos instrumentos que, efetivamente, venham a atuar no sentido de melhorar a qualidade de vida da população e trazer decisões empresariais mais eficientes e de risco controlado. Adicionalmente, não é demais lembrar que a melhor estrutura de regulação para a IA não deverá contemplar apenas o Direito, devendo ser também inseridos nesse esquema o mercado, as normas sociais e a arquitetura (LESSIG, 1999, p. 501- 549).
>
> A atuação desses quatro elementos, operando de forma conjunta e relacionada, servirá tanto para incentivar quanto desestimular comportamentos de sujeitos e organizações, moldando estruturas e regulando situações. Nesse âmbito, princípios éticos, padrões técnicos e normas de estrutura menos fechada ajudarão a garantir que o desenho e o desenvolvimento de tais tecnologias sejam orientados pela preocupação com a pessoa humana e busquem promover uma IA segura, justa e inclusiva.

Não existe, até o momento, nenhuma previsão legal específica sobre a responsabilidade pelos impactos causados pela utilização da Inteligência Artificial e, consequentemente, dos algoritmos. No entanto, são muitos os questionamentos existentes, que originaram correntes e soluções diversas, para o momento. Considerando o foco do presente livro, iremos nos ater as consequências dos atos praticados por *softwares* e máquinas com Inteligência Artificial em matéria de reparação de danos, analisando a responsabilidade civil e a regulação dos novos cenários trazidos pelas novas tecnologias.

Nesse contexto, é necessário questionar, por exemplo, se o usuário (ou o programador) pode se isentar de responsabilidade sob o argumento de que os sistemas autônomos adotaram condutas imprevisíveis ou se a atuação de sistemas autônomos rompe o liame causal entre a conduta do usuário (ou o programador) e o dano reparável(642). Além disso, cabe ainda questionar se o regime de responsabilidade para esses casos será subjetivo ou objetivo, o que acaba gerando outros questionamentos, tais como: se subjetivo, será possível associar a maior autonomia do sistema de Inteligência Artificial à menor reprovabilidade da conduta do usuário? Podem incidir regularmente as causas excludentes de ilicitude? Se objetivo o regime de responsabilidade, qual exatamente haveria de ser seu fundamento(643)?

---

(642) TEPEDINO, Gustavo; SILVA, Rodrigo da Guia. Desafios da Inteligência Artificial em matéria de responsabilidade civil. *Revista Brasileira de Direito Civil – RBDCivil*, Belo Horizonte, v. 21, p. 61-86, jul./set. 2019. Disponível em: <https://rbdcivil.ibdcivil.org.br/rbdc/article/download/465/308>. Acesso em: 1º mar. 2021.

(643) *Idem.*

Percebe-se, portanto, que há muitas perguntas e, por enquanto, poucas respostas e certezas. Fala-se, por exemplo, na atribuição de responsabilidade a diversos sujeitos, tais quais: i) o titular de direitos de propriedade intelectual sobre a IA; ii) o produtor de um objeto dirigido por IA ou o projetista da IA; iii) o fornecedor, o vendedor ou o intermediário da IA; iv) o explorador da IA; v) o proprietário de um aparelho regido por IA; vi) o usuário da IA; vii) o treinador da máquina comandada por IA; e viii) os próprios robôs[(644)]. Diante da complexidade dos sistemas e das situações, num primeiro momento, não parece haver uma solução geral, mas sim, casuística, a depender, por exemplo, dos agentes envolvidos e de seus respectivos deveres, bem como do tipo e do grau de autonomia da IA envolvida[(645)].

É possível afirmar que a ausência de previsões legais e orientações mais especificas sobre o tema aumenta, ainda mais, as incertezas e os questionamentos, motivo pelo qual a construção doutrinária e a própria jurisprudência são essenciais para indicar os caminhos e fomentar os debates sobre o assunto[(646)]. Para ilustrar e exemplificar, cumpre nos trazer hipóteses concretas da responsabilidade civil dos algoritmos e de máquinas que atuam com base na Inteligência Artificial. O potencial para configuração de danos está presente em diversas áreas, já tendo se concretizado por meio de acidentes envolvendo carros autônomos[(647)], disseminação de *fake news*[(648)] e aplicativos que colocam até mesmo crianças em risco[(649)]. Considerando o foco desta obra, serão analisadas as situações relacionadas ao âmbito empresarial, principalmente no que tange ao poder diretivo algorítmico.

Nesse contexto, Filipe Medon e Chiara Spadaccini Teffé[(650)] dispõem:

> Administrar ou gerenciar uma sociedade empresária envolve a tomada constante de decisões importantes. Decisões essas que podem comprometer todo um orçamento, prejudicar o bem-estar dos funcionários e ter impactos imensuráveis. Uma escolha ruim pode levar uma companhia à falência ou obrigá-la a cortar bruscamente gastos. Por isso, racionalizar os sistemas decisórios representa uma tarefa cada vez mais relevante. Sem dúvida, uma importante aliada para essa atividade é a Inteligência Artificial que, através de seus algoritmos e do input de dados fornecidos, será capaz de apresentar possíveis respostas, além de propor

(644) TEFFÉ, Chiara Spadaccini de; MEDON, Filipe. *Op. cit.*

(645) *Idem.*

(646) *Idem.*

(647) Disponível em: <https://g1.globo.com/carros/noticia/carro-autonomo-da-uber-atropela-e-mata-mulher-nos-eua.ghtml>. Acesso em: 1º mar. 2021.

(648) Disponível em: <https://noticias.r7.com/tecnologia-e-ciencia/mudancas-no-algoritmo-do-facebook-podem-favorecer-noticias-falsas-12022018>. Acesso em: 1º mar. 2021.

(649) Disponível em: <https://www.uol.com.br/tilt/noticias/redacao/2018/04/24/simsimi-app-de-conversa-com-inteligencia-artificial-e-risco-para-criancas.htm>. Acesso em: 1º mar. 2021.

(650) TEFFÉ, Chiara Spadaccini de; MEDON, Filipe. *Op. cit.*

> estratégias matematicamente mais vantajosas para os problemas em pauta. A promessa é ousada: acredita-se que a máquina pode falhar menos do que o ser humano.
>
> [...]
>
> O argumento central em defesa do uso da inteligência artificial é de que a máquina faria escolhas mais eficientes, objetivas e imparciais, ao passo que as decisões humanas tenderiam ao enviesamento e estariam mais sujeitas a falhas.
>
> Ocorre que é preciso recordar que todo algoritmo precisa de um input inicial para funcionar. Em outros termos, isso significa que "a matéria-prima utilizada pelos algoritmos para tais decisões é o *big data*, ou seja, a enorme quantidade de dados disponíveis no mundo virtual que, com o devido processamento, pode ser transformada em informações economicamente úteis" (FRAZÃO, 2018), elas, por sua vez, "servirão como diretrizes e critérios para o processo decisório algorítmico" (FRAZÃO, 2018).
>
> E este *input* que forma o *big data* é, pelo menos no início, dado pelo ser humano. Assim, de nada adianta criar um algoritmo pretensamente neutro, se o banco de dados que o alimenta já nasce enviesado

Percebe-se, assim, o potencial das decisões automatizadas de violarem direitos fundamentais, se tomadas sem o cumprimento de determinados parâmetros éticos e constitucionais que garantam sua transparência, possibilidade de controle, a participação do indivíduo no âmbito do processo decisório e a correção dos dados que serviam como input do algoritmo[651]. Diante desse panorama, é possível afirmar que os agentes empresariais podem ser, em alguma medida, responsabilizados pela escolha do sistema operado pela Inteligência Artificial, pelo conjunto de informações e aplicações que fornecem ao banco de dados que alimentará o algoritmo e pela adoção de caminhos propostos pela IA de forma acrítica ou sem uma base maior de dados[652].

Além disso, é possível que se configure uma responsabilização pela confiança depositada ou não depositada na escolha indicada pelo algoritmo, haja vista ser possível ocorrer um dano não só em razão de o agente tomar uma decisão com base no que for indicado pelo algoritmo, mas também por negligenciá-lo e atuar contrariamente a ele[653]. Pode-se afirmar, portanto, que a responsabilidade dos agentes empresariais reside, por exemplo, no grau de confiança que eles depositam no algoritmo comandado por Inteligência Artificial, nos dados que eles fornecem para alimentar as máquinas e, ainda, na obediência ou não aos comandos do algoritmo para a tomada de decisões[654].

---

(651) TEFFÉ, Chiara Spadaccini de; MEDON, Filipe. *Op. cit.*

(652) *Idem.*

(653) *Idem.*

(654) *Idem.*

A delegação das decisões e escolhas para as máquinas e seus algoritmos não pode ser uma alternativa isenta de responsabilidades no plano jurídico, dando ensejo ao processo que alguns já chamam de *mathwashing*[(655)]. É necessário saber e definir em que medida as reponsabilidades podem ser terceirizadas para máquinas e quais as repercussões jurídicas disso[(656)]. Além disso, deve-se evitar o determinismo tecnológico, justificado pelo argumento de que os agentes que transferiram determinadas decisões para as máquinas não mais responderiam pelo que estas fizessem, o que configuraria um incentivo à irresponsabilidade organizada, o que não pode ser admitido[(657)]. Faz-se necessário, portanto, pensar e analisar a responsabilidade dos agentes empresariais pelas tecnologias que adotam.

Nesse sentido, Cathy O'Neil, ao ser indagada numa entrevista[(658)] sobre a possibilidade de os algoritmos estarem sendo usados cada vez mais por administrações por conta da falta de perfis suficientemente formados, afirmou que, por um lado, economizam custos em pessoal, mas o mais importante é que evitam a responsabilidade. Segundo O'Neil, quando um algoritmo é utilizado o fracasso não é culpa de quem utilizou e, sim, da máquina e, segundo a matemática, não deveria ser permitido que as administrações usem algoritmos para se esquivar de responsabilidade.

Considerando os avanços tecnológicos e os diversos questionamentos já existentes sobre a responsabilidade pela atuação das máquinas e consequentes danos causados, a União Europeia se posicionou por meio de resoluções, visando abordar tais questões. A Resolução de 16 de fevereiro de 2017 do Parlamento Europeu, já mencionada ao longo desta obra, estabelece recomendações à Comissão Europeia a propósito de normas de direito civil sobre a robótica, trazendo temas como a proposta de criação de uma agência reguladora em nível europeu; proposta de elaboração de normas para tutela dos dados pessoais; proposta de regulamentação da elaboração de procedimentos de experimentação para testes dos novos dispositivos robóticos no campo médico[(659)], entre outros.

A referida Resolução de 16 de fevereiro de 2017 do Parlamento, no entanto, possui um caráter supostamente lacunoso no que tange aos problemas de danos e indenizações[(660)], questionando se as normas ordinárias em matéria de responsabilidade são suficientes ou se

(655) De acordo com Filipe Medon e Chiara Teffé, o mathwashing pode ser definido como: "a suposição de que modelos algorítmicos não possuem subjetividade incorporada a eles porque eles envolvem matemática (JOH, 2017, p. 292, tradução livre) 26. Ou seja, os agentes se esconderiam por trás da aparente neutralidade dos processos decisórios algorítmicos, reforçando mais uma vez a ideia de que a matemática suprimiria a subjetividade inerente às decisões humanas. IN TEFFÉ, Chiara Spadaccini de; MEDON, Filipe. *Op. cit.*

(656) FRAZÃO, Ana. *Algoritmos e inteligência artificial.* Disponível em: <https://www.jota.info/opiniao-e-analise/colunas/constituicao-empresa-e-mercado/algoritmos-e-inteligencia-artificial-15052018>. Acesso em: 20 fev. 2021.

(657) *Idem.*

(658) MENÁRGUEZ, Ana Torres. *Op. cit.*

(659) TEPEDINO, Gustavo; SILVA, Rodrigo da Guia. *Op. cit.*

(660) *Idem.*

serão necessários novos princípios e normas para clarificar a responsabilidade jurídica de vários intervenientes no que diz respeito a responsabilidade por atos ou omissões de robôs, quando a causa não puder ser atribuída a um interveniente humano específico e os atos ou as omissões dos robôs que causaram danos pudessem ter sido evitados. Nas considerações iniciais do referido documento[(661)], o Parlamento Europeu, levando em consideração o estado avançado da robótica e da Inteligência Artificial, destaca a importância da análise acerca da responsabilidade jurídica decorrente de uma ação lesiva de um robô:

> Z. Considerando que, graças aos impressionantes avanços tecnológicos da última década, não só os robôs de hoje conseguem efetuar atividades que, regra geral, costumavam ser exclusivamente realizadas por humanos, como também o desenvolvimento de certas características autónomas e cognitivas – por exemplo, a capacidade de aprender com a experiência e de tomar decisões quase independentes – os tornaram cada vez mais similares a agentes que interagem com o seu ambiente e conseguem alterá-lo de forma significativa; considerando que, nesse contexto, a responsabilidade jurídica decorrente de uma ação lesiva de um robô constitui uma questão crucial;

A Resolução enuncia expressamente a questão atinente à regência das hipóteses de danos causados por pluralidade de intervenientes robôs quando não for possível identificar com facilidade o específico interveniente humano responsável[(662)]. O Parlamento Europeu optou por não estabelecer normas sobre o assunto, se limitando apenas a trazer para discussão algumas ideias iniciais de regulação com base no que vem sendo estudado na área[(663)]. No entanto, propôs a adoção predominante de mecanismos de responsabilidade objetiva, que deveriam ser combinados com a criação, a longo prazo, de estatuto jurídico próprio para os tipos de robôs mais avançados, além de um sistema de seguros obrigatórios, associado ou não a um fundo individual ou coletivo para compensações, com registro dos robôs[(664)].

Nas palavras de Filipe Medon[(665)], um tema polêmico trazido pela Resolução em questão é a possibilidade de criação de uma personalidade jurídica para os robôs:

> Dentre as principais polêmicas trazidas por esta Resolução, está a criação da chamada personalidade jurídica robótica, que não passou longe de críticas tanto na Europa quanto no Brasil. Veja-se, por exemplo, a crítica de Ugo Pagallo,

---

(661) UNIÃO EUROPEIA. *Resolução do Parlamento Europeu de 16 de fevereiro de 2017, com recomendações à Comissão de Direito Civil sobre Robótica (2015/2103(INL))*. Parágrafo Z.

(662) TEPEDINO, Gustavo; SILVA, Rodrigo da Guia. *Op. cit.*

(663) SANTOS, Johann Ortnau Cirio E. *Responsabilidade civil e Inteligência Artificial:* Uma análise da resolução sobre disposições de direito civil e robótica da União Europeia. Trabalho de conclusão de curso de graduação apresentado ao Departamento de Direito Privado e Processo Civil da Faculdade de Direito da Universidade Federal do Rio Grande do Sul; Porto Alegre: 2018. Disponível em: <https://lume.ufrgs.br/handle/10183/192797>. Acesso em: 20 fev. 2021.

(664) MEDON, Filipe. *Op. cit.*

(665) *Idem.*

que, por meio de uma comparação metafórica entre maçãs e laranjas, afirma ser necessário parar de confundir e comparar coisas diferentes, quais sejam, as maçãs da responsabilidade (accountability dos robôs) e as laranjas da personalidade jurídica. Segundo Pagallo, a questão central não deveria ser saber se a responsabilidade dos robôs depende da personalidade e vice-versa, mas investigar o porquê de os ordenamentos atribuírem personalidade jurídica a alguém e, a partir daí, verificar se um robô de Inteligência Artificial atende ou não a esses requisitos jurídicos. Caso a resposta seja negativa, o foco do intérprete deverá recair sobre outras modalidades de responsabilização pelos atos autônomos da máquina.

Ressalta-se que a ideia de criação de uma personalidade jurídica própria para os robôs não foi exclusiva do Parlamento Europeu. A interação dos algoritmos com os seres humanos levou Yuval Noah Harari[(666)] a defender a ideia do algoritmo como uma "pessoa" com direitos e deveres, "enquanto uma entidade intersubjetiva não humana" que, em razão disso, poderia ser inscrito nas repartições públicas e existir como uma empresa que, aliás, também é uma ficção jurídica[(667)].

Vários são os argumentos que são utilizados para sustentar a atribuição de personalidade jurídica aos mecanismos dotados de Inteligência Artificial. Desde logo, têm-se em conta as características dos robôs: autonomia, autoaprendizagem, adaptação do comportamento ao meio ambiente, para, com base nelas, se sustentar que alguns apresentam um nível de inteligência superior a alguns seres humanos, tais como crianças, pessoas em coma, fetos, entre outros[(668)]. Por outro lado, relembra-se que também às pessoas coletivas é atribuída personalidade jurídica, embora não se confundam com os seres humanos[(669)].

Analisando esses argumentos, Mafalda Miranda Barbosa[(670)] dispõe:

> Não nos parece, porém, que estes argumentos procedam. Em primeiro lugar, não se pode, com base nas características apontadas, estabelecer qualquer analogia com os seres humanos. Dir-se-ia mesmo que a comparação — por

---

(666) HARARI, Yuval Noah. *Op. cit.*

(667) "Isso pode soar impossível, mas, antes de descartar a ideia, lembre-se de que a maior parte do nosso planeta já pertence legalmente a entidades intersubjetivas não humanas, a saber, nações e corporações. De fato, 5 mil anos atrás uma grande porção da Suméria pertencia a deuses imaginários, como Enki e Inana. Se deuses podiam possuir terras e empregar pessoas, por que não os algoritmos?" HARARI, Yuval Noah. *Homo Deus*. São Paulo: Companhia das Letras, 2016. p. 327.

(668) BARBOSA, Mafalda Miranda. *Inteligência Artificial,* e-persons *e direito:* desafios e perspectivas. Disponível em: <http://www.cidp.pt/revistas/rjlb/2017/6/2017_06_1475_1503.pdf>. Acesso em: 20 fev. 2021.

(669) *Idem.*

(670) *Idem.*

maior que seja o grau de sofisticação dos *robots* e de outros mecanismos dotados de inteligência artificial — é desdignificante para o ser humano, reduzindo a sua autonomia a uma anódina capacidade de escolha. A autonomia dos *robots* é uma autonomia tecnológica, fundada nas potencialidades da combinação algorítmica que é fornecida ao *software*. Está, portanto, longe do agir ético dos humanos, em que radica o ser pessoa. Falta-lhes, em cada tomada de decisão, a pressuposição ética, falha a relação de cuidado com o outro, até porque, em muitos casos, ela pode mostrar-se incompatível com a eficiência que está na base da programação computacional. A pessoalidade e a absoluta dignidade que a acompanha não existem por referência à inteligência artificial, razão pela qual se, ainda que em concreto um ser humano esteja privado da capacidade de agir, não lhe pode ser negado o estatuto de pessoa (e de pessoa para o direito), o mesmo não pode ser sustentado por referência aos *robots*. Mesmo que se veja na personalidade jurídica um conceito operativo e técnico, porque ela é reconhecida (e não atribuída) às pessoas singulares em razão do seu estatuto ético, não é possível encontrar aí um ponto de apoio seguro para a extensão do conceito a entes artificiais. Como ainda há pouco tempo esclarecia António Damásio, por maior que seja a capacidade de raciocínio algorítmico de um *robot*, faltar-lhe--ão sempre as outras componentes essenciais da inteligência humana, como seja a dimensão dos sentimentos. E faltará sempre ao *robot*, acrescentamos nós, a dimensão espiritual e da alma.

Cumpre questionar, ao analisar o tema em questão, como um robô poderia suportar pessoalmente a responsabilidade, sem que tenha meios materiais para o fazer. Parece-nos claro que a responsabilidade há de ser, ainda e sempre, atribuída a uma pessoa que esteja por trás da Inteligência Artificial(671). Nesse sentido, um argumento a favor da atribuição à máquina de uma personalidade jurídica autônoma, consiste no fato de que tal alternativa seria válida nem que seja para dotar a mesma de patrimônio para compensar eventuais danos(672).

Sobre esse aspecto, Antonio Aloisi e Valerio de Stefano(673) dispõem:

Há também um ponto crucial que cruza a lei e a ética. A operação com a qual a personalidade foi atribuída a entidades econômicas, como empresas, é descaradamente uma ficção jurídica. Não existem sociedades por ações, materialmente, mesmo que sejam compostas por ativos tangíveis (incluindo máquinas

(671) BARBOSA, Mafalda Miranda. *Inteligência Artificial,* e-persons *e direito:* desafios e perspectivas. Disponível em: <http://www.cidp.pt/revistas/rjlb/2017/6/2017_06_1475_1503.pdf>. Acesso em: 20 fev. 2021.

(672) ALBIANI, Christine. *Responsabilidade Civil e Inteligência artificial:* Quem responde pelos danos causados por robôs inteligentes? Disponível em: <https://itsrio.org/wp-content/uploads/2019/03/Christine-Albiani.pdf>. Acesso em: 20 fev. 2021.

(673) ALOISI, Antonio; STEFANO, Valerio de. *Il tuo capo è un algoritmo:* Contro il lavoro desumano. Editori Laterza. Collana: Tempi Nuovi, p. 54. (Tradução nossa).

> industriais e servidores digitais), não pode acontecer de os encontrar na rua. Ao contrário, os robôs têm uma dimensão física específica e, cada vez mais, se veem compartilhando espaço com trabalhadores reais. Consequentemente, a atribuição de personalidade eletrônica às máquinas inteligentes e sobretudo a atribuição de direitos e deveres nada têm a ver com o truque de considerar as empresas como entidades jurídicas. Conferir personalidade eletrônica a um objeto físico como Sophia corre o risco de sobrepor seres humanos e máquinas humanóides — com consequências muitas e imprevisíveis em termos de respeito à dignidade humana das pessoas que se veem emprestando suas energias, ao lado de máquinas com direitos, em um contexto de subordinação em que estão sujeitos à autoridade dos gestores, seja física ou intangível. O resultado provavelmente será um estado de alienação e isolamento perenes, agravado pela sensação de serem simples "instrumentos com palavras" (é assim que os escravos eram definidos na Roma antiga para distingui-los das ferramentas e animais "semívocos"). O risco de mercantilização e desumanização é definitivamente subestimado.

Recentemente, o Parlamento Europeu divulgou novas resoluções sobre o assunto, tendo aprovado em outubro de 2020, por meio de três relatórios, iniciativas para melhor regulamentar a Inteligência Artificial na União Europeia, com o objetivo de estimular a inovação, os princípios éticos e a confiança na tecnologia(674). Entre as iniciativas aprovadas, o Parlamento Europeu destacou que a Inteligência Artificial deve ser antropocêntrica e antropogênica (centrada no, e produzida pelo, ser humano) e realçou também a necessidade de as tecnologias "de alto risco" decorrentes da Inteligência Artificial — como a tecnologia de autoaprendizagem, que inclui, por exemplo, a condução autônoma — serem concebidas de forma a permitir a supervisão humana a qualquer momento(675). Em nota(676) elaborada para imprensa, o Parlamento Europeu informou que se uma funcionalidade utilizada puder constituir um sério compromisso dos princípios éticos e tornar-se perigosa, a capacidade de autoaprendizagem deve ser suspensa e retomado o total controle humano.

(674) MEDON, Filipe. *Tendências para a responsabilidade civil da Inteligência Artificial na Europa:* a participação humana ressaltada. Disponível em: <https://www.migalhas.com.br/coluna/migalhas-de-responsabilidade-civil/335801/tendencias-para-a-responsabilidade-civil-da-inteligencia-artificial-na-europa--a-participacao-humana-ressaltada>. Acesso em: 20 fev. 2021.

(675) *Parlamento Europeu aprova maior regulamentação de Inteligência Artificial na EU.* Disponível em: <https://www.tsf.pt/futuro/parlamento-europeu-aprova-maior-regulamentacao-de-inteligencia-artificial-na-ue-12944972.html>. Acesso em: 20 fev. 2021.

(676) COMUNICADO DE IMPRENSA. *Parlamento na vanguarda das normas europeias sobre inteligência artificial.* Disponível em: <https://www.europarl.europa.eu/news/pt/press-room/20201016IPR89544/parlamento-na-vanguarda-das-normas-europeias-sobre-inteligencia-artificial>. Acesso em: 20 fev. 2021.

O Parlamento Europeu está entre as primeiras instituições a apresentar recomendações sobre o que as regras da Inteligência Artificial devem incluir em matéria de ética, responsabilidade e direitos de propriedade intelectual. O primeiro relatório, de iniciativa legislativa de Iban García del Blanco, insta a Comissão Europeia a apresentar um novo quadro jurídico que destaque os princípios éticos e as obrigações legais a respeitar no desenvolvimento, implantação e utilização da Inteligência Artificial, da robótica e das tecnologias conexas na UE, nomeadamente o *software*, algoritmos e dados.

A legislação futura deverá obedecer a vários princípios orientadores, nomeadamente: uma Inteligência Artificial antropocêntrica e antropogênica (centrada no, e produzida pelo, ser humano); segurança, transparência e responsabilização; salvaguardas contra o enviesamento e a discriminação; direito de recurso; responsabilidade social e ambiental; respeito pela privacidade e pela proteção de dados. As tecnologias baseadas na IA de alto risco, como, por exemplo, a capacidade de autoaprendizagem, devem ser concebidas de forma a permitir a supervisão humana a qualquer momento.

O segundo relatório, de iniciativa legislativa de Axel Voss, apela a um quadro de responsabilidade civil orientado para o futuro, responsabilizando estritamente os operadores de IA de alto risco por quaisquer danos causados. Um quadro jurídico claro estimularia a inovação, fornecendo uma base legal às empresas, ao mesmo tempo que protegeria os cidadãos e promoveria a confiança nas tecnologias de IA desencorajando ainda atividades que possam revelar-se perigosas. As normas deverão aplicar-se a atividades de IA, físicas ou virtuais, nocivas para a vida, a saúde, a integridade física, danosas para a propriedade, ou que possam causar danos imateriais significativos que resultem numa perda económica verificável. Mesmo que as tecnologias de IA de alto risco ainda sejam raras, os eurodeputados consideram que os operadores deverão estar protegidos por apólices de seguro semelhantes às utilizadas para os veículos a motor(677), o que vai ao encontro do previsto na Resolução de 2017.

Ao analisar o relatório em questão, Filipe Medon(678) dispôs:

> De fato, tem-se aqui uma importante constatação e que deve passar a nortear os debates: não há uma correlação necessária entre IA e o incremento dos riscos na sociedade tecnológica. Afinal, como registrou o Parlamento Europeu, ainda são raras as IAs que representam um alto risco. Além disso, mesmo aquelas IAs tidas como de alto risco, a exemplo dos carros autônomos, podem acabar no

(677) COMUNICADO DE IMPRENSA. *Parlamento na vanguarda das normas europeias sobre inteligência artificial.* Disponível em: <https://www.europarl.europa.eu/news/pt/press-room/20201016IPR89544/parlamento-na-vanguarda-das-normas-europeias-sobre-inteligencia-artificial>. Acesso em: 20 fev. 2021.

(678) MEDON, Filipe. *Op. cit.*

futuro sendo consideradas como de baixo risco. Isso porque a introdução desses veículos no mercado visa fundamentalmente a reduzir o risco na atividade de condução veicular, por meio da diminuição no número de acidentes, já que serão eliminadas — ainda que parcialmente — as causas de acidentes relacionadas à figura do condutor, tais como fadiga, distração e embriaguez.

O terceiro relatório, redigido por Stéphane Séjourné, coloca em evidência o fato de a liderança global da União Europeia em matéria de IA requerer um sistema de direitos de propriedade intelectual eficaz e salvaguardas para o sistema de patentes da UE, como forma de proteger os criadores inovadores. Concomitantemente, o relatório ressalva a importância de que estas medidas avancem sem pôr em causa os interesses dos criadores humanos e os princípios éticos da UE. Os eurodeputados consideram que é importante distinguir entre a criação assistida e a criação gerada pela IA. Para isso, a IA não deve possuir personalidade jurídica e os direitos de propriedade intelectual devem ser atribuídos exclusivamente a humanos. O texto aprofunda ainda temas como os direitos de autor, a recolha de dados, o segredo industrial, a utilização de algoritmos e as falsificações profundas[(679)].

No que tange à responsabilidade civil da Inteligência Artificial, existem muitas discussões acerca do assunto e diferentes caminhos. Quando sistemas e robôs comandados por Inteligência Artificial tomam decisões e, em razão delas, causam danos a terceiros, evidencia-se a necessidade de se analisar qual sistema de responsabilidade civil deverá ser aplicado, bem como de se determinar o responsável pela reparação[(680)]. É possível cogitar a responsabilidade objetiva, pelo fato da coisa, no caso de máquinas ou robôs que tomem decisões, ou também pelo risco[(681)]. Há uma preponderância em doutrina do entendimento favorável a aplicação do regime objetivo de responsabilidade, usualmente apontado como mais idôneo à tutela efetiva das vítimas[(682)].

Nesse sentido, a corrente[(683)] que cogita a aplicação de um regime de responsabilidade semelhante àquele estabelecido pelo fato da coisa ou pelo risco (na forma do parágrafo único do art. 927 do Código Civil), dispõe que, no primeiro caso, o esquema seria próximo ao aplicável para os animais: seu dono ou detentor ressarcirá o dano por ele causado, a menos que prove culpa da vítima ou força maior[(684)]. O art. 936, ao trazer apenas duas excludentes do dever de indenizar, introduz claramente hipótese de responsabilidade civil objetiva. A responsabilidade distancia-se do campo da guarda e fundamenta-se na teoria do risco, no

(679) COMUNICADO DE IMPRENSA. *Op. cit.*

(680) TEFFÉ, Chiara Spadaccini de; MEDON, Filipe. *Op. cit.*

(681) FRAZÃO, Ana. *Algoritmos e inteligência artificial.* Disponível em: <https://www.jota.info/opiniao-e-analise/colunas/constituicao-empresa-e-mercado/algoritmos-e-inteligencia-artificial-15052018>. Acesso em: 10 fev. 2021.

(682) TEPEDINO, Gustavo; SILVA, Rodrigo da Guia. *Op. cit.*

(683) Neste sentido: TEFFÉ, Chiara Spadaccini de; MEDON, Filipe. *Op. cit.*

(684) *Idem.*

sentido de que quem tem o uso do animal suporta o risco pelos danos que eventualmente venha a provocar(685). Dessa forma, o responsável pela IA teria que lidar com o risco decorrente da imprevisibilidade da atuação dela(686).

Além disso, vale lembrar que, quando se tratar de relação de consumo, o Código de Defesa do Consumidor e sua consequente responsabilidade civil objetiva deverão ser aplicados para os casos em que o dano causado pela Inteligência Artificial puder ser enquadrado como vício ou fato do produto ou do serviço(687). Afinal, a Inteligência Artificial pode ser utilizada no âmbito de atividades de fornecimento de produtos ou serviços ao mercado de consumo. Caso se configure relação de consumo à luz da disciplina do CDC, não restam dúvidas acerca da possibilidade de responsabilização de todos os fornecedores integrantes da cadeia de consumo pelos danos decorrentes de fato do produto ou serviço — resguardada, em qualquer caso, a necessidade de aferição dos demais elementos relevantes para a deflagração do dever de indenizar(688).

Sobre o tema, Gustavo Tepedino e Rodrigo da Guia Silva(689) dispõem:

> A novidade na matéria residiria, segundo parte da doutrina, na possibilidade de imputação do dever de indenizar também aos desenvolvedores de *softwares* ou algoritmos, e não apenas ao elo final da cadeia de fornecedores. Não se trata, contudo, ao menos no direito brasileiro, de conclusão propriamente inédita: conforme estabelecido pelos arts. 12 e 14 do CDC, a regra é a submissão dos variados fornecedores (incluindo o comerciante, guardadas as especificidades de sua responsabilização previstas pelo art. 13 do diploma) ao regime de responsabilidade objetiva pelos danos causados aos consumidores. Uma vez mais, o ineditismo parece estar não na solução jurídica, mas tão somente nas novas manifestações dos avanços tecnológicos sobre o cotidiano das pessoas.

Faz-se necessário mencionar, ainda, a discussão acerca da crescente autonomia dos robôs e sistemas comandados por Inteligência Artificial e a consequência que isso traz para o âmbito da responsabilidade civil. Diante da independência e autonomia das máquinas cogita-se o afastamento da responsabilidade da lógica do defeito do produto/serviço.

---

(685) TEFFÉ, Chiara Spadaccini de; MEDON, Filipe. *Op. cit.*

(686) *Idem.*

(687) *Idem.*

(688) TEPEDINO, Gustavo; SILVA, Rodrigo da Guia. *Op. cit.*

(689) *Idem.*

Sobre a discussão, Filipe Medón e Chiara Spadaccini de Teffé[690] dispõem:

> Haveria, pois, dois planos distintos.
>
> Num primeiro, seria possível vislumbrar os danos causados por robôs autônomos que resultem de defeitos. Isso permitiria enquadrá-los como produtos que possam ter falhas de concepção, fabricação, informação (do fornecedor ao usuário final) ou de desenvolvimento. Nesse caso, seriam aplicadas as normas consumeristas relativas ao fato do produto ou do serviço, sem prejuízo da aplicação de outras normas (CAMPOS, 2019, p. 712).
>
> Num segundo plano, os danos não adviriam "de um defeito do robô, mas antes da autonomia que revela, ou seja, reconduz-se a uma ideia de 'não é defeito, é feitio'" (CAMPOS, 2019, p. 712). Daí a afirmação de que "os robôs com uma capacidade profunda de autoaprendizagem são imprevisíveis, pelo que uma resposta inesperada para uma situação específica pode não ser o resultado de uma falha do produtor" (CAMPOS, 2019, p. 712).

Sobre o tema, Gustavo Tepedino e Rodrigo da Guia Silva[691] defendem que a questão referente à dita imprevisibilidade das condutas dos sistemas autônomos, se mal colocada, pode vir a se constituir em falso problema. Isso porque, independentemente da previsibilidade das reações dos robôs submetidos à autoaprendizagem, o problema da reparação de danos, nesses casos, há que ser solucionado no âmbito da causalidade e da imputabilidade daí decorrente, a partir da alocação de riscos estabelecida pela ordem jurídica ou pela autonomia privada.

A análise desses pontos acaba ensejando questionamentos mais profundos, como saber se as máquinas devem ou não ser concebidas como sujeitos de direito autônomos com direitos e deveres próprios[692]. É importante analisar se a solução de se conceder uma personalidade jurídica seria mesmo a resposta adequada. No cenário europeu, impulsionado por indagações sobre responsabilidade, a questão da personalidade aparece muito mais ligada à construção de um mecanismo de reparação à vítima de danos do que como resultado de uma discussão mais aprofundada sobre o que é um robô inteligente e seu estatuto jurídico de forma mais abrangente[693].

---

(690) TEFFÉ, Chiara Spadaccini de; MEDON, Filipe. *Op. cit.*

(691) TEPEDINO, Gustavo; SILVA, Rodrigo da Guia. *Op. cit.*

(692) TEFFÉ, Chiara Spadaccini de; MEDON, Filipe. *Op. cit.*

(693) SOUZA, Carlos Affonso. *O debate sobre personalidade jurídica para robôs.* Disponível em: <https://www.jota.info/opiniao-e-analise/artigos/o-debate-sobre-personalidade-juridica-para-robos-10102017>. Acesso em: 10 fev. 2021.

Ao abordar o assunto em questão, Carlos Affonso Souza[(694)] dispõe:

> Não parece que criar uma personalidade jurídica autônoma seja a única (e quiçá a melhor) forma de direcionar a questão dos danos causados por robôs inteligentes. Quem vai gerir o patrimônio do robô? Um seguro amplo não seria uma forma mais eficiente para amparar a vítima do que criar uma nova categoria de pessoas jurídicas?
>
> A resolução do Parlamento europeu chega então a mencionar duas iniciativas relacionadas ao desenvolvimento de robôs inteligentes: (i) a adoção de um registro obrigatório desses robôs; e (ii) a criação de um seguro que possa então fazer frente às hipóteses de danos causados pelos mesmos.

É possível considerar, também, a responsabilidade subjetiva, avaliando a conduta do agente responsável pelo sistema causador do dano. Nesse sentido, Gustavo Tepedino e Rodrigo da Guia Silva[(695)] defendem que é necessário indagar qual deve ser o padrão de referência para aferição de conduta culposa:

Em tal perspectiva, há de se avaliar a conduta do agente responsável pelo sistema inteligente causador do dano, indagando-se: qual deve ser o padrão de referência para aferição da conduta culposa? Importa, para fins de responsabilização do usuário, o grau da sua intervenção sobre o sistema? Devem se adotar critérios distintos para a investigação da culpa do usuário e a culpa do desenvolvedor do sistema? Reitere-se, uma vez mais, que toda a investigação da imputabilidade do dever de indenizar gira em torno da atribuição de responsabilidade a pessoas, e não a robôs — desprovidos que são de personalidade jurídica. Desse modo, ainda que o robô ou sistema inteligente tenha uma atuação direta no processo causal que resulta na produção do dano, não se deverá perquirir diretamente a conformidade da conduta do sistema, mas sim a conformidade da conduta da pessoa por ele responsável.

No que tange a responsabilidade subjetiva existem duas alternativas que devem ser analisadas. A primeira diz respeito à constatação da reprovabilidade da conduta a partir da teoria do defeito de organização, que tem grande alcance para justificar os ilícitos corporativos[(696)]. De acordo com tal teoria, os agentes econômicos devem criar, manter e supervisionar organização compatível para controlar e monitorar os riscos assumidos. Assim, se houver transferência de capacidade decisória para algoritmos sem os devidos cuidados, seria possível se falar em ação culposa tanto da pessoa jurídica, como de seus gestores[(697)].

---

(694) SOUZA, Carlos Affonso. *O debate sobre personalidade jurídica para robôs.* Disponível em: <https://www.jota.info/opiniao-e-analise/artigos/o-debate-sobre-personalidade-juridica-para-robos-10102017>. Acesso em: 10 fev. 2021.

(695) TEPEDINO, Gustavo; SILVA, Rodrigo da Guia. *Op. cit.*

(696) FRAZÃO, Ana. *Op. cit.*

(697) *Idem.*

Outro caminho possível é a responsabilidade subjetiva por violação ao dever de diligência e cuidado dos gestores. Ao analisar essa possibilidade, Ana Frazão[(698)] dispõe:

> Imagine-se o caso de um cartel implementado pelos algoritmos utilizados pelos diversos agentes econômicos de determinado mercado. Seria razoável considerar pelo menos culposa a conduta do agente que se utiliza, voluntariamente e sem os cuidados devidos, de mecanismos de tomada de decisão (como a precificação) que podem levar a práticas concertadas ou outros tipos de ilícito antitruste.
>
> Dessa maneira, é possível falar em ato ilícito, ainda que não doloso, quando a empresa (i) adota algoritmo sem saber como ele age — violação ao dever de diligência por tomar decisão não informada —; ou (ii) não toma as providências necessárias para, a partir do monitoramento dos resultados práticos da utilização dos algoritmos, evitar a colusão ou outros tipos de conduta anticoncorrencial — violação ao dever de diligência por ausência de controle de risco. Nesse caso, seria possível se cogitar da responsabilidade tanto da pessoa jurídica, como dos gestores.
>
> Na verdade, o próprio defeito de organização pode ser visto como uma violação ao dever de diligência, pois já se viu que, no atual contexto, este último ganha uma dimensão organizativa, relacionada ao compromisso de criar e manter organização eficiente e idônea para o controle do risco assumido. Logo, a violação do referido dever tanto poderá ensejar a responsabilidade civil, como também a responsabilidade no âmbito do direito punitivo.

Especificamente no âmbito empresarial, havendo transferência de capacidade decisória para os algoritmos, sem os devidos cuidados e precauções, é possível a configuração da responsabilização nos casos de danos aos diversos sujeitos envolvidos, tais como, sócios, empregados, credores, consumidores, terceiros e a própria pessoa jurídica[(699)]. Nesse contexto, a postura do administrador da sociedade destaca-se o dever de diligência e a consequente responsabilidade subjetiva em caso de violação do mesmo. Dessa forma, a postura do administrador, com a inserção da Inteligência Artificial, será essencial pois em qualquer circunstância de delegação de suas competências para sistemas de Inteligência Artificial, as decisões ou atos serão imputados ao administrador e o sujeitarão à responsabilidade pessoal, já que foi ele quem encampou aquela decisão como se fosse sua[(700)].

---

(698) FRAZÃO, Ana. *Op. cit.*

(699) TEFFÉ, Chiara Spadaccini de; MEDON, Filipe. *Op. cit.*

(700) *Idem.*

Sobre o assunto, Filipe Medon e Chiara Spadaccini Teffé dispõem:

> Ao implantar sistemas algorítmicos, mostra-se essencial conhecer suas limitações e o que é efetivamente levado em conta para a tomada de decisões. Entender os limites dos algoritmos ajudará o agente a melhor julgar suas decisões e propostas, evitando, assim, visões simplistas e reducionistas, sob pena de tornar as pessoas, em certa medida, reféns de decisões tomadas na "caixa-preta" dos algoritmos, cuja opacidade é denunciada por Frank Pasquale em sua análise sobre os algoritmos secretos que acabam controlando o dinheiro e a informação na sociedade contemporânea (PASQUALE, 2015).

Percebe-se, portanto, que existem caminhos diversos a serem percorridos quando se está diante da necessidade de analisar, entender e discernir acerca das repercussões que a transferência de decisões para algoritmos apresentam no âmbito da responsabilidade civil[701]. É imprescindível avançar na análise e nos debates sobre o assunto, haja vista a necessidade de encontrar uma justa medida para equilibrar inovação e responsabilidade, bem como evitar a irresponsabilidade organizada[702].

Dessa forma, entendemos que, tal como constou no relatório do deputado europeu Axel Voss, não é necessária uma revisão completa das normas de responsabilidade civil existentes, mas faz-se necessário levar em consideração a complexidade, opacidade, capacidade de modificação e autoaprendizado da IA, associadas à participação de inúmeros indivíduos na sua programação, o que representa um grande desafio à efetividade das normas. Além disso, no referido relatório foi exposto que como quase sempre os danos causados pela IA são resultado da participação e do envolvimento de um ser humano, não seria necessário garantir personalidade jurídica própria aos sistemas comandados por IA, sendo recomendado, portanto, não lhes atribuir tal condição, posicionamento que concordamos[703].

Percebe-se, portanto, que a tendência na Europa é garantir e tornar indispensável a presença humana no desenvolvimento da Inteligência Artificial, na gestão dos riscos e no aproveitamento, o tanto quanto possível, das normas já existentes. Além disso, a recomendação é de que existam mecanismos de securitização obrigatória cujas contribuições dependerão do risco criado por cada sujeito envolvido na introdução daquele sistema ou robô comandado por IA no mercado[704].

As referidas orientações e conclusões são, ao nosso ver, repletas de razoabilidade e proporcionalidade, principalmente no que tange a necessidade de supervisão humana, o que

---

(701) TEFFÉ, Chiara Spadaccini de; MEDON, Filipe. *Op. cit.*

(702) *Idem.*

(703) MEDON, Filipe. *Op. cit.*

(704) *Idem.*

será abordado no próximo tópico. Dessa forma, defendemos a aplicação das mesmas orientações no Brasil, o que garantirá a segurança, a tutela dos direitos e o incentivo a inovação tecnológica.

3.3.3. A necessidade de supervisão humana

Ao longo dos últimos tópicos, foi demonstrada a problemática envolvendo a responsabilização das decisões e ações dos algoritmos, bem como a tendência de, cada vez mais, os algoritmos estarem presentes nas relações como um todo, inclusive nas de trabalho. Os algoritmos estão assumindo os postos dos mais exigentes encarregados, supervisores e coordenadores, fazendo anotações e cruzando dados de produção como ninguém imaginaria ser possível. Estamos vivendo uma era em que a autoridade anônima dos algoritmos já comanda, e tanto mais comandará, os trabalhadores e os prestadores de serviços, dando-lhes orientações, traçando-lhes metas, estabelecendo as prioridades e, até mesmo, aplicando-lhes punições[(705)].

Os algoritmos, portanto, possuem potencial e já estão regulamentando, dirigindo, fiscalizando e punindo os diferentes tipos de trabalhadores e acreditamos que o farão cada vez mais, haja vista o poder inestimável e implacável dos mesmos, que aumenta de forma exponencial, sendo os limites para tanto, inclusive, atualmente desconhecidos. Conforme já exposto, os algoritmos se arvoram a ser os novos detentores do poder diretivo, motivo pelo qual denominamos o fenômeno com a expressão que é o título deste livro e, decerto, será muitas vezes referenciada no futuro das relações de trabalho: o "poder diretivo algorítmico", essa nova e implacável autoridade anônima.

Contudo, como também já defendido anteriormente, apesar do potencial e da existência da referida espécie de poder diretivo, entendemos que os algoritmos não são — e nunca deverão ser — os próprios "chefes", mas, sim, uma ferramenta à disposição do empregador. O poder diretivo algorítmico existe e já é uma realidade, mas deve ser sempre exercido, na nossa opinião, por um ser humano. É possível afirmar que há um gerenciamento via algoritmo, contudo, a autoridade continua sendo o empregador.

Assim, conceituar o poder diretivo algorítmico não significa defender que o próprio algoritmo é o "chefe" e exerce o papel do empregador. Dessa forma, a necessidade de revisão das decisões tomadas pelos algoritmos por um ser humano se mostra, além de extremamente necessária, também coerente e razoável.

Primeiramente porque, apesar dos avanços e de todos os aspectos positivos que a Inteligência Artificial proporciona, os riscos da eliminação das decisões humanas vão muito além dos erros que podem acontecer e atingem direitos da personalidade como a intimidade, a vida privada e a autodeterminação informativa. Diante da impossibilidade de os algoritmos

(705) STUDART, Ana Paula Didier; MARTINEZ. Luciano. *Op. cit.*

prestarem contas além de suas frias programações, é muito desafiador e difícil — para não dizer impossível — reconhecer neles um equilibrado poder de direção, o que demonstra e reforça a necessidade de revisão humana.

Sobre o assunto em questão, Erik Fontenele Nybo[(706)] expõe:

> Isso não significa que utilizar algoritmos seja ruim, mas que os algoritmos devem ser assistidos. Deve ser possível a revisão das decisões tomadas pelos algoritmos por um humano, já que os algoritmos tomam decisões de uma maneira diferente dos humanos. As pessoas que desenvolvem os algoritmos representam uma parcela muito pequena da população e são influenciados por suas próprias percepções, as quais muitas vezes não levam em consideração as minorias. É necessário que existam humanos que possam rever as decisões tomadas pelos algoritmos, transparência dos modelos de treinamento adotados para determinado sistema, auditoria dos dados e do código para garantir que haja responsabilidade e qualidade no uso dessas ferramentas.

Dessa forma, para além da necessária personalidade jurídica, que não se configura no algoritmo, entendemos que o poder diretivo deve ser exercido por uma pessoa física, tanto por uma questão de responsabilidade e equilíbrio, como por uma questão de humanidade. As máquinas não têm consciência, o que impede, conforme abordado anteriormente, a utilização dos algoritmos e da Inteligência Artificial para atividades que demandam pensamento crítico, criatividade e empatia[(707)]. Os algoritmos podem exercer atividades de fiscalização, avaliação, orientação e até mesmo punição, configurando um verdadeiro poder diretivo algorítmico, mas ser o próprio chefe, em nossa visão, não é possível, sendo necessária e essencial a figura humana para exercer esse poder diretivo algorítmico.

Como já exposto, com o avanço da tecnologia, mais decisões essenciais sobre a vida de uma pessoa vêm sendo tomadas automaticamente a partir de algoritmos comandados por Inteligência Artificial. Em tese, esses algoritmos são programados para produzir um resultado melhor, a partir de técnicas como o *machine learning* e o *deep learning*[(708)], conceitos já abordados no primeiro capítulo. Contudo, apesar da premissa de que as escolhas feitas pelos algoritmos são mais eficientes, objetivas e imparciais, sendo melhores que as decisões humanas, que tendem ao enviesamento e estão mais sujeitas a falhas, na prática, o que tem se visto é que a neutralidade é aparente e as máquinas "herdam" o conteúdo a que possuem

(706) NYBO, Erik Fontenele. *Op. cit.*, p. 136.

(707) TAURION, Cezar. *Op. cit.*

(708) MARRAFON, Marco Aurélio; MEDON, Filipe. *Op. cit.*

contato, inclusive preconceitos, seja por carregamento inicial de programadores, seja por aprendizado na interação humana[709] ou a partir do histórico já existente.

Nesse sentido, Ana Frazão[710] dispõe:

> [...] os julgamentos algorítmicos partem de uma dificuldade inicial, que é a premissa de que todos os aspectos da natureza humana podem ser convertidos em fórmulas matemáticas, o que não é verdade.
>
> Ademais, mesmo os aspectos da experiência humana e social que podem ser traduzidos para a linguagem matemática normalmente o serão ou por meio de modelos cujas simplificações os descolarão da realidade ou por meio de modelos cuja complexidade os tornarão incompreensíveis. Em qualquer das hipóteses, haverá dificuldades consideráveis para a sua utilização nos assuntos humanos e sociais, ainda mais se forem considerados julgamentos finais ou prioritários.
>
> Daí se poder antecipar a conclusão de que, mesmo quando os julgamentos algorítmicos são compatíveis com a natureza e a complexidade do mundo social, há boas razões para sustentar que esse tipo de conhecimento não pode ser único e precisa necessariamente de complementações.

Dessa forma e considerando tudo que foi exposto ao longo do presente capítulo, principalmente no que tange ao potencial discriminatório dos algoritmos e à possibilidade de os algoritmos configurarem até mesmo um assédio moral, configurando e concretizando prejuízos e danos aos indivíduos, a revisão humana se mostra essencial em qualquer tipo de relação que utilize algoritmos para tomada de decisões. A falta dessa revisão pode levar a significativas injustiças e práticas discriminatórias, haja vista os altos riscos de enviesamento de decisões algorítmicas, além das potencialidades inesperadas pelos desenvolvedores que podem se configurar por conta do *machine learning*[711].

Nesse sentido, os riscos e os potenciais danos vão muito além do contexto das relações trabalhistas. O tratamento de dados pessoais em geral, pelos algoritmos, pode acabar resultando em decisões automatizadas que configurem injustiças, danos e prejuízos, motivo pelo qual a discussão da necessidade de revisão humana tem tido muito destaque no que tange a proteção de dados pessoais, como também já abordado anteriormente. Assim, defende-se que a presença do fator humano no processo de revisão de decisões automatizadas

(709) MARRAFON, Marco Aurélio; MEDON, Filipe. *Op. cit.*

(710) FRAZÃO, Ana. *Discriminação algorítmica.* Disponível em: <https://www.jota.info/opiniao-e-analise/colunas/constituicao-empresa-e-mercado/discriminacao-algoritmica-3-30062021>. Acesso em: 30 jun. 2021

(711) LOPES, Alexandra Krastins; MORAES, Thiago Guimarães; PEREIRA, José Renato Laranjeira de. *Op. cit.*

é fundamental para que o titular de dados possa obter informações e contestar decisões e assim exercer os direitos expressos na LGPD, sendo a revisão humana, portanto, essencial para o exercício desses direitos, principalmente o direito à autodeterminação informativa[(712)].

Ao mesmo tempo, as empresas que elaboram e utilizam os algoritmos que passaram a ditar a tomada de decisões da sociedade são empresas privadas e, por essa razão, precisam proteger os seus segredos industriais[(713)]. Existe, portanto, um limite que é justamente o segredo comercial e industrial, motivo pelo qual o art. 20[(714)], §1º, da LGPD prevê exatamente essa questão. Além disso, se o funcionamento do algoritmo é conhecido, corre-se o risco de que as pessoas passem a manipulá-lo[(715)].

Nesse sentido, Erik Fontenele Nybo[(716)] dispõe:

> Parte dessa proteção de segredos industriais recai necessariamente sobre os algoritmos que essas empresas desenvolveram ou detém, o que diminui as chances de auditabilidade destes e consequentemente impede o escrutínio público sobre o que está sendo feito. Resta confiar na ética das pessoas que os desenvolvem, motivo que reforça o crescimento da importância das matérias mais "humanas" em um mundo dominado por algoritmos. Como visto, os próprios algoritmos desenvolvidos podem ser um mecanismo de proteção concorrencial, tal como visto no caso em que o Google foi processado por oferecer seu serviço acima daquele de seu concorrente na página de resultados de busca.

O que se busca é que decisões importantes da vida humana não sejam delegadas a máquinas que são pretensamente neutras, mas acabam tendo um grande potencial discriminatório, reforçando preconceitos que já existem na sociedade[(717)]. Contudo, apesar de toda a discussão acerca da importância da revisão humana e da segurança que tal medida traria no âmbito da Lei Geral de Proteção de Dados, o então Presidente da República, conforme exposto no primeiro capítulo, vetou o §3º que trazia a previsão em questão, qual seja, de necessidade de revisão humana. Com isso, essa revisão deixa de ser uma obrigatoriedade e passa a ser mera faculdade, na contramão de outras legislações, como é o caso do Regulamento Geral de Proteção de Dados da União Europeia, a GDPR (art. 22, n. 3)[(718)].

---

(712) LOPES, Alexandra Krastins; MORAES, Thiago Guimarães; PEREIRA, José Renato Laranjeira de. *Op. cit.*

(713) NYBO, Erik Fontenele. *Op. cit.*, p. 136.

(714) Art.20 [...]

§ 1º O controlador deverá fornecer, sempre que solicitadas, informações claras e adequadas a respeito dos critérios e dos procedimentos utilizados para a decisão automatizada, observados os segredos comercial e industrial.

(715) MARRAFON, Marco Aurélio; MEDON, Filipe. *Op. cit.*

(716) NYBO, Erik Fontenele. *Op. cit.*, p. 136.

(717) MARRAFON, Marco Aurélio; MEDON, Filipe. *Op. cit.*

(718) *Idem.*

Faz-se necessário reiterar que as decisões automatizadas, sem revisão humana, impactam muito além das relações trabalhistas. Essas decisões podem trazer consequências em diversos setores como segurança pública, acesso ao crédito, saúde e liberdade pessoal, além do acesso ao mercado de trabalho, trata-se de uma nova forma de controle da sociedade, agora exercida por meio dos dados(719). A obrigatoriedade de revisão humana, caso solicitada pela pessoa afetada, serviria para se criar mecanismos e salvaguardas para que não houvesse violação a direitos, uma salvaguarda constitucional e democrática que tenderia a evitar danos aos cidadãos mais carentes que não possuem outro acesso a bens que geram cidadania e ficam dependentes da análise do "sistema"(720).

Na era da tecnologia e da algocracia, é extremamente necessário defender a importância do direito à explicação e à revisão humana das decisões automatizadas que impactam sobremaneira a vida de todas as pessoas. Para além dos impactos da LGPD e do veto presencial sobre o assunto, com o qual discordamos, é urgente o debate e a conscientização acerca da importância da obrigatoriedade da revisão humana. No contexto da Inteligência Artificial e da evolução e do uso constantes da mesma, essa discussão se torna ainda mais imprescindível, principalmente considerando a falta de transparência e clareza no que tange a motivação das suas conclusões, o que reforça a necessidade de controle da IA(721).

Conforme já exposto no tópico anterior, a tendência europeia é que a IA deve ser concebida de forma a permitir a supervisão humana a qualquer momento(722). Neste sentido, foi a regulamentação de Inteligência Artificial na União Europeia, aprovada pelo Parlamento Europeu em outubro de 2020(723). O referido documento, inclusive, aponta que se uma funcionalidade puder constituir um compromisso dos princípios éticos e tornar-se perigosa, a capacidade de autoaprendizagem deve ser suspensa e retomado o total controle humano, o que apenas reforça a necessidade de constante supervisão humana. Percebe-se, portanto, o longo caminho a ser percorrido pelo Brasil(724).

Sabe-se da dificuldade de seu "auditar" os algoritmos(725), bem como os riscos de se criar uma sociedade controlada por decisões automatizadas de nenhum ou pouco controle(726). Tais aspectos apenas deixam, ainda mais claro, a necessidade e a importância de revisão, por

(719) MARRAFON, Marco Aurélio; MEDON, Filipe. *Op. cit.*

(720) *Idem.*

(721) *Idem.*

(722) MEDON, Filipe. *Op. cit.*

(723) Parlamento Europeu aprova maior regulamentação de Inteligência Artificial na UE. In: *TSF, 21 out. 2020.* Disponível em: <https://www.tsf.pt/futuro/parlamento-europeu-aprova-maior-regulamentacao-de-inteligencia-artificial-na-ue-12944972.html>; Acesso em 21 abr. 2021.

(724) MEDON, Filipe. *Op. cit.*

(725) *Idem.*

(726) MARRAFON, Marco Aurélio; MEDON, Filipe. *Op. cit.*

uma pessoa humana, das decisões tomadas por algoritmos. A IA é parte integrante da vida cotidiana e duas em cada três empresas já a utilizam permanentemente. Os algoritmos estão presentes em telecomunicações, navegação, finanças, agricultura, entre outras esferas e em apenas dois anos, 42% das tarefas serão realizadas por algoritmos, contra 29% atualmente(727). Os riscos, portanto, são explícitos e concretos e podem ser minorados se houver uma participação humana mais intensa em todas as etapas das decisões automatizadas.

Ao analisar os riscos e as perspectivas da crescente utilização de dados, estatísticas e algoritmos, Ana Frazão(728) dispõe:

> Como bem resume Harari, "Eles [os algoritmos] analisam quantidades astronômicas de dados, que nenhum humano é capaz de abranger, e aprendem a reconhecer padrões e adotar estratégias que escapam à mente humana. O algoritmo-semente pode de início ser desenvolvido por humanos, mas ele cresce, segue o próprio caminho e vai aonde humanos nunca foram antes — até onde nenhum humano pode segui-lo".
>
> Tal situação é inequivocamente geradora de riscos e perplexidades. [...]
>
> Daí o fundado receio de que dados e correlações manejados por algoritmos possam estar sendo utilizados como veículos de manutenção de discriminações e injustiças, preservando os padrões do passado — ainda que equivocados — ao mesmo tempo em que comprometem as possibilidades do futuro em termos de desenvolvimento e emancipação social. E, o que é pior, na ausência de transparência quanto aos dados, critérios e correlações utilizados, os resultados práticos da aplicação de tais algoritmos computacionais podem ser insuscetíveis de um devido controle por parte do direito.
>
> Somente essa constatação já mostra que a utilização de algoritmos computacionais, nos mais diversos campos, precisa ser acompanhada da devida e necessária reflexão. Considerando a magnitude do potencial dos algoritmos computacionais e mesmo a possibilidade de sua capacidade se sobrepor à dos seres humanos, Harari propõe a seguinte pergunta: o que vai acontecer à sociedade, aos políticos e à vida cotidiana quando algoritmos não conscientes, mas altamente inteligentes, nos conhecerem melhor do que nós mesmos?
>
> É certo que as perguntas propostas por Harari são de extrema complexidade e não

---

(727) MEPs urge for firm and clear rules on artificial intelligence. In: *Europost*, 22 out. 2020. Disponível em: <https://europost.eu/en/a/view/me-ps-urge-for-firm-and-clear-rules-on-artificial-intelligence-31266>; Acesso em 21 abr. 2021.

(728) FRAZÃO, Ana. *Dados, estatísticas e algoritmos*. Disponível em: <https://www.jota.info/opiniao-e-analise/colunas/constituicao-empresa-e-mercado/dados-estatisticas-e-algoritmos-28062017>. Acesso em: 21 abr. 2021.

caberia a este modesto ensaio tentar respondê-las. Entretanto, suas perguntas servem de alerta para a necessidade de se adotar uma visão mais cautelosa a respeito dos dados e das estatísticas, a fim de evitar a sedução enganosa dos números. Especificamente em relação aos algoritmos computacionais, suas perguntas igualmente servem de alerta para que reflitamos sobre o que podemos fazer para evitar que o nosso futuro seja definido por eles, sem que tenhamos nem mesmo a possibilidade de conhecer e criticar os dados e correlações que os alimentam e seus processos de aprimoramento futuro a partir da inteligência artificial.

Percebe-se, portanto, a necessidade de cautela quando o assunto é decisão automatizada. Considerando o potencial dos algoritmos, ainda desconhecido em sua totalidade, o controle e a supervisão humana se tornam imperiosos, na nossa visão. Ressalta-se que não condenamos e nem acreditamos em teorias que incentivam a não utilização e pregam os riscos de domínio do ser humano pelas máquinas. Contudo, diante do potencial, inclusive ofensivo, o controle se faz necessário para evitar avanços desmedidos e impactos negativos e desastrosos.

Vale mencionar, ainda, um argumento que faz total sentido e corrobora a necessidade da supervisão humana: as escolhas éticas só podem ser feitas por seres que têm emoções, uma vez que as escolhas éticas geralmente são motivadas por elas[(729)]. A IA deve prezar e garantir decisões baseadas na ética, mas para isso a ética deve fazer parte do design da IA para garantir que a ética faça parte do código[(730)]. A ética, portanto, precisa ser levada para o código, o que só será possível com a presença humana.

Neste sentido, Antonio Aloisi e Valerio de Stefano[(731)] chamam atenção para o fato de que algoritmos não são programados para serem "criteriosos" e, uma vez recebida uma tarefa, a concluem com a maior eficácia possível, em detrimento da flexibilidade crítica típica do ser humano. O sistema, portanto, não conhece o equilíbrio de valores e princípios. Também por esta razão, é necessário recorrer aos instrumentos típicos da área dos direitos humanos.

Sobre o assunto, os referidos autores[(732)] dispõem:

> O progresso, tanto tecnológico quanto social, precisa ser abordado e a direção é definida a partir dos objetivos que são traçados. Por isso, o trabalho do futuro

---

(729) RIJIMENAM, Mark van. *Why We Should Be Careful When Developing AI.* Disponível em: <https://medium.com/dataseries/why-we-should-be-careful-when-developing-ai-8c866914fd8b>. Acesso em: 21 abr. 2021.

(730) *Idem.*

(731) ALOISI, Antonio; STEFANO, Valerio de. *Op. cit.*, p. 71.

(732) ALOISI, Antonio; STEFANO, Valerio de. *Il tuo capo è un algoritmo:* Contro il lavoro desumano. Editori Laterza. Collana: Tempi Nuovi. p. 30-31.

> necessita desesperadamente de instituições políticas e sociais que agreguem consenso em torno de visões imprevisíveis. Em vez de um futuro sem motorista, como os carros autônomos, é importante nos esforçarmos para projetar e implementar um modelo que veja o ser humano no comando, com os tomadores de decisão humanos "ao volante" das transformações técnicas e sociais, como tem invocou o Comité Económico e Social Europeu (CESE). Refletindo sobre a inteligência artificial e os novos sistemas automatizados de tomada de decisão, o CESE definiu a abordagem que coloca a pessoa — mas poderíamos dizer os cidadãos e os trabalhadores — no centro das escolhas como condição prévia para que a transformação digital seja sustentável, acessível, segura e benéfico. As tecnologias são boas, mas os humanos estão conduzindo sua adoção e regulamentação. «As máquinas continuam a ser máquinas e as pessoas as controlam», afirma um parecer do CESE que preconiza um amplo envolvimento no desenvolvimento de sistemas avançados, «para garantir ao homem autonomia, domínio da tecnologia, contentamento e satisfação».

Diante do exposto, fica cada vez mais explícita a necessidade de se pensar e se analisar em quais situações e de que forma a revisão e o julgamento humanos devem ser aplicados no que tange a decisões algorítmicas. Quem decide em que momento um sistema de IA atingiu uma redução suficiente da parcialidade e pode então ser usado com segurança? Em quais situações a tomada de decisões totalmente automatizada deve ser permitida? Essas respostas não são solucionadas por algoritmos e as máquinas não podem determinar as respostas corretas. A situação requer julgamentos e processos tipicamente humanos, com base em disciplinas como ciências sociais, direito e ética, para desenvolver padrões que permitam aos seres humanos implementar a IA tendo em mente as questões de viés e imparcialidade e esse trabalho está apenas começando[(733)].

Não se deve desprezar a Inteligência Artificial nem desestimular o seu uso e a sua evolução, mas é essencial saber como utilizá-la, mediante controles necessários e inserção de programações éticas. Muito além de todas as preocupações sobre a extensão da autoridade algorítmica, cabe-nos a sensibilidade de contemporizar as inovações e de dar a elas um tratamento adequado aos tempos modernos, sem a tendência de querer relacionar novos cenários aos conceitos tradicionais. Tentar encaixar as novas relações advindas da revolução digital em categorias e critérios pensados para as relações de trabalho de tempos antigos não irá atender as expectativas de uma sociedade em constante mudança[(734)].

A análise e a discussão sobre o "poder diretivo algorítmico" são essenciais e perpassam, necessariamente, pela questão da necessidade de revisão humana. Entendemos que o ponto

(733) SILBERG, Jake; MANYIKA, James. *Op. cit.*

(734) STUDART, Ana Paula Didier; MARTINEZ, Luciano. *Op. cit.*

de partida deve ser conhecer e entender melhor os algoritmos, e neles inserir programações virtuosas e a sempre permanente possibilidade de revisão de suas decisões por autoridades humanas. Nesse sentido, se uma organização detectar vieses em um algoritmo treinado com base em suas decisões humanas (ou em dados baseados em decisões humanas anteriores), ela não deve simplesmente parar de usar o algoritmo, mas sim considerar quais mudanças nos comportamentos de seres humanos são necessárias[735].

Reitera-se, portanto, a necessidade de perceber e entender como os algoritmos funcionam, como podem ser utilizados e, principalmente, como podem — e é o que se deseja — ser controlados, pois não deve haver nesse mundo nenhum poder sem o correspondente e necessário controle[736]. Por fim, ressalta-se que a análise de casos judiciais com este conteúdo, exigirá ponderação e sensibilidade, o que leva a crer — e corrobora o nosso entendimento acerca da necessária presença humana —, que no julgamento de questões envolvendo o poder dos algoritmos, principalmente o poder diretivo dos mesmos, o julgador deverá ser humano[737].

3.4. O Direito do Trabalho na atualidade: novas realidades e novos desafios

Ao longo desta obra, expusemos em diversas oportunidades a preocupação em relação a utilização de conceitos antigos e entendimentos que se tornaram ultrapassados em relação às novas realidades e, consequentemente, novos desafios. Há alguns anos, falar em um poder diretivo algorítmico era inimaginável e soaria como uma obra de ficção científica. Atualmente, trata-se de uma realidade "palpável" e já perceptível, estando os algoritmos cada vez mais presentes no dia a dia de todos os indivíduos.

Dessa forma, considerando que novas situações estão configuradas e que a tendência é que, cada vez mais, surjam inovações, proporcionando mudanças nas relações, nas rotinas e, consequentemente, no âmbito profissional, é preciso ter em mente a necessidade de tutela dos direitos dos trabalhadores, mas sem a aplicação de conceitos estáticos, que não acompanham as mudanças e as atualizações do tempo.

Não defendemos e nem cogitamos a precarização das relações de trabalho ou a ausência de regulamentação das novas formas de contratação e das novas realidades configuradas. Contudo, os conceitos e previsões legais existentes não são capazes de acompanhar e regulamentar de forma eficaz e coerente a intensa metamorfose ocorrida nas formas de trabalhar durante as últimas décadas, em razão da continuada (r)evolução tecnológica e da constante flutuação na paleta dos valores sociolaborais[738].

---

(735) SILBERG, Jake; MANYIKA, James. *Op. cit.*

(736) STUDART, Ana Paula Didier. MARTINEZ, Luciano. *Op. cit.*

(737) FINCATO, Denise Pires; WÜNSCH, Guilherme. *Op. cit.*

(738) *Idem.*

Nesse sentido, André Gonçalves Zipperer(739) dispõe:

> A recusa do Direito do Trabalho em se adequar ao estágio de evolução histórica de revolução digital, insistindo em observar fenômenos atuais com os olhos voltados a paradigmas do passado, impõe a ele aspecto senil e empoeirado.
>
> [...]
>
> A utilização do crowdwork como forma de compra de trabalho humano é parte natural da evolução do mercado em um ambiente de quarta revolução digital, de fábrica 4.0, smart factories, do surgimento da economia de compartilhamento de bens e serviços, da substituição da ideia de propriedade pela ideia de "uso", de estilo de vida colaborativo que envolva a ideia de necessidade temporária, de fácil combinação entre oferta e demanda e de natural inserção das pessoas no mundo tecnológico, do desejo por flexibilidade. Flexibilidade esta que não é só identificável no mundo do trabalho.
>
> [...]
>
> A flexibilização, por, não se restringe às relações de trabalho pois é apenas consequência da desconstrução de um modelo de sociedade.
>
> [...]
>
> O trabalho mudou, a forma de organização empresarial também se modificou, e o Direito insiste em enxergar os novos fenômenos com os olhos voltados para o início do século XX.

Percebe-se, portanto, a necessidade de uma nova regulamentação das relações de trabalho, diante da necessidade de adaptação às novas realidades. Ressalte-se, contudo, que apesar das novas realidades e das situações antes não previstas ou imaginadas, especulações e profecias sobre o futuro do trabalho sempre existiram e, em sua maioria, sempre foram negativas. Nas palavras de Arnaldo Boson Paes(740), refletir sobre o futuro do trabalho não parece ser uma tarefa fácil e se dependesse de profecias e vaticínios tantas vezes repetidos, poder-se-ia dizer que essa reflexão tem um problema metodológico de difícil solução, visto que impossível falar sobre um objeto cuja morte foi anunciada.

Nesse sentido, o referido autor dispõe:

> Refletir sobre o futuro do trabalho é ajudar a construí-lo. Mas não se trata de discutir aqui um futuro distante, fictício ou especulativo. O futuro contemplado é, em essência, a evolução possível das realidades atuais.

---

(739) ZIPPERER, André Gonçalves. *Op. cit.*, p. 189-191.

(740) PAES, Arnaldo Boson. *Op. cit.*

> O futuro a ser construído tem como ideia-força que a tecnologia deve ser dominada, regulada e utilizada em prol da sociedade, isso por uma razão bem simples: a centralidade deve estar no homem, e não na máquina.
>
> A relação entre o homem e a tecnologia vem de longe. Mas a julgar pela extensão, continuidade e velocidade das últimas transformações, parece adequado dizer que "estamos ante un largo, un interminable proceso, no de uma revolución, sino de revoluciones sucesivas, de mutaciones, de evoluciones, de rupturas, de reequilibros... en cadena".
>
> Pode-se sustentar que "el cambio tecnológico transforma la forma en que producimos, consumimos, gestionamos, nacemos y morimos". O fenômeno tem gerado novos arranjos produtivos que, como se fosse uma verdadeira mudança de paradigma, implicam na redefinição da forma de organização da sociedade, bem como na consequente desfiguração dos modos de realização do trabalho humano.

Percebe-se, portanto, que o debate e a discussão acerca do futuro do trabalho fazem-se necessários, com o objetivo não de extinguir a regulamentação ou o direito do trabalho, muito menos precarizar as relações trabalhistas, mas, sim, garantir uma tutela efetiva, condizente com a realidade e com os avanços concretizados por intermédio da tecnologia. Essa reflexão é essencial e deve contar com a participação e a contribuição de diversos setores da sociedade (operadores do direito, empresários, sindicatos, políticos, economistas etc.) para que seja possível uma visão macro da questão.

Cumpre ressaltar que os efeitos da evolução tecnológica não são uma novidade para o Direito do Trabalho, podendo-se afirmar, inclusive, que a origem da matéria está indissoluvelmente ligada às transformações econômicas e sociais que seguiram ao desenvolvimento tecnológico dos métodos de produção da revolução industrial(741).

O Direito, por certo, desempenha papel relevante nessa trajetória. Cabe-lhe o desafio de contribuir para a construção de um marco doutrinário, normativo e jurisprudencial capaz de assegurar proteção jurídica e social aos trabalhadores do futuro(742). O enfrentamento da questão é cada vez mais necessário e, por essa razão, desafia a construção de um marco regulatório.

Nesse sentido, Paulo Cesar Baria de Castilho(743) dispõe:

> Como reconhecem os grandes pensadores, é muito difícil prever o futuro da humanidade e os efeitos dos avanços tecnológicos, dada a complexidade do mundo atual e globalizado. Contudo, isso não é desculpa para o silêncio.

---

(741) LUDOVICO, Giuseppe. *Op. cit.*

(742) *Idem.*

(743) CASTILHO, Paulo César Baria de. *Subordinação por algoritmo*. São Paulo: LTr, 2021. p. 145-146.

> É papel da doutrina jurídica fornecer "régua e compasso" para trilhar esse caminho tortuoso das relações humanas de trabalho, influenciada cada vez mais pelas novas tecnologias. Em tempos líquidos, esse desafio é ainda maior.
>
> A questão inerente ao futuro da tecnologia e como isso afetará nossas vidas, em última análise, é uma decisão política. O ser humano está no centro do poder. Ainda não fomos substituídos pelas máquinas. A decisão de como será o futuro depende do que nós, enquanto sociedade, pensamos e fazemos desde já, dia a dia.
>
> A verdade é que o futuro não precisa ser uma guerra entre humanos e máquinas. Somos mais do que isso. Somos seres humanos.

Assim, uma abordagem sobre a regulação do trabalho "do futuro" deve ir além da discussão acerca do número de postos que poderão ser perdidos pela introdução de novas tecnologias(744). Isso porque, mesmo num contexto de ampliação e intensificação do uso das novas tecnologias, da digitalização, da robotização e da Inteligência Artificial, é difícil imaginar um cenário em que o trabalho humano e, no limite, o próprio homem será substituído pela máquina, justamente ela que, com o apoio do Direito, só existe em razão do ser humano(745).

O debate deve-se concentrar na qualidade do trabalho, impactado pela crescente utilização de ferramentas tecnológicas e sistemas de supervisão informatizados, ou seja, pelo uso dos algoritmos, bem como numa nova forma de garantir a dignidade do trabalhador e seus direitos fundamentais, sem obstaculizar os avanços tecnológicos e as novas formas de relações. Para além da discussão acerca da configuração de vínculo de emprego ou não nos trabalhos por meio de plataformas digitais, faz-se necessário analisar os algoritmos e o enorme potencial que possuem, bem como o poder, inclusive diretivo, dos mesmos.

Sobre o assunto, Antonio Aloisi e Valerio De Stefano(746) dispõem:

> Em qualquer caso, qualquer investigação cuidadosa sobre o futuro do trabalho deve centrar-se na análise da complementaridade entre trabalhadores e dispositivos tecnológicos avançados. Em última análise, a adoção de tecnologia é experimentada principalmente como uma escolha organizacional. O que fazer então? Para começar, aceite um fato: máquinas e algoritmos não necessariamente roubam trabalho, mas com certeza o transformam. Para os "restantes

(744) PAES, Arnaldo Boson. *Op. cit.*

(745) *Idem.*

(746) ALOISI, Antonio; STEFANO, Valerio de. *Il tuo capo è un algoritmo:* Contro il lavoro desumano. Editori Laterza. Collana: Tempi Nuovi. p. 39-40.

trabalhadores", a tecnologia pode ser um antagonista desagradável, mas também um aliado valioso. Desde os setores agrícola, manufatureiro, de mineração até a vasta galáxia de serviços — com o comércio na liderança — passando por setores com grande potencial como o artesanato, o turismo, as indústrias culturais e de informação, a inovação digital já deu frutos maduros (trataremos de envenenados mais tarde). Tem contribuído para agilizar os fluxos operacionais e os ciclos de produção, senão para reconfigurar a organização empresarial de muitas empresas, mas também para valorizar a componente qualitativa das tarefas, precisamente em virtude da introdução de máquinas e ferramentas informatizadas, fixas ou móveis, que facilitam o desenvolvimento de novas habilidades e o advento de novas habilidades.

> [...]
>
> Sem dúvida, então, a tecnologia não é um inimigo em si, são os usos (limitados ou limitantes) que fazemos dela que representam uma ameaça iminente.

Não há dúvidas de que a tecnologia e os avanços decorrentes da mesma podem e devem ser regulamentadas. A questão que precisa ser discutida é, justamente, como impor limites, criar regras e garantir direitos e deveres sem engessar a ponto de impedir o avanço e a evolução tecnológica. O processo dinâmico de inovação não ocorre em um vácuo institucional, político, socioeconômico e cultural[747] e, por isso mesmo, não pode deixar de ter regras e previsões legais.

Sobre o tema, Giuseppe Ludovico[748] dispõe:

> Cada momento da evolução tecnológica foi acompanhado por uma adequação legislativa. Basta comparar as primeiras regras em matéria de segurança com a disciplina vigente para compreender como a evolução tecnológica impôs à legislaçao um impulso inovador de igual alcance.
>
> Diante das recentes transformações tecnológicas — geralmente definidas como "Quarta Revolução Industrial" ou "Indústria 4.0" —, é inevitável questionar-se sobre a inadequação das atuais normais referentes aos riscos das novas tecnologias e sobre a eventual necessidade de elaboração de novas regras de prevenção. A difusão da robótica, da automação industrial, da inteligência artificial, das plataformas digitais na rede, dos aplicativos, das impressoras 3D, das nanotecnologias, dos algoritmos, da internet das coisas já está produzindo, de fato, uma

(747) ALOISI, Antonio; STEFANO, Valerio de. *Il tuo capo è un algoritmo:* Contro il lavoro desumano. Editori Laterza. Collana: Tempi Nuovi. p. 39-40.

(748) LUDOVICO, Giuseppe. *Op. cit.*

radical transformação na vida das pessoas, nas relações entre os indivíduos, na sociedade e, inevitavelmente também, no modo de trabalhar.

Assim, discordamos veementemente da ideia de que não se pode estabelecer regras sobre a introdução de novas ferramentas de trabalho, ou que não é o caso de reger as suas consequências nas relações de trabalho. Não raro é possível ler e ouvir críticas, ao nosso ver desmotivadas e infundadas, no sentido de que qualquer tentativa de gerenciar os efeitos das descobertas digitais acabaria mortificando o espírito inovador e geraria graves perdas econômicas(749). Contudo, é importante lembrar que regras destinadas a mitigar os efeitos potencialmente nocivos do uso de dispositivos tecnológicos sobre a qualidade do trabalho e a dignidade humana dos trabalhadores já existem hoje em vários países e, como exemplo, podemos citar as legislações que visam a proteção de dados pessoais, como a GDPR e a LGPD ou até mesmo o direito de se desconectar, tão debatido atualmente.

Sobre o assunto, Antonio Aloisi e Valerio de Stefano(750) afirmam:

> Olhando a questão pelas lentes da análise econômica do direito, nunca se comprovou um impacto econômico negativo desse tipo de regulação. Por outro lado, um forte envolvimento de instituições públicas e parceiros sociais na gestão de potenciais demissões em massa está associado a altos níveis de produtividade e competitividade. Dados atualizados do Cambridge Centre for Business Research mostram como um corpo adequado de normas trabalhistas também tem um efeito positivo sobre as taxas de emprego, reduz as taxas de desemprego e estimula a inovação.
>
> Portanto, é apropriado negar de uma vez por todas as proclamações desconexas daqueles que insistem em retratar as regulamentações trabalhistas como uma bola e uma corrente para os líderes empresariais. Como a OCDE esclareceu recentemente, a negociação coletiva — à qual dedicamos as conclusões deste texto — contribui para a redução das desigualdades, mas acima de tudo tem o mérito de apoiar a disseminação de boas práticas em gestão de pessoal, treinamento, saúde e segurança do trabalho, introdução de processos tecnológicos, seguros, pacotes de aposentadoria, esquemas de incentivos vinculados a resultados: todas as ferramentas que podem ser úteis justamente às pequenas e médias empresas para enfrentar os desafios relacionados à transformação do trabalho. O diálogo social permite às empresas responder às mudanças demográficas e digitais, adaptando a organização e os horários de trabalho às novas necessidades de uma forma mais flexível e pragmática do que uma possível reforma do código do trabalho.

---

(749) ALOISI, Antonio; STEFANO, Valerio de. *Op. cit.*, p. 40.

(750) *Ibidem*, p. 29. Tradução nossa.

Sabe-se que um conjunto de regras não será uma solução milagrosa, ou seja, não irá resolver todos os problemas e todas as — complexas — questões decorrentes da revolução digital. Além disso, algumas características da nova era digital e do uso intenso do algoritmo, combinadas com as crises econômicas, potencializadas pela recente pandemia de Covid-19, acabam dificultando, ainda mais, a regulamentação necessária. Contudo, o conformismo não é uma alternativa, haja vista o grande risco de precarização e até mesmo de ofensas aos direitos fundamentais dos trabalhadores, ao mesmo tempo em que deixar de utilizar ou desestimular o uso de ferramentas e tecnologias com base em algoritmos, além de utópico, nos parece um retrocesso.

É urgente, portanto, recalibrar o foco da discussão, tentando decifrar as consequências da automação, digitalização e "plataformização" de um ponto de vista qualitativo. As metamorfoses mais profundas requerem frequentemente uma adaptação das práticas organizacionais, das infraestruturas sociais e mesmo do quadro institucional[751]. Para isso, nas palavras de Antonio Aloisi e Valerio de Stefano[752], é necessário um esforço evitando ficar cegos pelo que nos é mais familiar, antes de experimentar novas intervenções.

A sociedade atual vive uma fase de transição conturbada durante a qual muitos ajustes ocorrerão e, como todo processo de transição, vão ocorrer erros e acertos[753]. Nesse contexto, duas questões ganham grande importância: pesados investimentos em educação de qualidade, a preparar as pessoas para as novas atividades que surgirão focado em *soft skills* humanas e conteúdos acadêmicos técnicos em linha com as necessidades de impulsionar novas tecnologias, assim como uma construção legislativa moderna, propositiva, técnica, que evite a tecnofobia para equilibrar esse processo da forma mais eficaz e harmônica possível[754].

Além disso, não restam dúvidas que a Inteligência Artificial e os algoritmos precisam ser regidos e regulamentados para evitar que sistemas que permitem a ampliação do escopo e o impacto das prerrogativas gerenciais e a intensidade do monitoramento engendrem abusos e ponham em risco a dignidade da pessoa humana dos trabalhadores[755]. É necessária uma regulamentação para controlar, por exemplo, a quantidade e a maneira como os dados são coletados sobre o desempenho no trabalho e as características pessoais dos trabalhadores, e não apenas por uma questão de proteção da privacidade[756]. A forma como o trabalho é direcionado por meio do uso de novas tecnologias deve ser regulamentada para garantir que

---

(751) ALOISI, Antonio; STEFANO, Valerio de. *Op. cit.*, p. 29.

(752) *Idem*.

(753) RICCHETTI, Carla; ZIPPERER, André Gonçalves. *Op. cit.*

(754) *Idem*.

(755) STEFANO, Valerio de. "Negotiating the algorithm": Automation, artificial intelligence and labour protection. Employment Policy Department. *Working Paper N. 246*, 2018. Disponível em: <https://www.ilo.org/wcmsp5/groups/public/---ed_emp/---emp_policy/documents/publication/wcms_634157.pdf>. Acesso em: 25 abr. 2021.

(756) *Idem*.

a busca por maior produtividade não resulte em riscos ocupacionais e maior estresse para os trabalhadores envolvidos.

Sobre o assunto, Valerio De Stefano(757) dispõe:

> Mecanismos disciplinares facilitados pela tecnologia são outro item fundamental para regular. Mesmo que fosse possível ter inteligência artificial decidindo sobre questões como aumentar o ritmo de trabalho ou intensificar a produção, essas decisões sempre deveriam ser implementadas após uma revisão humana. O mesmo vale para qualquer medida disciplinar tomada à luz de dados coletados por meio de sistemas de monitoramento mecânico ou processos algorítmicos. A avaliação do desempenho no trabalho baseada em algoritmos também deve ser disciplinada, com o objetivo de tornar os critérios de avaliação transparentes e conhecidos dos trabalhadores e de evitar resultados arbitrários ou discriminatórios. Para tanto, novamente, mesmo que fosse possível haver mudanças e atualizações automáticas no funcionamento dos algoritmos por meio da inteligência artificial de autoaprendizagem, a decisão final de alterar os critérios pelos quais o desempenho no trabalho é avaliado deveria ser tomada por humanos, de forma transparente e conhecida dos trabalhadores e também ser objeto de negociação.
>
> "Humano no comando", uma abordagem defendida pelo parecer do Comité Económico e Social Europeu sobre Inteligência Artificial, nomeadamente a "pré-condição para que o desenvolvimento da IA seja responsável, seguro e útil, onde as máquinas continuem a ser máquinas e as pessoas mantenham o controle sobre estas máquinas em todos os momentos" deve ser estritamente seguido também no que diz respeito ao trabalho. O parecer também defende especificamente que "os trabalhadores devem estar envolvidos no desenvolvimento desses tipos de sistemas de IA complementares, para garantir que os sistemas sejam utilizáveis e que o trabalhador ainda tenha autonomia e controle suficientes (humano no comando), realização e satisfação no trabalho". Para cumprir este objetivo, também é imprescindível que qualquer decisão gerencial sugerida pela inteligência artificial seja submetida à revisão por seres humanos que permanecem legalmente responsáveis, junto com sua organização, pela decisão e seus resultados. O fato de que as decisões foram tomadas seguindo processos baseados em máquinas nunca deve ser uma razão suficiente para excluir a responsabilidade pessoal; mesmo que a personalidade eletrônica

(757) STEFANO, Valerio de. "Negotiating the algorithm": Automation, artificial intelligence and labour protection. Employment Policy Department. *Working Paper N. 246*, 2018. Disponível em: <https://www.ilo.org/wcmsp5/groups/public/---ed_emp/---emp_policy/documents/publication/wcms_634157.pdf>. Acesso em: 25 abr. 2021. Tradução nossa.

tenha sido introduzida no sistema jurídico, os seres humanos sempre devem ser responsáveis por qualquer decisão que afete diretamente os trabalhadores e qualquer outra pessoa física.

O exercício do poder diretivo, foco central deste livro, a partir de dados coletados pelo monitoramento mecânico ou por processo algorítmicos, precisam ser objeto de adequada regulação, com a garantia de critérios de avaliação transparentes, acessíveis aos trabalhadores, a fim de evitar resultados arbitrários ou discriminatórios, o que reforça a necessidade de a decisão final ser sempre tomada por humanos[(758)]. Contrariando o discurso de que a regulação implicaria restrição à inovação, deve-se partir do princípio de que o diálogo social pode traduzir resultados altamente positivos nas perspectivas econômicas e sociais[(759)].

Sobre o assunto, Arnaldo Boson Paes[(760)] dispõe:

> A normatização deve ser dotada de grande plasticidade, de modo a adequar-se às amplas, intensas e rápidas inovações tecnológicas. Além do relevante papel a ser desempenhado pelas legislações nacionais, regionais e internacionais, dotadas de maior abrangência e generalidade, é fundamental potencializar o exercício dos direitos coletivos, em especial da negociação coletiva.
>
> Por meio de uma regulação detalhada e específica, a negociação poderia, entre outros aspectos, dispor sobre uso da tecnologia digital, recolhimento de dados, utilização de algoritmos para orientar e disciplinar a força de trabalho, propriedade e gerenciamento dos dados e garantir que as decisões que afetem os trabalhadores, quando baseadas em dados coletados por meio da inteligência artificial, sejam adotadas por humanos.
>
> A regulação do trabalho, a ser construída por instrumentos diversos, em âmbitos também diversos, deve ser complementada por meio de múltiplas iniciativas dos governos. O manejo de incentivos fiscais para estimular estratégias empresariais tecnológicas sustentáveis precisa ser potencializado. O incremento espetacular de produtividade e riqueza decorrente do uso intensivo da alta tecnologia precisa ser redistribuído de forma socialmente justa.
>
> Além do mais, a desoneração dos encargos incidentes sobre os salários, tendo como contrapartida o aumento da carga tributária sobre atividades baseadas na automação em grande escala, permitiria devolver à sociedade ao menos uma parte dos enormes financeiros auferidos por gigantescas organizações empresariais.

---

(758) PAES, Arnaldo Boson. *Op. cit.*

(759) *Idem.*

(760) *Idem.*

Neste sentido, Valerio de Stefano[761] também defende que a negociação coletiva possui um papel de extrema importância nessa regulamentação necessária. O referido autor dispõe que os acordos coletivos poderiam contemplar o uso de tecnologia digital, coleta de dados e algoritmos que direcionam e disciplinam a força de trabalho, garantindo transparência, sustentabilidade social e cumprimento dessas práticas com a regulamentação.

Além disso, a negociação coletiva seria fundamental na implementação da abordagem "humano no comando" no local de trabalho, bem como para regular questões como a propriedade dos dados coletados dos trabalhadores. Para Valerio de Stefano, tudo isso também seria consistente com a função fundamental da negociação coletiva como um direito habilitador e como um mecanismo de racionalização para o exercício das prerrogativas de gestão dos empregadores, permitindo afastar-se de uma dimensão unilateral da governança do trabalho.

Os governos têm um papel importante a desempenhar, que vão além de fornecer um quadro legislativo geral para regular essas questões. É necessário, por exemplo, criar incentivos fiscais para estimular estratégias de negócios tecnológicos, desde que que integrem plenamente os objetivos de sustentabilidade e estejam sujeitos ao diálogo social[762]. Além disso, recursos substanciais deveriam ser destinados para garantir que os trabalhadores, gerentes, sindicalistas e pessoal de RH sejam adequadamente treinados para lidar com os desafios e oportunidades que a tecnologia pode gerar. Regulação e governança coletiva destes processos não serão construídos em um dia, mas são essenciais para garantir que os benefícios de os avanços tecnológicos melhorem nossas sociedades de forma inclusiva e como um todo[763].

O direito do trabalho precisa ser, cada vez mais, interdisciplinar. O diálogo e a troca com outras áreas do direito e com outras ciências, com o avanço da tecnologia, se tornaram imperiosos. É necessário expandir os conceitos, entender os algoritmos e o poder dos mesmos de uma forma macro e não micro. O desafio da regulação jurídica, ao intentar "controlar o futuro", é fazer do trabalho um produto da inteligência humana que garanta a harmonização prática entre desenvolvimento tecnológico, redistribuição de riqueza e poder e coexistência social com justiça e dignidade[764].

Enfrentar a transformação digital de frente serve para reafirmar uma mensagem essencial: a tecnologia pode ser governada e o progresso pode andar de mãos dadas com o respeito e a valorização dos direitos de quem trabalha[765]. O desafio de gerir a revolução

(761) STEFANO, Valerio de. *Op. cit.*

(762) *Idem.*

(763) *Idem.*

(764) PAES, Arnaldo Boson. *Op. cit.*

(765) ALOISI, Antonio; STEFANO, Valerio de. *Op. cit.*, p. 197.

digital vai muito além das plataformas de disponibilização de mão de obra e se trata de um assunto urgente e essencial.

Automação, autonomação, Inteligência Artificial, algoritmos e *big data* exigem que todos os indivíduos façam uma reflexão acerca da necessidade de pensar coletivamente, se apoiar mutuamente e ter a certeza de que ninguém sobrevive sozinho. Para que todos possam aproveitar as novas tecnologias, são necessárias respostas coletivas capazes de combater seus excessos e evitar a tecnofobia(766). A forma como o trabalho é coordenado por meio de novas tecnologias, precisa ser ajustada para garantir que a busca por maior produtividade não se traduza em riscos à saúde e maior estresse para os trabalhadores envolvidos e, principalmente, para que se garanta a efetiva tutela dos direitos fundamentais de cada trabalhador.

---

(766) ALOISI, Antonio; STEFANO, Valerio de. *Op. cit.*, p. 195.

Conclusão

Para conceituar algoritmo, é necessário ir além das definições teóricas utilizadas no direito e buscar os conceitos do termo na matemática, na lógica e na informática. O termo é constantemente associado à computação e novas tecnologias, mas os algoritmos remontam a momentos históricos muito anteriores aos atuais, tendo surgido muito antes da computação passar a existir. A palavra algoritmo vem do nome do matemático Abu Abdullah Mohammad Ibn Musa al-Khawarizmi, que viveu no século XVII e influenciou sobremaneira a matemática, a astronomia e a geografia.

Na matemática, a palavra algoritmo pode ser conceituada como uma sequência infinita de regras, raciocínios ou operações que, aplicada a um número finito de dados, permite solucionar classes semelhantes de problemas. Na ciência da computação, algoritmo pode ser definido como o conjunto das regras e procedimentos lógicos definidos que levam à solução de um problema em número finito de etapas. Na informática, o algoritmo reúne regras, operações e procedimentos executados por um computador, para resolver problemas, seguindo uma determinada lógica.

Percebe-se, portanto, que os conceitos para algoritmos, seja na área da matemática ou na área da computação, estão ligados e relacionados. Atualmente, a análise matemática de algoritmos, ocupa uma posição central na ciência da computação. Trata-se de um procedimento passo a passo para solução de um problema, uma sequência detalhada de ações a serem executadas para realizar uma tarefa.

Dessa forma, pode-se afirmar que um algoritmo pode ser definido como uma sequência finita de passos (instruções) para resolver um determinado problema. Ao se desenvolver um algoritmo, se estabelece um padrão de comportamento que deverá ser seguido, como uma espécie de execução de ações, para alcançar o resultado de um problema.

Um dos "frutos" do uso dos algoritmos é a Inteligência Artificial, que pode ser definida como a possibilidade de as máquinas executarem tarefas que são características da inteligência humana, tais como planejamento, compreensão de linguagens, reconhecimento de objetos e sons, aprendizado, raciocínio, solução de problemas etc.

Nesse sentido, o aprendizado de máquina, tradução para o chamado *machine learning*, é um ramo da Inteligência Artificial que envolve a criação de algoritmos que podem aprender automaticamente a partir de dados. É a prática de usar algoritmos para coletar dados, aprender com eles e fazer uma determinação ou predição sobre alguma coisa no mundo. Esse processo substitui a elaboração de códigos e rotinas com instruções específicas para que a máquina possa realizar tarefas e conseguir resultados.

Dessa forma, ao receber novos dados posteriormente, um sistema desse tipo poderá se adaptar a uma gama maior de situações e saber resolver ainda mais problemas por conta das experiências anteriores. Percebe-se, portanto, a ocorrência de um aprendizado contínuo e autônomo, no qual não é mais necessário que o desenvolvedor programe regra por regra para obter os resultados.

O *machine learning* é um subcampo da Inteligência Artificial, mas cresceu significativamente e ganhou destaque, sendo frequentemente analisado e citado, até mais do que a IA. O objetivo da IA é ensinar os computadores a fazer o que, atualmente, os humanos fazem melhor, e aprender é a mais importante dessas tarefas, sem ela, nenhum computador pode se equiparar a um humano por muito tempo, com ela, o resto vem como consequência. Esse tipo de tecnologia está diretamente relacionado ao *deep learning*.

O aprendizado profundo, tradução para o *deep learning*, é uma tecnologia que utiliza algoritmos mais complexos, sendo uma das várias abordagens para o aprendizado de máquinas. Esse tipo de abordagem foi inspirado na estrutura e nas funções do cérebro humano, na interligação dos neurônios. As redes neurais são inspiradas pelo entendimento da biologia do cérebro humano e as interconexões entre neurônios. Contudo, no cérebro humano qualquer neurônio pode se conectar com qualquer outro neurônio, dentro de certa distância física, enquanto as redes neurais possuem camadas discretas, conexões e direções de propagações de dados.

A aprendizagem profunda tem o seu nome baseado, justamente, nessas várias camadas. A profundidade é criada com a utilização de múltiplas camadas em oposição a uma única camada de aprendizado pelo algoritmo. Esses algoritmos de aprendizado profundo formam as “redes neurais” e estas rapidamente podem ultrapassar a nossa capacidade de compreender todas as suas funções. Ao trabalharem por meio desse sistema de camadas, os sistemas e os algoritmos passam a funcionar de forma mais semelhante aos neurônios e conseguem reconhecer e tratar uma gama muito maior e mais complexa de imagens, sons e dados em geral, sem interferência humana.

O *deep learning* permitiu muitas aplicações práticas de *machine learning* e, por extensão, o campo todo de Inteligência Artificial. O *deep learning* se divide em diversas tarefas, de maneira que todo tipo de ajuda proveniente de uma máquina é possível, mesmo as mais remotas. É possível resumir os dois conceitos afirmando que a aprendizagem de máquina estabeleceu o fundamento para a aprendizagem profunda evoluir. A aprendizagem profunda recebeu as principais características do modelo tradicional de aprendizagem de máquina e evoluiu, ensinando novas habilidades e ajustando as existentes. A evolução e o aperfeiçoamento também estão presentes e configurados entre os algoritmos.

Os inúmeros dispositivos construídos atualmente, tais como aparelhos médicos, relógios inteligentes, veículos, eletrodomésticos, entre outros itens construídos com componentes eletrônicos, *software*, sensores e que possuem a capacidade de coletar e transmitir dados à Internet, capazes de serem identificados de maneira única, formam o que é conhecido como a Internet das coisas (*Internet of things* ou IoT). A Inteligência Artificial e a Internet das coisas estão intrinsecamente entrelaçadas, podendo ser exemplificada como a relação entre cérebro e o corpo humano. Todos os sensores conectados que compõem a Internet das coisas são como nossos corpos, fornecendo os dados brutos do que está acontecendo no mundo. A Inteligência Artificial é como nosso cérebro, dando sentido a esses dados e decidindo quais ações executar. E os dispositivos conectados da Internet das coisas são novamente como nossos corpos, realizando ações físicas ou se comunicando com os outros.

O aprendizado de máquina (*machine learning*) e o aprendizado profundo (*deep learning*) trouxeram grandes avanços para a Inteligência Artificial nos últimos anos, ganhando destaque e sendo constantemente discutida a relevância que essas espécies de algoritmos passaram a ter no dia a dia das pessoas. Tanto o aprendizado de máquina quanto o aprendizado profundo exigem grande quantidade de dados para que possam funcionar adequadamente e estes dados estão sendo coletados pelos bilhões de sensores que continuam a entrar na Internet das coisas a cada dia.

Percebe-se, portanto, que a aplicação prática dos algoritmos no ramo da tecnologia e computação acaba por interligar as diferentes espécies abordadas. O avanço da Inteligência Artificial impulsiona a adoção da Internet das coisas (e vice-versa), afinal os algoritmos precisam de dados e quanto maior o número de sensores e pontos de coleta de dados melhor e maior o avanço e, consequentemente, os resultados que podem surgir dessa evolução. A Inteligência Artificial, por sua vez, torna a Internet das coisas útil, fazendo com que os inúmeros dispositivos e aparelhos possam oferecer resultados relevantes aos seus usuários e dados valiosos para quem os coleta.

Os algoritmos, portanto, são as diretrizes seguidas por uma máquina que atualmente são caracterizadas por meio de *machine learning* (uso de algoritmos na organização de dados e reconhecimento de padrões) e *deep learning* (parte do aprendizado de uma máquina que, por meio de algoritmos de alto nível, imita a rede neural do cérebro humano).

Sabe-se que os algoritmos de aprendizado de máquina estão efetivamente programando a si próprios, o que significa que às vezes podem ser imprevisíveis, gerando resultados impensados e até estranhos. Isso porque as operações dos algoritmos podem ser obscuras e inesperadas até para aqueles que originalmente as criaram.

Os programas gerados por máquina não são como algoritmos gerados por humanos. Em vez de serem programados, os algoritmos são "treinados" por seus designers por meio de um processo interativo de fornecer *feedback* positivo e negativo sobre os resultados obtidos. São processos difíceis de depurar e mais difíceis de controlar, no entanto, é justamente por esses motivos que oferecem o potencial para um comportamento muito mais “inteligente” do que as abordagens tradicionais de algoritmos e Inteligência Artificial, contudo, os riscos e o potencial ofensivo também são muito maiores.

Muito se tem discutido sobre os limites da utilização dos algoritmos e da Inteligência Artificial e se é possível ou viável viver sem esses mecanismos. Sabe-se que apesar de facilitarem a execução de diversas tarefas e o desenvolvimento de muitas atividades e setores, a utilização contínua e constante dos algoritmos gera uma série de riscos. Como disse em 2017 o físico britânico Stephen Hawking, a Inteligência Artificial pode ser o melhor ou o pior que já aconteceu à raça humana.

É fato que a Inteligência Artificial auxilia e permite a resolução de diversos problemas e desafios das mais diversas áreas. Contudo, sabe-se que apesar dos avanços e de todos os aspectos positivos que a Inteligência Artificial proporciona, os riscos vão muito além dos erros que podem acontecer, pois envolvem também casos de má-fé e mau uso das ferramentas existentes e que ainda vão existir.

As consequências negativas que podem se concretizar não devem implicar, contudo, a não utilização dessas tecnologias. Sem dúvidas, esses aspectos apontam a necessidade urgente de cautela e de medidas que visem diminuir ou evitar os potenciais danos, sendo a possibilidade de revisão de decisões automatizadas por pessoas humanas uma dessas soluções de diminuição de riscos e impactos.

É importante ressaltar que os riscos ou consequências negativas envolvem milhões de pessoas que podem ser impactadas, em muito pouco tempo. A Inteligência Artificial é transversal e pode ser aplicada em diferentes campos: da biologia, física, medicina e química à educação, sistemas de produção, logística e transporte. Especialistas afirmam que não se deve desistir de utilizá-la, mas é essencial saber como utilizar, de forma adequada, com controles necessários e evitando o uso com fins perversos.

É inegável que os algoritmos possuem um grande potencial para o uso destinado ao bem da sociedade como um todo, envolvendo a evolução da ciência e da tecnologia e aumentando, cada vez mais, a qualidade de vida. Dessa forma, pontuamos que as leis e as regulamentações não devem obstaculizar ou dificultar a inovação ou o avanço da tecnologia, do uso dos algoritmos e do aprendizado de máquina. Contudo, uma regulamentação sobre o tema se faz urgente e é importante estar atento e não se deslumbrar ou agir com ingenuidade quando se trata do assunto, deixando de perceber e ter cautela sobre os impactos e consequências que podem surgir.

O primeiro e mais importante passo, nesse aspecto, é conhecer e entender melhor os algoritmos. Isso não significa dominar ou buscar conhecimentos técnicos de informática, matemática ou lógica, mas buscar compreender para desmistificar alguns temas. Reitera-se, portanto, a necessidade de perceber e entender como os algoritmos funcionam, como podem ser utilizados e, principalmente, como podem ser controlados.

Nesse sentido, é importante que as empresas e companhias do setor de tecnologia apostem num aumento da inteligência humana ao invés de substituí-la. Além disso, o diálogo e a difusão do conhecimento sobre o assunto são fundamentais para que o mau uso seja evitado, o que pode diminuir sobremaneira os riscos existentes. Consideramos fundamental, também, que os desenvolvedores busquem inserir programações virtuosas nos algoritmos e a sempre permanente possibilidade de revisão de suas decisões por autoridades humanas. É fundamental ter em mente que os algoritmos vão servir a quem os compreender.

Quando se fala em Inteligência Artificial, algoritmos ou aprendizado de máquina é comum utilizar conceitos como mecanização ou automação. Além disso, diversas discussões e debates sobre autonomia surgem quando se aborda esses assuntos. Recentemente, porém, um conceito mais moderno surgiu, qual seja, a autonomação, ganhando destaque no estudo dos algoritmos.

A mecanização pode ser definida como a utilização da máquina em substituição ao trabalho humano ou de animais. A mecanização teve início durante a revolução industrial, que foi uma transição para novos processos de manufatura no período entre 1760 e 1840. Nesse período, o homem substituiu os métodos de produção artesanais por métodos de produção por máquinas. A mecanização é um sistema que simplifica o trabalho físico, tornando a máquina o principal componente da produção e o trabalhador, seu acessório. A mecanização permite a extensão das funções humanas, possibilitando a repetição de determinados movimentos.

A análise do conceito de mecanização deve ir muito além da agricultura e da revolução industrial, devendo ser analisada a busca e a concretização pela mecanização do raciocínio, possibilitada pela ciência da computação. Nesse sentido, é fundamental analisar a influência da mecanização em áreas como a matemática, a lógica, a ciência da computação, que acabaram culminando na Inteligência Artificial e na utilização dos algoritmos para evolução tecnológica.

Para a história da computação, interessa abordar a questão do pensamento dedutivo e matemático, seus limites, o problema da relativa mecanização do pensamento quantitativo e o problema da Inteligência Artificial. Da discussão e busca da solução desses problemas, que entram também no campo filosófico, formou-se a base conceitual, teoria da computabilidade, necessária para o advento dos computadores.

Com o desenvolvimento dos primeiros dispositivos mecânicos para cálculo matemáticos, tem início a vertente tecnológica que levará à construção dos primeiros computadores. A preparação do caminho para a completa automatização dos processos de cálculo foi executada pelos esforços dos pioneiros da computação, que vislumbraram a possibilidade da mecanização, mas não possuíam instrumentos e materiais adequados para concretizar os seus projetos.

É comum haver uma dificuldade na distinção entre mecanização e automação. Não raro, percebe-se a utilização dos dois diferentes conceitos como sinônimos. É indiscutível a relação direta existente entre a mecanização e a automação, mas são fenômenos diferentes, que não devem ser confundidos.

A mecanização pode ser definida como a troca da ação do homem por uma máquina. Não se trata de uma substituição apenas de trabalhos físicos ou esforços manuais, mas, também, envolve o pensamento e o raciocínio, tendo os algoritmos papel crucial nesse processo. A automação, por sua vez, pode ser definida como a criação de um sistema inteligente, no qual máquinas e homens podem trabalhar em conjunto, visando um melhor desempenho, garantindo uma melhor qualidade ao processo e ao resultado. Assim, ao atribuir a um sistema mecanizado sistemas de controle e inteligência, dá-se origem a automação.

As diferenças entre a tecnologia da mecanização e da automação encontram-se basicamente no princípio de *feedback*, que consiste na possibilidade de autoadaptação de todo o sistema em face das diferentes informações de realidade. O princípio de retroalimentação (*feedback*) não está presente na mecanização, assim, quem percebe a mudança de realidade e deve, se necessário, introduzir novas instruções ao sistema para que trabalhe da melhor forma possível, é o operário. A automação, portanto, é resultado de um desenvolvimento posterior à mecanização e pode ser definida como a técnica de tornar um processo ou sistema automático.

A automação não é sinônimo de automatização. A automatização refere-se a um conjunto de máquinas automáticas, que funcionam individualmente, com insignificante participação do homem, as máquinas efetuam a operação automaticamente e independentemente das demais. A automação, por sua vez, caracteriza-se pela integração das operações, as máquinas são ligadas entre si, de maneira que a peça a ser produzida seja transferida automaticamente de uma para a outra, sendo que cada máquina executa um trabalho parcial a ser complementado pela seguinte.

Automação conduz à utilização de máquinas para realização de atividades repetitivas e movimentos mecânicos, que dispensam o trabalho humano, com o objetivo de evitar erros e perdas na produção, demandando a ingerência humana no planejamento e na correção de suas falhas. Automatização, por sua vez é o emprego de máquinas dotadas de Inteligência Artificial relacionada com a robótica e a mecatrônica com capacidade de identificação de possíveis erros, desperdícios e implementos a serem feitos na produção. Assim, na automatização há a utilização de máquinas inteligentes para a realização de tarefas que envolvem uma maior complexidade, sem a necessidade da significativa interferência da mão de obra humana.

Assim, automação e mecanização não são sinônimos, bem como automatização e automação também não são. Além disso, o conceito de mecanização e automação, que se diferenciam, são constantemente correlacionados porque a automação surgiu a partir da mecanização. Explica-se: as novas invenções e novas tecnologias possibilitaram a evolução das máquinas, até então puramente mecanizadas, e, com esse avanço, as máquinas assumiram níveis mais elevados de trabalho, diminuindo a ação humana e introduzindo vários níveis de classificação de automação.

Em 1926, Sakichi Toyoda lançou uma máquina de tear capaz de parar automaticamente quando um dos fios se rompesse ou quando a quantidade programada de tecido fosse atingida. Com essa inovação, tornou-se possível a supervisão simultânea de várias máquinas, uma vez que a operação da máquina passou a dispensar a atenção constante do operador durante o processo. Com o objetivo de aumentar a produtividade e diminuir o número de trabalhadores no processo de fabricação, esse conceito foi transferido para a Toyota dando origem a autonomação, também conhecida como *jidoka*.

Esse acontecimento rompeu a lógica Taylorista de "um homem/um posto/uma tarefa". A redução da dependência da máquina em relação ao homem é o princípio fundamental da autonomação, que foi formalizada como a automação com toque humano ou com a mente humana. A ideia é que as máquinas, na autonomação, são dotadas de inteligência humana.

A autonomação, portanto, permite que a falha no produto seja identificada e, assim, o funcionamento da máquina é interrompido. Trata-se de um processo mais completo que a automação, uma vez que a autonomação implica na identificação da falha, decisão sobre a forma de correção e a execução da correção. É por meio da autonomação que é possível que o processo tenha seu próprio autocontrole de qualidade, reduzindo desperdícios e melhorando a qualidade dos produtos.

A autonomação tem como propósitos a prevenção de defeitos na produção, impedindo a geração e a propagação dos mesmos, tanto para máquinas como em operações manuais, eliminando anormalidades no processamento. Além disso, tem o objetivo de parar a produção quando atingida a quantidade programada. Trata-se, portanto, de um mecanismo de controle de anomalias do processo, permitindo a investigação imediata das causas, configurando-se como um controle de qualidade.

Autonomação não se confunde com automação, apesar de serem conceitos que se relacionam. Autonomação possui uma vinculação maior a autonomia. Isso porque concede ao operador ou a máquina autonomia para bloquear o processo sempre que detectar qualquer anormalidade. A ideia básica da autonomação consiste na transferência progressiva e contínua do trabalho manual e cerebral para a máquina. A participação da força de trabalho é essencial para a ampliação das oportunidades e manutenção da aplicação da autonomação.

Assim, na autonomação articulam-se automação e autonomia, em uma relação substancialmente diferenciada entre homem e máquina, a estabelecer a menor dependência do trabalho vivo, tanto na dimensão da substituição do trabalho vivo por máquinas, quanto na sua relação dinâmica de operações de maquinário. A autonomação, portanto, convolou o trabalho parcelar e especializado, em polivalente.

A autonomia, por sua vez, pode ser definida como a capacidade de governar-se pelos próprios meios. Trata-se de um conceito que possui desdobramentos em diversas áreas do saber, como a moral, a política, a filosofia, a bioética, a medicina e o direito.

Percebe-se que a evolução tecnológica e o avanço das ferramentas, estruturas e conhecimentos deram origem as diferentes fases abordadas da mecanização, automação e autonomação, essa última é fundamental para um estado de automação total. A autonomia pode ser abordada tanto no que diz respeito às máquinas e suas evoluções e modernizações, que acabaram por gerar ferramentas, *softwares*, mecanismos autônomos, no sentido do funcionamento independente, ou seja, "autogovernavel", como também no que diz respeito aos seres humanos e o que esses processos abordados, que culminaram na automação total ou quase total, causam aos mesmos e quais as implicações na autonomia dos indivíduos.

Sabe-se que o objetivo dos incrementos e aperfeiçoamentos das máquinas é garantir melhoras nas condições da vida humana. Isso vale tanto para o dia a dia, abrangendo infraestrutura, conforto, produtos fornecidos, materiais, opções de lazer, aspectos relacionados a saúde etc., como para o fato de o indivíduo ter mais tempo livre, não precisar realizar tantos esforços físicos, poupar energias, ter melhores condições de trabalho e não se arriscar e se desgastar como antes. Contudo, a autonomia buscada pelo homem, com o avanço das máquinas, acabou gerando desdobramentos e questionamentos acerca da possibilidade de o efeito estar sendo reverso, gerando uma autonomia para as máquinas que comprometeria a autonomia humana.

Os avanços tecnológicos acontecem de forma cada vez mais célere e, a cada nova descoberta ou invenção, essa rapidez se torna ainda mais intensa. Estamos vivendo a chamada Quarta Revolução Industrial, que teve início na virada do século e baseia-se na revolução digital.

Em 2011 um novo conceito passou a embasar o futuro das fábricas, qual seja, a indústria 4.0, termo cunhado na feira de Hannover para descrever como ocorrerá a revolução da organização das cadeias globais de valor. Ao permitir "fábricas inteligentes", a quarta revolução industrial cria um mundo onde os sistemas físicos e virtuais de fabricação cooperam de forma global e flexível. Isso permite a total personalização de produtos e a criação de novos modelos operacionais.

Alguns dos elementos marcantes da chamada Indústria 4.0 são a Inteligência Artificial, robôs, sistemas de armazenamento de energia, impressora 3D, neurotecnologias etc. A grande novidade é a combinação e fundição das tecnologias dos mundos físico, digital e biológico, produzindo efeito exponencial que tem a força de mudar o curso da humanidade de forma célere e nunca vista. Essa mudança envolve a reformulação de conceitos relativos à produção, consumo, transporte, logística e até mesmo a maneira de exercer os direitos da personalidade.

A Indústria 4.0 consiste, ainda, na autonomia das máquinas. Isso significa que a tecnologia permite que os equipamentos sejam programados para tomar decisões, tarefas que antes eram das pessoas responsáveis por acionar os comandos nas máquinas. Além disso, o novo modelo industrial apresenta mais eficiência, produtividade e redução de custos, bem como concretiza uma economia de tempo.

A indústria entrou na era da integração, onde a tecnologia de informação será capaz de gerenciar todo processo produtivo e com o auxílio das novas tecnologias é possível reduzir gastos e ainda prever erros no produto final e mudá-lo durante a fabricação. As transformações são intensas e avassaladoras, haja vista a capacidade das novas tecnologias gerarem outras novas tecnologias ainda mais qualificadas, que se combinam entre si, transformando sistemas e países.

A evolução da Inteligência Artificial e da tecnologia como um todo estimulou uma série de coisas autônomas, que derivam da chamada autonomia das coisas (ou *Autonomous Things*). As coisas autônomas (AuT) e a Internet de Coisas Autônomas (IoAT) representam a chegada dos computadores no ambiente físico, por intermédio de entidades que funcionam sem a necessidade de direção humana, movendo-se livremente e interagindo com pessoas e objetos.

As tecnologias autônomas, suportadas pela Inteligência Artificial e pelo *machine learning*, permitem que as coisas se movam e interajam livremente, sem controle físico ativo ou supervisão de um operador humano. Coisas autônomas assumem cada vez mais o trabalho repetitivo, perigoso e, até certo ponto, inteligente, anteriormente conduzido pela força de trabalho humana, reduzindo custos e aumentando a produção. Além disso, haverá um ganho de tempo humano, tanto na vida privada como nos negócios, haja vista as pessoas poderem passar tempo livre de maneira diferente. Por fim, as coisas autônomas compensam a escassez de mão de obra em determinadas áreas de negócios, mas também substituem os trabalhos com um alto nível de rotina, como carga e descarga.

Nesse sentido, faz-se necessário relembrar que a evolução das últimas décadas está totalmente atrelada à ideia de algoritmos. Aparelhos como smartphones, computadores, *smartvs* e *tablets* funcionam com sistemas baseados em algoritmos e, conforme novos comandos e possibilidades de uso surgem, mais aprimorados e complexos estão os níveis de instrução de um algoritmo.

É importante ressaltar que a tecnologia acaba melhorando a produtividade e aumentando a riqueza, assim como que as necessidades humanas são infinitas, motivo pelo qual a busca por novos produtos acaba sempre renovada, gerando-se novas pseudo-necessidades. Além disso, o trabalhador atual exerce as suas atividades cada vez menos com as mãos, e mais com o cérebro, o que dignifica a atividade laborativa, na medida em que não se reproduz a mesma exploração corporal própria especialmente da Primeira Revolução Industrial e mesmo da Segunda Revolução Industrial. A tecnologia deve funcionar como aliada do homem, permitindo melhor qualidade de vida. A automação cada vez mais tem deixado para as máquinas o trabalho repetitivo, insalubre e perigoso, permitindo uma melhora nas condições de trabalho.

A era 4.0, contudo, fez ressurgir polêmicas e debates entre visões diametralmente opostas sobre os avanços da tecnologia e as consequências positivas e/ou negativas desses avanços. De um lado, aqueles que vislumbram um futuro promissor, no qual a tecnologia liberta a humanidade do trabalho desgastante, repetitivo, desestimulante, além de eliminar doenças, promover a longevidade, o conforto e a possibilidade de usufruir novas experiências, novas opções de lazer, trazidas por novos e tecnológicos dispositivos, sistemas e ambientes digitais. Do outro lado, aqueles que temem as consequências negativas do uso e do avanço cada vez mais intenso da tecnologia por diversos campos da sociedade, como o trabalho, a medicina, a genética, o controle sobre as informações, sobre os veículos e mesmo sua aplicação no campo militar, somado ao risco da desumanização das relações e da própria consciência humana.

Contudo, apesar da existência dessa corrente que acredita que o trabalho está em risco e a era da autonomia proporcionada pelas máquinas irá afetar a estrutura e o mercado de trabalho de uma forma jamais vista, não se trata de uma unanimidade. Há quem afirme, categoricamente, que o fim do trabalho é algo que jamais temos de temer por uma questão lógica: a necessidade de trabalhar e produzir bens e serviços só se esgotará quando não houver absolutamente mais nada que queremos e desejamos.

Desde o início do capitalismo moderno presenciamos processos de substituição de uma tecnologia por outra, sendo viável, possível e confortável desfrutar as conveniências proporcionadas por esses avanços, que rapidamente se tornam naturais e rotineiras, fazendo parte do dia a dia da sociedade. Dessa forma, querer bloquear a mecanização e a automação ou criticar a era da autonomia, visando engessar ou frear esses avanços e novos cenários pelo receio de consequências negativas é ir de encontro ao progresso. Se essa interrupção tivesse acontecido há muitos anos, hoje talvez a vida ainda estivesse restrita ao campo, com trabalhos manuais e desgastantes.

Assim, percebe-se que a era da autonomia é fruto do progresso, do desenvolvimento, das melhorias proporcionadas pelo avanço tecnológico, mas também pode trazer impactos negativos. É natural e esperado que esses avanços tragam mudanças estruturais na sociedade, inclusive no trabalho e no direito. Não se deve "fechar os olhos" para os riscos e as implicações negativas que podem surgir e se concretizar, mas evitar a evolução por receios ou medos não nos parece ser a melhor solução. Podemos e devemos apreciar os benefícios do avanço e da inovação tecnológica, mas sem fingir que este avanço está sempre livre de efeitos colaterais.

Nesse sentido, é importante relembrar que até o momento presente, a atual sociedade, em que tudo é líquido e parece dissolver-se, capital e trabalho andavam juntos, em conflitos constantes, mas dependentes. Contudo, o capital parece ter se tornado mais independente, sem a mesma "necessidade" e "dependência" do trabalho que marcou os ciclos anteriores, principalmente a Segunda Revolução Industrial. Isso acaba criando a possibilidade de o trabalho tornar-se mais livre da subordinação do modelo taylorista, abrindo espaço para a produção de ideias, em ambientes de labor virtual, descentralizado da empresa e criando novas formas de contratação e, consequentemente, novas formas e oportunidades de trabalho e prestações de serviços.

Dessa forma, por meio da adoção de um sistema inteligente na era da Indústria 4.0, se presencia a conciliação entre os algoritmos e a gestão humana, culminando no atual e necessário debate e discussão acerca da existência ou não de um poder diretivo peculiar e quais são as consequências disso.

Para tanto, é fundamental analisar conceitos inerentes e essenciais às relações trabalhistas, como os direitos fundamentais, a autonomia da vontade e, principalmente, a subordinação. As novas tecnologias precisam ser analisadas no que tange às relações trabalhistas, tendo como foco a identificação desses direitos e institutos. Além disso, a análise do poder diretivo e o exercício deste por meio das ferramentas proporcionadas pela inovação e pelo avanço da tecnologia, bem como os impactos desses fenômenos nas relações de trabalho precisam ser objeto de discussão e estudos.

Sabe-se que os direitos fundamentais surgiram como direitos de defesa face ao Estado, que era, originalmente, o potencial violador desses direitos. Os direitos fundamentais são considerados inerentes à condição de seres humanos dos seus titulares, sendo, portanto, direitos inatos, de natureza pessoal e extrapatrimonial, ligados de maneira perpétua e permanente, como o direito à vida, à igualdade e à liberdade.

Não há como negar a aplicação dos direitos fundamentais no âmbito das relações de trabalho, mesmo porque os referidos direitos compõem as estruturas básicas do Direito do Trabalho. Nesse contexto, não apenas a pessoa do trabalhador se encontra comprometida, mas também está inserido numa organização alheia e submetido a uma autoridade, que não deixa de ser um poder social com relevância jurídica. Ressalta-se que o trabalhador pode ter direitos violados que lhe são garantidos não apenas em razão da sua condição de trabalhador, mas pelo simples fato de ser pessoa.

O trabalhador, enquanto ser humano, possui direitos fundamentais que precisam ser respeitados e garantidos em qualquer lugar ou momento, incluindo o ambiente de trabalho e o exercício de sua atividade laboral. As possibilidades de adaptação e flexibilização diante das novas tecnologias e dos novos cenários, formas de contratação e inéditas atividades que surgem a cada momento devem ser analisadas. Ressalta-se, contudo, que adaptação ou flexibilização não significa mitigação, precarização ou extinção, pelo contrário. Direitos fundamentais, como o próprio nome sugere, são essenciais e não podem ser relativizados nem mesmo desvalorizados, afinal, o ser humano não deixa — e nem deve deixar — sua dignidade à parte quando assume o papel de empregado.

Ao ingressar em determinada empresa, para ocupar um posto de trabalho e exercer a função para qual foi contratado, o empregado deixa do lado de fora parcela de sua liberdade. Isso significa que o empregado é obrigado a cumprir determinadas regras e orientações, devendo se inserir na dinâmica de organização e funcionamento do empregador, submetendo-se ao poder diretivo do mesmo. Contudo, a liberdade individual do trabalhador não pode ser restringida de forma total e ilimitada pelos poderes do empregador. Os direitos fundamentais não são absolutos, mas as suas restrições precisam ser limitadas e ponderadas.

As novas tecnologias e os novos modelos de organização da empresa ampliaram de forma extraordinária as várias prerrogativas do empregador no campo dos fatos, gerando uma reinserção do "princípio da autoridade" no desenvolvimento das relações de trabalho. A tutela aos direitos da pessoa do trabalhador, sobretudo os direitos de liberdade, privacidade e dignidade, adquirem uma nova e renovada atualidade. Dessa forma, faz-se necessário discutir e aprofundar o poder diretivo e sua intrínseca relação com a subordinação, a autonomia privada e os direitos fundamentais, no contexto das novas tecnologias e formas de contratação, notadamente àquelas por meio de algoritmos.

Não defendemos e nem cogitamos a possibilidade de mitigação ou o incentivo ao desrespeito aos direitos fundamentais do empregado. Contudo, não se pode desconsiderar o contexto atual e a consequente necessidade de adequação aos "tempos modernos", nos quais, a cada momento, uma inovação surge e é adotada pela sociedade.

O avanço tecnológico impactou e continuará impactando de forma intensa e constante todo tipo de relação, não sendo diferente com as relações de trabalho. Dessa forma, é preciso debater e analisar o direito do trabalho levando em consideração os novos tempos e cenários, bem como buscando evitar o engessamento e a imposição de obstáculos para a evolução da sociedade em geral.

Nesse sentido, cumpre analisar a autonomia da vida, que trata-se da livre manifestação do indivíduo em sociedade para deliberar, decidir e expressar sua vontade. É a capacidade de praticar atos jurídicos, fazendo escolhas legalmente válidas. O referido princípio preceitua terem os indivíduos, desde que dotados de capacidade jurídica, o poder de praticar atos e assumir obrigações de acordo com a sua vontade.

Algumas modalidades de contratos possuem o âmbito da atuação da vontade reduzido, como é o caso dos contratos de adesão. Contudo, mesmo nessas hipóteses, a autonomia da vontade está presente, uma vez que o aderente tem a liberdade de contratar ou não. Esse é, também, o caso dos contratos de trabalho.

A limitação da autonomia da vontade dos contratantes, imposta pelo dirigismo contratual, por meio das normas de ordem pública, tornou-se necessária para que a liberdade volitiva, sem contenção, não se convertesse em abuso. Contudo, a aplicação de forma irrestrita e o controle e limitação mediante referidas normas de ordem pública, pode acabar possibilitando a configuração de um fenômeno reverso, qual seja, o engessamento e a mitigação exacerbada da autonomia da vontade.

O equilíbrio na "dosagem" entre o exercício da manifestação da vontade, mediante aplicação do princípio da autonomia da vontade, e o dirigismo contratual, buscando evitar abusos e coações, se mostra mais necessário a cada dia, sob pena de, ao tentar resolver uma situação, configurar outra problemática. É evidente que as mudanças ocorridas no mundo da economia, da tecnologia e da política deverão refletir-se na legislação que regula as relações individuais e coletivas de trabalho para adaptar-se às novas realidades econômicas e sociais.

A hierarquia presente no contrato de trabalho, por si só, já representa um potencial violador de direitos dos empregados, estando entre esses direitos, inclusive, alguns fundamentais. Por isso, o contrato de trabalho sofre grande intervenção estatal na limitação da autonomia da vontade, sem, contudo, deixar de ser um contrato privado.

A constitucionalização do direito do trabalho tornou mais intenso o caráter de indisponibilidade dos direitos trabalhistas em face da irradiação da eficácia horizontal dos direitos fundamentais ali preconizados. Daí a ideia de que os direitos trabalhistas são fundamentais e, como tal, se impõem aos cidadãos em suas relações interpessoais e interprivadas, constituindo-se em limite à autonomia da vontade de negociar. Sendo assim, não podem ser negociados, transacionados ou renunciados, salvo quando a lei expressamente autorizar. Assim, no âmbito do direito do trabalho, a regra geral é a de que o empregado não pode, antes da admissão, no curso do contrato ou após seu término, renunciar ou transacionar os direitos trabalhistas previstos em lei, seja de forma expressa ou tácita.

O principal aspecto que precisa ser levado em conta é a busca pelo equilíbrio entre a autonomia da vontade os direitos fundamentais dos trabalhadores. É preciso que sejam estabelecidos parâmetros que norteiem a negociação e a flexibilização de alguns direitos, quando for do desejo das partes, dando maior segurança a patrões e empregados, ao negociarem novas condições de trabalho, principalmente em contextos de crise econômica. Para tanto, defende-se que não seja possível a supressão de direito trabalhista constitucional e legalmente assegurado, nem a flexibilização de norma relativa à medicina e segurança do trabalho. Tais parâmetros precisam ser fixados, sob pena de se configurar, de fato, uma chancela e autorização ao retrocesso social.

Contudo, permitir a flexibilização de forma individual não significa, necessariamente, uma precarização dos direitos e relações do trabalho. As necessidades da sociedade e das pessoas mudam e estão em constante evolução. Dessa forma, o direito deve ser dinâmico para acompanhar os novos cenários que surgem. Ao contrário de um fim em si mesmo, deve espelhar as relações que se propõe regular e é este o dilema com o qual se defrontam as relações de trabalho, muitas vezes submetidas ao dirigismo contratual num contexto de novas formas de trabalho e de novos modelos de contratação.

Não se espera e nem se defende que a autonomia da vontade e a consequente liberdade contratual sejam irrestritas nas relações trabalhistas, afinal, não se deve ignorar os abusos e violações que poderiam ocorrer com esse cenário. Mas, para prosseguir sendo respeitada, a lei deve reconhecer o entorno, e não pretender forjá-lo, bloqueando o futuro.

A análise e o estudo da subordinação possuem grande relevância para o direito do trabalho, já que se trata de requisito fundamental para a configuração de um vínculo empregatício. Ao longo do século XX e até meados do final da década de 1970, observou-se uma tendência no sentido da expansão do conceito de subordinação, em comparação com sua acepção clássica, com a ampliação do campo de incidência das normas trabalhistas. Surgiram novos conceitos e ocorreu o fortalecimento de conceitos antigos, que têm em comum o objetivo de ampliar o campo de abrangência das normas trabalhistas. A jurisprudência também passou a aplicar critérios novos, notadamente por meio da técnica do "conjunto de indícios", para identificação da subordinação no caso concreto, o que também acabou contribuindo notavelmente para a ampliação do conceito.

Nesse contexto, surgiram, ou se fortaleceram, as teorias da dependência econômica, potencialidade do poder empregatício, subordinação objetiva, riscos do empreendimento, primazia da realidade, subordinação potencial e, mais recentemente, subordinação algorítmica, além das variáveis já existentes, quais sejam, subordinação estrutural, subordinação reticular e subordinação integrativa.

A subordinação por algoritmo possui uma grande relevância. Trata-se do conceito mais novo e atual no que tange à ampliação do conceito de subordinação jurídica. A ideia de nomear e analisar a subordinação por algoritmo é resultado do avanço tecnológico e da utilização constante de aplicativos, aparelhos eletrônicos, *softwares* e plataformas digitais.

Atualmente, grande parte das empresas atua por meio de plataformas digitais e dispensaram o modelo de produção que exige um empregado em cada um dos seus pontos de intersecção, numa determinada hora do dia. A produção passou a ser fracionada em diversos estabelecimentos, inclusive do mesmo grupo empresarial, vez que a terceirização e a flexibilização se tornaram uma realidade (modelo toyotista). E, com as mudanças e inovações proporcionadas pelas novas tecnologias, o contrato de trabalho e as relações trabalhistas também sofreram impactos.

Transformações nas relações pessoais, novas dinâmicas configuradas pela tecnologia e possibilidades de modernizações nos diversos tipos de trabalho acabaram por exigir novos conceitos, novos pensamentos, novas interpretações. Surgiu, então, o desafio de enquadrar, ou não, essas espécies de prestações de serviço em novas formas de subordinação.

Em tempos de economia compartilhada e contratação na multidão, é necessário, mas também desafiante, equilibrar a intervenção estatal na garantia de direitos aos trabalhadores e a viabilização da operação das empresas dessa nova forma de trabalho e geração de receita.

É preciso diferenciar prestação de serviços de vínculo empregatício. Ampliar o conceito de subordinação, por meio da criação de novas espécies, como a subordinação por algoritmos, com o intuito de configurar todas as relações trabalhistas como vínculo de emprego não nos parece ser a solução.

Por outro lado, reconhecer o potencial e a possibilidade dos algoritmos executarem, cada vez mais, atividades antes exercidas apenas por seres humanos é necessário. Assim, admitimos que a subordinação jurídica tradicional pode ser, atualmente, exercida mediante algoritmos. Ou seja, em um vínculo de emprego, no qual estejam presentes todos os requisitos para tanto — pessoalidade, habitualidade, onerosidade, subordinação — a subordinação pode ser identificada por intermédio do controle por algoritmo.

Contudo, essa possibilidade de direção por meio dos algoritmos não significa que toda e qualquer relação com a presença dos algoritmos será um vínculo de emprego ou configurará, necessariamente, uma subordinação por algoritmo. Criticamos e discordamos, portanto, o conceito de subordinação por algoritmo de forma ampla e generalizada, do por meio do qual entende-se que, por existir a possibilidade de controle, todo e qualquer relação com a presença e atuação de algoritmos será, necessariamente, um vínculo empregatício.

Além disso, reconhecer o potencial dos algoritmos para exercer atividades inerentes ao empregador, configurando, portanto, uma subordinação por meio do controle e atuação dos algoritmos não implica na configuração dos algoritmos como "chefes".

Consideramos que o conceito clássico de subordinação ainda se mostra adequado à conjuntura atual para os casos em que, de fato, configura-se o vínculo de emprego e, em vez de alterá-lo, é imperiosa a adoção de figura intermediária entre autônomo e subordinado, como fizerem outros países, de modo a ampliar a proteção aos que dela necessitam.

De fato, as relações de trabalho da nova era estão longe de serem explicadas com base nas definições tradicionais. A subordinação jurídica do empregado é o pressuposto de maior relevância na discussão acerca das novas formas de relação de emprego, uma vez que foi o mais atingido com o aparecimento das novas modalidades de contratação. Ressalte-se que não se está defendendo que a flexibilização das características da relação de emprego deva resultar na total exterminação da configuração de vínculo empregatício, pois se assim fosse, haveria uma precarização das relações trabalhistas e dos direitos dos trabalhadores, bem como inúmeras fraudes seriam cometidas.

Não estamos fechando os olhos para essa possibilidade e os riscos de isso acontecer. Mas o contrário também é verdadeiro, já que configurar toda e qualquer relação de trabalho como vínculo empregatício, além de contrariar a própria CLT e a Constituição Federal, viola princípios essenciais que devem ser respeitados e garantidos, como a livre iniciativa e a já mencionada autonomia da vontade. Neste ponto, nota-se a necessidade urgente de haver uma ponderação e uma análise minuciosa e cuidadosa do caso concreto, a fim de que se atinja ao máximo uma melhor adaptação à realidade atual sem a aplicação irrestrita e ilimitada de conceitos ultrapassados e retrógrados.

Além disso, nem todos almejam a rigidez do contrato de emprego, que traz restrições à autonomia da vontade quando determina que o trabalhador deve se colocar à disposição para obedecer às ordens do empregador em troca de remuneração. Muitos profissionais buscam maior liberdade no trabalho e se dedicam a projetos pessoais, o que é incompatível com o poder diretivo inerente ao contrato de trabalho.

A sociedade vem sofrendo um processo de mudança que acarreta modificações na forma de prestação de serviços, resultando na inadequação do modelo tradicional de vínculo entre prestador e tomador. Situações diversas necessitam enquadramento jurídico igualmente diverso, sob pena de evidente divórcio entre a realidade e a tentativa de solução jurídica, com absoluta impossibilidade de harmonização dos interesses dos atores sociais, ocasionando a falência da pretendida proteção, pela sua inadequação à realidade a que se destina.

Não se pode generalizar e condenar qualquer forma de tecnologia, muito menos querer configurar um vínculo de emprego em toda e qualquer relação de trabalho. Se as inovações permitem novas formas de prestações de serviços, fontes alternativas de rendas, autonomia e flexibilidade nas atividades desempenhadas, por que querer aplicar um conceito antigo e tradicional as novas possibilidades e relações?

Entendemos que para configuração de uma relação de emprego é necessária a presença de subordinação e nas novas relações laborais existe uma subordinação mitigada ou sequer existe subordinação, motivo pelo qual deveria ser pensado novas formas de proteção para estes trabalhadores, tal como aconteceu na Itália e na Espanha. Isso faz com que se gere mais atrativos financeiros para o país, que mais empresas queiram investir, que o crescimento econômico floresça e consequentemente gere frutos para todos.

Interpretar toda e qualquer relação de trabalho como um vínculo de emprego fere a autonomia da vontade, a livre iniciativa e impede o crescimento e o surgimento de novas formas de prestações de serviços e fontes de renda e, consequentemente, trava o crescimento econômico do país.

O correto é que as novas formas de contratação e de relação de trabalho estejam protegidas de acordo com a sua realidade, especialmente no que tange a proteção em termos de seguridade social. Além disso, nos casos em que se verifique que a subordinação ocorre tal como prevê o conceito de subordinação jurídica, na sua modalidade tradicional, somada aos demais requisitos para configuração de um vínculo empregatício, a relação deve ser considerada como de emprego.

Tentar encaixar as novas relações advindas da revolução tecnológica em categorias e critérios pensados para as relações de trabalho de tempos antigos não irá atender as expectativas de uma sociedade em constante mudança e frustrará tanto os empresários como os muitos prestadores de serviços e trabalhadores que não querem ser — e não são — subordinados.

O poder diretivo é caracterizado pelas prerrogativas dispensadas ao empregador no contexto das relações laborais, se consubstanciando no direito de organizar, fiscalizar e disciplinar o modo de realização de trabalho. Por meio do poder diretivo, o empregador exige determinados comportamentos lícitos dos seus empregados com vistas ao alcance de propósitos preestabelecidos.

No que tange ao poder diretivo, é incontroverso que o desenvolvimento das tecnologias causou e continua causando grande impacto nas relações trabalhistas, ampliando a iniciativa do empregador quanto ao controle da produtividade e qualidade, aumentando as possibilidades de fiscalização e, consequentemente, fazendo crescer também as chances de punição.

Além disso, os artefatos tecnológicos proporcionam ao empregado contato incessante a sua atividade laboral, inclusive fora do seu ambiente e do seu horário de trabalho, proporcionando, também, um maior controle do empregador. É notável, portanto, a transformação que as relações vêm sofrendo por conta da ascensão das tecnologias digitais, não sendo o âmbito profissional excluído desse fenômeno. O formato de produção mudou, bem como a execução das atividades laborais e, como exposto, a possibilidade de os empregadores exercerem seus poderes diretivos.

Em um passado não tão distante, quando se abordava os limites do poder patronal e as possibilidades de abuso de direito, com a violação ou ofensa de direitos da personalidade do empregado, citava-se as revistas pessoais, as revistas em objetos ou pertences do empregado, o monitoramento do uso da internet e de *e-mails*, o controle no uso do sanitário, circuito interno de câmeras, entre outras hipóteses amplamente discutidas pela doutrina e pela jurisprudência. Na análise dessas expressões e exercícios do poder diretivo, sempre existiu, com toda razão, uma grande preocupação com a tutela e garantia dos direitos fundamentais dos empregados, preservando a sua dignidade.

Atualmente, com todos os avanços e as novas ferramentas criadas e disponibilizadas, essa preocupação é ainda maior e, muitas vezes, ainda insuficiente, pois a dinâmica é tão veloz e as inovações são tão intensas e significativas que é difícil mapear os riscos ou potenciais danos dos novos instrumentos de controle e direção. Há alguns anos não se podia imaginar que sistemas e programas eletrônicos passariam a fazer parte de uma forma tão essencial nas relações de trabalho. A tecnologia está, cada vez mais, inscrida no dia a dia profissional de todos os setores.

Assim, as preocupações de antes continuam existindo, de forma potencializada e ainda mais intensa, e ainda sofreram acréscimos, com as novas possibilidades que surgiram para o empregador exercer seu poder diretivo. É importante ressaltar que não estamos condenando ou criticando as tecnologias e os avanços da informática e comunicação, pelo contrário. As ferramentas que surgiram (e as que ainda vão surgir) tonaram-se instrumentos essenciais para aperfeiçoar a comunicação organizacional, facilitando o contato durante o expediente de trabalho, automatizando e facilitando a execução de tarefas, otimizando o tempo e aumentando a produtividade e eficiência e tendência é que isso evolua cada vez mais. Além disso, são inegáveis os benefícios que o avanço tecnológico proporcionou no que tange a segurança e a qualidade do dia a dia.

Por outro lado, também é fato que o referido avanço potencializou o controle do empregador, tanto em relação à execução das tarefas e acompanhamento das rotinas como no acesso aos resultados. O empregador possui o direito de fiscalizar a realização e desenvolvimento do trabalho, quer pela garantia e segurança da sua empresa, quer pela saúde e segurança dos seus empregados e da coletividade. Contudo, é importante reiterar que existe uma linha tênue entre o direito ao exercício do poder diretivo do empregador com o direito a preservação da dignidade e personalidade do empregado. A boa-fé, a razoabilidade, o respeito à intimidade e o respeito à dignidade devem prevalecer na relação contratual.

Entendemos que o empregador possui liberdade e autonomia para ditar as regras e determinações, podendo decidir e estabelecer as medidas que considerar necessárias para execução das tarefas inerentes a cada empregado. Contudo, essa liberdade não é ilimitada, assim como o poder diretivo não é irrestrito, sob pena de se configurar abuso de direito. O limite existente, portanto, é a proporcionalidade e a razoabilidade, devendo ser verificada a finalidade e a adequação do instrumento escolhido e da conduta adotada e, principalmente, a observância e a garantia dos direitos fundamentais do trabalhador.

Estamos vivendo uma nova era, na qual o poder diretivo do empregador está sendo utilizado não só de forma direta, mas também indiretamente, por meio das novas inserções de tecnologias no ambiente de trabalho. Assim, o novo poder diretivo do empregador proporcionado pelo avanço da tecnologia deve observar regras factíveis de harmonização para que haja a coexistência pacífica do direito ao controle, com os valores sociais do trabalho.

Um dos desdobramentos do poder diretivo, ou seja, uma das espécies do gênero, é o chamado poder disciplinar. O referido poder possibilita ao empregador impor sanções aos empregados que descumprirem alguma das obrigações impostas por intermédio do contrato. Assim, por meio do poder disciplinar, o empregador tem a possibilidade de punir aqueles que não observam as regras diretivas por ele emanadas. Pode-se afirmar, portanto, que o poder disciplinar é o meio que o empregador possui de fazer valer seu poder diretivo.

Contudo, esse poder não é ilimitado, nem discricionário e, restando configurado abuso de direito, as medidas adotadas pelo empregador, ao serem apreciadas pelo Judiciário, serão canceladas. O poder em questão deve ser usado com moderação e critério, de forma razoável e proporcional, configurando exercício regular de direito e não abuso de poder.

Com o avanço da tecnologia e as novas modalidades de trabalho e contratação que surgiram, a atuação dos algoritmos nas relações de trabalho tem sido muito debatida e suscitada. Nesse contexto, faz-se necessário analisar e ponderar a viabilidade do poder disciplinar ser exercido por um algoritmo.

Pode-se afirmar que diante do potencial e da capacidade que os algoritmos já demonstraram possuir, existe também um potencial poder diretivo algorítmico. Nesse caso, os critérios da punibilidade com base na proporcionalidade e razoabilidade seriam igualmente aplicados aos algoritmos? Se sim, como aferir se o algoritmo estaria configurando abuso de direito ou não? Como realizar a dosagem da sanção a ser aplicada por um algoritmo?

Apesar dos avanços e de todos os aspectos positivos que a Inteligência Artificial proporciona, os riscos da eliminação das decisões humanas vão muito além dos erros que podem acontecer e atingem direitos da personalidade como a intimidade, a vida privada e a autodeterminação informativa. Diante da impossibilidade de os algoritmos prestarem contas além de suas frias programações, como será possível, então, reconhecer neles um equilibrado poder de direção?

Como exposto, o potencial de um algoritmo é enorme e desconhecido na sua totalidade. A análise e a discussão sobre o aqui chamado "poder diretivo algorítmico" é essencial.

O primeiro e mais importante passo, nesse contexto, é conhecer e entender melhor os algoritmos e garantir a permanente possibilidade de revisão de suas decisões por autoridades humanas, justamente para que sejam evitadas — ou pelo menos minimizadas — as possibilidades de erros, equívocos, discriminações e abusos de poder. Reitera-se, portanto, a necessidade de perceber e entender como os algoritmos podem — é o que se deseja — ser controlados, pois não deve haver nesse mundo nenhum poder sem o correspondente e necessário controle.

Os algoritmos, portanto, se arvoram a ser os novos detentores do poder diretivo. O "poder diretivo algorítmico", portanto, é uma nova e implacável autoridade anônima. Não se deve desprezar a Inteligência Artificial, sendo essencial saber como utilizá-la, mediante controles necessários e inserção de programações éticas.

O uso dos algoritmos implica em novos desafios que, até o presente momento, não eram objeto de discussão ou preocupação do direito, logo, os institutos jurídicos até então existentes podem não ser mais úteis ou aplicáveis, tornando necessário o desenvolvimento de novos raciocínios e soluções jurídicas para sua proeminência. Diante de tal realidade, é necessário adaptação e abertura por parte dos juristas a essas relações algorítmicas, ou a inter-relações e intermediações por algoritmos em inúmeras áreas da vida, principalmente no que tange ao direito do trabalho, no sentido de se repensar a configuração de suas profissões e relações ou de se "reconciliar" com as tecnologias.

Dessa forma, reiteramos a necessidade da difusão e fortalecimento da educação e do conhecimento, principalmente entre os jovens. As novas tecnologias devem ser desenvolvidas e utilizadas com a ideia de serem, também um pilar de recuperação dogmática do princípio da proteção do trabalhador na sociedade do conhecimento.

É possível afirmar que a máquina é capaz de substituir o homem na execução de determinadas tarefas, principalmente quando se tratam de atividades que podem ser padronizadas. Dessa forma, chegando à conclusão de que é possível que o algoritmo exerça atividades inerentes ao poder diretivo, faz-se necessário analisar e abordar a possibilidade do algoritmo ser o novo chefe, a nova autoridade empregadora.

Com relação aos casos dos prestadores de serviços em plataformas digitais, que deram início e ensejaram a discussão acerca da possibilidade de os algoritmos atuarem como autoridade empregadora, apesar de não ser o foco deste livro, cumpre registrar que não vislumbramos a configuração de subordinação nesse caso. O fato de os algoritmos terem potencial para orientar, ordenar e dirigir as pessoas não significa que, em todos os casos e situações, as pessoas estão obrigadas a segui-los e é justamente o que acontece, no nosso entendimento, nos casos dos prestadores de serviço por intermédio de plataformas virtuais. Consideramos que a existência da possibilidade do prestador de serviços escolher quando irá disponibilizar a mão de obra, se é que irá, por si só, é suficiente para afastar qualquer vínculo de emprego.

A partir do momento que o prestador decide quando vai estar disponível já resta demonstrada a autonomia do mesmo. O fato de o prestador de serviço precisar seguir determinadas diretrizes de forma alguma significa que o mesmo é um subordinado, muito menos empregado. Ora, em qualquer contratação de um serviço, espera-se a observância de determinados resultados, sendo completamente cabível a orientação para que o resultado seja alcançado. Traçar rotas e precificar os serviços não implica, de forma alguma, controle ou direção, muito menos significa a configuração da subordinação do prestador de serviço.

A subordinação se configura quando evidenciado o poder de direção e comando do empregador em relação ao empregado, interferência efetiva no modo de desempenho de atividade e de tempo a ela dedicado, o que não se verifica nas prestações de serviço por plataforma virtual. A subordinação não se revela apenas por orientações dadas diretamente ao prestador de serviço ou pela internet, a configuração de meras obrigações, como as de um contrato, não geram relação de emprego.

Compartilhamos do entendimento de que trabalhador independente não é empregado e que para se enquadrar em empregado, é necessário o preenchimento de todos os requisitos, concomitantemente, para tanto (pessoalidade, habitualidade, onerosidade, subordinação), o que claramente não acontece nos casos em questão.

No entanto, faz-se necessário ampliar a discussão para além dos prestadores de serviços em plataformas digitais. O debate acerca do poder diretivo algorítmico e da possibilidade de o algoritmo ser o novo chefe, engloba situações muito mais amplas e diversas, não sendo razoável restringir esta obra à análise apenas de uma modalidade de prestação de serviços. Dessa forma, consideramos necessário e relevante abordar a possibilidade de o algoritmo ser considerado uma autoridade empregadora nas próprias relações de emprego tradicionais. Convém, portanto, refletir e analisar se o algoritmo pode ser o próprio empregador, o chefe.

O reconhecimento ou não dessa potencialidade e da autoridade empregadora do algoritmo não se restringe aos casos que se enquadram na chamada "zona grise", na qual existe controvérsia acerca da configuração de vínculo de emprego ou não, quais sejam, os que envolvem as novas formas de contratação, novas formas de prestação de serviço e, principalmente, a disponibilização de mão de obra por meio de plataformas virtuais.

Isso significa que a configuração ou não configuração da autoridade empregadora do algoritmo engloba, inclusive, situações em que, de fato, existe um vínculo. Ou seja, faz-se necessário avaliar se nas relações de emprego, nas quais os requisitos da pessoalidade, habitualidade, onerosidade e subordinação estão configurados incontroversamente, o poder diretivo pode ser exercido também por um algoritmo. Acreditamos que a tendência é que essa discussão se torne cada vez mais comum nos próximos anos, haja vista a utilização cada vez mais frequente e intensa da tecnologia e da Inteligência Artificial.

Atualmente, o potencial dos algoritmos já está sendo percebido e sentido nos vínculos que envolvem atividades eletrônicas, digitais, com empregados e empregadores de uma geração mais nova, que estão inseridos e mais familiarizados com a Inteligência Artificial e os avanços tecnológicos. Mas, com o passar do tempo, a nova era digital contemplará todas as relações, todo tipo de atividade e todas as profissões.

Apesar de não restarem dúvidas acerca da capacidade que os algoritmos possuem de substituir pessoas na execução de tarefas, inexistindo, portanto, qualquer obstáculo para que atividades de um "chefe" sejam realizadas por um algoritmo, discordamos e não entendemos ser possível configurar o algoritmo como o próprio chefe ou autoridade empregadora, em nenhuma situação. A certeza e a convicção para essa afirmação advêm, inicialmente, do fato de que o empregador, se considerarmos o algoritmo como tal, seria uma "coisa" e não uma pessoa, não tendo personalidade jurídica, o que, por si só, já impede a configuração do mesmo como empregador.

Além disso, reconhecer e admitir a capacidade do algoritmo de executar tarefas inerentes ao poder diretivo não implica e nem condiciona o entendimento de que o algoritmo é o próprio empregador. O algoritmo é, no nosso entendimento, uma ferramenta à disposição da autoridade empregadora e será cada vez mais. O avanço tecnológico e a Inteligência Artificial permitem o gerenciamento via algoritmo, inclusive nas relações de trabalho, nas prestações de serviço, nos vínculos de emprego, ou seja, nas diversas formas de contratação. Contudo, em se tratando de vínculo empregatício, consideramos claro que a autoridade empregadora continua sendo o empregador humano, não sendo possível configurar o próprio algoritmo como o "chefe".

O algoritmo, como ferramenta do empregador, executará aquilo que um ser humano programou e, nesse sentido, é mero instrumento de gestão de alguém ou de alguma organização empresarial. O capital renunciou à subsunção material do trabalho, ou seja, de controlar pessoal e diretamente o empregado, passando a fazê-lo à distância, exigindo comportamentos e resultados pelos meios telemáticos, o que se trata de um direito potestativo do empregador na antiga noção *de jus variandi.*

É preciso saber diferenciar a impessoalidade, consequência da utilização cada vez maior e mais constante das ferramentas tecnológicas e da realização de tarefas inerentes ao superior hierárquico pelas máquinas e algoritmos, com a ausência de um chefe humano. As mudanças configuradas na forma de estruturar a organização empresarial muitas vezes dão a impressão ao empregado de não ter um chefe direto a quem recorrer em caso de dúvidas ao executar seu serviço e muitas vezes pode não existir mesmo tal figura. O trabalho torna-se impessoal, mas isso não significa que o algoritmo se tornou o próprio chefe.

Ainda nesse sentido, é importante questionar como irá se configurar o conflito "capital x trabalho" caso o algoritmo seja considerado o próprio empregador. O trabalho conflitaria com quem ou com o que? É claro, para nós, que por trás de um algoritmo atuando e exercendo atividades, até pouco tempo exclusivamente humanas, sempre terá — ou deverá ter — uma pessoa natural, responsável pelo mesmo, que usufruirá as vantagens materiais e imateriais do mesmo, sendo, portanto, o empregador, dono do capital, e com quem o trabalho irá conflitar.

A decisão de um algoritmo é, antes, a decisão de alguém que o programou para isso. O algoritmo somente executa aquilo que um ser humano programou e, nesse sentido, é mero instrumento de gestão de alguém ou de alguma organização empresarial. Não restam dúvidas, portanto, que os algoritmos — e seus inerentes potenciais e suas imensuráveis capacidades — são ferramentas à disposição e à serviço do empregador, que possui, cada vez mais, novas formas e meios de exercer o seu poder diretivo.

Além disso, entendemos que as máquinas não têm consciência, o que impede a utilização dos algoritmos e da Inteligência Artificial para atividades que demandam pensamento crítico, criatividade e empatia.

Para que o poder diretivo seja exercido, seja na modalidade tradicional seja na modalidade algorítmica, é necessário que o requisito da subordinação esteja presente em relação ao trabalhador. Dessa forma, inexistindo a subordinação, não há o que se falar em empregado ou empregador, muito menos em poder diretivo algorítmico.

Isso não significa que o algoritmo deixará de seguir um padrão e, consequentemente, esperar que o indivíduo que o utilize também siga. Assim, será possível — e certamente acontecerá com frequência — a identificação de um comportamento do algoritmo no sentido de dar orientações, estabelecer diretrizes e até mesmo monitorar o prestador de serviço que o utilize e o usuário que o consuma, se assemelhando a um papel de fiscalização, inclusive.

Contudo, mesmo estando presentes esses comportamentos do algoritmo, temos convicção que não existirá vínculo de emprego em toda e qualquer relação de trabalho e, consequentemente, o algoritmo não exercerá atividades inerentes ao empregador em todas as plataformas ou todos os aplicativos que utilizarem algoritmos. Ou seja, não é porque os algoritmos são utilizados numa relação de trabalho que essa será, necessariamente, uma relação de emprego.

Além de considerarmos necessário a presença de um ser humano utilizando os algoritmos, para configuração da figura do empregador e consequente exercício do poder diretivo algorítmico, é imprescindível a configuração da subordinação para que o trabalhador seja considerado empregado, não o sendo quando exerce, autonomamente, o papel de um prestador de serviços. Dessa forma, conceituamos o algoritmo como ferramenta certificadora num contrato de prestação de serviços, no qual não há configuração de vínculo empregatício, mas nem por isso o algoritmo deixará de ser uma ferramenta à serviço do tomador, orientando a prestação de serviços em questão.

Concluímos, assim, que o algoritmo não pode ser autoridade empregadora porque o algoritmo é uma ferramenta da autoridade empregadora. Pode existir um gerenciamento via algoritmo, mas a autoridade continua sendo o empregador "pessoa física". O algoritmo, portanto, é um instrumento à serviço do empregador para gestão. O poder diretivo algorítmico existe e é uma realidade, sendo exercido, necessariamente, pelo empregador humano.

Assim, consideramos perfeitamente possível que os algoritmos exerçam atividades inerentes ao poder diretivo, haja vista tratarem-se de ferramentas à disposição do empregador, sem, contudo, exercer propriamente o papel de chefe, mas configurando e possibilitando, por sua vez, o exercício do poder diretivo algorítmico, nos vínculos de emprego, como também exerçam apenas e tão somente o papel de uma ferramenta certificadora do tomador de serviços, acompanhando obrigações contratuais, garantindo que as condições preestabelecidas numa prestação de serviço sejam respeitadas e acompanhando a obtenção de um resultado esperado e contratado, sem que isso configure vínculo empregatício.

Feito esse discernimento e a consequente conclusão, é preciso questionar até que ponto o algoritmo pode funcionar como um instrumento para gestão do empregador e quais são os limites da utilização dessa ferramenta tão relevante.

Já é uma realidade o uso cada vez mais constante dos algoritmos nas relações de trabalho. Esse fenômeno envolve o uso de dados e métricas de pessoal, em vários estágios, para controlar e medir o desempenho, planejar recompensas e estímulos, conceber mecanismos de promoção e investimento em habilidades e preparar *feedback* instantâneo e dispositivos de contestação. O controle acaba se acentuando, resultando em um estado de avaliação permanente, por parte de superiores, colegas ou mesmo simples consumidores em detrimento da autonomia dos trabalhadores para decidirem se e como se deve realizar determinada atividade. Além disso, existe um risco de que esses algoritmos responsáveis pela gestão dos processos internos, bem como da mão de obra, possam sair do controle e acabar fazendo escolhas erradas sem nenhum controle ou possibilidade de retificação.

A manifestação e a execução do poder diretivo algorítmico têm limites estabelecidos no exercício dos direitos fundamentais e personalíssimos do trabalhador. A grande questão é, justamente, a definição desses limites, ou seja, quais são eles e até onde a atuação patronal, por meio de algorítmicos, pode ir. Sendo uma realidade a utilização dos algoritmos pelos empregadores, como uma ferramenta de gestão, o potencial dos mesmos é inquestionável e ilimitado, contudo, por outro lado, a sua utilização e atuação não o são, ou pelo menos não devem ser.

O direito lida com duas questões de forma constante: os limites existentes para determinadas condutas e as consequências e os efeitos decorrentes da extrapolação desses limites. Não restam dúvidas que os algoritmos possuem uma capacidade surpreendente de atuação e de realização de tarefas humanas, não sendo diferente nas relações de emprego, mas essa atuação não deve ser ilimitada.

É preciso analisar a utilização dos algoritmos para exercício do poder diretivo nas diferentes fases contratuais de trabalho, quais sejam, fase pré-contratual, fase contratual e fase pós-contratual e os efeitos que já podem ser vislumbrados, com a consequente necessidade de adequação, imposição de limites e a tutela e garantia de direitos.

Nesse contexto, os processos de recrutamento e seleção, que fazem parte da chamada fase pré-contratual, já estão sendo impactados de forma considerável e perceptível pelo avanço da tecnologia e consequente atuação dos algoritmos. Na fase de seleção, a otimização do tempo e a rapidez na triagem e no recrutamento já são uma realidade, em decorrência da utilização dos algoritmos, que aperfeiçoaram e tornaram mais célere os processos seletivos.

A partir de critérios pré-estabelecidos, os algoritmos fazem a gestão de dados e geram indicadores dos quais extraem as melhores decisões, tendo em vista um recrutamento e seleção mais funcionais e inteligentes. Os algoritmos que analisam as candidaturas e selecionam os perfis que mais se aproximam das vagas geralmente baseiam seu aprendizado e suas escolhas por meio da avaliação de uma série de currículos e seleções anteriores, e priorizam as qualificações apresentadas naqueles que resultaram em contratações efetivas para a empresa. Nesse processo, portanto, os algoritmos fazem a análise e a gestão de dados a partir de critérios preestabelecidos e geram indicadores dos quais extraem as melhores decisões, tendo como objetivo deixar a fase de recrutamento e seleção mais funcional e inteligente.

Além da celeridade e otimização do tempo dispendido no recrutamento de candidatos, um outro fundamento para a utilização de algoritmos nessa fase é de que os mesmos garantem uma maior imparcialidade, haja vista não se tratarem de seres humanos, com emoções e preferências. Os algoritmos, portanto, pelo menos em tese, permitem uma diminuição significativa do grau de subjetivismo, sendo este um aspecto positivo, principalmente para os candidatos. Partindo do pressuposto que os algoritmos atuam sem emoções e utilizando critérios objetivos e preestabelecidos, em princípio podemos pensar que isso garantiria isenção e imparcialidade e a possibilidade de uma seleção justa, proporcional e razoável, com a escolha do profissional, de fato, mais adequado para vaga.

No entanto, na prática, não é isso que ocorre em todos os casos. Apesar de serem imparciais, os algoritmos podem reproduzir preconceitos e gerar discriminações. Isso porque os algoritmos são criados e produzidos por pessoas ou com base em condutas e escolhas humanas. As máquinas precisam ser treinadas por pessoas e é comum que elas tenham a tendencia de programar o *software* para que trabalhe priorizando determinadas qualidades no momento de selecionar candidatos. Os algoritmos, portanto, acabam reproduzindo os preconceitos de quem os programaram.

No que tange a fase de recrutamento, portanto, uma das críticas que se pode assinalar aos algoritmos é que estes poderão causar a exclusão de certo tipo de perfil de candidato ou o favorecimento de outros, podendo favorecer e/ou fomentar discriminações não legalmente permitidas. Se a base de dados possuir preconceitos embutidos, ainda que de maneira invisível, os preconceitos serão replicados.

Dessa forma, o debate e a discussão acerca do equilíbrio na utilização dos algoritmos e das ferramentas tecnológicas, visando a não discriminação e a igualdade no acesso aos empregos e ao mercado de trabalho, são extremamente necessários e urgentes. O grande ponto em questão são os critérios utilizados, para que não se configurem discriminações e consequentes retrocessos. Apenas a Inteligência Artificial não basta para assegurar um ambiente equilibrado nas empresas, já que, por enquanto, as máquinas que tentam acertar no futuro ainda estão aprendendo com os erros do passado, motivo pelo qual a supervisão e a revisão humanas são essenciais nesse processo.

Passada a fase pré-contratual, iniciando, efetivamente, o contrato de trabalho, o uso dos algoritmos não cessa nem diminui, pelo contrário. As preocupações e os pontos relevantes envolvendo as consequências do poder diretivo algorítmico se intensificam cada vez mais, sendo natural e lógico que o ápice dessa questão se refira ao contrato de trabalho em si, ou seja, a fase contratual. São muitas as formas de utilização do algoritmo e o exercício do poder diretivo algorítmico ao longo do contrato de trabalho e as ferramentas para tanto aumentam exponencialmente com o passar do tempo.

Atualmente, já é realidade que atividades do empregador sejam executadas por algoritmos. Em muitas empresas, inclusive, inexiste atualmente funções tradicionais de setores administrativos e financeiros, o que se trata do resultado da capacidade dos algoritmos exercerem funções antes exclusivamente humanas.

Na rotina do contrato de trabalho, portanto, a tecnologia da informação e a Inteligência Artificial permitem o monitoramento das atividades dos trabalhadores em proporções antes impensáveis, bem como a coleta e o processamento de uma enorme quantidade de dados sobre as atividades. Nesse sentido, cada vez mais trabalhadores utilizam ferramentas que permitem registrar seus movimentos e sua localização minuto a minuto, medindo também seu ritmo de trabalho e suas pausas.

Os dados recolhidos por meio desses instrumentos são frequentemente analisados, com a ajuda da Inteligência Artificial, para avaliar a produtividade e a aptidão do trabalhador para executar determinada tarefa, bem como instrumentos portáteis são usados ou experimentados para direcionar os trabalhadores para a sua próxima tarefa, rastreando e medindo a velocidade e a eficiência de cada trabalhador, que podem ser punidos ou até dispensados em virtude do seu desempenho.

Muitas críticas são feitas em relação à ausência de transparência e de conhecimento ou pelo menos de clareza por parte dos empregados acerca das fiscalizações e dos controles exercidos pelo empregador via algoritmos. A forma como funcionam esses sistemas de gestão raramente é transparente, uma vez que as empresas não partilham os métodos pelos quais são recolhidos e processados os dados utilizados para avaliação do empregado.

O controle do trabalho por meio de algoritmos é, portanto, muito mais intenso e eficaz do que aquele feito pessoalmente pelo chefe de seção no chão de fábrica da década de 1970. Além disso, muitas dessas ordens e comandos são ocultos por sua própria natureza, fazendo com que o trabalhador seja obrigado a ficar conectado indefinidamente à plataforma digital como condição para executar seu trabalho.

O uso dos algoritmos durante a fase contratual de um vínculo empregatício, apesar de trazer inúmeros benefícios, gera diversas consequências que podem ser também negativas. Algumas atividades podem, com o avanço da tecnologia, ser desenvolvidas exclusivamente pelas máquinas e as fiscalizações podem estar incluídas nas mesmas.

Funções, portanto, como as de gerentes ou supervisores estariam ameaçadas? Se partirmos do pressuposto que gerenciar diz respeito apenas a exercer uma fiscalização podemos dizer que, sim, as funções de gerência podem vir a acabar. Contudo, acreditamos que gerenciar vai muito além de apenas fiscalizar, haja vista a necessidade de exercer uma liderança, sendo essencial compartilhar valores e propósitos, motivo pelo qual a tecnologia e os algoritmos são necessários e relevantes como um complemento e não como ferramentas autossuficientes e independentes. Acreditamos que funções que envolvem liderança, por si só, não serão exterminadas nem desempenhadas exclusivamente pelos algoritmos.

Faz-se necessário esclarecer que, apesar de todos os riscos e limites necessários ao uso dos algoritmos durante o vínculo empregatício, estes são ferramentas importantes e muitas vezes necessárias, que podem agregar valor e resultado, trazendo consequências e efeitos muito positivos para relação de emprego.

Acreditamos e defendemos que os algoritmos podem ser utilizados ao longo do contrato de trabalho, seja como ferramenta de fiscalização ou até mesmo de controle e comunicação, aferindo o desempenho dos empregados, verificando as aptidões, avaliando os erros e acertos. Contudo, a decisão final, ou seja, a definição sobre promoções ou punições, alterações de funções e dispensas, podem até ser tomadas com a ajuda dos algoritmos, mas não pelos próprios algoritmos, o que implica na defesa da ideia de que os algoritmos devem sempre ser supervisionados por humanos. Os algoritmos precisam ter limites, tanto para evitar preconceitos e discriminações, como para evitar ofensas aos direitos da personalidade dos empregados, motivo pelo qual a revisão e a supervisão humana são essenciais, o que demonstra — ainda mais — a impossibilidade, na nossa visão, do algoritmo ser o chefe propriamente dito.

Apesar de existir uma série de benefícios na fiscalização e no controle exercido pelos algoritmos, haja vista o fato dos mesmos, em tese, não maltratarem, xingarem, mal dizerem, muito menos possuírem qualquer tipo de predileção, já que os algoritmos não agem por emoções, não possuem simpatia nem antipatia por alguém, o que evita favoritismos e preterições, a coerência e o equilíbrio dos algoritmos não são plenos e incondicionais.

As implicações dessas novas práticas e novas realidades do poder diretivo exercido por meio de algoritmos devem ser debatidos e analisados com cautela e urgência. As consequências são inúmeras e envolvem questões como privacidade, diversidade, empregabilidade, produtividade, discriminações e preconceitos, que devem ser avaliadas com cuidado. Sabe-se que mesmo medidas bem-intencionadas, correm o risco de se transformarem em formas de controle distópico, sendo necessária uma reflexão séria sobre o uso (e os limites desse uso) da tecnologia no local de trabalho.

Dentre os argumentos críticos ao uso dos algoritmos nas relações de trabalho, está o de que as ferramentas que atuam por meio dos algoritmos acabariam configurando uma extensão ilimitada dos poderes dos empregadores, ao mesmo tempo em que reduziria a autonomia dos trabalhadores, intensificando o estado de sujeição e dependência.

Além disso, tem surgido um sentimento de insegurança por conta da falta de transparência no uso dos algoritmos, também nas relações de trabalho. Existe também um receio decorrente da sensação de incontrolabilidade dos algoritmos e dos consequentes modelos adotados, bem como a crítica no sentido de que se trata de um sistema de microgestão sem gerente e para que o trabalhador possa se manifestar ou até mesmo questionar decisões, são forçados a utilizar uma espécie de "serviço ao cliente", com formulários imprecisos e interação mínima, resultando um desencorajamento de queixas e protestos.

Outro ponto suscitado é que a delegação de decisões cruciais e importantes de gestão empresarial não deve ser feita de forma ilimitada e descontrolada. Os algoritmos muitas vezes são qualificados como "caixas preta", no sentido de que as decisões e os dados que são utilizados para tais decisões são, muitas vezes, desconhecidos ou imensuráveis. Além disso, os dados utilizados pelos algoritmos muitas vezes são incompletos, recortados ou viciados por preconceitos e vieses. Tais riscos e complexidades não podem ser ignoradas, nem mesmo relativizadas.

Somos favoráveis e defendemos o uso da tecnologia, dos algoritmos e das ferramentas existentes ao longo do vínculo de emprego. Contudo, entendemos que a tecnologia deve ser um complemento, auxiliando na gestão, na direção, no controle e fiscalização, mas necessitando, sempre, de uma liderança humana. Além disso, enxergamos que os algoritmos podem, ao identificar problemas, contribuir para solucioná-los e não tomar decisões definitivas.

Além disso, é necessário que os empregadores se conscientizem acerca dos limites existentes para o exercício do poder diretivo algorítmico. A pergunta e o debate acerca do alcance do algoritmo como um instrumento para gestão do empregador e das delimitações necessárias ao mesmo é fundamental. Os limites, nesse caso, precisam ser pensados tanto como contenção quanto como meta.

Assim, as inovações — e consequentemente os algoritmos — precisam ser controladas numa via de negociação que envolva os parceiros sociais e os diretamente envolvidos, aumentando a transparência e colocando o ser humano em primeiro lugar.

A atuação dos algoritmos e o exercício das atividades inerentes ao poder diretivo algorítmico também tem repercussões, influências e efeitos durante a fase pós-contratual. É preciso tutelar e garantir a utilização dos algoritmos com razoabilidade e proporcionalidade também após a extinção do contrato.

Existe um grande potencial discriminatório, já configurado em alguns casos, o que tem gerado muitas discussões acerca da utilização dos algoritmos e dos vieses dos mesmos. Tal circunstância é válida também para fase pós-contratual, haja vista que nesse momento a empresa continua detendo os meios de produção, entre eles as ferramentas tecnológicas, sistemas, *softwares*, aplicativos e possuindo uma quantidade significativa de dados e informações sobre o ex-empregado. Dessa forma, seja intencionalmente ou não, o vazamento de determinadas informações ou a divulgação ou utilização equivocada das mesmas pode comprometer seriamente o futuro dos trabalhadores.

Para além dos riscos demonstrados, de discriminações em processos seletivos, violações à vida privada e a intimidade dos empregados e até mesmo exclusões de desempregados do mercado de trabalho, a atuação ilimitada e desregulada dos algoritmos, além de violar direitos e garantias fundamentais, pode configurar danos materiais e morais até mesmo irreversíveis. Faz-se necessário discutir e definir as consequências da extrapolação de limites e a necessária responsabilização pela correção, compensação ou, pelo menos, minimização dos efeitos.

Não existe atualmente uma definição concreta sobre os limites do poder algorítmico, ou seja, da atuação da Inteligência Artificial. Defendemos que esses limites devem ter como base a garantia e a observância dos direitos fundamentais do indivíduo. É preciso analisar as implicações, as consequências e os problemas, especialmente os desdobramentos éticos e as violações de direitos. É essencial, portanto, e urgente, que os parâmetros e limites do poder algorítmico sejam definidos, bem como os efeitos da extrapolação dos mesmos sejam analisados.

Os avanços tecnológicos e o uso constante dos algoritmos acabaram impactando e trazendo mudanças nos relacionamentos, na forma de pensar, decidir, agir, interferindo na sociedade como um todo e criando um novo tipo de organização social, regida pela algocracia, o governo feito pelos algoritmos. Trata-se de uma série de fatores que passaram a ser orientados pelo uso de algoritmos no dia a dia das pessoas, política, governos, empresas, o que acaba tendo efeitos sobre a forma como a sociedade toma decisões, interage e vive. Por isso fala-se em um governo feito pelos algoritmos, pois eles estão cada vez mais presentes em tudo que é feito, trazendo mudanças na organização da sociedade como um todo.

Como exposto anteriormente, as decisões dos algoritmos são baseadas em informações que eles recebem. Assim, tendo como base a interação com as informações fornecidas por humanos, as máquinas apresentarão os resultados daquilo que lhes é solicitado.

Além de reproduzir preconceitos, decorrentes dos vieses humanos de quem os programou, os algoritmos podem influenciar o comportamento preconceituoso, fazendo perpetuar condutas discriminatórias na sociedade, configurando um ciclo vicioso e indesejável. Além disso, dependendo dos critérios adotados pelos algoritmos, eles podem tomar decisões ou fornecer informações que desconsideram injustiças históricas, direitos de minorias, dentre outros. É preciso ter em mente que qualquer decisão binária carrega um risco: o da generalização e, portanto, os problemas decorrentes da generalização, sendo um deles o preconceito. Por essa razão, é necessário se precaver para garantir que as decisões pautadas em algoritmos ou as próprias informações propagadas por eles não sejam soberanas.

Assim, o primeiro passo para evitar esses efeitos indesejáveis e prejudiciais é a conscientização digital. É necessário conhecer a forma de funcionamento desse novo tipo de sociedade, para que as pessoas possam ter a chance de saber até que ponto a tomada de decisões está sendo realizada por elas ou por outras pessoas e quando os algoritmos passam a tomar as decisões ou influenciá-las.

Sabe-se que um algoritmo não é capaz de considerar a acuracidade de sua decisão levando em consideração que analisou apenas uma quantidade limitada de dados disponíveis. Muitas vezes, os próprios dados existentes não são suficientes ou não traduzem a realidade por estarem focados apenas em um nicho. Contudo, isso não significa que utilizar algoritmos seja ruim e não se busca condenar ou desincentivar a utilização de algoritmos, pelo contrário. O objetivo é justamente abordar a importância de entender, discutir e analisas os efeitos — positivos e negativos — para que as melhores práticas sejam adotadas, as adequações necessárias sejam feitas e os direitos fundamentais dos indivíduos sejam respeitados e garantidos.

Nesse sentido, é essencial a transparência, conforme já abordado anteriormente, para que sejam garantidas e fornecidas informações claras, precisas e acessíveis sobre a utilização de algoritmos e de que forma eles são utilizados. Além disso, defendemos a necessidade de revisão humana das decisões automatizadas, ou seja, por meio de algoritmos. Apesar de não existir atualmente uma obrigação legal nesse sentido, consideramos coerente, plausível e recomendável que as decisões algorítmicas sejam sempre revistas por humanos, para impedir ou pelo menos minimizar os potenciais impactos negativos.

Os algoritmos e suas previsões precisam ser confiáveis, justos e explicáveis. Trata-se, sem dúvidas, de um grande desafio, principalmente porque os algoritmos de *machine learning* não são necessariamente lineares — eles evoluem à medida que aprendem e, em seu estado de evolução recente podem apresentar um novo viés. Algoritmos transparentes podem ser inspecionados para entender a linhagem da IA — quem a criou (humano ou máquina), quais dados são usados, como são testados e como um resultado desses dados interpretados é determinado.

Definir os limites apropriados para transparência e tomar medidas para identificar e eliminar preconceitos ajudará qualquer organização a operar com ética, garantir um resultado mais justo e equilibrado para todos e ajudar a fortalecer a reputação de uma marca confiável. Tomar medidas para identificar e remover preconceitos, preventivamente e proativamente, portanto, é extremamente necessário. Ressalta-se que os dados subjacentes, e não o algoritmo em si, costumam ser a principal fonte do problema, sendo inúmeras as possibilidades de coleta e acesso a esses dados e, consequentemente, diferentes origens dos vieses.

A defesa da criação de novos direitos passa pela necessidade de o Direito acompanhar a realidade, sem tentar encaixar conceitos antigos e tradicionais às novas realidades. Muito além de todas as preocupações sobre a extensão e os efeitos decorrentes da extrapolação dos limites do poder algorítmico, cabe-nos a sensibilidade de contemporizar as inovações e de dar a elas um tratamento adequado aos tempos modernos, sem querer relacionar novos cenários aos conceitos tradicionais.

A tecnologia é uma criação humana. Além disso, a tecnologia empregada na construção da Inteligência Artificial não é neutra, é humanamente orientada e, se não observar princípios claros, pode reproduzir padrões de preconceito e discriminação que são essencialmente humanos. É preciso pensar nas implicações éticas e morais que decisões tomadas pelos algoritmos podem ter na vida das pessoas, bem como nos impactos e efeitos que a extrapolação do poder algorítmico pode causar.

Assim, para que os efeitos negativos sejam mitigados ou minimizados, é essencial que os processos automatizados por algoritmos sejam transparentes, auditáveis, confiáveis e validados por uma supervisão humana. Além das questões éticas e morais envolvidas, que ensejaram a criação de um documento com diretrizes para criação e desenvolvimento de tecnologias de Inteligência Artificial centrada em humanas pela União Europeia, é necessário analisar a situação com base nos direitos fundamentais de cada indivíduo. Assim, é essencial discutir, debater e criar uma política de governança e boas práticas direcionadas ao uso dos algoritmos e, principalmente, ao poder que os mesmos possuem, bem como seus limites e efeitos.

Dessa forma, faz-se necessário que a sociedade e os atores políticos, bem como os operadores do direito, voltem sua atenção para as possíveis implicações de como os dados serão utilizados e quais são as consequências de decisões tomadas ou influenciadas por algoritmos.

O poder algorítmico ainda não é totalmente conhecido, mas já é possível afirmar que seu potencial é enorme e que os impactos que podem ser causados nas vidas humanas são ainda maiores, motivo pelo qual pensar em modelos éticos, responsáveis e que respeitem e garantam os direitos humanos, além de essencial, é urgente.

É importante avaliar e analisar se é possível falar em assédio moral algorítmico nas relações de trabalho. Já concluímos que o poder diretivo algorítmico existe e será cada vez mais exercido, mas, necessariamente, precisa ser exercido por um ser humano, haja vista os algoritmos não exercerem o papel de "chefe", mas, sim, de uma ferramenta à serviço do empregador. O patrão, portanto, exercerá esse poder diretivo algorítmico, usufruindo do mesmo para fiscalizar, avaliar, orientar, punir e até mesmo dispensar um empregado, caso queira.

É necessário, contudo, respeitar os limites desse poder para que não se configurem violações aos direitos fundamentais do empregado. Caso a intimidade do empregado seja violada, por exemplo, por meio de uma fiscalização abusiva ou de uma coleta e tratamento de dados acerca da vida privada do empregado, configurar-se-á um abuso do poder diretivo algorítmico. Esse abuso pode gerar danos extrapatrimoniais ao empregado, ensejando a reparação dos mesmos, além de impactar negativamente na vida do indivíduo que tiver seus direitos fundamentais desrespeitados.

Não restam dúvidas que os avanços da tecnologia e as inovações trazidas pela mesma transformaram a sociedade e as relações, alcançando as relações de trabalho. Por consequência, as possibilidades de assédio moral foram potencializadas, com mais ferramentas à disposição do empregador. Sempre é válido ressaltar que não acreditamos na condenação ou nas críticas ao uso das tecnologias nas relações de trabalho. Temos convicção que os pontos problemáticos e os equívocos no uso das mesmas não se devem aos avanços tecnológicos e as inovações geradas, mas, sim, a má-intenção de quem as usa ou até mesmo a falta de cuidado e cautela necessários no uso das mesmas.

Dessa forma, a possibilidade de potencialização e intensificação do assédio moral por meio das novas tecnologias não deve ser um motivo, na nossa visão, para não as utilizar. É preciso, ao contrário, punir quem as utiliza de forma a prejudicar alguém ou até mesmo quem não dedica a atenção necessária e os cuidados essenciais na utilização dos mesmos, causando impactos negativos na vida dos trabalhadores. As máquinas são capazes de tomar decisões e auxiliar muitas outras, gerando impactos positivos e negativos. Cabe, portanto, uma análise acerca da possibilidade de os algoritmos praticarem assédio moral contra trabalhadores, de forma intencional ou não.

A nova organização laboral, conquanto tenha ampliado a produtividade, não melhorou necessariamente as condições de trabalho, submetendo os trabalhadores a acelerados ritmos e gerando um sofrimento cada vez maior com o estresse, com o controle do modo, forma e método de trabalho, com o comprometimento das relações interpessoais e, em alguns casos, com o desrespeito à diversidade, além da ausência de desconexão. As inovações tecnológicas possibilitam o surgimento de uma nova modalidade de assédio moral, qual seja, o assédio moral virtual ou teleassédio moral.

Percebe-se, portanto, que os algoritmos podem contribuir ou até mesmo configurar práticas de assédio moral. Não restam dúvidas que ao fiscalizar, monitorar, avaliar e até mesmo aplicar punições aos empregados, os algoritmos podem acabar configurando ações ou omissões abusivas e reiteradas, que violam os direitos fundamentais do trabalhador. Contudo, cumpre-nos fazer duas ressalvas sobre a questão.

A primeira diz respeito a conclusão acerca da impossibilidade de o algoritmo exercer, por si só, o papel de "chefe", sendo uma ferramenta à serviço do empregador. O algoritmo, portanto, é uma ferramenta da autoridade empregadora e não a própria autoridade, existindo um gerenciamento via algoritmo, mas a autoridade continua sendo o empregador "pessoa física". O poder diretivo algorítmico existe e é uma realidade, sendo exercido, necessariamente, pelo empregador humano.

Dessa forma, como uma ferramenta, os algoritmos podem ser utilizados para o "bem" ou para o "mal", no sentido de visarem finalidades lícitas e ilícitas, ética e antiéticas, causando impactos e consequências positivas ou negativas. Nesse contexto, parece-nos claro que os algoritmos podem ser utilizados como ferramentas para a prática do assédio moral, abatendo a força de trabalho e causando danos aos empregados, ao violar seus direitos fundamentais. Contudo, essa primeira conclusão nos leva a uma segunda, não menos importante.

Já expusemos que entendemos que os algoritmos possuem o potencial e a capacidade de exercer atividades do poder diretivo, o que será aperfeiçoado de forma rápida e intensa ao longo do tempo, mas não pode ser considerado o próprio chefe ou "superior". Os exemplos citados anteriormente comprovam que os algoritmos já estão sendo utilizados para exercer tarefas inerentes ao empregador, mas essas tarefas, orientações, decisões devem ser sempre supervisionadas ou ao menos imputadas a algum ser humano, que irá se responsabilizar pelas mesmas e, consequentemente, exercer o papel do superior hierárquico, chefe, supervisor etc.

A conclusão que chegamos, portanto, é que o algoritmo — genuinamente — não irá praticar assédio moral contra empregados. As máquinas, conforme exposto, não têm consciência, o que impede a utilização dos algoritmos e da Inteligência Artificial para atividades que demandam pensamento crítico, criatividade e empatia. Por outro lado, os algoritmos também não irão, por iniciativa própria e original, praticar torturas psicológicas.

Esse aspecto reforça, ainda mais, a necessidade da revisão humana de decisões algorítmicas. Os algoritmos precisam de dados para decidir e agem com base nas orientações e determinações dos humanos ou com base em dados já existentes, que são replicados pelo algoritmo com base no histórico ou no banco de dados a que têm acesso. O algoritmo não tem consciência, nem empatia, nem sentimentos, então, também não vai, por si só, praticar nenhuma tortura psicológica por iniciativa própria.

Dessa forma, se restar configurada a prática de condutas que configurem assédio moral, a responsabilidade é de algum indivíduo que não o programou corretamente, alimentando-o com dados equivocados ou deixando de inserir dados essenciais, podendo ter agido com má-fé ou não, ou do indivíduo que não fiscalizou a atuação do algoritmo corretamente, agindo com negligência. Contudo, considerando o potencial desconhecido e ainda imprevisível da Inteligência Artificial, ainda existe um agravante, qual seja, o risco de determinados resultados sequer terem sido calculados, imaginados ou previstos.

Assim, resta claro que os algoritmos devem ser sempre supervisionados por humanos, principalmente no que diz respeito à processos de decisão, que podem, sem dúvidas, ensejar violações aos direitos fundamentais dos empregados, e, até mesmo, configurar assédio moral. Contudo, uma vez configurado assédio moral — ou qualquer outro dano extrapatrimonial — será necessário enfrentar a problemática da responsabilização.

Defendemos e estimulamos a utilização consciente, proporcional, lícita e razoável da tecnologia, como ferramenta à serviço não só do empregado na execução de suas tarefas, mas também do empregador no exercício dos seus poderes patronais, entre eles, o poder diretivo. Contudo, para que essa utilização seja equilibrada e saudável, respeitando os direitos de ambas as partes, é necessária uma regulamentação, que desde já defendemos e pugnamos. A falta de regulamentação, para além da insegurança jurídica e da concretização dos potenciais riscos existentes, acaba gerando incertezas acerca da responsabilidade na utilização dos algoritmos.

Percebe-se, assim, o potencial das decisões algorítmicas violarem direitos fundamentais, se tomadas sem o cumprimento de determinados parâmetros éticos e constitucionais que garantam sua transparência, possibilidade de controle, a participação do indivíduo no âmbito do processo decisório e a correção dos dados. Faz-se necessário, portanto, analisar a responsabilidade por esses efeitos, definindo quem responderá pelos danos potenciais ou concretizados.

Não existe, até o momento, nenhuma previsão legal específica sobre a responsabilidade pelos impactos causados pela utilização da Inteligência Artificial e, consequentemente, dos algoritmos. No entanto, são muitos os questionamentos existentes, que originaram correntes e soluções diversas.

Diante desse panorama, é possível afirmar que os agentes empresariais podem ser, em alguma medida, responsabilizados pela escolha do sistema operado pela Inteligência Artificial, pelo conjunto de informações e aplicações que fornecem ao banco de dados que alimentará o algoritmo e pela adoção de caminhos propostos pela IA de forma acrítica ou sem uma base maior de dados.

Além disso, é possível que se configure uma responsabilização pela confiança depositada ou não depositada na escolha indicada pelo algoritmo, haja vista ser possível ocorrer um dano não só em razão de o agente tomar uma decisão com base no que for indicado pelo algoritmo, mas também por negligenciá-lo e atuar contrariamente a ele. Pode-se afirmar, portanto, que a responsabilidade dos agentes empresariais reside, por exemplo, no grau de confiança que eles depositam no algoritmo comandado por Inteligência Artificial, nos dados que eles fornecem para alimentar as máquinas e, ainda, na obediência ou não aos comandos do algoritmo para a tomada de decisões.

A delegação das decisões e escolhas para as máquinas e seus algoritmos não pode ser uma alternativa isenta de responsabilidades no plano jurídico, dando ensejo ao processo que alguns já chamam de *mathwashing*. É necessário saber e definir em que medida as reponsabilidades podem ser terceirizadas para máquinas e quais as repercussões jurídicas disso. Além disso, deve-se evitar o determinismo tecnológico, justificado pelo argumento de que os agentes que transferiram determinadas decisões para as máquinas não mais responderiam pelo que estas fizessem, o que configuraria um incentivo à irresponsabilidade organizada, o que não pode ser admitido.

A ausência de previsões legais e orientações mais especificas sobre o tema aumenta, ainda mais, as incertezas e os questionamentos, motivo pelo qual a construção doutrinária e a própria jurisprudência são essenciais para indicar os caminhos e fomentar os debates sobre o assunto.

No que tange à responsabilidade civil da Inteligência Artificial, existem muitas discussões acerca do assunto e diferentes caminhos. Quando sistemas e robôs comandados por Inteligência Artificial tomam decisões e, em razão delas, causam danos a terceiros, evidencia-se a necessidade de se analisar qual sistema de responsabilidade civil deverá ser aplicado, bem como de se determinar o responsável pela reparação. É possível cogitar a responsabilidade objetiva, pelo fato da coisa, no caso de máquinas ou robôs que tomem decisões, ou também pelo risco. Há uma preponderância em doutrina do entendimento favorável à aplicação do regime objetivo de responsabilidade, usualmente apontado como mais idôneo à tutela efetiva das vítimas.

A corrente que cogita a aplicação de um regime de responsabilidade semelhante àquele estabelecido pelo fato da coisa ou pelo risco (na forma do parágrafo único do art. 927 do Código Civil), dispõe que, no primeiro caso, o esquema seria próximo ao aplicável para os animais: seu dono ou detentor ressarcirá o dano por ele causado, a menos que prove culpa da vítima ou força maior. O art. 936, ao trazer apenas duas excludentes do dever de indenizar, introduz claramente hipótese de responsabilidade civil objetiva. A responsabilidade distancia-se do campo da guarda e fundamenta-se na teoria do risco, no sentido de que quem tem o uso do animal suporta o risco pelos danos que eventualmente venha a provocar. Dessa forma, o responsável pela IA teria que lidar com o risco decorrente da imprevisibilidade da atuação dela.

Além disso, vale lembrar que, quando se tratar de relação de consumo, o Código de Defesa do Consumidor e sua consequente responsabilidade civil objetiva deverão ser aplicados para os casos em que o dano causado pela Inteligência Artificial puder ser enquadrado como vício ou fato do produto ou do serviço. Afinal, a Inteligência Artificial pode ser utilizada no âmbito de atividades de fornecimento de produtos ou serviços ao mercado de consumo. Caso se configure relação de consumo à luz da disciplina do CDC, não restam dúvidas acerca da possibilidade de responsabilização de todos os fornecedores integrantes da cadeia de consumo pelos danos decorrentes de fato do produto ou serviço — resguardada, em qualquer caso, a necessidade de aferição dos demais elementos relevantes para a deflagração do dever de indenizar.

Faz-se necessário mencionar, ainda, a discussão acerca da crescente autonomia dos robôs e sistemas comandados por Inteligência Artificial e a consequência que isso traz para o âmbito da responsabilidade civil. Diante da independência e autonomia das máquinas cogita-se o afastamento da responsabilidade da lógica do defeito do produto/serviço.

A questão referente à dita imprevisibilidade das condutas dos sistemas autônomos, se mal colocada, pode vir a se constituir em falso problema. Isso porque, independentemente da previsibilidade das reações dos robôs submetidos à autoaprendizagem, o problema da reparação de danos, nesses casos, há ser solucionado no âmbito da causalidade e da imputabilidade daí decorrente, a partir da alocação de riscos estabelecida pela ordem jurídica ou pela autonomia privada.

A análise desses pontos acaba ensejando questionamentos mais profundos, como saber se as máquinas devem ou não ser concebidas como sujeitos de direito autônomos com direitos e deveres próprios. É importante analisar se a solução de se conceder uma personalidade jurídica seria mesmo a resposta adequada. No cenário europeu, impulsionado por indagações sobre responsabilidade, a questão da personalidade aparece muito mais ligada à construção de um mecanismo de reparação à vítima de danos do que como resultado de uma discussão mais aprofundada sobre o que é um robô inteligente e seu estatuto jurídico de forma mais abrangente.

No que tange a responsabilidade subjetiva existem duas alternativas que devem ser analisadas. A primeira diz respeito à constatação da reprovabilidade da conduta a partir da teoria do defeito de organização, que tem grande alcance para justificar os ilícitos corporativos. De acordo com tal teoria, os agentes econômicos devem criar, manter e supervisionar organização compatível para controlar e monitorar os riscos assumidos. Assim, se houver transferência de capacidade decisória para algoritmos sem os devidos cuidados, seria possível se falar em ação culposa tanto da pessoa jurídica, como de seus gestores. Outro caminho possível é a responsabilidade subjetiva por violação ao dever de diligência e cuidado dos gestores.

Especificamente no âmbito empresarial, havendo transferência de capacidade decisória para os algoritmos, sem os devidos cuidados e precauções, é possível a configuração da responsabilização nos casos de danos aos diversos sujeitos envolvidos, tais como, sócios, empregados, credores, consumidores, terceiros e a própria pessoa jurídica. Nesse contexto, a postura do administrador da sociedade destaca-se o dever de diligência e a consequente responsabilidade subjetiva em caso de violação do mesmo. Dessa forma, a postura do administrador, com a inserção da Inteligência Artificial, será essencial pois em qualquer circunstância de delegação de suas competências para sistemas de Inteligência Artificial, as decisões ou atos serão imputados ao administrador e o sujeitarão à responsabilidade pessoal, já que foi ele quem encampou aquela decisão como se fosse sua.

Percebe-se, portanto, que existem caminhos diversos a serem percorridos quando se está diante da necessidade de analisar, entender e discernir acerca das repercussões que a transferência de decisões para algoritmos apresentam no âmbito da responsabilidade civil. É imprescindível avançar na análise e nos debates sobre o assunto, haja vista a necessidade de encontrar uma justa medida para equilibrar inovação e responsabilidade, bem como evitar a irresponsabilidade organizada.

Dessa forma, entendemos que não é necessária uma revisão completa das normas de responsabilidade civil existentes, mas faz-se necessário levar em consideração a complexidade, opacidade, capacidade de modificação e autoaprendizado da IA, associadas à participação de inúmeros indivíduos na sua programação, o que representa um grande desafio à efetividade das normas. Além disso, no referido relatório foi exposto que como quase sempre os danos causados pela IA são resultado da participação e do envolvimento de um ser humano, não seria necessário garantir personalidade jurídica própria aos sistemas comandados por IA, sendo recomendado, portanto, não lhes atribuir tal condição, posicionamento que concordamos.

Percebe-se, portanto, que a tendencia na Europa é garantir e tornar indispensável a presença humana no desenvolvimento da Inteligência Artificial, na gestão dos riscos e no aproveitamento, o tanto quanto possível, das normas já existentes. Além disso, a recomendação é de que existem mecanismos de securitização obrigatória cujas contribuições dependerão do risco criado por cada sujeito envolvido na introdução daquele sistema ou robô comandado por IA no mercado. As referidas orientações e conclusões são, ao nosso ver, repletas de razoabilidade e proporcionalidade, principalmente no que tange a necessidade de supervisão humana. Dessa forma, defendemos a aplicação das mesmas orientações no Brasil, o que garantirá a segurança, a tutela dos direitos e o incentivo a inovação tecnológica.

A necessidade de revisão das decisões tomadas pelos algoritmos por um ser humano se mostra, além de extremamente necessária, também coerente e razoável. Primeiramente porque, apesar dos avanços e de todos os aspectos positivos que a Inteligência Artificial proporciona, os riscos da eliminação das decisões humanas vão muito além dos erros que podem acontecer e atingem direitos da personalidade. Diante da impossibilidade de os algoritmos prestarem contas além de suas frias programações, é muito desafiador e difícil — para não dizer impossível — reconhecer neles um equilibrado poder de direção, o que demonstra e reforma a necessidade de revisão humana.

Dessa forma, para além da necessária personalidade jurídica, o que não se configura no algoritmo, entendemos que o poder diretivo deve ser exercido por uma pessoa física, tanto por uma questão de responsabilidade e equilíbrio, como por uma questão de humanidade. As máquinas não têm consciência, o que impede, conforme abordado anteriormente, a utilização dos algoritmos e da Inteligência Artificial para atividades que demandam pensamento crítico, criatividade e empatia. Os algoritmos podem exercer atividades de fiscalização, avaliação, orientação e até mesmo punição, configurando um verdadeiro poder diretivo algorítmico, mas ser o próprio chefe, em nossa visão, não é possível.

Apesar da premissa de que as escolhas feitas pelos algoritmos são mais eficientes, objetivas e imparciais, sendo melhores que as decisões humanas, que tendem ao enviesamento e estão mais sujeitas a falhas, na prática, o que tem se visto é que a neutralidade é aparente e as máquinas herdam o conteúdo a que possuem contato, inclusive preconceitos, seja por carregamento inicial de programadores, seja por aprendizado na interação humana ou a partir do histórico já existente.

Dessa forma e considerando principalmente o potencial discriminatório dos algoritmos e à possibilidade de os algoritmos configurarem até mesmo um assédio moral, configurando e concretizando prejuízos e danos aos indivíduos, a revisão humana se mostra essencial em qualquer tipo de relação que utilize algoritmos para tomada de decisões. A falta dessa revisão pode levar a significativas injustiças e práticas discriminatórias, haja vista os altos riscos de enviesamento de decisões algorítmicas, além das potencialidades inesperadas pelos desenvolvedores que podem se configurar por conta do *machine learning*.

O tratamento de dados pessoais em geral, pelos algoritmos, pode acabar resultando em decisões automatizadas que configurem injustiças, danos e prejuízos, motivo pelo qual a discussão da necessidade de revisão humana tem tido muito destaque no que tange a proteção de dados pessoais. Assim, defende-se que a presença do fator humano no processo de revisão de decisões automatizadas é fundamental para que o titular de dados possa expressar sua opinião e contestar a decisão e assim exercer os direitos expressos na LGPD, sendo a revisão humana, portanto, essencial para o exercício do direito à autodeterminação informativa.

Ao mesmo tempo, as empresas que elaboram e utilizam os algoritmos que passaram a ditar a tomada de decisões da sociedade são privadas e, por essa razão, precisam proteger os seus segredos industriais. Existe, portanto, um limite que é justamente o segredo comercial e industrial, motivo pelo qual o art. 20, §1º, da LGPD prevê exatamente essa questão. Além disso, se o funcionamento do algoritmo é conhecido, corre-se o risco de que as pessoas passem a manipulá-lo.

O que se busca é que decisões importantes da vida humana não sejam delegadas a máquinas que são pretensamente neutras, mas acabam tendo um grande potencial discriminatório, reforçando preconceitos que já existem na sociedade. Contudo, apesar de toda a discussão acerca da importância da revisão humana e da segurança que tal medida traria no âmbito da Lei Geral de Proteção de Dados, o então Presidente da República, vetou o §3º que trazia a previsão em questão, qual seja, de revisão humana. Com isso, essa revisão deixa de ser uma obrigatoriedade e passa a ser mera faculdade, na contramão de outras legislações, como é o caso do Regulamento Geral de Proteção de Dados da União Europeia, a GDPR (art. 22, n. 3).

Na era da tecnologia e da algocracia, é extremamente necessário defender a importância do direito à explicação e à revisão humana das decisões automatizadas que impactam sobremaneira a vida de todas as pessoas. Para além dos impactos da LGPD e do veto presencial sobre o assunto, com o qual discordamos, é urgente o debate e a conscientização acerca da importância da obrigatoriedade da revisão humana. No contexto da Inteligência Artificial e da evolução e do uso constantes da mesma, essa discussão se torna ainda mais imprescindível, principalmente considerando a falta de transparência e clareza no que tange a motivação das suas conclusões, o que reforça a necessidade de controle da IA.

Vale mencionar, ainda, um argumento que faz total sentido e corrobora a necessidade da supervisão humana: as escolhas éticas só podem ser feitas por seres que têm emoções, uma vez que as escolhas éticas geralmente são motivadas por elas. A ética, portanto, precisa ser levada para o código, o que só será possível com a presença humana.

Diante do exposto, fica cada vez mais clara a necessidade de se pensar e se analisar em quais situações e de que forma a revisão e o julgamento humanos devem ser aplicados no que tange a decisões algorítmicas. Quem decide em que momento um sistema de IA atingiu uma redução suficiente da parcialidade e pode então ser usado com segurança? Em quais situações a tomada de decisões totalmente automatizada deve ser permitida? Essas respostas não são solucionadas por algoritmos e as máquinas não podem determinar as respostas corretas, a situação requer julgamentos e processos tipicamente humanos, com base em disciplinas como ciências sociais, direito e ética, para desenvolver padrões que permitam aos seres humanos implementar a IA tendo em mente as questões de viés e imparcialidade. Esse trabalho está apenas começando.

Não se deve desprezar a Inteligência Artificial, mas é essencial saber como utilizá-la, mediante controles necessários e inserção de programações éticas. A análise e a discussão sobre o "poder diretivo algorítmico" são essenciais e perpassam, necessariamente, pela questão da necessidade de revisão humana. Nesse sentido, se uma organização detectar vieses em um algoritmo treinado com base em suas decisões humanas (ou em dados baseados em decisões humanas anteriores), ela não deve simplesmente parar de usar o algoritmo, mas sim considerar quais mudanças nos comportamentos de seres humanos são necessárias.

Reitera-se, portanto, a necessidade de perceber e entender como os algoritmos funcionam, como podem ser utilizados e, principalmente, como podem — e é o que se deseja — ser controlados, pois não deve haver nesse mundo nenhum poder sem o correspondente e necessário controle. Por fim, ressalta-se que a análise de casos judiciais com este conteúdo, exigirá ponderação e sensibilidade, o que leva a crer — e corrobora o nosso entendimento acerca da necessária presença humana —, que no julgamento de questões envolvendo o poder dos algoritmos, principalmente o poder diretivo dos mesmos, o julgador deverá ser humano.

Considerando que novas situação estão configuradas e que a tendência é que, cada vez mais, surjam inovações, proporcionando mudanças nas relações, nas rotinas e, consequentemente, no âmbito profissional, é preciso ter em mente a necessidade de tutela dos direitos dos trabalhadores, mas sem a aplicação de conceitos estáticos, que não acompanham as mudanças e as atualizações do tempo. Não defendemos e nem cogitamos a precarização das relações de trabalho ou a ausência de regulamentação das novas formas de contratação e das novas realidades configuradas. Contudo, os conceitos e previsões legais existentes não são capazes de acompanhar e regulamentar de forma eficaz e coerente a intensa metamorfose ocorrida nas formas de trabalhar durante as últimas décadas, em razão da continuada (r)evolução tecnológica e da constante flutuação na paleta dos valores sociolaborais.

Percebe-se, portanto, a necessidade de uma nova regulamentação das relações de trabalho, diante da necessidade de adaptação às novas realidades. Ressalte-se, contudo, que apesar das novas realidades e das situações antes não previstas ou imaginadas, especulações e profecias sobre o futuro do trabalho sempre existiram e, em sua maioria, sempre foram negativas. Refletir sobre o futuro do trabalho não é uma tarefa fácil.

O debate e a discussão acerca do futuro do trabalho fazem-se necessários, com o objetivo não de extinguir a regulamentação ou o direito do trabalho, muito menos precarizar as relações trabalhistas, mas, sim, garantir uma tutela efetiva, condizente com a realidade e com os avanços concretizados por meio da tecnologia. Essa reflexão é essencial e deve contar com a participação e a contribuição de diversos setores da sociedade para que seja possível uma visão macro da questão.

O Direito, por certo, desempenha papel relevante nessa trajetória. Cabe-lhe o desafio de contribuir para a construção de um marco doutrinário, normativo e jurisprudencial capaz de assegurar proteção jurídica e social aos trabalhadores do futuro. O enfrentamento da questão é cada vez mais necessário e, por essa razão, desafia a construção de um marco regulatório.

O debate deve-se concentrar na qualidade do trabalho, impactado pela crescente utilização de ferramentas tecnológicas e sistemas de supervisão informatizados, ou seja, pelo uso dos algoritmos, bem como numa nova forma de garantir a dignidade do trabalhador e seus direitos fundamentais, sem obstaculizar os avanços tecnológicos e as novas formas de relações. Para além da discussão acerca da configuração de vínculo de emprego ou não nos trabalhos por meio de plataformas digitais, faz-se necessário analisar os algoritmos e o enorme potencial que possuem, bem como o poder, inclusive diretivo, dos mesmos.

Não há dúvidas de que a tecnologia e os avanços decorrentes da mesma podem e devem ser regulamentadas. A questão que precisa ser discutida é, justamente, como impor limites, criar regras e garantir direitos e deveres sem engessar a ponto de impedir o avanço e a evolução tecnológica. O processo dinâmico de inovação não ocorre em um vácuo institucional, político, socioeconômico e cultural e, por isso mesmo, não pode deixar de ter regras e previsões legais.

Assim, discordamos veementemente da ideia de que não se pode estabelecer regras sobre a introdução de novas ferramentas de trabalho, ou que não é o caso de reger as suas consequências nas relações de trabalho. Não raro é possível ler e ouvir críticas, ao nosso ver desmotivadas e infundadas, no sentido de que qualquer tentativa de gerenciar os efeitos das descobertas digitais acabaria mortificando o espírito inovador e geraria graves perdas econômicas. Contudo, é importante lembrar que regras destinadas a mitigar os efeitos potencialmente nocivos do uso de dispositivos tecnológicos sobre a qualidade do trabalho e a dignidade humana dos trabalhadores já existem hoje em vários países e, como exemplo, podemos citar as legislações que visam a proteção de dados pessoais, como a GDPR e a LGPD ou até mesmo o direito de se desconectar, tão debatido atualmente.

Sabe-se que um conjunto de regras não será uma solução milagrosa, ou seja, não irá resolver todos os problemas e todas as — complexas — questões decorrentes da revolução digital. Além disso, algumas características da nova era digital e do uso intenso do algoritmo, combinadas com as crises econômicas, acabam dificultando, ainda mais, a regulamentação necessária. Contudo, o conformismo não é uma alternativa, haja vista o grande risco de precarização e até mesmo de ofensas aos direitos fundamentais dos trabalhadores.

É urgente, portanto, recalibrar o foco da discussão, tentando decifrar as consequências da automação, digitalização e "plataformização" de um ponto de vista qualitativo. As metamorfoses mais profundas requerem frequentemente uma adaptação das práticas organizacionais, das infraestruturas sociais e mesmo do quadro institucional.

Não restam dúvidas que a Inteligência Artificial e os algoritmos precisam ser regidos e regulamentados para evitar que sistemas que permitem a ampliação do escopo e o impacto das prerrogativas gerenciais e a intensidade do monitoramento engendrem abusos e ponham em risco a dignidade da pessoa humana dos trabalhadores.

O exercício do poder diretivo, foco central deste livro, a partir de dados coletados pelo monitoramento mecânico ou por processo algorítmicos, precisam ser objeto de adequada regulação, com a garantia de critérios de avaliação transparentes, acessíveis aos trabalhadores, a fim de evitar resultados arbitrários ou discriminatórios, o que reforça a necessidade de a decisão final ser sempre tomada por humanos. Contrariando o discurso de que a regulação implicaria restrição à inovação, deve-se partir do princípio de que o diálogo social pode traduzir resultados altamente positivos nas perspectivas econômicas e sociais.

Os governos têm um papel importante a desempenhar, que vão além de fornecer um quadro legislativo geral para regular essas questões. É necessário, por exemplo, criar incentivos fiscais para estimular estratégias de negócios tecnológicos, desde que que integrem plenamente os objetivos de sustentabilidade e estejam sujeitos ao diálogo social. Além disso, recursos substanciais deveriam ser destinados para garantir que os trabalhadores, gerentes, sindicalistas e pessoal de RH sejam adequadamente treinados para lidar com os desafios e oportunidades que a tecnologia pode gerar. Regulação e governança coletiva destes processos não serão construídos em um dia, mas são essenciais para garantir que os benefícios de os avanços tecnológicos melhorem nossas sociedades de forma inclusiva e como um todo.

O direito do trabalho precisa ser, cada vez mais, interdisciplinar. O diálogo e a troca com outras áreas do direito e com outras ciências, com o avanço da tecnologia, se tornaram imperiosos. É necessário expandir os conceitos, entender os algoritmos e o poder dos mesmos de uma forma macro e não micro. O desafio da regulação jurídica, ao intentar "controlar o futuro", é fazer do trabalho um produto da inteligência humana que garanta a harmonização prática entre desenvolvimento tecnológico, redistribuição de riqueza e poder e coexistência social com justiça e dignidade.

Enfrentar a transformação digital de frente serve para reafirmar uma mensagem essencial: a tecnologia pode ser governada e o progresso pode andar de mãos dadas com o respeito e a valorização dos direitos de quem trabalha. O desafio de gerir a revolução digital vai muito além das plataformas de disponibilização de mão de obra e se trata de um assunto urgente e essencial.

Automação, autonomação, Inteligência Artificial, algoritmos e *big data* exigem que todos os indivíduos façam uma reflexão acerca da necessidade de pensar coletivamente, se apoiar mutuamente e ter a certeza de que ninguém sobrevive sozinho. Para que todos possam aproveitar as novas tecnologias, são necessárias respostas coletivas capazes de combater seus excessos e evitar a tecnofobia. A forma como o trabalho é coordenado por meio de novas tecnologias, precisa ser ajustada para garantir que a busca por maior produtividade não se traduza em riscos à saúde e maior estresse para os trabalhadores envolvidos e, principalmente, para que se garanta a efetiva tutela dos direitos fundamentais de cada trabalhador.

Referências

ADAMS-PRASSL, Jeremias. Gestão algorítmica e o futuro do trabalho. In: CARELLI, Rodrigo de Lacerda; CAVALCANTI, Tiago Muniz; FONSECA, Vanessa Patriota da Fonseca (Orgs.). *Futuro do trabalho:* os efeitos da revolução digital na sociedade. Brasília: ESMPU, 2020.

ALBIANI, Christine. *Responsabilidade Civil e Inteligência artificial:* Quem responde pelos danos causados por robôs inteligentes? Disponível em: <https://itsrio.org/wp-content/uploads/2019/03/Christine-Albiani.pdf>. Acesso em: 20 fev. 2021.

ALOISI, Antonio; STEFANO, Valerio de. *Il tuo capo è un algoritmo:* Contro il lavoro desumano. Editori Laterza. Collana: Tempi Nuovi.

ALVES, Ariane. *Uso de algoritmos em análise de currículo pode gerar seleção enviesada.* Disponível em: <https://exame.com/tecnologia/uso-de-algoritmos-em-analise-de-curriculo-pode-gerar-selecao-enviesada/>. Acesso em: 20 dez. 2020.

ALVES, Gabriel. *Inteligência artificial supera médicos ao ver exames de imagem.* Disponível em: <https://www1.folha.uol.com.br/equilibrioesaude/2018/02/inteligencia-artificial-supera-medicos-ao-ver-exames-de-imagem.shtml>. Acesso em: 04 mar. 2020.

AMARAL, Júlio Ricardo de Paula. *Eficácia dos direitos fundamentais nas relações trabalhistas.* 2. ed. São Paulo: LTr, 2014.

AMORIM, Henrique. MODA, Felipe Bruner. *Trabalho por aplicativo:* gerenciamento algorítmico e condições de trabalho dos motoristas da Uber. Disponível em: <http://www.revistas.unisinos.br/index.php/fronteiras/article/download/fem.2020.221.06/60747739>. Acesso em: 20 dez. 2020.

ANDRADE, José Carlos Vieira de. Os direitos, liberdades e garantias no âmbito das relações entre particulares. In: SARLET. Ingo Wolfgang (Org.). *Constituição, Direitos Fundamentais e Direito Privado.* 3 ed., rev. e ampl. Porto Alegre: Livraria do Advogado Editora, 2010.

ANTUNES JR., J.; ALVAREZ, R.; KLIPPEL, M.; BORTOLOTTO, P.; PELLEGRIN, I. *Sistemas de produção:* conceitos e práticas para projeto e gestão da produção enxuta. Porto Alegre: Bookman, 2008.

ARAUJO, Cristiane Carvalho Andrade; CALCINI, Ricardo. *O impacto da LGPD nas relações de trabalho.* Disponível em: <https://www.conjur.com.br/2020-set-17/lgpd-impactos-trabalhistas>. Acesso em: 06 fev. 2021.

ARAUJO, Wanessa Mendes de. Reflexões sobre a Subordinação Jurídica na Era da Economia sob Demanda. In: LEME, Ana Carolina Paes; RODRIGUES, Bruno Alves; CHAVES JÚNIOR, José Eduardo Resende (Coords.). *Tecnologias disruptivas e a exploração do trabalho humano:* a intermediação de mão de obra a partir das plataformas eletrônicas e seus efeitos jurídicos e sociais. São Paulo: LTr, 2017.

AUERBACH, David. *The Programs That Become the Programmers.* Disponível em: <https://slate.com/technology/2015/09/pedro-domingos-master-algorithm-how-machine-learning-is-reshaping-how-we-live.html>. Acesso em: 21 jun. 2020.

AUGUSTO, Victor. *Quais são os limites éticos da Inteligência Artificial?* Disponível em: <http://uplab.cc/future-sight/quais-sao-os-limites-eticos-da-inteligencia-artificial>. Acesso em: 30 jan. 2021.

BABO, Gustavo Schainberg S. *Discriminação algorítmica:* origens, conceitos e perspectivas regulatórias (parte 1). Disponível em: <https://www.dtibr.com/post/discrimina%C3%A7%C3%A3o-algor%C3%ADtmica-origens-conceitos-e-perspectivas-regulat%C3%B3rias-parte-1>. Acesso em: 10 jan. 2021.

BARBOSA, Mafalda Miranda. *Inteligência Artificial,* e-persons *e direito:* desafios e perspectivas. Disponível em: <http://www.cidp.pt/revistas/rjlb/2017/6/2017_06_1475_1503.pdf>. Acesso em: 20 fev. 2021.

BARROS, Alice Monteiro de. *Curso de direito do trabalho.* 4 ed., rev. e ampl. São Paulo, LTr: 2008.

BAUMAN, Zygmunt. *Modernidade líquida.* Rio de Janeiro: Jorge Zahar, 2001.

BEER, David. *Power through the algorithm?* Participatory web cultures and the technological unconscious. Disponível em: <https://www.ericlhsu.com/uploads/9/1/2/1/91214674/week_13_beer_power_through_the_algorithm.pdf>. Acesso em: 25 jun. 2020.

BIGARELLI, Barbara. *Funcionários preferem um robô a seu gestor para falar sobre estresse.* Disponível em: <https://valor.globo.com/carreira/noticia/2020/10/08/funcionarios-preferem-um-robo-a-seu-gestor-para-falar-sobre-estresse.ghtml>. Acesso em: 15 jan. 2021.

BUCCO, Rafael. *Para organizações civil, algoritmos não devem ser sigiloso.* Disponível em: <https://www.telesintese.com.br/para-organizacoes-civis-algoritmos-nao-devem-ser-sigilosos/>. Acesso em 06 fev. 2021.

BUDEL, Diego G.O. *As Espécies de Subordinação Propostas pela Doutrina Justrabalhista Brasileira.* Disponível em: <https://revistas.unifacs.br/index.php/redu/article/download/2367/1737>. Acesso em: 10 set. 2020.

BUGALHO, Andreia Chiquini; OLIVEIRA, Caroline Cristina Vissotho; SANTORO, Clara Carolina. *O Novo Poder Diretivo do Empregador com as Novas Tecnologias.* Disponível em: <https://cvissotho2.jusbrasil.com.br/artigos/898839917/o-novo-poder-diretivo-do-empregador-com-as-novas-tecnologias>. Acesso em: 26 set. 2020.

CALABRICH, Bruno Freire de Carvalho. *Revista de Direito e as Novas Tecnologias*, vol. 8/2020, jul./ set. 2020, DTR\2020\10208. Disponível em: <https://dspace.almg.gov.br/bitstream/11037/38411/1/Bruno%20Freire%20de%20Carvalho%20Calabrich.pdf>. Acesso em: 23 jan. 2021.

CARDOSO, Letycia. *Uso de algoritmos em processo seletivo de emprego pode prejudicar candidatos.* Disponível em: <https://extra.globo.com/economia/emprego/uso-de-algoritmos-em-processo-seletivo-de-emprego-pode-prejudicar-candidatos-24643581.html>. Acesso em: 28 dez. 2020.

CARELLI, Rodrigo de Lacerda. O caso Uber e o controle por programação: de carona para o século XIX. In: LEME, Ana Carolina Paes; RODRIGUES, Bruno Alves; CHAVES JÚNIOR, José Eduardo

Resende (Coords.). *Tecnologias disruptivas e a exploração do trabalho humano:* a intermediação de mão de obra a partir das plataformas eletrônicas e seus efeitos jurídicos e sociais. São Paulo: LTr, 2017.

______. O trabalho em plataformas e o vínculo de emprego: desfazendo mitos e mostrando a nudez do rei. In: CARELLI, Rodrigo de Lacerda; CAVALCANTI, Tiago Muniz; FONSECA, Vanessa Patriota da (Orgs.) *O de Futuro do trabalho:* os efeitos da revolução digital na sociedade. Brasília: ESMPU, 2020.

CARPANEZZI, Leonardo; LEARDINI, Olivia; SILVA, Cheusley Gustavo Crezi; ZANARDI, Rogério. *História e Evolução da Mecanização.* Disponível em: <http://facf.revista.inf.br/imagens_arquivos/arquivos_destaque/CxbNYOvf8fSKep0_2018-1-25-14-45-46.pdf>. Acesso em: 26 jun. 2020.

CARTILHA ACE. *Acordo Coletivo Especial.* Sindicato dos Metalúrgicos do ABC, p. 13 e 18. Disponível em: <https://www.conjur.com.br/dl/ace-cartilha.pdf>. Acesso em: 12 set. 2020.

CARVALHO, Isabela. *A busca da União Europeia por uma inteligência artificial "responsável e sob controle.* Disponível em: <https://www.startse.com/noticia/nova-economia/uniao-europeia-nteligencia-artificial-responsavel>. Acesso em: 26 jun. 2020.

CASSAR, Volia Bomfim. *A Reforma Trabalhista e a autonomia da vontade do empregado.* Disponível em: <https://www.lex.com.br/doutrina_27640581_A_REFORMA_TRABALHISTA_E_A_AUTONOMIA_DA_VONTADE_DO_EMPREGADO.aspx#:~:text=Autor%3A,efetuados%20entre%20empregado%20e%20patr%C3%A3o.>. Acesso em: 07 set. 2020.

______. *Direito do trabalho.* 14. ed rev. atual. e ampl. Rio de Janeiro: Forense; São Paulo: Método, 2017.

______. Limites da liberdade individual na relação de trabalho e reforma trabalhista. *Rev. TST*, São Paulo, vol. 83, n. 2, abr./jun. 2017. Disponível em: <https://juslaboris.tst.jus.br/bitstream/handle/20.500.12178/109939/2017_cassar_volia_limites_liberdade.pdf?sequence=1&isAllowed=y>. Acesso em: 12 set. 2020.

CASTILHO, Paulo César Baria de. *Subordinação por algoritmo.* São Paulo: LTr, 2021.

______. *Subordinação por algoritmo nas relações de trabalho.* Disponível em: <https://www.jota.info/opiniao-e-analise/artigos/subordinacao-por-algoritmo-nas-relacoes-de-trabalho-17062019>. Acesso em: 26 set. 2020.

______. *Subordinação por algoritmo.* Disponível em: <https://www.fathemis.com.br/arquivos/revista01/ThemisV01A01_Article03.pdf>. Acesso em: 20 dez. 2020.

CHAVES JÚNIOR, José Eduardo de Resende; OLIVEIRA, Murilo Carvalho Sampaio; OLIVEIRA NETO, Raimundo Dias de. *Plataformas digitais e vínculo empregatício?* Disponível em: <https://www.jota.info/opiniao-e-analise/artigos/plataformas-digitais-e-vinculo-empregaticio-26082020>. Acesso em: 20 set. 2020.

CHIARA, Alexandre Henrique Podadera de. *Novas Formas de Trabalho e Designs Regulatórios Modernos* — Labor 4.0. Ebook FutureLaw.

CLEMENTE, Evellyn Thiciane Macêdo Coêlho. Os limites da negociação coletiva trabalhista ante os princípios constitucionais da livre iniciativa. In: MIZIARA, Raphael; ASSUNÇÃO, Carolina Silva Silvino; CAPUZZI, Antonio (Coords.). *Direito do Trabalho e Estado Democrático de Direito:* Homenagem ao Professor Mauricio Godinho Delgado. São Paulo: LTr, 2018.

CODED BIAS. Direção: Shalini Kantayya. Netflix, 2020. Disponível em: <https://www.netflix.com/br/title/81328723>. Acesso em: 22 maio 2021.

COMITÉ ECONÓMICO E SOCIAL EUROPEU. *Inteligência artificial* — Impacto no mercado único (digital), na produção, no consumo, no emprego e na sociedade (parecer de iniciativa). Relatora: Catelijne Muller, 2017. Disponível em: <https://webapi2016.eesc.europa.eu/v1/documents/EESC-2016-05369-00-00-AC-TRA-PT.docx/content>. Acesso em: 20 jan. 2021.

COMUNICADO DE IMPRENSA. *Parlamento na vanguarda das normas europeias sobre inteligência artificial.* Disponível em: <https://www.europarl.europa.eu/news/pt/press-room/20201016IPR89544/parlamento-na-vanguarda-das-normas-europeias-sobre-inteligencia-artificial>. Acesso em: 20 fev. 2021.

COPELAND, Michael. *What's the Difference Between Artificial Intelligence, Machine Learning and Deep Learning?* Disponível em: <https://blogs.nvidia.com/blog/2016/07/29/whats-difference-artificial-intelligence-machine-learning-deep-learning-ai/>. Acesso em: 03 mar. 2020. Tradução: <https://medium.com/data-science-brigade/a-diferen%C3%A7a-entre-intelig%C3%AAncia-artificial-machine-learning-e-deep-learning-930b5cc2aa42>.

COUTINHO, Thiago. *O que é algoritmo usual e algoritmo na internet com exemplos*. Disponível em: <https://www.voitto.com.br/blog/artigo/o-que-e-algoritmo>. Acesso em: 15 jul. 2020.

CRAWFORD, Kate. *Artificial Intelligence's White Guy Problem*. Disponível em: <https://www.nytimes.com/2016/06/26/opinion/sunday/artificial-intelligences-white-guy-problem.html>. Acesso em: 17 out. 2020.

CRUZ, Bruna Souza. *Com didatismo, "Coded Bias" é um "O Dilema das Redes" sobre falhas das IAs*. Disponível em: <https://www.uol.com.br/tilt/noticias/redacao/2021/04/10/coded-bias-da-netflix-prova-como-a-tecnologia-e-racista-e-viola-direitos.htm>. Acesso em: 23 maio 2021.

CRUZ, Jéssica. *Diferenças entre AI*, Machine Learning *e* Deep Learning. Disponível em: <http://ecmetrics.com/pt/ai-machine-learning-deep-learning/>. Acesso em: 08 mar. 2020.

CUNHA, Sólon. *STJ decide pela incompetência da Justiça do Trabalho em caso de aplicativo*. Disponível em: <https://www.jota.info/opiniao-e-analise/artigos/stj-decide-pela-incompetencia-da-justica-do-trabalho-em-caso-de-aplicativo-09092019>. Acesso em: 29 set. 2020.

DAVIES, James. *Algorithms and employment law*. Disponível em: <https://www.lewissilkin.com/en/insights/algorithms-and-employment-law>. Acesso em: 20 dez. 2020.

DELGADO, Mauricio Godinho. *Curso de direito do trabalho*. 7. ed. São Paulo: LTr, 2008.

DOMINGOS, Pedro. Disponível em: <https://observador.pt/especiais/a-entrevista-ao-portugues-que-bill-gates-recomendou-e-que-diz-que-os-algoritmos-vao-curar-o-cancro/>. Acesso em: 25 jun. 2020.

DOMINGOS, Pedro. *O Algoritmo Mestre*. São Paulo: Novatec, 2017.

ECHARRI, Miquel. *150 demissões em um segundo:* os algoritmos que decidem quem deve ser mandado embora. Disponível em: https://brasil.elpais.com/tecnologia/2021-10-10/150-demissoes-em-um-segundo-assim-funcionam-os-algoritmos-que-decidem-quem-deve-ser-mandado-embora.html>. Acesso em: 20 out. 2021.

ELIAS, Paulo Sá. *Algoritmos, Inteligência Artificial e o Direito.* Disponível em <https://www.conjur.com.br/dl/algoritmos-inteligencia-artificial.pdf>. Acesso em: 03 mar. 2020.

FAIL ÉPICO: sistema do Google Fotos identifica pessoas negras como gorilas. Disponível em: <https://www.tecmundo.com.br/google-fotos/82458-polemica-sistema-google-fotos-identifica-pessoas-negras-gorilas.htm>. Acesso em: 21 jun. 2020.

FANJUL, Sergio C. *Na verdade, o que [...] é exatamente um algoritmo?* Disponível em: <https://brasil.elpais.com/brasil/2018/03/30/tecnologia/1522424604_741609.html>. Acesso em: 08 mar. 2020.

FARIAS, Gilberto. *Introdução à Computação.* Disponível em <http://producao.virtual.ufpb.br/books/camyle/introducao-a-computacao-livro/livro/livro.chunked/ch05s01.html>. Acesso em: 08 mar. 2020.

FERREIRA, Aluísio Henrique. *O poder diretivo do empregador e os direitos da personalidade do empregado.* São Paulo: LTr, 2011.

FERREIRA, Francisco de Paula. Implicações sociais da automação. *Rev. adm. empres.*, São Paulo, v. 4, n. 13, p. 45-61, dez.1964. Disponível em: <http://www.scielo.br/scielo.php?script=sci_arttext&pid=S0034-75901964000400002&lng=en&nrm=iso>. Acesso em: 28 jun. 2020.

FINCATO, Denise Pires; WÜNSCH, Guilherme. *Subordinação algorítmica nas relações de emprego:* o chefe robô. Disponível em: <https://politica.estadao.com.br/blogs/fausto-macedo/subordinacao-algoritmica-nas-relacoes-de-emprego-o-chefe-robo/>. Acesso em: 25 abr. 2021.

FONSECA FILHO, Cléuzio. *História da computação [recurso eletrônico]:* O Caminho do Pensamento e da Tecnologia. Porto Alegre: EDIPUCRS, 2007. Disponível em: <http://www.pucrs.br/edipucrs/online/historiadacomputacao.pdf>. Acesso em: 27 jun. 2020.

FONTOURA, Paula Renata. *Alan Turing, o pai da computação.* Disponível em: <http://www.invivo.fiocruz.br/cgi/cgilua.exe/sys/start.htm?infoid=1370&sid=7>. Acesso em: 08 mar. 2020.

FRAZÃO, Ana. *Algoritmos e inteligência artificial.* Disponível em: <https://www.jota.info/opiniao-e-analise/colunas/constituicao-empresa-e-mercado/algoritmos-e-inteligencia-artificial-15052018>. Acesso em: 20 fev. 2021.

______. *Dados, estatísticas e algoritmos.* Disponível em: <https://www.jota.info/opiniao-e-analise/colunas/constituicao-empresa-e-mercado/dados-estatisticas-e-algoritmos-28062017>. Acesso em: 21 abr. 2021.

______. *Discriminação algorítmica.* Disponível em: <https://www.jota.info/opiniao-e-analise/colunas/constituicao-empresa-e-mercado/discriminacao-algoritmica-3-30062021>. Acesso em: 30 jun. 2021

GAGLIANO, Pablo Stolze; PAMPLONA FILHO, Rodolfo. *Novo curso de direito civil.* Volume IV: contratos, tomo I: teoria geral. 5 ed. São Paulo: Saraiva, 2009.

______. *Novo curso de direito civil.* Volume IV: contratos, tomo II: contratos em espécie. 2 ed. São Paulo: Saraiva, 2009.

GASPAR, Danilo Gonçalves. *Subordinação potencial:* encontrando o verdadeiro sentido da subordinação jurídica. São Paulo: LTr, 2016.

GHINATO, Paulo. Jidoka: *Mais do que "pilar da qualidade".* Disponível em: <https://www.leanway.com.br/wp-content/uploads/Paper-03-Jidoka.pdf>. Acesso em: 30 jun. 2020.

GOLOMBEK, Allan. *A tecnologia e sua "destruição criativa" são pró-trabalhador.* Disponível em: <https://www.mises.org.br/Article.aspx?id=3073>. Acesso em: 21 jul. 2020.

GOUNET, T. *Fordismo e Toyotismo na civilização do automóvel.* Perdizes, 1999; SILVA, R. A. Toyotimo e neoliberalismo: novas formas de controle para uma sociedade-empresa. In: *Vigilância Segurança e Controle Social*, PUC do Paraná, Curitina, 2009. *Apud* GOMES, Marina. *A presença de práticas toyotistas em um sistema fordista de produção de uma fábrica de cânulas.* Trabalho de Conclusão de Curso – UFJF, Faculdade de Engenharia, 2018. Disponível em: <https://www.ufjf.br/engenhariadeproducao/files/2017/11/Marina-Machado_2018.pdf>. Acesso em: 02 jul. 2020.

GRAGLIA, Marcelo Augusto Vieira; LAZZARESCHI, Noêmia. A Indústria 4.0 e o Futuro do Trabalho: *Tensões e Perspectivas. Revista Brasileira de Sociologia*, vol. 06, n. 14, set./dez. 2018. Disponível em: <http://www.sbsociologia.com.br/rbsociologia/index.php/rbs/article/view/424/242>. Acesso em: 20 jul. 2020.

GUERRA, Rogéria Gladys Sales. *O contrato de trabalho e o novo conceito de subordinação jurídica nas atuais relações de trabalho.* Disponível em: https://juslaboris.tst.jus.br/bitstream/handle/20.500.12178/102978/2013_guerra_rogeria_contrato_trabalho.pdf?sequence=1&isAllowed=y; Acesso em:19 set. 2020.

GUREVICH, Yuri. What is na algorithm? *Microsoft Research, Technical Report MSR-TR-2011-116.* Jul., 2011, p. 4. Disponível em: <https://www.microsoft.com/en-us/research/wp-content/uploads/2016/02/209-3.pdf>. Acesso em: 18 fev. 2020.

HARARI, Yuval Noah. *21 lições para o século 21*. São Paulo: Companhia das Letras, 2018.

______. *Homo Deus*: Uma breve história do amanhã. 3. reimp. São Paulo: Companhia das Letras.

HAWKING, Stephen. *Discurso na Web Summit, Lisboa (06.11.2017).* Disponível em: https://observador.pt/2018/03/14/e-um-lugar-excitante-para-estar-e-voces-sao-os-pioneiros-tudo-o-que-stephen-hawking-disse-a-web-summit-palavra-por-palavra/>. Acesso em: 25 jun. 2020.

HILBERT, Martin; LÓPEZ, Priscila. *The World's Technological Capacity to Store, Communicate, and Compute Information. Apud* REIS, Daniela Muradas; CORASSA, Eugênio Delmaestro. Aplicativos de Transporte e Plataforma de Controle: o mito da tecnologia disruptiva do emprego e a subordinação por algoritmos. In: PAES LEME, Ana Carolina Reis; RODRIGUES, Bruno Alves; CHAVES JUNIOR, José Eduardo de Resende (Coords.). *Tecnologias Disruptivas e a exploração do trabalho humano.* São Paulo, LTr: 2017.

JOHN DIEBOLD. "Sfida della Automazione", em Operare, Milão, ano XIX, n. 1, janeiro/fevereiro de 1964, p. 74 e 75. *Apud* FERREIRA, Francisco de Paula. Implicações sociais da automação. *Rev. adm. empres.*, São Paulo , v. 4, n. 13, p. 45-61, dez. 1964 Disponível em: <http://www.scielo.br/scielo.php?script=sci_arttext&pid=S0034-75901964000400002&lng=en&nrm=iso>. Acesso em: 28 jun. 2020.

JUNQUEIRA, Thiago. *Discriminação:* o desafio da inteligência artificial em processos seletivos. Disponível em: <https://veja.abril.com.br/economia/discriminacao-o-desafio-da-inteligencia-artificial-em-processos-seletivos/>. Acesso em: 17 out. 2020.

KELLER, Werner. *Direito do trabalho e novas tecnologias*. São Paulo: Almedina, 2020.

KLEINBERG, Jon. *The Mathematics of Algorithm Design*. Princeton Companion to Mathematics, 2008. Disponível em: <https://www.cs.cornell.edu/home/kleinber/pcm.pdf>. Acesso em: 08. fev. 2020.

KWAN, Keith. *Artificial intelligence, machine learning, deep learning, know their difference in three minutes*. Disponível em: <https://aboveintelligent.com/artificial-intelligence-machine-learning-deep-learning-know-their-difference-in-three-minutes-978754e5e736>. Acesso em: 04 mar. 2020.

LACALLE, Daniel. *A automação e os robôs não causam desemprego;* quem causa são os políticos. Disponível em: <https://www.mises.org.br/Article.aspx?id=2915>. Acesso em: 21 jul. 2020.

LEANDRO, Lucimara. *Algoritmos de recrutamento podem aumentar a diversidade nas empresas*. Disponível em: <https://corporate.showmetech.com.br/algoritmos-de-recrutamento/>. Acesso em: 20 dez. 2020.

LEE, Kai-Fu. *Inteligência artificial [recurso eletrônico]:* como os robôs estão mudando o mundo, a forma como amamos, nos relacionamos, trabalhamos e vivemos. Tradução Marcelo Barbão. 1. ed. Rio de Janeiro: Globo Livros, 2019.

LEE, Paulo Woo Jin; MANNRICH, Nelson. *Subordinação e seus desafios na dinâmica do trabalho contemporâneo*. 2019.Universidade de São Paulo, São Paulo, 2019. Disponível em: <https://www.teses.usp.br/teses/disponiveis/2/2138/tde-24072020-142644/pt-br.php>.

LOCKMANN, Ana Paula Pellegrina. Direitos fundamentais do trabalhador — breves considerações. In: FREDIANI, Yone; ALVARENGA, Rúbia Zanotelli de (Orgs.). *Direitos fundamentais nas relações de trabalho*. São Paulo: LTr, 2015.

LOPES, Alexandra Krastins; MORAES, Thiago Guimarães; PEREIRA, José Renato Laranjeira de. *A (ausência da) intervenção humana na revisão de decisões automatizadas*. Disponível em: https://www.jota.info/opiniao-e-analise/artigos/a-ausencia-da-intervencao-humana-na-revisao-de-decisoes-automatizadas-13102019; Acesso em: 17 out. 2020.

LOPES, Giovana Figueiredo Peluso. *LGPD e Revisão de Decisões Automatizadas*. Disponível em: <https://www.dtibr.com/post/lgpd-e-revis%C3%A3o-de-decis%C3%B5es-automatizadas>. Acesso em: 17 out. 2020.

LÓPEZ, Rodrigo Tascón. La Protección de Datos Personales de Los Trabajadores. *Revista Jurídica de Castilla y Leon*, n. 16. 2008.

LUDOVICO, Giuseppe. *Novas Tecnologias e Saúde e Segurança do Trabalhador*. Disponível em: https://thomsonreuters.jusbrasil.com.br/doutrina/secao/1196957354/novas-tecnologias-e-saude-e-seguranca-do-trabalhador-novas-tecnologias-plataformas-digitais-e-direito-do-trabalho-ed-2020; Acesso em: 22 mar. 2021.

LUZ, Gilberto Barbosa da; KUIAWINSKI, Darci Luíz. *Mecanização, Autonomação e Automação* — Uma Revisão Conceitual e Crítica. Disponível em: <https://simpep.feb.unesp.br/anais/anais_13/artigos/1210.pdf>. Acesso em: 27 jun. 2020.

MAIA, Deborah Vieira de Alencar. *Automação Industrial e Robótica*. Disponível em: <http://professor.pucgoias.edu.br/SiteDocente/admin/arquivosUpload/17829/material/ARTIGO08.pdf>. Acesso em: 20 jul. 2020.

MANNRICH, Nelson. Tendências atuais relativas ao âmbito pessoal do direito do trabalho em Portugal, Espanha e Brasil. In: *Revista de Direito do Trabalho*, v. 34, n. 130, São Paulo, abr./jun. 2018.

MANUS, Pedro Paulo Teixeira. *Subordinação jurídica ainda é requisito essencial ao contrato de trabalho*. Disponível em: https://www.conjur.com.br/2014-nov-07/reflexoes-trabalhistas-subordinacao-juridica-ainda-requisito-essencial-contrato-trabalho; Acesso em: 19 set. 2020.

MARCHI, Caroline; ASSALIN, Fernanda Pellegrino Gianotti. *Implicações dos algoritmos nas relações de trabalho após a LGPD.* Disponível em: <https://www.machadomeyer.com.br/pt/inteligencia-juridica/publicacoes-ij/trabalhista-ij/implicacoes-dos-algoritmos-nas-relacoes-de-trabalho-apos-a-lgpd>. Acesso em: 10 jan. 2021.

MARRAFON, Marco Aurélio; MEDON, Filipe. *Importância da revisão humana das decisões automatizadas na Lei Geral de Proteção de Dados.* Disponível em: <https://www.conjur.com.br/2019-set-09/constituicao-poder-importancia-revisao-humana-decisoes-automatizadas-lgpd>. Acesso em: 17 out. 2020.

MARTINEZ, Luciano. *Curso de direito do trabalho:* relações individuais sindicais e coletivas do trabalho. 9 ed. São Paulo: Saraiva Educação, 2018.

______; MALTEZ, Mariana. O direito fundamental à proteção em face da automação. *Revista Nova Hileia*, vol. 2, n. 2, jan./jun. 2017. Disponível em: <http://periodicos.uea.edu.br/index.php/novahileia/article/view/1240/784>. Acesso em: 31 jul. 2020.

MARTINS FILHO, Ives Gandra. *Discurso de posse.* Disponível em: <http://www.tst.jus.br/documents/10157/10f94b7e-c001-4add-9aee-351b2ee93af4>. Acesso em: 29 jun. 2016.

MATSUURA, Sergio. *Como nova Lei de Proteção de Dados fortalece a ditadura dos algoritmos.* Disponível em: <https://epoca.globo.com/sociedade/como-nova-lei-de-protecao-de-dados-fortalece-ditadura-dos-algoritmos-23802395>. Acesso em: 17 out. 2020.

MATTOS, Felipe de Vasconcelos Soares Montenegro; MANNRICH, Nelson. *Subordinação estrutural:* críticas a sua aplicação às relações de trabalho. 2016. Universidade de São Paulo, São Paulo, 2016.

MCKINSEY GLOBAL INSTITUTE. *O futuro do mercado de trabalho:* impacto em empregos, habilidades e salários. Disponível em: <https://www.mckinsey.com/featured-insights/future-of-work/jobs-lost-jobs-gained-what-the-future-of-work-will-mean-for-jobs-skills-and-wages/pt-br#part%201>. Acesso em: 20 jan. 2021.

MEDINA, Marco; FERTING, Cristina. *Algoritmos e Programação:* Teoria e Prática. São Paulo: Novatec Editora, 2006.

MEDON, Filipe. *Tendências para a responsabilidade civil da Inteligência Artificial na Europa:* a participação humana ressaltada. Disponível em: <https://www.migalhas.com.br/coluna/migalhas-de-responsabilidade-civil/335801/tendencias-para-a-responsabilidade-civil-da-inteligencia-artificial-na-europa--a-participacao-humana-ressaltada>. Acesso em: 20 fev. 2021.

MEIRELES, Edilton. *Abuso do direito na relação de emprego.* São Paulo: LTr, 2004.

MENÁRGUEZ, Ana Torres. *Os privilegiados são analisados por pessoas;* as massas, por máquinas. Disponível em: <https://brasil.elpais.com/brasil/2018/11/12/tecnologia/1542018368_035000.html>. Acesso em: 28 dez. 2020.

MIRANDA, Paula. *O que acontece nos bastidores da Inteligência Artificial.* Disponível em <https://asksuite.com/br/blog/como-funciona-inteligencia-artificial/>. Acesso em: 08 mar. 2020.

MORAES, Everton. *Automação não é Mecanização.* Disponível em: <http://saladaautomacao.com.br/automacao-nao-e-mecanizacao>. Acesso em: 28 jun. 2020.

MOREIRA, Teresa Coelho. O Controlo dos Trabalhadores através de Sistemas de Geolocalização. In: PAES LEME, Ana Carolina Reis; RODRIGUES, Bruno Alves; CHAVES JÚNIOR, José Eduardo de Resende (Orgs.). Tecnologias *Disruptivas e a Exploração do Trabalho Humano.* A intermediação de mão de obra a partir das plataformas eletrônicas e seus efeitos jurídicos e sociais. São Paulo: LTr, 2017.

MOREIRA, Teresa Coelho. O direito à desconexão dos trabalhadores. *Revista Questões Laborais*, ano XXIII, n. 49, jul./dez 2016. Lisboa: Almedina.

NASCIMENTO, Amauri Mascaro. Princípios do Direito do Trabalho e Direitos Fundamentais do Trabalhador. *Revista LTr*, 08: 903-916, ago. 2003.

NEUENSCHWANDER, Guilherme. *Limites do poder diretivo do empregador e as novas tecnologias de informação e comunicação.* Dissertação para a obtenção do grau de Mestre em Direito pela Universidade de Lisboa. Disponível em: <https://repositorio.ual.pt/bitstream/11144/4329/1/Arquivo%20Disserta%C3%A7%C3%A3o%20Mestrado%20Ual%20Original.pdf>. Acesso em: 26 set. 2020.

NIKLAS, Jędrzej; SZTANDAR-SZTANDERSKA, Karolina; SZYMIELEWICZ, Katarzyna. *PROFILING THE UNEMPLOYED IN POLAND:* SOCIAL AND POLITICAL IMPLICATIONS OF ALGORITHMIC DECISION MAKING. Disponível em: <https://panoptykon.org/sites/default/files/leadimage-biblioteka/panoptykon_profiling_report_final.pdf>. Acesso em: 06 fev. 2021.

NOVAIS, Jorge Reis. *Direitos fundamentais:* Trunfos contra a maioria. Coimbra: Coimbra Editora, 2006.

NUNES, Rodrigo. *A autonomia da vontade nas relações de trabalho.* Disponível em: <https://economia.estadao.com.br/noticias/geral,a-autonomia-da-vontade-nas-relacoes-de-trabalho,70003076119>. Acesso em: 12 set. 2020.

NYBO, Erik Fontenele. *O Poder dos Algoritmos.* São Paulo: Enlaw, 2019.

O'NEIL, Cathy. A*lgoritmos de destruição em massa:* como o *big data* aumenta a desigualdade e ameaça a democracia. 1. ed. Santo André/SP: Editora Rua do Sabão, 2020.

OLIVEIRA NETO, Célio Pereira. *Trabalho em ambiente virtual:* causas, efeitos e conformação. São Paulo: LTr, 2018.

______; CALCINI, Ricardo. *Adequação à LGPD no recrutamento e seleção de candidatos a emprego.* Disponível em: <https://www.conjur.com.br/2020-set-24/pratica-trabalhista-adequacao-lgpd-recrutamento-selecao-candidatos-emprego>. Acesso em: 10 jan. 2021.

OLIVEIRA, Murilo Carvalho Sampaio. *O futuro do Direito do Trabalho:* ultraliberalismo e uberização. Disponível em: <http://abet-trabalho.org.br/o-futuro-do-direito-do-trabalho-ultraliberalismo--e-uberizacao>. Acesso em: 29 set. 2020.

______. *A subordinação jurídica no Direito do Trabalho.* Disponível em: <https://enciclopediajuridica.pucsp.br/verbete/374/edicao-1/a-subordinacao-juridica-no-direito-do-trabalho>. Acesso em: 10 set. 2020.

______; ASSIS, Anne Karolline Barbosa de. O direito do trabalho (des)conectado das plataformas digitais. *Teoria Jurídica Contemporânea. 4:1*, jan./jun. 2019. PPGD/UFRJ – ISSN 2526-0464, p. 246-266. Disponível em: <https://revistas.ufrj.br/index.php/rjur/article/download/24367/17785>. Acesso em: 20 set. 2020.

OLIVEIRA, Thiago Barison. *A subordinação ao algoritmo.* Disponível em: https://www.brasildefato.com.br/2020/07/20/artigo-a-subordinacao-ao-algoritmo-por-thiago-barison; Acesso em: 26 set. 2020.

PAES, Arnaldo Boson. *O trabalho do futuro:* construção do marco regulatório. Disponível em: <https://www.conjur.com.br/2021-fev-08/boson-paes-trabalho-futuro-construcao-marco-regulatorio>. Acesso em: 10 fev. 2021.

PAES LEME, Ana Carolina Reis; RODRIGUES, Bruno Alves; CHAVES JUNIOR, José Eduardo de Resende (Coords.). *Tecnologias Disruptivas e a exploração do trabalho humano.* São Paulo: LTr, 2017.

PAMPLONA FILHO, Rodolfo; SANTOS, Claiz Maria Pereira Gunça dos. *Assédio moral organizacional:* presencial e virtual. São Paulo: Saraiva Educação, 2020.

PEREIRA, Luísa S.; CARO, Gonçalo Asper; DELGADO, Inês Cruz. *Algoritmos:* uma realidade (contestável) no recrutamento. Disponível em: <https://direitocriativo.com/algoritmos-uma-realidade-contestavel-no-recrutamento-2/>. Acesso em: 20 dez. 2020.

PEREIRA, Tiago. *Qual a diferença entre* Machine Learning *e* Deep Learning? Disponível em: <https://computerworld.com.br/brandpost/qual-diferenca-entre-machine-learning-e-deep-learning/>. Acesso em: 04 mar. 2020.

PÉREZ LUÑO, Antonio-Enrique. Los derechos fundamentales. *Imprenta*: Madrid, Tecnos, 1988.

PESSOA, Rodrigo Monteiro. *A proteção das relações trabalhistas face a automação para a concretização do desenvolvimento.* 162 f. Dissertação (Mestrado) – Faculdade de Direito, Universidade Federal da Paraíba, Paraíba, 2013. Disponível em: <https://repositorio.ufpb.br/jspui/bitstream/tede/4408/1/arquivototal.pdf>. Acesso em: 15 jul. 2020.

PINHEIRO, Iuri; BOMFIM, Volia. *A Lei Geral de Proteção de Dados e seus impactos nas relações de trabalho.* Disponível em: <http://trabalhoemdebate.com.br/artigo/detalhe/a-lei-geral-de-protecao-de-dados-e-seus-impactos-nas-relacoes-de-trabalho>. Acesso em: 06 fev. 2021.

PINTO, José Augusto Rodrigues. *Tratado de direito material do trabalho.* São Paulo: LTr, 2007.

PIRES, Elisa Guimarães Brandão. *APLICATIVOS DE TRANSPORTE E O CONTROLE POR ALGORITMOS:* repensando o pressuposto da subordinação jurídica. Dissertação apresentada ao Programa de Pós-Graduação da Faculdade de Direito da Universidade Federal de Minas Gerais como requisito parcial para a obtenção do título de mestre. Disponível em: <https://repositorio.ufmg.br/bitstream/1843/DIRS-BCDEMA/1/disserta__o_de_mestrado___elisa_guimar_es_brand_o_pires.pdf>. Acesso em: 26 set. 2020.

PLÁ RODRIGUEZ, Américo. *Princípios de direito do trabalho.* 3. ed., atual São Paulo: LTr, 2000.

PORTO, Lorena Vasconcelos. *A subordinação no contrato de trabalho:* uma releitura necessária. São Paulo: LTr, 2009.

PRETI, Mariana. *Entenda o que é Algoritmo e qual o papel dele na sua vida.* Disponível em: <https://c2ti.com.br/blog/entenda-o-que-e-algoritmo-e-qual-o-papel-dele-na-sua-vida-tecnologia>. Acesso em: 08 mar. 2020.

REIS, Daniela Muradas; CORASSA, Eugênio Delmaestro. Aplicativos de Transporte e Plataforma de Controle: o mito da tecnologia disruptiva do emprego e a subordinação por algoritmos. In: PAES LEME, Ana Carolina Reis; RODRIGUES, Bruno Alves; CHAVES JUNIOR, José Eduardo de Resende (Coords.). *Tecnologias Disruptivas e a exploração do trabalho humano.* São Paulo: LTr, 2017.

REIS, Paulo Victor Alfeo. *Algoritmo e relação jurídica:* personificação e objeto. Dissertação de mestrado. São Paulo, 2018. Disponível em: <http://arquivo.fmu.br/prodisc/mestradodir/pvar.pdf>. Acesso em: 28 set. 2020.

REVISTA SUPERINTERESSANTE. *Alan Turing, O pai das ciências da computação e precursor da inteligência artificial.* Disponível em: <https://super.abril.com.br/historia/alan-turing/>. Acesso em: 08 mar. 2020.

RICCHETTI, Carla; ZIPPERER, André Gonçalves. *Será que amanhã vamos ser gerenciados por algoritmos ou robôs?* Disponível em: <https://mercadodenoticias.com.br/2021/01/14/sera-que-amanha-vamos-ser-gerenciados-por-algoritmos-ou-robos/>. Acesso em: 20 out. 2021.

RIEMENSCHNEIDER, Patricia Strauss; MUCELIN, Guilherme Antonio Blaczarek. *Economia do compartilhamento:* a lógica algorítmica das plataformas virtuais e a necessidade de proteção da pessoa nas atuais relações de trabalho. Disponível em: <https://revistas.unilasalle.edu.br/index.php/redes/article/view/4632/pdf>. Acesso em: 1º out. 2020.

RIJIMENAM, Mark van. *Why We Should Be Careful When Developing AI.* Disponível em: <https://medium.com/dataseries/why-we-should-be-careful-when-developing-ai-8c866914fd8b>. Acesso em: 21 abr. 2021.

ROCHA, Andrea Presas. A eficácia dos Direitos de Cidadania nas relações de emprego — em defesa de uma eficácia direta. In: ALMEIDA, Renato Rua de (Coord.); CALVO, Adriana; ROCHA, Andrea Presas (Orgs.) *Direitos Fundamentais aplicados ao Direito do Trabalho.* São Paulo: LTr, 2010.

RODRIGUES, Mauricio Pallotta. *Subordinação algorítmica e o fenômeno da uberização do trabalho.* Disponível em: <https://www.jota.info/opiniao-e-analise/artigos/subordinacao-algoritmica-e-o-fenomeno-da-uberizacao-do-trabalho-06032020>. Acesso em: 26 set. 2020.

ROMITA, Arion Sayão. *A subordinação do contrato de trabalho.* Rio de Janeiro: Forense, 1979.

ROMITA, Arion Sayão. O Princípio da Proteção em Xeque. *Revista Jurídica Virtual,* Brasília, vol. 4, n. 36, maio 2002. Disponível em: <https://revistajuridica.presidencia.gov.br/index.php/saj/article/view/838/826>. Acesso em: 30 out. 2020.

ROOSE, Kevin. *A Machine May Not Take Your Job, but One Could Become Your Boss.* Disponível em: <https://www.nytimes.com/2019/06/23/technology/artificial-intelligence-ai-workplace.html>. Acesso em: 1º out. 2020.

ROSETTI, Adroaldo Guimarães; MORALES, Aran Bey Tcholakian. *O papel da tecnologia da informação na gestão do conhecimento.* Disponível em: <http://www.scielo.br/pdf/ci/v36n1/a09v36n1.pdf>. Acesso em: 08 mar. 2020.

ROSSI, Edson. Disponível em: <https://www.istoedinheiro.com.br/10-perguntas-para-thiago-junqueira-chalfin-goldberg-vainboim/>. Acesso em: 20 jan. 2021.

RUBIO, Isabel. *Precisamos da inteligência artificial para sobreviver como espécie.* Disponível em: <https://brasil.elpais.com/brasil/2018/11/12/tecnologia/1542038734_872245.html>. Acesso em: 26 jun. 2020.

RUEL, Renata. *Fifa apresenta tecnologia semi-automatizada para impedimento.* Disponível em: <http://www.espn.com.br/blogs/renataruel/765432_fifa-apresenta-tecnologia-semi-automatizada-para-impedimento>. Acesso em: 30 jan. 2021.

SALESFORCE BRASIL. *Machine Learning e Deep Learning:* aprenda as diferenças. Disponível em <https://www.salesforce.com/br/blog/2018/4/Machine-Learning-e-Deep-Learning-aprenda-as-diferencas.html>. Acesso em: 08 mar. 2020.

SANTOS, Johann Ortnau Cirio E. *Responsabilidade civil e Inteligência Artificial:* Uma análise da resolução sobre disposições de direito civil e robótica da União Europeia. Trabalho de conclusão de curso de graduação apresentado ao Departamento de Direito Privado e Processo Civil da Faculdade de Direito da Universidade Federal do Rio Grande do Sul; Porto Alegre: 2018. Disponível em: <https://lume.ufrgs.br/handle/10183/192797>. Acesso em: 20 fev. 2021.

SANTOS, José. J. Horta. *Automação industrial:* uma introdução. Rio de Janeiro: Livros Técnicos e Científicos, 1979. p. 10. *Apud* BERTAGNOLLI, D.; RIZZOTO, F.; TONIAL, M. A. As relações de trabalho e a automação industrial: reflexões sobre os aspectos históricos, econômicos, conceituais e sociais. *Revista Justiça do Direito*, v. 24, n. 1, 22 dez. 2011. Disponível em: <http://seer.upf.br/index.php/rjd/article/view/2149>. Acesso em: 27 jun. 2020.

SANTOS, Luiz Henrique Baqueiro dos. *Os princípios e os contratos* — A autonomia da vontade e a força obrigatória. Disponível em: <https://www.unifacs.br/revistajuridica/arquivo/edicao_agosto2001/corpodiscente/graduacao/principios.htm>. Acesso em: 1º set. 2020.

SANTOS, Nathalia Monteiro dos. *Aplicação do estudo Lean Manufacturing e Kaizen em uma linha de produção:* estudo de caso na produção de eixos. Disponível em: <https://www.aedb.br/seget/arquivos/artigos20/19030223.pdf>. Acesso em: 30 jun. 2020.

SARLET, Ingo Wolfgan. *As aproximações e tensões existentes entre os Direitos Humanos e Fundamentais.* Disponível em: <https://www.conjur.com.br/2015-jan-23/direitos-fundamentais-aproximacoes-tensoes-existentes-entre-direitos-humanos-fundamentais>. Acesso em: 23 ago. 2020.

______. *A eficácia dos direitos fundamentais:* uma teoria geral dos direitos fundamentais na perspectiva constitucional. 12.ed., rev., atual. e ampl. Porto Alegre: Livraria do Advogado Editora, 2015.

______. *Dignidade (da Pessoa) Humana e Direitos Fundamentais na Constituição Federal de 1988.* 10. ed. rev., atual. e ampl. Porto Alegre: Livraria do Advogado Editora, 2015.

______; MARINONI, Luiz Guilherme; MITIDIERO, Daniel. *Curso de direito constitucional.* 7. ed. São Paulo: Saraiva Educação, 2018.

SCHWAB, Klaus. *A quarta revolução industrial.* Tradução Daniel Moreira Miranda. São Paulo: Edipro, 2016. Título original: The Fourth Industrial Revolution.

SCOPEL, L. M. M. *Automação industrial:* uma abordagem técnica e econômica. Educs, 1995. *Apud* BERTAGNOLLI, D.; RIZZOTO, F.; TONIAL, M. A. As relações de trabalho e a automação industrial: reflexões sobre os aspectos históricos, econômicos, conceituais e sociais. *Revista Justiça do Direito*, v. 24, n. 1, 22 dez. 2011. Disponível em: <http://seer.upf.br/index.php/rjd/article/view/2149>. Acesso em: 27 jun. 2020.

SEVERO, Valdete Souto. *O negociado sobre o legislado.* Disponível em: <http://www.anamatra.org.br/artigos/o-negociado-sobre-o-legislado>. Acesso em: 12 set. 2020.

SHINGO, S. *O Sistema Toyota de Produção* — Do ponto de vista da engenharia de produção. Porto Alegre: Bookman, 1996.

SICILIANO, Lauro de Barros. *O Impacto da Automação na Vida Moderna e Futura.*

SILBERG, Jake; MANYIKA, James. *Como lidar com vieses na inteligência artificial (e nos seres humanos).* Disponível em: <https://www.mckinsey.com/featured-insights/artificial-intelligence/tackling-bias-in-artificial-intelligence-and-in-humans/pt-br>. Acesso em: 20 fev. 2021.

SILVA, Maurício Prado. *Inteligência Artificial:* defina limites e reduza o viés. Disponível em: <https://www.convergenciadigital.com.br/cgi/cgilua.exe/sys/start.htm?UserActiveTemplate=site&from%5Finfo%5Findex=51&infoid=54847&sid=15>. Acesso em: 10 dez. 2020.

SILVA, Macáliston Gonçalves da; SELLITTO, Miguel Afonso. *Conceitos e práticas da autonomação em uma empresa eletrônica brasileira:* um estudo de caso. Disponível em: <http://www.abepro.org.br/biblioteca/enegep2010_TN_STO_113_745_14872.pdf>. Acesso em: 30 jun. 2020.

SILVA, Paula Jaeger da. *Redefinição do conceito de subordinação:* necessidade de ampliação da sua abrangência? Disponível em: <https://www.ibijus.com/blog/526-redefinicao-do-conceito-da-subordinacao-necessidade-de-ampliacao-da-sua-abrangencia>. Acesso em: 26 set. 2020.

SILVA, Tarcízio. Linha do Tempo do Racismo Algorítmico. *Blog do Tarcízio Silva*, 2019. Disponível em: <http://https://tarciziosilva.com.br/blog/posts/racismo-algoritmico-linha-do-tempo>. Acesso em: 13 fev. 2022.

SILVEIRA, Cristiano Bertulucci. *Jidoka:* Automatização com um toque humano. Disponível em: <https://www.citisystems.com.br/jidoka/>. Acesso em: 1º jul. 2020.

SOARES, Marcelo Costa. *Influência de algoritmos nas relações trabalhistas e a importância de se desconectar.* Disponível em: <https://www.jota.info/opiniao-e-analise/artigos/influencia-de-algoritmos-nas-relacoes-trabalhistas-e-a-importancia-de-se-desconectar-19012020>. Acesso em: 03 mar. 2020.

SOUZA, Carlos Affonso. *O debate sobre personalidade jurídica para robôs.* Disponível em: <https://www.jota.info/opiniao-e-analise/artigos/o-debate-sobre-personalidade-juridica-para-robos-10102017>. Acesso em: 10 fev. 2021.

SPICE, Byron. *Questioning the Fairness of Targeting Ads Online.* Disponível em: <https://www.cmu.edu/news/stories/archives/2015/july/online-ads-research.html>. Acesso em: 17 dez. 2020.

STEFANO, Valerio de. Automação, inteligência artificial e proteção laboral: patrões algorítmicos e o que fazer com eles. In: CARELLI, Rodrigo de Lacerda; CAVALCANTI, Tiago Muniz; FONSECA, Vanessa Patriota da. *Futuro do trabalho: os efeitos da revolução digital na sociedade.* Brasília: ESMPU, 2020. Disponível em: <http://escola.mpu.mp.br/a-escola/comunicacao/noticias/esmpu-lanca-publicacao-sobre-o-futuro-do-trabalho-e-os-efeitos-da-revolucao-digital-na-sociedade/livro_futuro-do-trabalho.pdf>. Acesso em: 20 jan. 2021.

STEFANINI. *Machine Learning × Deep Learning: entenda a diferença.* Disponível em <https://stefanini.com/pt-br/trends/artigos/machine-learning-vs-deep-learning>. Acesso em: 08 mar. 2020.

STEFANO, Valerio de. "Negotiating the algorithm": Automation, artificial intelligence and labour protection. Employment Policy Department. *Working Paper* No. 246, 2018. Disponível em: <https://www.ilo.org/wcmsp5/groups/public/---ed_emp/---emp_policy/documents/publication/wcms_634157.pdf>. Acesso em: 25 abr. 2021.

______. Automação, inteligência artificial e proteção laboral: patrões algorítmicos e o que fazer com eles. In: CARELLI, Rodrigo de Lacerda; CAVALCANTI, Tiago Muniz; FONSECA, Vanessa Patriota da (Orgs.). *Futuro do trabalho:* os desafios da revolução industrial na sociedade. Brasília: ESMPU, 2020.

STUDART, Ana Paula Didier. O negociado sobre o legislado: uma análise dos aspectos positivos e negativos dessa mudança. *Revista de Direito do Trabalho*, vol. 197, ano 45. p. 33-55. São Paulo: RT, jan. 2019.

______. *Subordinação por algoritmo nas relações de trabalho.* Disponível em: <https://4s.adv.br/relacoes-trabalhistas/subordinacao-por-algoritmo-nas-relacoes-de-trabalho/>. Acesso em: 25 set. 2020.

______; MARTINEZ, Luciano. *O poder diretivo algorítmico:* a nova autoridade anônima e implacável. Disponível em: <https://www.linkedin.com/pulse/poder-diretivo-algor%C3%ADtmico-nova-autoridade-an%C3%B4nima-e-didier-studart/>. Acesso em: 28 set. 2020.

SUPIOT, Alain. *Crítica ao direito do trabalho.* Lisboa: Fundação Calouste Gulbenkian, 2016.

SUPIOT, Alain. *O espírito de Filadélfia.* A justiça social diante do mercado total. Tradução de Tânia do Valle Tshiedel. Porto Alegre: Sulina, 2014.

TALIBERTI, Camila; CUNHA, Vitor Koketu da; BRANCHER, Paulo; FERREIRA, Ricardo Barretto. *Entra em vigor o Regulamento Geral de Proteção de Dados da União Europeia.* Disponível em: <https://migalhas.uol.com.br/depeso/281042/entra-em-vigor-o-regulamento-geral-de-protecao-de-dados-da-uniao-europeia>. Acesso em: 17.10. dez. 2020.

TAURION, Cezar. *Inteligência artificial: até os algoritmos têm "preconceito".* Disponível em: <https://neofeed.com.br/blog/home/inteligencia-artificial-ate-os-algoritmos-tem-preconceito/> Acesso em: 26 dez. 2020.

TAVARES, Osny. *O uso cotidiano do algoritmo.* Disponível em: <https://www.gazetadopovo.com.br/vida-e-cidadania/o-uso-cotidiano-do-algoritmo-4x3n9sw4bkhoam6fzqcp27mfi/>. Acesso em: 19 fev. 2020.

TEFFÉ, Chiara Spadaccini de; MEDON, Filipe. Responsabilidade civil e regulação de novas tecnologias: questões acerca da utilização de Inteligência Artificial na tomada de decisões empresariais. *Revista Estudos Institucionais*, v. 6, n. 1, p. 301-333, jan./abr. 2020; Disponível em: <https://estudosinstitucionais.com/REI/article/view/383/493>. Acesso em: 20 fev. 2021.

TEPEDINO, Gustavo; SILVA, Rodrigo da Guia. Desafios da Inteligência Artificial em matéria de responsabilidade civil. *Revista Brasileira de Direito Civil — RBDCivil*, Belo Horizonte, v. 21, p. 61-86, jul./set. 2019. Disponível em: <https://rbdcivil.ibdcivil.org.br/rbdc/article/download/465/308>. Acesso em: 1º mar. 2021.

THE SOCIAL DILEMMA. Direção: Jeff Orlowski; Roteiro: Orlowski, Davis Coombe e Vickie Curtis. Netflix, 2020. Disponível em: <https://www.netflix.com/title/81254224>. Acesso em: 14 set. 2020.

UNIÃO EUROPEIA. *Resolução do Parlamento Europeu de 16 de fevereiro de 2017, com recomendações à Comissão de Direito Civil sobre Robótica (2015/2103(INL)).* Parágrafo Z.

VICENTE, João Paulo. *Preconceito das máquinas:* como algoritmos podem ser racistas e machistas. Disponível em: <https://www.uol.com.br/tilt/noticias/redacao/2018/04/24/preconceito-das-maquinas-como-algoritmos-tomam-decisoes-discriminatorias.htm>. Acesso em: 20 fev. 2021.

VIEIRA, Adriana de Souza. *Limites à negociação individual no contrato de trabalho.* Dissertação de mestrado na Universidade de São Paulo, 2012. Disponível em: <https://www.teses.usp.br/teses/disponiveis/2/2138/tde-06062013-133108/publico/Dissertacao_Adriana_de_Souza_Vieira_completa.pdf>. Acesso em: 12 set. 2020.

VIEIRA, Leonardo Marques. *A Problemática da Inteligência Artificial e dos Vieses Algorítmicos*. Disponível em: <https://www.lcv.fee.unicamp.br/images/BTSym-19/Papers/090.pdf>. Acesso em: 29 dez. 2020.

WAKEFIELD, Jane. *Inteligência artificial:* máquinas que pensam devem surgir 'até 2050'. Disponível em: <http://g1.globo.com/tecnologia/noticia/2015/09/inteligencia-artificial-maquinas-que-pensam-devem-surgir-ate-2050.html> Acesso em: 20 jan. 2021.

WEBER, Giovane. *Indústria 4.0:* autonomia das máquinas. Disponível em: <http://estudioahora.jornalahora.com.br/stw/industria-4-0-autonomia-das-maquinas/>. Acesso em: 03 jul. 2020.

WORLD ECONOMIC FORUM. The Future of Jobs Report 2018. *Centre for the New Economy and Society*, p. viii, 2018. Disponível em: <http://www3.weforum.org/docs/WEF_Future_of_Jobs_2018.pdf>. Acesso em: 21 jul. 2020.

ZELLER, Johannes. *Algoritmos são como receitas*. Disponível em: <https://www.goethe.de/ins/br/pt/m/kul/mag/21877729.html>. Acesso em: 19 fev. 2020.

ZIPPERER, André Gonçalves. *A intermediação de trabalho via plataformas digitais:* repensando o direito do trabalho, a partir das novas realidades do século XXI. São Paulo: LTr, 2019.

ZIPPERER, André Gonçalves. *Trabalho e plataformas digitais:* vínculo de emprego? Disponível em: <https://www.gazetadopovo.com.br/opiniao/artigos/trabalho-e-plataformas-digitais-vinculo-de-emprego/>. Acesso em: 26 set. 2020.